河南教育发展研究

2021

河南省教育科学研究院　编著

郑州大学出版社

图书在版编目(CIP)数据

河南教育发展研究.2021 / 河南省教育科学研究院编著. —郑州：郑州大学
出版社，2021. 12

ISBN 978-7-5645-8435-1

Ⅰ.①河…　Ⅱ.①河…　Ⅲ.①教育事业-研究报告-河南-2021
Ⅳ.①G527.61

中国版本图书馆 CIP 数据核字(2021)第 256799 号

河南教育发展研究2021

HENAN JIAOYU FAZHAN YANJIU 2021

策划编辑	孙保营	封面设计	苏永生
责任编辑	成振珂	版式设计	凌　青
责任校对	孙理达	责任监制	李瑞卿

出版发行	郑州大学出版社	地　　址	郑州市大学路 40 号(450052)
出 版 人	孙保营	网　　址	http://www.zzup.cn
经　　销	全国新华书店	发行电话	0371-66966070
印　　刷	河南文华印务有限公司		
开　　本	787 mm×1 092 mm　1 / 16		
印　　张	18	字　　数	425 千字
版　　次	2021年12月第1版	印　　次	2021年12月第1次印刷

书　　号	ISBN 978-7-5645-8435-1	定　　价	86.00元

本书如有印装质量问题,请与本社联系调换。

编委会 ▶▶▶

前言

　　"十三五"期间,在习近平新时代中国特色社会主义思想引领下,河南省教育系统认真贯彻落实党中央国务院决策部署,在省委省政府领导下,坚决落实立德树人根本任务,全面加强党对教育工作的领导,进一步完善德智体美劳全面培养的教育体系,教育面貌发生了格局性的变化,教育事业发展成就斐然。义务教育、职业教育、高等教育各项事业长足发展,在提高质量、促进公平等方面成效显著,河南省教育事业"十三五"规划确定的主要目标任务如期实现。为了更好地总结"十三五"期间河南省教育事业改革和发展的经验,全面反映河南省教育现代化发展进程,为教育改革和发展提供智力支持,河南省教育科学研究院在教育厅的大力支持下,组织专家围绕教育改革和发展的重点、难点和热点进行了系统的研究,编研出版了《河南教育发展研究2021》。

　　《河南教育发展研究2021》由河南省教育科学研究院教育发展研究室具体负责组织编研。在广泛征询专家和借鉴兄弟省市经验的基础上,教育发展研究室组织专家秉持学术性、综合性、原创性和专题性相结合的原则,从多层面、多视角对"十三五"期间河南省学前教育、义务教育、高中教育、高等教育、职业教育、特殊教育、民办教育、教师教育等各级各类教育进行深层次的梳理和分析,总结经验,找寻问题,并对"十四五"时期的发展形势进行展望。

　　《河南教育发展研究2021》属团队研究成果,汇聚了郑州大学、河南大学、河南师范大学、河南科技大学、南阳师范学院、洛阳师范学院、郑州师范学院、河南财政金融学院、河南轻工职业学院等单位的专家学者,共同研究完成。《河南省教育发展概览》由河南省教育科学研究院刘丽撰写,《学前教育发展研究》由南阳师范学院李辉撰写,《义务教育发展研究》由河南大学姚松撰写,《高中教育发展研究》由郑州大学王献玲撰写,《高等教育发展研究》由河南大学王星霞和赵飞撰写,《职业教育发展研究》由河南科技大学尤莉和河南轻工职业学院韩静静撰写,《特殊教育发展研究》由郑州师范学院杨运强撰写,《民办教育发展研究》由河南师范大学祁晓撰写,《教师教育发展研究》由河南财政金融学院段茹宏和孟俊红撰写。

在编研出版过程中,河南省教育厅陈垠亭副厅长高度重视,教育厅相关处室、相关高校和单位给予了大力支持,河南省教育科学研究院成光琳院长、周宝荣副院长、李新副院长和徐万山、韩和鸣、赵发中、李明霞、张明运等同仁在学术层面和具体工作方面给予了极大支持,郑州大学出版社也给予了极大帮助,在此一并表示感谢。

在编研过程中我们本着科学、严谨、求实、创新的态度,力求把此项工作做得完美无憾,为此也付出了辛勤的汗水,但由于能力所限,疏漏和不足在所难免,恳请读者批评指正。

目 录

专题一 "十三五"河南省教育发展概览

一、教育事业总体进展

"十三五"期间,在河南省委、省政府的坚强领导下,教育系统坚持以习近平新时代中国特色社会主义思想为指导,认真落实党的教育方针,深入学习贯彻全国教育大会精神,坚持稳中求进总基调,按照高质量发展根本要求,深化各项教育改革,全面落实《中国教育现代化2035》和《加快推进教育现代化实施方案(2018—2022年)》,加快推进教育现代化,办好人民满意的教育,各级各类教育事业发展取得新进展。

(一)各级各类教育规模发展

1.学校数量

2020年,河南省全省共有各级各类学校5.42万所,比2016年减少0.3万所,减量以小学和中等职业学校主。

幼儿园数量增长较快,普惠性幼儿园占比快速上升。全省共有幼儿园2.43万所,比2016年增加0.56万所,增长29.95%。在大力推进普惠性幼儿园建设发展的政策指导下,截至2020年,全省共有普惠性幼儿园1.66万所,比2016年增加1.29万所,增长近3.5倍,普惠性幼儿园占全省幼儿园的比例为68.31%,比2016年提高48.52个百分点。

义务教育学校总数继续减少,初中学校略有增加。全省共有义务教育阶段学校2.24万所,比2016年减少4997所,减幅为18.25%。其中,普通小学1.77万所,比2016年减少5135所,减幅为22.37%,主要表现为农村小学数量明显下降;初中阶段学校0.47万所,比2016年增加138所,增幅为2.17%。

高中阶段学校数有所增加,普通高中数量增长明显。全省共有高中阶段学校1564所,比2016年增加28所,增幅为1.76%.其中,普通高中925所,比2016年增加133所,增幅为16.79%;中等职业学校639所,比2016年减少161所,减幅为20.13%。

普通高等学校数量有所增加。全省共有普通高等学校151所,比2016年增加22所,增幅为17.05%。其中本科院校57所,比2016年增加2所,高职高专院校94所,比2016年增加20所。

特殊教育学校数略有增加。全省共有特殊教育学校149所,比2016年增加3所。

从全省各级各类学校构成看(见图1-1),幼儿园占比上升,义务教育学校占比下降。2020年全省各级各类学校中,幼儿园占44.83%,比2016年上升12.14个百分点;义务教育阶段学校占 41.33%,比 2016 年下降 6.57 个百分点;高中阶段学校占 2.95%,普通高等学校占 0.28%,特殊教育学校占 0.28%,与 2016 年相比占比变化不大;其他教育类型学校占 10.33%,比 2016 年下降 5.79 个百分点。

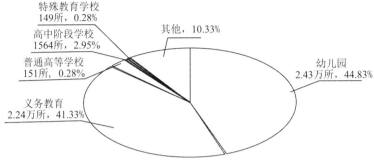

图 1-1　2020 年全省各级各类学校构成

2.发展规模

2020 年,全省各级各类学历教育在校生 2 689.67 万人,比 2016 年增加 88.36 万人,增长 3.4%,详见表 1-1。

学前教育规模小幅增长,普惠性幼儿园规模增长较快。2020 年,教育部继续推进实施第三期学前教育行动计划,继续扩大普惠性资源,全省在园幼儿 425.56 万人,比 2016 年增加 16.88 万人,增长 4.1%。其中,普惠性幼儿园在园幼儿增长较快。2020 年为 313.64 万人,比 2016 年增长 45.65%,占全省在园幼儿的比例为 73.7%,比 2016 年提高了 21 个百分点,但与 2020 年 80% 的目标还存在差距。

义务教育规模继续小幅攀升,初中增幅高于小学。2020 年,义务教育阶段在校生 1 493.73 万人,比 2016 年增加 112.31 万人,增长 8.13%。其中,小学在校生 1021.59 万人,比 2016 年增加 56 万人,增长 5.8%。初中在校生 472.14 万人,比 2016 年增加 56.31 万人,增长 13.54%。

高中阶段教育规模略有增加,普通高中增幅大于中职。2020 年,全省高中阶段教育在校生总规模为 368.6 万人,比 2016 年增加 40.75 万人,增长 12.43%。其中,普通高中在校生 224.86 万人,比 2016 年增加 25.26 万人,增长 12.66%;中职在校生 143.74 万人,比 2016 年增加 15.49 万人,增长 12.08%。

从各级各类在校生构成看,2020 年,学前教育在园幼儿占 15.82%,义务教育学生占 55.4%,高中阶段教育学生占 13.7%,高等教育学生占 11.55%,特殊教育学生占 0.23%,其他教育学生占 3.17%。与 2016 年相比,高等教育学生占比上升 2.98 个百分点,义务教育阶段学生占比上升 2.3 个百分点,高中阶段教育学生占比上升 1.1 个百分点,特殊教育学生占比上升 0.14 个百分比,学前教育在园幼儿占比上升 0.11 个百分点。

表 1-1　2016—2020 年各级各类学历教育规模　　　　　　　　单位:万人

	2016	2017	2018	2019	2020
学前教育	408.68	424.93	437.99	430.87	425.56
义务教育	1381.42	1411.22	1446.48	1480.96	1493.73
高中阶段	327.85	338.72	346.69	353.75	368.6
高等教育	222.97	233.17	253.04	279.54	310.54
特殊教育	2.39	3.07	4.39	5.48	6.3

(二)各级各类教育普及水平

全省各级教育普及水平稳步提高,人民受教育机会进一步扩大,详见图1-2。

学前教育普及普惠水平大幅提升。2020年,河南省学前三年毛入园率进一步提升到90.3%,比2016年提高5.16个百分点,高于全国5.1个百分点;普惠性幼儿园覆盖率从2016年最初的52.7%增长到73.7%,但对比全国84.74%的普惠性幼儿园覆盖率还有不小的差距。

九年义务教育普及水平保持高位,正在向优质均衡阶段迈进。"十三五"期间,全省小学净入学率一直保持100%,初中阶段毛入学率一直在99%以上,九年义务教育巩固率从94%提升到96%,超过全国同期水平。

高中阶段教育基本普及。"十三五"期间,全省高中阶段毛入学率达到92.01%,提升1.71个百分点,超过全国0.81个百分点。

高等教育普及水平提升较快,已经迈入向普及化发展阶段。"十三五"期间,全省高等教育快速发展,毛入学率从2016年的36.49%提升至2020年的51.86%,增长15.37个百分点,但仍低于全国2.54个百分点。

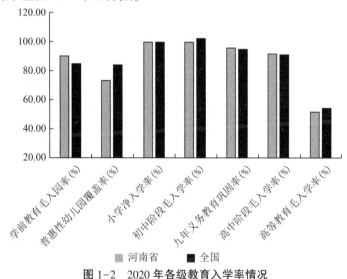

图1-2 2020年各级教育入学率情况

二、学前教育

(一)学前教育规模发展与普及情况

"十三五"期间,按照省委、省政府决策部署,教育部门坚持公益普惠办园方向,积极扩大普惠性学前教育资源,着力提高保教质量,努力构建学前教育公共服务体系。截止到2020年年底,全省学前教育继续稳步发展,学前教育规模达到425.56万人,毛入园率从2016年最初的85.14%增长到90.3%,提高了5.16个百分点。普惠性幼儿园覆盖率从

2016 年最初的 52.7% 增长到 73.7%,提高了 21 个百分点,"入园难"进一步得到缓解,学前教育发展迈上新的台阶,但与 2020 年年底 80% 的目标还存在差距。

1.幼儿园数量继续增加,城市幼儿园加快发展

截至 2020 年年底,全省共有幼儿园 24274 所,比"十三五"初期增加 5 579 所,增长近 30%。

从分城乡分布看(见图 1-3),城区和镇区幼儿园的增速快于农村。与 2016 年相比,2020 年,城区有幼儿园 5 144 所,增长 29.77%;镇区有幼儿园 8693 所,增长 32.11%;农村有幼儿园 10 437 所,增长 28.05%。

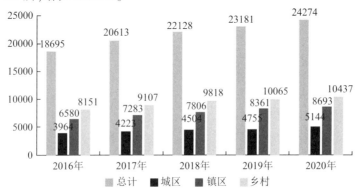

图 1-3 2016—2020 年分城乡幼儿园数量变化(单位:所)

2.在园幼儿继续稳步增长,普惠性幼儿园覆盖率不断提高,但普惠性资源依然不足

截至 2020 年年底,全省共有新入园幼儿 126.58 万人,在园幼儿 425.56 万人,比 2016 年增加 16.88 万人,增长 4.1%。分城乡看(见图 1-4),受城镇化和农村人口迁移的影响,城市学前教育在园幼儿继续增长,农村继续下降。2020 年,城区学前教育在园幼儿为 110.2 万人,比 2016 年增长了 24.59%;镇区学前教育在园幼儿为 168.51 万人,比 2016 年增长了 10.69%;农村学前教育在园幼儿人数持续下降,比 2016 年减少 21.13 万人,下降 12.58%。

图 1-4 2016—2020 年分城乡学前教育在园幼儿人数变化(单位:万人)

普惠性幼儿园(包括公办园和普惠性民办园)在园幼儿人数增长较快,2020 年为 313.64 万人,比十三五初期增长 45.65%。城区镇区增幅尤为明显,分别为 68.53% 和 55.7%;乡村增幅只有 26.28%,见图 1-5。

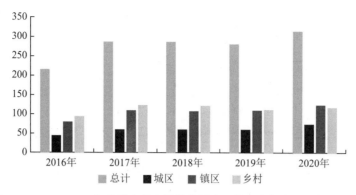

图 1-5　2016—2020 年分城乡普惠性幼儿园在园幼儿人数变化（单位：万人）

普惠性幼儿园覆盖率不断提高，2020 年达到 73.7%，比"十三五"初期提高 21 个百分点。分城乡看（见图 1-6），农村普惠性幼儿园覆盖率高于城区和镇区。乡村普惠性幼儿园覆盖率为 79.6%，城区镇区分别为 66.9% 和 72.99%。

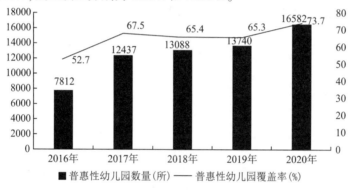

图 1-6　2016—2020 年普惠性幼儿园覆盖率情况

3.公办在园幼儿占比下降，所占比例与目标还存在较大差距

2020 年，全省共有公办在园幼儿 142.58 万人，比"十三五"初期增长 1.9%，仅占学前教育总规模的 33.5%，下降 0.7 个百分点，与 50% 的目标仍存在较大差距，如图 1-7 所示。公办在园幼儿占比较低且有所下降，没有达到国家"公办园在园幼儿占比偏低的省份，逐步提高公办园在园幼儿占比"的要求。

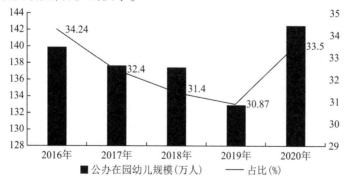

图 1-7　2016—2020 年公办在园幼儿规模及占比情况

(二)幼儿园教师队伍

《关于学前教育深化改革规范发展的若干意见》提出"各地要及时补充公办园教职工,严禁'有编不补'。民办园按照配备标准配足配齐教职工""要大力加强幼儿园教师队伍建设""健全教师培训制度"。《关于全面深化新时代教师队伍建设改革的意见》指出"全面提高幼儿园教师质量,建设一支高素质善保教的教师队伍",河南省根据国家要求相继出台有关政策,加强学前教育教师队伍建设。2020 年幼儿园专任教师规模继续增长,教师配置进一步优化,幼儿园教师学历水平继续提升。但城乡教师配置差距仍较大,学前教育专业毕业的教师比例提升不明显。总体来看,学前教育教师队伍建设还不能满足发展需要。

1.幼儿园专任教师继续增长,园长配置存在城乡差异

"十三五"期间,全省幼儿园专任教师数量保持持续增长,截至 2020 年年底,全省幼儿园有专任教师 23.41 万人,比 2016 年增加 5.59 万人,增长 31.37%,可分城乡看,城区和镇区幼儿园专任教师增长速度基本持平,远远快于乡村,2020 年城区幼儿园有专任教师 8.06 万人,比 2016 年增长 35.92%,镇区幼儿园有专任教师 9.23 万人,比 2016 年增长 35.14%,不管城镇还是乡村,专任教师的增速均超过在园幼儿的增速,教师配置不断改善,如图 1-8 所示。

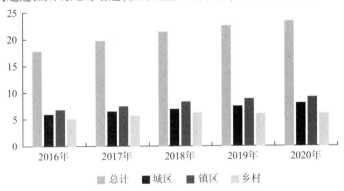

图 1-8　2016—2020 年全省分城乡幼儿园专任教师数量变化(单位:万人)

2020 年,全省幼儿园有园长 27 751 人,比十三五初期增加 5 072 人,增长 22.36%,城区幼儿园有园长 7 042 人,增长 21.88%,镇区幼儿园有园长 10 163 人,增长 25.24%,均高于乡村 20.03%的增速,如图 1-9、1-10 所示。

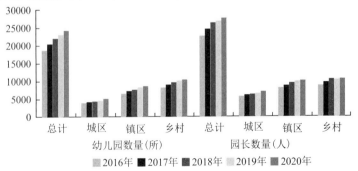

图 1-9　2016—2020 年全省分城乡幼儿园园长数量与幼儿园数量比较

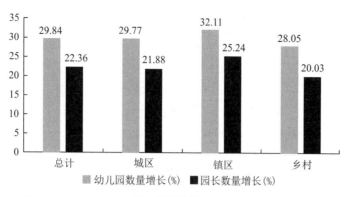

图 1-10　2016—2020 年幼儿园数量与园长数量增长情况对比

幼儿园园长的配置城镇好于乡村,2020 年城镇幼儿园数量占全省总数的 57%,而其幼儿园园长占全省总数的近 62%,园长配置基本满足需求,乡村地区园长配置不足,部分幼儿园没有配置园长。

2.幼儿园保育员、卫生保健人员增长迅速,但仍未达到配置标准

2020 年,全省幼儿园有保育员 86 158 人,比 2016 年增长 59.87%。保育员中有在编人员 1 599 人,仅占保育员总数的 1.86%。2020 年全省幼儿园有卫生保健人员 13 291 人,比 2016 年增长 57.22%,其中有在编人员 515 人,仅占卫生保健人员总数的 3.87%,如图 1-11 所示。"十三五"期间,保育员、卫生保健人员配置虽有较大增长,但仍未达到每班配备一名保育员、每所幼儿园配备一名卫生保健人员的标准。2020 年,平均每个班级配备保育员 0.5 名,平均每个幼儿园配备卫生保健人员 0.5 名,远未达到配置要求。

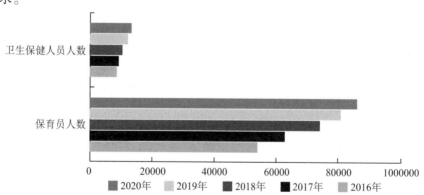

图 1-11　2016—2020 年全省幼儿园保育员、卫生保健人员数量变化(单位:万人)

3.幼儿园生师比进一步优化,但城乡间差距仍较明显

"十三五"期间全省幼儿园生师比持续优化,2020 年,全省幼儿园生师比为 16.28∶1,比"十三五"初期的 22.93∶1 有较大提升。分城乡看,城区幼儿园生师比为 13.67∶1,镇区幼儿园生师比为 18.25∶1,而乡村幼儿园生师比高达 24∶1,城区幼儿园生师比明显优于镇区和乡村,乡村教师明显不足,如表 1-2 所示。

河南教育发展研究2021

表 1-2　2016—2020 年全省分城乡幼儿园生师比变化

	2016 年	2017 年	2018 年	2019 年	2020 年
总计	22.93:1	21.48:1	20.42:1	19.05:1	16.28:1
城区	14.92:1	14.21:1	14.01:1	13.58:1	13.67:1
镇区	22.31:1	21.12:1	20.11:1	19.03:1	18.25:1
乡村	33.14:1	30.4:1	27.95:1	25.72:1	24:1

4.幼儿园大专及以上学历教师继续保持较快增长,所占比例不断提高

2020 年,全省幼儿园大专及以上学历专任教师达到 180 260 人,占专任教师总数的 76.99%,比上年提高近两个百分点,比 2016 年提高 6.39 个百分点。本科及以上学历专任教师 32 114 人,占专任教师总数的 13.72%,仅比 2016 年提高近 2 个百分点,如图 1-12 所示。

分城乡看,城乡之间存在明显差距,2020 年城区和镇区幼儿园大专及以上学历专任教师比例分别为 85.72% 和 76.98%,而乡村该比例仅为 65.52%,城乡差距达 15.55 个百分点;本科及以上学历专任教师比例为 19.93% 和 12.4%,而乡村该比例仅为 7.52%,城乡差距达一倍,如图 1-12 所示。

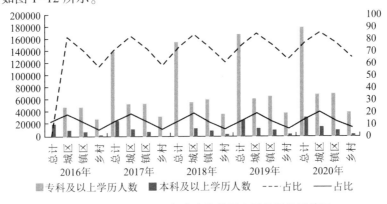

图 1-12　2016—2020 年全省幼儿园专任教师学历情况

2020 年,全省幼儿园任教师学历合格率为 97.77%,比 2016 年提高 1.18 个百分点,如图 1-13 所示。

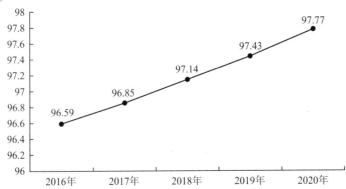

图 1-13　2016—2020 年全省幼儿园专任教师学历合格率(单位:%)

5.幼儿园专任教师中学前教育专业毕业的教师继续增加,但占专任教师的比例提升不明显

2020 年,全省幼儿园专任教师中学前教育专业毕业的专任教师 18.69 万人,比 2016 年增长 67.58%,占专任教师总数的比例为 79.85%,比 2016 年提升 17.26 个百分点,如图 1-14 所示。虽然从总体上这一比例比"十三五"初期有了较大提升,但从 2017 年到 2020 年四年间仅提升 2.44 个百分点,提升比例不明显。

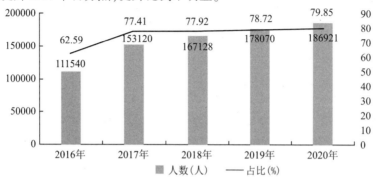

图 1-14 2016—2020 年全省幼儿园学前教育专业毕业的专任教师比例

(三)幼儿园办学条件

中共中央国务院颁发《关于学前教育深化改革规范发展的若干意见》,明确要求公办园资源不足的城镇地区,新建改扩建一批公办园。2020 年,河南省继续以新建、改建、扩建等多种方式,增加幼儿园资源供给,改善幼儿园办学条件,幼儿园占地面积、校舍总面积和各类用房面积继续保持快速增长,生均面积继续增加。

1.幼儿园占地面积、校舍总面积保持快速增长,生均校舍面积继续增加

幼儿园占地面积、校舍总面积保持快速增长,2016 年,全省幼儿园占地面积为 4 058.53 万平方米,到 2020 年达到 5 792.8 万平方米,增长 42.7%;校舍总面积保持同步增长,从 2016 年的 2024.21 万平方米增长至 2020 年的 3 050.02 万平方米,增长 50.7%。2020 年,幼儿园生均校舍面积为 7.17 平方米,比 2016 年增加 2.22 平方米,如图 1-15 所示。

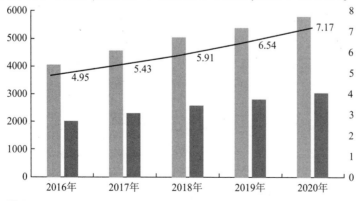

图 1-15 2016—2020 年全省幼儿园办学条件

2.幼儿园拥有图书量持续增长,乡村幼儿园增速高于城镇幼儿园

"十三五"期间,全省幼儿园拥有图书从 2 220.11 万册增至 3 028.38 万册,增长约 36.4%,生均图书增长 1.69 册,由于乡村幼儿园在园幼儿的持续下降,乡村幼儿园生均图书增长 2.46 册,乡村幼儿园的图书拥有量和生均图书增长率均高于城镇幼儿园,如图1-16 所示。

图 1-16 2016—2020 年全省幼儿园藏书情况

三、义务教育

根据国家新型城镇化发展的总体部署和本地城镇化进程,河南省进一步加强省级政府统筹,推进县域内城乡义务教育一体化改革发展,义务教育普及与巩固水平继续保持高位,学校办学条件进一步改善,教师资源配置持续优化,城乡差距逐步缩小,义务教育基本均衡发展得到巩固。

(一)义务教育的普及与巩固

根据《国务院关于统筹推进县域内城乡义务教育一体化改革发展的若干意见》要求,河南省不断加快城镇教育资源配置以适应新型城镇化发展,义务教育阶段学校总体数量下降明显,在校生规模得到较快增长。同时各级政府不断完善控辍保学机制,因地因人施策,对贫困家庭子女、留守儿童、残疾儿童等特殊困难儿童接受义务教育实施全过程帮扶和管理,防止适龄儿童少年失学辍学,义务教育控辍保学机制不断完善,义务教育巩固率继续保持高位提升。

1.义务教育阶段学校数量持续减少,农村学校数量下降明显

"十三五"期间,受城市义务教育学校规模变动及城镇化影响,小学学校数呈现持续减少趋势,主要表现为农村小学数量明显下降。2020 年,全省义务教育阶段学校数为2.24 万所,比 2016 年减少 5 000 所,下降 18.25%。其中,2020 年全省小学有 17 687 所,比 2016 年减少 5 135 所,下降 22.5%。分城乡看,2020 年全省城区小学为 1 901 所,比 2016 年增加 22 所,而镇区小学为 4 855 所,比 2016 年减少 727 所,下降 13.02%;乡村则减少

4 430所,降幅达 28.84%,如图 1-17 所示。

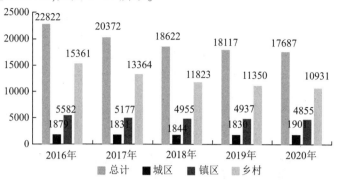

图 1-17 2016—2020 年全省及城乡小学学校数(单位:所)

初中学校数总体继续增加,主要增加在城区,乡村学校数则继续减少。2020 年全省有初中 4 695 所,比 2016 年增加 138 所,增长 3.03%。其中,乡村初中比 2016 年减少 123 所,城区初中则继续增加,比 2016 年增加 159 所,增长 20.92%,如图 1-18 所示。

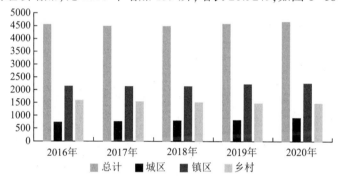

图 1-18 2016—2020 年全省及城乡初中学校数(单位:所)

2.义务教育阶段招生规模小幅增长,初中相对较快,城区增幅显著

"十三五"期间,义务教育阶段招生规模小幅增长,初中招生增长高于小学。2020年,全省义务教育阶段招生数 320.04 万人,比 2016 年增加 2.75 万人,增长 0.87%。其中,2020 年全省小学招生 165.99 万人,比 2016 年减少 7.17 万人,下降 4.14%;初中招生154.05万人,比 2016 年增加 9.92 万人,增长 6.88%,如图 1-19 所示。

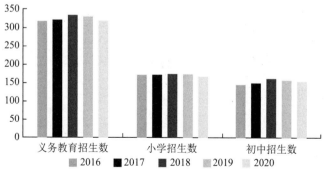

图 1-19 2016—2020 年全省义务教育招生数(单位:万人)

分城乡看,城区招生规模增幅显著,乡村则明显下降。2020年,全省城区小学招生45.49万人,比2016年增长22.71%,乡村则比2016年下降26.04%,如图1-20所示;城区初中学校招生42.56万人,比2016年增长24.99%,乡村则比2016年下降8.09%,如图1-21所示。

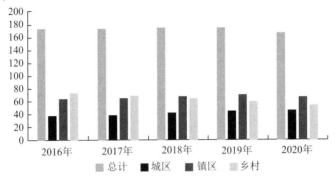

图1-20 2016—2020年全省及城乡小学招生数(单位:万人)

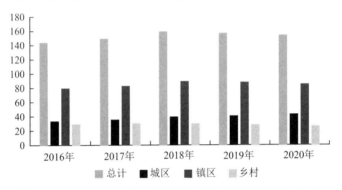

图1-21 2016—2020年全省及城乡初中招生数(单位:万人)

3.义务教育阶段在校生规模持续保持增长,城区增幅高于乡村

"十三五"期间,小学和初中在校生规模持续增长,且初中增幅高于小学,城区增幅高于乡村。2020年,全省义务教育阶段在校生数为1493.73万人,比2016年增加112.31万人,增长8.13%,如图1-22所示。其中,全省小学在校生1021.59万人,比2016年增加56万人,增长5.8%。分城乡看,城区增幅明显。2020年,城区小学在校生为267.21万人,比2016年增长29.74%;乡村小学则比2016年下降16.02%,如图1-23所示。

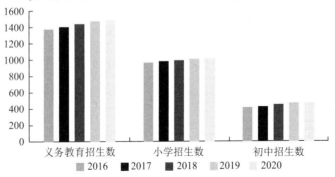

图1-22 2016—2020年全省义务教育在校生数(单位:万人)

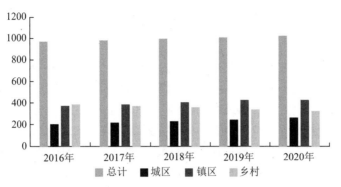

图 1-23　2016—2020 年全省及城乡小学在校生数(单位:万人)

截至 2020 年年底,全省初中在校生为 472.14 万人,比 2016 年增加 56.31 万人,增长 13.54%。分城乡看,城区增幅明显。2020 年,城区初中在校生为 129.37 万人,比 2016 年增长 30.19%;乡村初中则比 2016 年略有下降 1.48%,如图 1-24 所示。

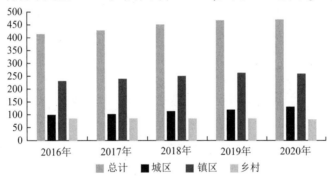

图 1-24　2016—2020 年全省及城乡初中在校生数(单位:万人)

4.义务教育普及水平继续保持高位,义务教育巩固率保持高位继续提高

截至 2020 年年底,全省小学普及程度仍持续保持高水平,男女童入学差异已经消除,男童和女童小学净入学率均达到 100%。2020 年,全省九年义务教育巩固率为 96%,比 2016 年提高近 2 个百分点,如图 1-25 所示。

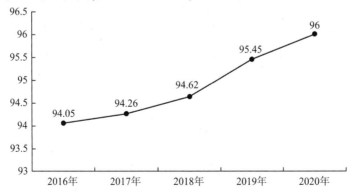

图 1-25　2016—2020 年全省义务教育普及水平(单位:%)

(二)进城务工人员随迁子女和农村留守儿童

根据《国务院关于统筹推进县域内城乡义务教育一体化改革发展的若干意见》和《国务院关于加强农村留守儿童关爱保护工作的意见》要求,河南省进一步强化流入地政府责任,将随迁子女义务教育纳入城镇发展规划和财政保障范围,完善随迁子女就学机制,依法保障随迁子女接受平等义务教育。同时加强留守儿童关爱保护,鼓励父母取得居住证的适龄儿童随父母在工作地就近入学。目前,全省义务教育阶段进城务工人员随迁子女规模继续保持平稳增长,农村留守儿童规模持续下降。

1.义务教育阶段进城务工人员随迁子女在校生数继续增长

义务教育阶段进城务工人员随迁子女数(以下简称随迁子女)总量继续保持平稳增长。2020年,全省义务教育阶段随迁子女在校生人数为67.53万人,比2016年增加5.14万人,增长8.24%。

2020年,全省小学随迁子女在校生数为47.83万人,比2016年增加4.09万人,增长9.35%;初中随迁子女在校生数为19.7万人,比2016年增加1.05万人,增长5.63%,如图1-26所示。

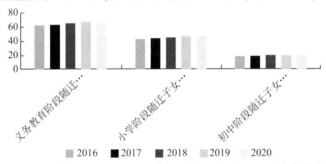

图1-26 2016—2020年全省义务教育阶段进城务工人员随迁人员子女在校生人数(单位:万人)

2.义务教育阶段随迁子女占在校生总数的比例有下降趋势

"十三五"期间,义务教育阶段随迁子女在校生人数虽然持续增长,然而其占在校生总数基本稳定在4.5%左右,而且有下降趋势,其中初中阶段人数逐年增加但占比持续下降。2020年,全省小学随迁子女数占小学在校生总数的4.68%,比2016年微增0.15个百分点;初中随迁子女数占初中在校生总数的4.17%,比2016年下降0.31个百分点,如图1-27所示。

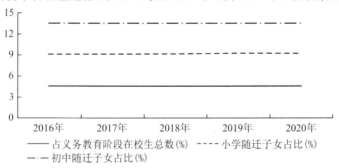

图1-27 2016—2020年义务教育阶段进城务工人员随迁人员
子女在校生数占在校生总数的比例变化

3.义务教育阶段在校生中农村留守儿童规模继续保持下降

"十三五"期间,受户籍制度改革、随迁子女就地入学、鼓励返乡创业等政策影响,河南省义务教育段在校生中农村留守儿童持续呈现下降趋势。2020 年,河南省义务教育阶段在校生中,农村留守儿童 172.95 万人,比十三五初期减少 74.55 万人,下降 30.12%。

2020 年,全省小学就读的农村留守儿童 117.87 万人,比 2016 年减少近 55 万人,下降 31.8%;全省初中就读的农村留守儿童 55.08 万人,比 2016 年减少近 19.58 万人,下降 26.23%,如图 1-28 所示。

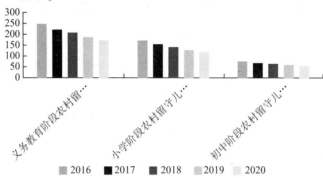

图 1-28　2016—2020 年全省义务教育阶段农村留守儿童在校生人数(单位:万人)

2020 年,全省小学农村留守儿童在校生占小学阶段在校生总数的 11.54%,比 2016 年下降 6.36 个百分点。全省初中农村留守儿童在校生占初中阶段在校生总数的 11.67%,比 2016 年下降 6.28 个百分点,如图 1-29 所示。

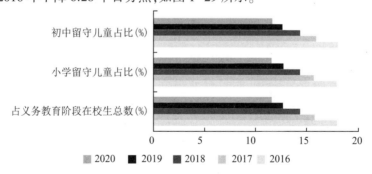

图 1-29　2016—2020 年全省义务教育阶段农村留守儿童在校生数占在校生总数比例的变化

(三)义务教育师资队伍

2020 年,全省义务教育阶段教师规模继续稳步增长,专任教师总量基本满足义务教育发展需求,代课教师数量有所减少,生师比总比改善,教师配置水平持续提高。教师结构得到优化,高于规定学历比例持续提高,城乡中级及以上职称教师比例差距有所缩小。

1.义务教育阶段教师总量增加,城市和农村教师均有增长

2020 年,全省义务教育阶段专任教师规模有所增加。小学专任教师 52.39 万人,比

2016年增加4.97万人,增长10.48%;初中专任教师34.05万人,比2016年增加3.97万人,增长13.2%,如图1-30所示。

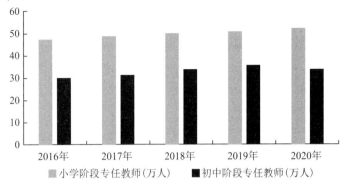

图1-30 2016—2020年全省义务教育阶段专任教师人数变动情况

2.义务教育阶段教师总体上达到编制标准,小学教师配置进一步改善

2020年,全省小学生师比为17.42:1,比2016年下降1.66,小学教师配置逐年改善;初中生师比为13.87:1,下降0.65,如图1-31所示。

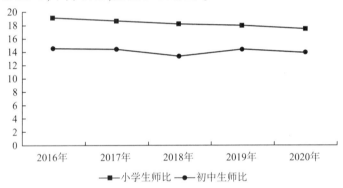

图1-31 2016—2020年全省义务教育阶段生师比

《中央编办 教育部 财政部关于统一城乡中小学教职工编制标准的通知》(中央编办发〔2014〕72号)指出,县镇、农村中小学教职工编制标准统一到城市标准,小学教职工与学生比为1:19、初中为1:13.5。从我省层面看,小学阶段专任教师数量基本达到编制标准,初中阶段教师配置还需进一步优化。

3.中小学代课教师总量下降,小学减少明显

2020年《中共中央 国务院关于深化教育教学改革全面提高义务教育质量的意见》指出,对符合条件的非在编教师要尽快入编,不得产生新的代课教师。2020年,全省有小学代课教师2.82万人,中学代课教师0.86万人,与"十三五"初期相比,全省义务教育阶段代课教师总量明显下降,小学代课教师共减少0.53万人,下降15.82%;中学代课教师共减少0.58万人,下降68.25%,如图1-32所示。

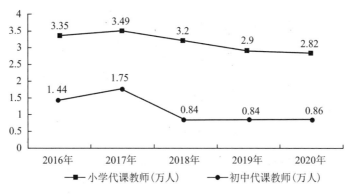

图 1-32　2016—2020 年全省代课教师人数变化情况

4.义务教育阶段教师学历层次继续提升,城乡差距有所缩小

2020 年,义务教育阶段专任教师学历合格率保持高位,小学专任教师学历合格率为 100%,初中专任教师学历合格率为 99.68%。义务教育阶段高于规定学历教师比例继续提升,2020 年,全省小学专科及以上学历教师比例达到 97.47%,比 2016 年提高 4.77 个百分点;全省初中本科及以上学历教师比例达到 82.82%,比 2016 年提高 8.33 个百分点,如图 1-33 所示。

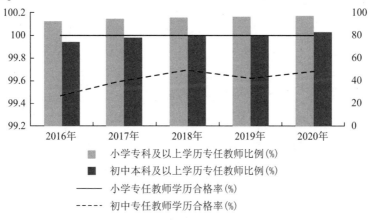

图 1-33　2016——2020 年全省义务教育阶段专任教师学历情况

5.义务教育阶段中级及以上职称教师比例略有下降,小学高级职称教师比例有所上升

2020 年,全省小学中级及以上职称教师比例为 43.65%,比 2016 年下降 3.02 个百分点,全省初中中级及以上职称教师比例为 51.68%,比 2016 年下降 5.17 个百分点。

2020 年,全省小学高级职称教师比例为 5.24%,比 2016 年提高 3.05 个百分点,全省初中高级职称教师比例为 17.09%,比 2016 年下降 0.43 个百分点,如图 1-34 所示。

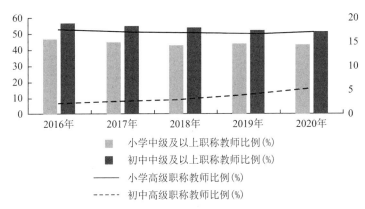

图1-34 2016—2020年全省义务教育阶段专任教师职称情况

(四)义务教育学校办学条件

"十三五"期间,河南省各级政府认真贯彻落实《关于切实做好义务教育薄弱环节改善与能力提升工作的意见》,努力加大经费投入力度,积极改善义务教育办学设施、重视解决城镇学校大班额问题,积极促进教育资源均衡配置。义务教育阶段办学条件得到进一步改善,乡村改善幅度高于城镇,城乡差距有所缩小,但仍较为明显,如图1-35、1-36所示。

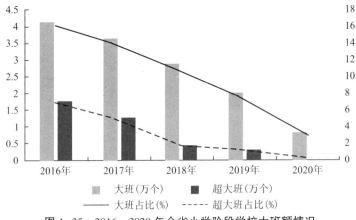

图1-35 2016—2020年全省小学阶段学校大班额情况

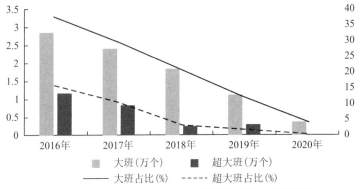

图1-36 2016—2020年全省初中阶段学校大班额情况

1.义务教育阶段大班额问题仍然存在,城乡间资源配置不均衡状况依然明显

2020 年,全省义务教育阶段 56 人及以上大班额比例明显下降。小学 56 人及以上大班额比例为 2.88%,比 2016 年下降 13.18 个百分点;初中为 4.12%,比 2016 年下降 33.4 个百分点。

2020 年,全省义务教育阶段 66 人及以上的超大班额仍有少量存在。小学 66 人及以上超大班额比例为 0.08%,比 2016 年下降 6.73 个百分点;初中为 0.06%,比 2016 年下降 15.54 个百分点。

2.义务教育阶段学校占地面积、校舍总面积保持快速增长,生均校舍面积继续增加

小学学校占地面积、校舍总面积保持快速增长。2016 年,全省小学学校占地面积为 20777.71 万平方米,到 2020 年为 22156.45 万平方米,增长 6.64%;校舍总面积增长较快,从 2016 年的 6094.58 万平方米增长至 2020 年的 7460.59 万平方米,增长了 22.41%。2020 年,小学生均校舍面积为 7.3 平方米,比"十三五"初期增加了近 1 平方米,如图 1-37 所示。

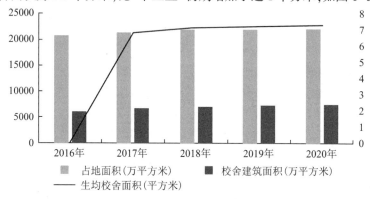

图 1-37 2016—2020 年小学阶段学校办学条件

初中阶段学校占地面积、校舍总面积增长速度高于小学。2016 年,全省初中学校占地面积为 12149.66 万平方米,到 2020 年为 13847.58 万平方米,增长 13.98%;校舍总面积保持同步增长,从 2016 年的 4697.25 万平方米增长至 2020 年的 6243.34 万平方米,增长了 32.91%。2020 年,初中生均校舍面积为 13.22 平方米,比"十三五"初期增加了 1.92 平方米,如图 1-38 所示。

图 1-38 2016—2020 年全省义务教育阶段学校办学条件

3.义务教育阶段学校拥有图书量持续增长,生均图书同步增长

"十三五"期间,全省小学拥有图书从 16 415.03 万册增至 20 882.56 万册,增长约 27.22%,生均图书增长 3.4 册,初中拥有图书从 11 005.06 万册增至 14 730.2 万册,增长约 33.85%,生均图书增长 5.2 册,如图 1-39 所示。

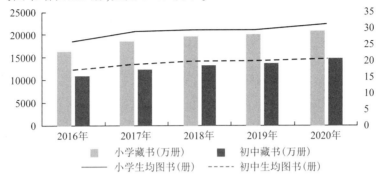

图 1-39　2016—2020 年全省义务教育阶段学校藏书情况

4.义务教育阶段学校教学仪器设备配置水平显著提升

2020 年,全省义务教育阶段学校教学仪器设备配置水平进一步提升。全省小学教学仪器设备值为 913 504.89 万元,比 2016 年增加 385 327.16 万元,增长 72.95%,生均教学仪器设备资产值增长 347.2 元。全省初中生均教学仪器设备值为 705 623.03 万元,比 2016 年增加 300 579.7 万元,增长 74.21%,生均教学仪器设备资产值增长 520.5 元,如图 1-40 所示。

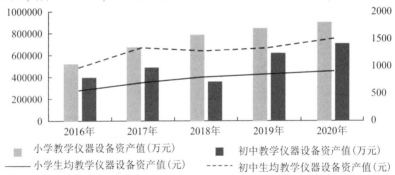

图 1-40　2016—2020 年全省义务教育阶段学校教学仪器设备值情况

四、高中阶段教育

党的十八大明确提出基本普及高中阶段教育的任务,将大力发展高中阶段教育提到民生高度,十八届五中全会进一步提出普及高中阶段教育的战略任务。2017 年教育部等四部门印发的《高中阶段教育普及攻坚计划(2017—2020)》通知规定到 2020 年,全国普及高中阶段教育,适应初中毕业生接受良好高中阶段教育的需求。党的十九大再次提出普及高中阶段教育,2019 年,中共中央、国务院印发《中国教育现代化 2035》提出了全面

普及高中阶段教育的战略目标。中共中央办公厅、国务院办公厅印发的《加快推进教育现代化实施方案(2018—2022)》要求加快高中阶段教育普及攻坚,推动普通高中优质特色发展。为完成普及高中阶段教育的任务,各地加大普及攻坚计划实施力度,加大财政支持力度。2020年,河南省高中阶段毛入学率提高到92.01%,比2016年提高1.61个百分点。

(一)高中阶段教育规模与普及水平

2020年,全省高中阶段学校数量与2016年基本持平,高中阶段教育招生规模回升,中职占比开始回升,高中阶段教育在校生规模回升。

1.高中阶段学校总体数量略有下降,普通高中增长较快,中等职业学校显著减少

"十三五"期间,全省高中阶段学校总量略有下降,2020年共有高中阶段学校1 564所,比2016年减少28所。其中,普通高中925所,比2016年增加133所,增长16.79%;中等职业学校639所,比2016年减少161所,下降20.13%,如图1-41所示。

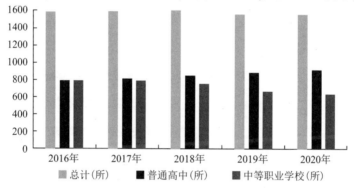

图1-41 2016—2020年全省高中阶段学校数

2.高中阶段教育招生规模回升

2020年,全省高中阶段教育招生130.99万人,比2016年增加13.67万人,增长11.65%。其中,普通高中招生78.44万人,比2016年增加8.91万人,增长12.81%;中等职业学校招生52.56万人,比2016年增加4.77万人,增长9.98%,如图1-42所示。

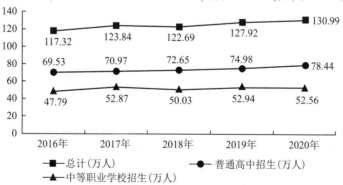

图1-42 2016—2020年全省高中阶段教育学校招生数

3.高中阶段教育招生中普通高中和中职所占比重基本保持稳定

《国家中长期教育改革和发展规划纲要（2010—2020）》要求,今后一个时期总体保持高中和中等职业学校招生规模大体相当。2020 年,全省高中阶段教育招生普职比 59.88：40.12,"十三五"期间,普通高中和中职所占比重基本保持稳定,如表 1-3 所示。

表 1-3　2016—2020 年全省高中阶段教育招生普职比变化

	2016	2017	2018	2019	2020
普通高中招生（万人）	69.53	70.97	72.65	74.98	78.44
中等职业学校招生（万人）	47.79	52.87	50.03	52.94	52.56
普职比	59.27：40.73	57.31：42.69	59.21：40.79	58.61：41.39	59.88：40.12

4.高中阶段教育在校生规模回升,普通高中增幅大于中职

2020 年,全省高中阶段教育在校生总规模为 368.6 万人,比 2016 年增加 40.75 万人,增长12.43%。其中,普通高中在校生 224.86 万人,比 2016 年增加 25.26 万人,增长12.66%;中职在校生 143.74 万人,比 2016 年增加 15.49 万人,增长12.08%,如图 1-43 所示。

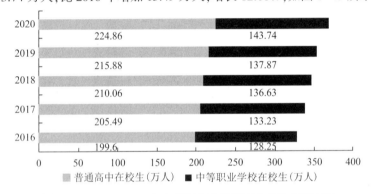

图 1-43　2016—2020 年全省高中阶段教育在校生规模变化

(二)高中阶段教育教师队伍

《中共中央国务院关于全面深化新时代教师队伍建设改革的意见》《国务院办公厅关于新时代推进普通高中育人方式改革的指导意见》《高中阶段教育普及攻坚计划(2017—2020)》等文件出台以来,各地积极落实,着力提升教师队伍质量,补齐乡村教师队伍建设发展短板。2020 年,全省普通高中专任教师持续增加,师资数量配置水平提高,中等职业学校专任教师数量有所减少。

1.普通高中专任教师规模持续增加,中等职业学校专任教师数量有所减少

2020 年,全省普通高中专任教师共有 17.31 万人,比 2016 年增加 3.77 万人,增长27.84%;全省中等职业学校专任教师共有 4.61 万人,比 2016 年减少 0.42 万人,下降8.35%,如图 1-44 所示。

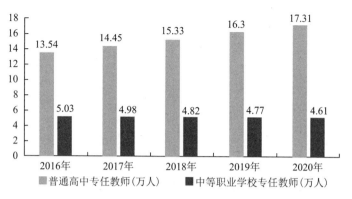

图 1-44　2016—2020 年全省高中阶段教育专任教师规模情况

普通高中专任教师(万人)　中等职业学校专任教师(万人)

2.普通高中生师比继续下降,师资数量配置水平提高;中等职业学校生师比增长明显

2020 年,全省普通高中生师比从 2016 年的 16.93:1下降到 15.18:1,下降 1.75 个百分点,师资数量配置水平提高,如图 1-45 所示。

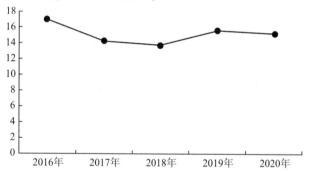

图 1-45　2016—2020 年全省普通高中生师比情况

"十三五"期间,中等职业学校专任教师数持续减少,2020 年,全省中等职业学校生师比提高到 24.94:1,比 2016 年增长 4.75,依然达不到教育部《中等职业学校设置标准》规定的 20:1 的要求,如图 1-46 所示。

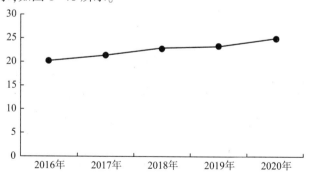

图 1-46　2016—2020 年全省普通中等职业学校生师比情况

3.普通高中专任教师学历水平继续提升

2020年,全省普通高中专任教师学历合格率(本科及以上学历教师比例)98.27%,比2016年提高1.18个百分点。专任教师中具有研究生学历占比11.49%,比2016年提高3.43个百分点,如图1-47所示。

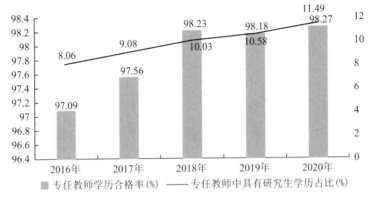

图1-47 2016—2020年全省普通高中专任教师学历合格率情况

(三)普通高中学校办学条件

当前,普通高中在办学条件上正面临来自两个方面的压力:一是深化高考综合改革后,实行选课走班制所需加大的教育资源;二是为全面普及高中阶段教育,各地需进一步扩大的教育资源。2020年,全省普通高中办学条件持续改善,生均校舍建筑面积比2016年增加2.35平方米,生均教学仪器设备值比2016年增长487.6元。

1.普通高中生均校舍建筑面积继续增加

2020年,全省普通高中生均校舍建筑面积17.03平方米,比2016年增加2.35平方米,增长16.01%,如图1-48所示。

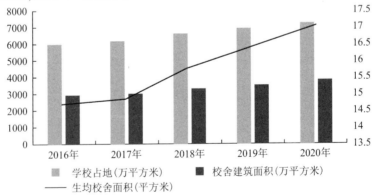

图1-48 2016—2020年全省普通高中生均校舍建筑面积情况

2.普通高中教学仪器设备配置水平继续提高

2020年,全省普通高中生均教学仪器设备值达到1 636.6元,比2016年增加487.6

元,增长 42.44%,如图 1-49 所示。

图 1-49　2016—2020 年全省普通高中学校教学仪器设备值情况

(四)中等职业学校办学条件

《现代职业教育体系建设规划(2014—2020)》提出,巩固提高中等职业教育,加强中等职业教育基础地位。"十三五"期间,全省中职学校数量明显下降,而招生数和在校生数逐年提高,截至 2020 年年底,全省中职学校生均校舍建筑面积减少,而生均教学仪器设备配置水平明显提高。

1.中等职业学校生均校舍建筑面积减少

2020 年,全省中等职业学校生均校舍建筑面积为 12.33 平方米,比 2016 年减少 2.84 平方米,下降 18.72%,如图 1-50 所示。

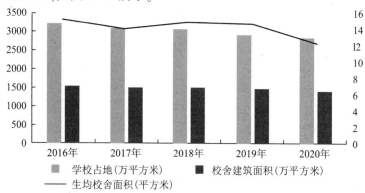

图 1-50　2016—2020 年全省中等职业学校生均校舍建筑面积变化情况

2.中等职业学校生均教学仪器设备配置水平明显提高

政府逐步加大对中等职业教育的投入,加强基本建设,提高中等职业院校办学条件。2020 年,全省中等职业学校生均教学仪器设备值为 3360.09 元,比 2016 年增加 280.09 元,增长 9.09%,如图 1-51 所示。

图 1-51 2016—2020 年全省中等职业学校生均教学仪器设备配置情况

五、高等教育

按照《中国教育现代化 2035》和《加快推进教育现代化实施方案(2018—2020)》的规划部署,河南省高等教育规模继续稳步发展,高等教育迈入普及化阶段。高等教育结构进一步优化,高教专业结构调整迈出新步伐。专业型学位研究生招生规模增幅较大,高层次应用型人才培养类型结构不断优化。普通高校教师学位层次继续提高,师资结构进一步优化,但教师数量配置依然偏紧。普通高等学校办学条件不断改善,为全面提高高等教育质量、实现内涵发展奠定了良好基础。

(一)高等教育规模发展与结构调整

1.普通高校中地方高校约占 99.34%,民办高校约占三成

2020 年,全省共有普通高等学校 151 所,比 2016 年增加 22 所,增长 17.05%。其中本科高校 57 所,比 2016 年增加 2 所;高职(专科)院校 94 所,比 2016 年增加 20 所,如图 1-52所示。从管理体制来看,2020 年,在 151 所普通高校中,其中部省共建高校 1 所;地方高校 150 所,所占比例为 99.34%。

图 1-52 2016—2020 年全省普通高校数量变化情况

从办学体制来看,民办高校约占三成。2020 年,在 151 所普通高校中,公办高校 107,所占比例为 70.86%;民办高校 43 所,所占比例为 28.48%;中外合作办学 1 所,如表 1-4 所示。

表 1-4   2020 年全省普通高校分管理体制、办学体制的分布情况

	分管理体制		分办学体制		
	部属高校	地方高校	公办高校	民办高校	中外合作办学
高校数（所）	1	150	107	43	1
所占比例（%）	0.66	99.34	70.86	28.48	0.66

2.研究生招生大幅增加,普通本专科招生增长明显,成人本专科招生增长最快

2020 年,全省共招收研究生 2.82 万人(其中博士生 0.11 万人,硕士生 2.71 万人),比 2016 年增加 1.4 万人,几乎翻了一番;普通本专科招生 82.86 万人,比 2016 年增加 22.26 万人,增长 36.73%;成人本专科招生 29.57 万人,比 2016 年增加 17.79 万人,增长了 1.5 倍。

表 1-5   2020 年全省高等教育招生规模情况

	2016 年招生（万人）	2020 年招生（万人）	增加（万人）	增长（%）
研究生	1.42	2.82	1.4	98.59
普通本专科	60.6	82.86	22.26	36.73
成人本专科	11.78	29.57	17.79	151.02

普通本科招生规模有所上升,普通专科招生规模增长显著。2020 年,全省普通本专科招生数达到 82.86 万人,比 2016 年增加 22.26 万人,增长 36.73%。其中,普通本科招生 36.02 万人,比 2016 年增加 7.3 万人,增长 25.42%;普通专科招生 46.84 万人,比 2016 年增加 14.96 万人,增长 46.93%,开创了加快发展现代职业教育的新局面,为我国高职教育内涵建设和外延发展注入了新活力。本科与专科招生之比由 2016 年的 47.4∶52.6 调整为 43.5∶56.5,普通专科招生比例提升,如图 1-53 所示。

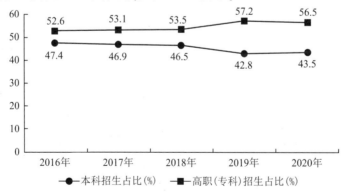

图 1-53   2016—2020 年全省普通本专科招生所占比例变化情况

高职(专科)院校承担了普通专科扩招的主要任务。2019 年全省普通专科招生数量位列全国第一,2020 年,高职(专科)院校的普通专科招生 39.65 万人,占普通专科招生总规模的 84.65%,成为普通专科扩招任务的主要承担者。其他本科院校普通专科招生 7.19 万人,占普通专科招生总规模的 15.35%,如图 1-54 所示。

图 1-54 2020 年全省分院校类型普通专科招生情况

3.研究生在校生有所增长,普通本专科在校生规模增长明显,成人本专科在校生增幅较大

2020 年,各种形式高等教育在学总规模达到 310.54 万人,比 2016 年增加 87.57 万人,增长 39.27%。高等教育毛入学率达到 51.86%,比 2016 年提高 13.06 个百分点,成功实现《国家教育事业发展"十三五"规划》中"2020 年高等教育毛入学率为 50%"的目标,高等教育从大众化阶段迈进了普及化阶段。

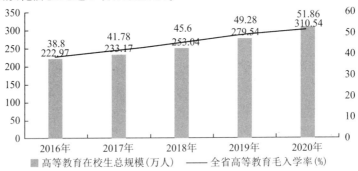

图 1-55 2016—2020 年全省高等教育在校生总规模和毛入学率变化情况

2020 年,全省在学研究生 6.75 万人(博士生 0.4 万人,硕士生 6.35 万人),比 2016 年增加 2.8 万人,增长 70.89%,全省普通本专科在校生 249.22 万人,比 2016 年增加 61.75 万人,增长 32.94%。成人本专科在校生 54.57 万人,比 2016 年增加 23.02 万人,增长 72.96%,增幅较为明显,如表 1-6 所示。

表 1-6 2020 年全省高等教育在校生规模情况

学生类型	2016 年在校生(万人)	2020 年在校生(万人)	增加(万人)	增长(%)
研究生	3.95	6.75	2.8	70.89
普通本专科	187.47	249.22	61.75	32.94
成人本专科	31.55	54.57	23.02	72.96

"十三五"期间,普通高等学校校均规模都有增长,高职(专科)院校增长幅度最大。2020 年,普通高等学校校均规模达到 1.65 万人,比 2016 年增加 0.2 万人,增长 13.79%。其中,本科院校由 2016 年的 2.34 万人增加到 2020 年的 2.59 万人,增长 10.68%;高职(专科)

院校由 2016 年的 0.79 万人增加到 2020 年的 1.08 万人,增长 36.71%,如图 1-56 所示。

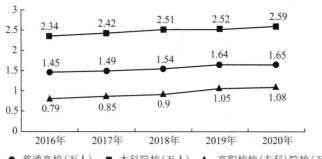

图 1-56 2016—2020 年全省普通高校校均规模变化情况

4.普通本专科和研究生毕业生规模均有所上升,研究生毕业生增幅明显

2020 年,全省毕业研究生 1.62 万人(博士生 495 人,硕士生 1.57 万人),比 2016 年增加 0.42 万人,增长 35%。全省普通本专科毕业生 63.82 万人,比 2016 年增加 15.13 万人,增长 31.07%,如图 1-57 所示。

图 1-57 2016—2020 年全省研究生和普通本专科毕业生情况

5.专、本、研招生层次结构有所变化,在校生学历层次结构趋于合理

受高职扩招影响,2016—2020 年河南省高等教育专、本、研不同层次教育招生比例有所变化,专科依然占据第一位,本科第二位,研究生第三位。专科和研究生占比上升,本科占比下降。2020 年,高职(专科)、本科与研究生招生的比例结构由 2016 年的 51.4:46.31:2.29 调整为 54.67:42.04:3.29,如图 1-58 所示。

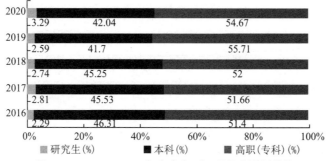

图 1-58 2016—2020 年全省专、本、研招生比例结构

研究生招生结构中,博士占比有所下降,硕士有所上升。相比 2016 年,2020 年研究生招生中,博士占比下降 0.33 个百分点,硕士占比增长 0.33 个百分点,如图 1-59 所示。

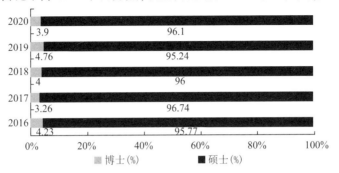

图 1-59 2016—2020 年全省研究生招生比例结构

高职(专科)、研究生在校生占比上升,本科在校生占比下降。相比 2016 年,2020 年高职(专科)在校生占比上升 4.59 个百分点,研究生在校生占比上升 0.58 个百分点,本科在校生占比下降 5.17 个百分点,本专科在校生占比基本持平。专、本、研在校生层次结构由 2016 年的 43.91∶54.03∶2.06 调整为 48.5∶48.86∶2.64,如图 1-60 所示。

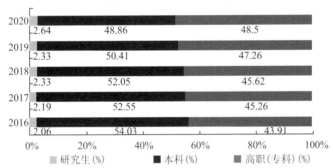

图 1-60 2016—2020 年专、本、研在校生比例结构

相比 2016 年,2020 年,全省高校硕士研究生和博士研究生在校生学历层次结构呈现博士生在校生占比上升、硕士生在校生占比下降的态势。硕士与博士研究生在校生占比结构由 2016 年的 94.68∶5.32 调整为 94.07∶5.93,如图 1-61 所示。

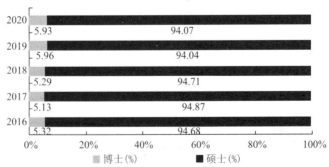

图 1-61 2016—2020 年全省研究生在校生比例结构

6.专业型学位研究生招生规模增幅较大,高层次应用型人才培养类型结构不断优化

专业型学位研究生招生规模和占比大幅增长,专业型博士从无到有,增速较快,优化了高学历层次人才培养类型结构,促进了高层次人才培养的多样化发展。

专业型学位硕士和博士研究生招生增长幅度均高于同层次的学术型研究生。2020年,全省高等教育招收的学术型学位硕士研究生 9 488 人,比 2016 年增加 3 085 人,增长48.18%;招收的专业型学位硕士研究生 17 658 人,比 2016 年增加 10 422 人,几乎是 2016年的 2.5 倍,如图 1-62 所示。

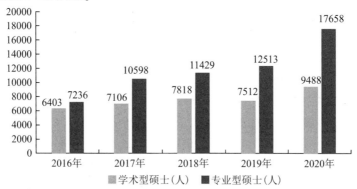

图 1-62　2016—2020 年全省硕士研究生分学位类型招生规模

2020 年,全省学术型学位博士研究生招生 952 人,比 2016 年增加 385 人,增长67.9%;专业型学位博士研究生从 2018 年开始招生,三年间从 47 人提高到 130 人,增长了快 2 倍,如图 1-63 所示。

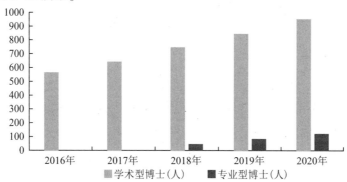

图 1-63　2016—2020 年全省博士研究生分学位类型招生规模

(二)高等教育教师队伍

《国家教育事业发展"十三五"规划》中提出加快高校高层次人才队伍建设,"十三五"期间,河南省普通高校教师学位层次继续提高,师资结构进一步优化,但教师数量配置依然偏紧。

1.普通高校专任教师数量增长明显,但生师比依然偏高

2020 年,普通高校共有教职工 17.21 万人,比 2016 年增加 3.32 万人,增长 23.9%。其中,专任教师 13.34 万人,比 2016 年增加 3.05 万人,增长 29.64%。专任教师占比从

2016 年的 74.08% 提高到 77.51%,如图 1-64 所示。

图 1-64　2016—2020 年全省普通高校专任教师情况

2020 年,普通高校生师比为 18.71∶1,高于 2016 年的 18.56∶1,专任教师数量的增长速度还是落后于学生的增长速度。

2.普通高校教师学位层次构成稳步提高

2020 年,全省普通高校专任教师中硕士及以上学历 7.63 万人,比 2016 年增加 2.13 万人,增长 38.73%,占总数的 57.22%,比 2016 年提高 3.76 个百分点;硕士及以上学位 9.2 万人,比 2016 年增加 2.36 万人,增长 34.5%,占总数的 69.01%,比 2016 年增加 2.36 万人,提高 2.56 个百分点,如图 1-65 所示。

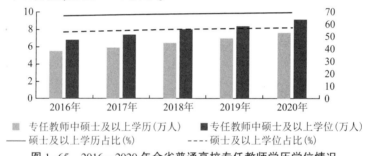

图 1-65　2016—2020 年全省普通高校专任教师学历学位情况

3.普通高校专任教师中副高级及以上职称教师比例略有下降

2020 年,全省普通高校专任教师中副高级及以上专业技术职务 4.42 万人,比 2016 年增加 0.87 万人,增长 24.51%,占专任教师总数的 33.17%,比 2016 年下降 1.37 个百分点,如图 1-66 所示。

图 1-66　2016—2020 年全省普通高校专任教师职称情况

(三)普通高校办学条件

"十三五"期间,为全面提高高等教育质量,各级政府加大高等教育投入,全省普通高校办学条件不断改善。学校占地面积、校舍建筑面积、图书藏量和教学仪器设备值都有不同程度提高,而由于招生数和在校生数逐年提高,截至 2020 年年底,全省普通高校生均校舍建筑面积、生均图书都呈下降态势,只有生均教学仪器设备配置水平明显提高。

1.普通高校校舍建筑面积增加,生均校舍建筑面积下降

2020 年,全省普通高校校舍建筑面积 6 291.67 万平方米,比 2016 年增加 627.74 平方米,增长 11.08%;生均校舍建筑面积 25.25 平方米,比 2016 年减少 4.96 平方米,下降 16.42%,如图 1-67 所示。

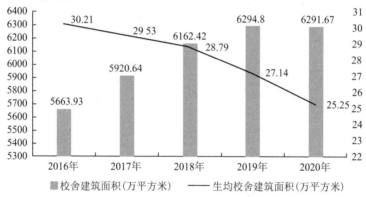

■校舍建筑面积(万平方米) ——生均校舍建筑面积(万平方米)

图 1-67 2016—2020 年全省普通高校校舍建筑面积情况

2.普通高校图书配置总量增加,而生均图书减少

2020 年,全省普通高校图书藏量 19 529.53 万册,比 2016 年增加 3 788.58 册,增长 24.07%;生均图书 78.36 册,比 2016 年减少 5.61 册,下降 6.68%,如图 1-68 所示。

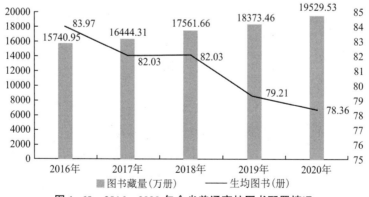

■图书藏量(万册) ——生均图书(册)

图 1-68 2016—2020 年全省普通高校图书配置情况

3.普通高校教学科研仪器设备配置水平大幅提高,生均教学仪器设备值明显提高

政府逐步加大对普通高校的投入,大力提高普通高校办学条件。2020 年,普通高

校教学仪器设备值 3 062 878.92 万元,比 2016 年增加 1 141 127.42 元,增长 59.38%；生均教学仪器设备值为 12 289.86 元,比 2016 年增加 2 038.88 元,增长 19.89%,如图 1-69 所示。

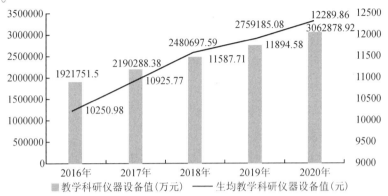

图 1-69 2016—2020 年全省普通高校教学仪器设备配置情况

六、特殊教育

2020 年,河南省特殊教育体系进一步完善,教育公平进一步推进,全省特殊教育供给能力进一步增强,招生数和在校生数继续快速增长,受过特教专业培训专任教师数继续增加,所占比例有所提高。

(一)特殊教育规模

2020 年,全省特殊教育学校 149 所,比 2016 年增加 3 所,其中城区 64 所,镇区 80 所,乡村 5 所。

2020 年,全省特殊教育招生 1.01 万人,比 2016 年增加 0.51 万人,翻了一番；在校生 6.3 万人,比 2016 年增加 3.91 万人,增长 1.6 倍,毕业人数 0.43 万人,比 2016 年增加 0.29 万人,增长 2 倍,如图 1-70 所示。

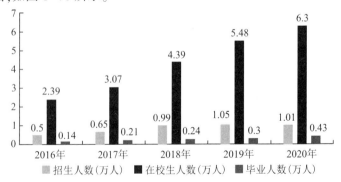

图 1-70 2016—2020 年河南省特殊教育规模

(二)特殊教育结构

"十三五"期间,河南省针对特殊教育坚持重点扶持,特教特办,在校生人数明显增加。2020 年,小学特殊教育在校生总数 47 976 人,比 2016 年增加 29 055 人,增长 1.5 倍。其中,随班就读和附设特教班在校生 25 056 人,比 2016 年增长近两倍,如图 1-71 所示。

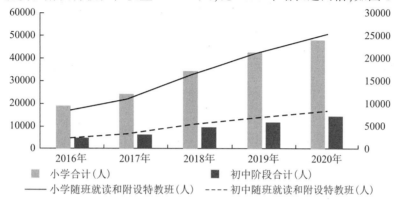

图 1-71   2016—2020 年河南省义务教育阶段特殊教育在校生情况

如表 1-7 所示小学随班就读和附设特教班的在校生占小学特殊教育在校生总数的比例为 52.23%,比 2016 年提高 7.44 个百分点。

初中阶段特殊教育在校生总数 14 569 人,比 2016 年增加 9 872 人,增长两倍多。其中,随班就读和附设特教班在校生 8 196 人,比 2016 年增长 2.5 倍。

初中随班就读和附设特教班的在校生占初中特殊教育在校生总数的比例为 56.26,比 2016 年提高 7.27 个百分点。

高中阶段特殊教育在校生总数 265 人,与 2016 年基本持平。

学前教育阶段特殊教育在校生 180 人。

表 1-7   2016—2020 年全省特殊教育在校生情况

学段	2016 年	2017 年	2018 年	2019 年	2020 年
小学合计(人)	18921	24315	34544	42715	47976
随班就读和附设特教班(人)	8474	11405	16913	21327	25056
初中阶段合计(人)	4697	6141	9118	11696	14569
随班就读和附设特教班(人)	2301	3340	5441	6889	8196
高中阶段合计(人)	257	216	213	191	265
学前教育阶段合计(人)				214	180

(三)特殊教育师资

2020 年,全省特殊教育共有教职工 0.47 万人,比 2016 年增加 0.07 万人,增长17.5%;专任教师 0.43 万人,比 2016 年增加 0.06 万人,增长 16.67%;专任教师中受过特殊教育专业培训的人数为 0.33 万人,比 2016 年增加 0.08 万人,增长 32%;接受过特殊教育专业培训的教师占专任教师总数的 76.74%，比 2016 年提高 7.3 个百分点，如图 1-72 所示。

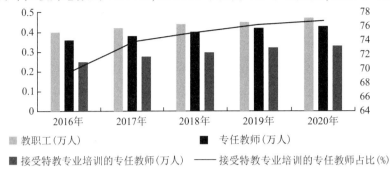

■ 教职工（万人）　　　　　　　■ 专任教师（万人）
■ 接受特教专业培训的专任教师（万人）　—— 接受特教专业培训的专任教师占比（%）

图 1-72　2016—2020 年全省特殊教育师资情况

（四）特殊教育学校办学条件

截至 2020 年，全省特殊教育学校占地面积 127.16 万平方米，比 2016 年增加 13.99 平方米，增长 12.36%；校舍建筑面积 63.51 平方米，比 2016 年增加 8.26 平方米，增长 14.95%，特殊教育学校办学条件显著改善，如图 1-73 所示。

■ 学校占地面积（万平方米）　　■ 校舍建筑面积（万平方米）

图 1-73　2016—2020 年全省特殊教育学校办学条件

七、民办教育

"十三五"期间，民办教育工作全面贯彻落实党的十九大精神，支持和规范社会力量兴办教育，深入落实《中华人民共和国民办教育促进法》和《关于鼓励社会力量兴办教育促进民办教育健康发展的若干意见》，加强对民办教育的监督管理，促进民办教育科学健康发展。河南省各级各类民办教育规模与占比继续扩大，民办高等教育规模增长尤为明显。

（一）各级民办教育总体状况

1.除民办中职外，其他各级民办教育学校数均有增加，其中民办幼儿园增加 3 000 余所

2020 年，全省共有各级各类民办学校 21 670 所，比 2016 年增加 3 952 所，增长 22.31%，占全省各级各类学校总数的比例为 40.04%。"十三五"期间,除中职学校数量减少外,其他各级各类民办学校数量都有不同程度增长,其中民办幼儿园增加的数量最多,比 2016 年增加了 3 485 所,增长 23.64%,占全省幼儿园总数的比例为 75.09%,但由于公办幼儿园的大力发展,民办幼儿园占比下降;民办义务教育学校比 2016 年增加 329 所,占义务教育学校总数的比例提高 3.52 个百分点;民办普通高中比 2016 年增加了 124 所,增长 51.24%,增幅最大,占普通高中的比例同比 2016 年增加了 9.01 个百分点;民办中职学校持续减少,比 2016 年减少 46 所,下降 24.21%;民办普通高校增加了 6 所,占普通高校的比例基本保持稳定,如表 1-8 所示。

表 1-8 2016—2020 年全省各级各类民办学校数量及占比情况

学校类型	学校数(所)			占同级学校总数的比例(%)		
	2016	2020	增加	2016	2020	增加(百分点)
民办幼儿园	14743	18228	3485	78.86	75.09	-3.77
民办小学	1748	1894	146	7.66	10.71	3.05
民办初中	758	941	183	16.63	20.04	3.41
民办高中	242	366	124	30.56	39.57	9.01
民办中等职业学校	190	144	-46	23.75	22.54	-1.21
民办普通高校	37	43	6	28.68	28.48	-0.2

2.各级民办教育在校生规模增长,其中民办高等教育规模增长较快

2020 年,全省各级民办教育在校生总规模达 715.15 万人,比 2016 年增加 148.88 万人,增长 26.29%。其中,民办高等教育在校生规模增长较快,比 2016 年增加 25.4 万人,增长 60.88%;民办中职在校生 30.56 万人,比 2016 年增长 55.76%;民办普通高中在校生 52.6 万人,比 2016 年增长 58.91%;民办义务教育阶段在校生总规模达到 281.49 万人,比 2016 年增加 78.41 万人,增长 38.61%;民办学前教育在园幼儿规模小幅增加,比 2016 年增长 5.3%,如图 1-74 所示。

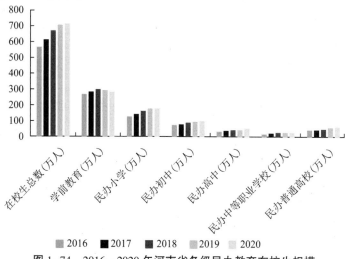

图 1-74 2016—2020 年河南省各级民办教育在校生规模

与 2016 年相比,各级民办教育规模占民办教育总规模的比例也有显著变化。其中,民办学前教育占比为 39.57%,比 2016 年下降 7.89 个百分点;民办义务教育占比 39.36%,上升 3.5 个百分点;民办普通高中占比 7.36%,上升 1.51 个百分点;民办中职教育占比 4.27%,上升 0.81 个百分点;民办高等教育占比达到 9.39%,上升了 2.02 个百分点,如图 1-75、图 1-76 所示。

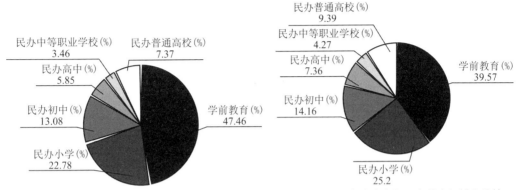

图 1-75　2016 年全省各级民办教育规模占比情况　　图 1-76　2020 年全省各级民办教育规模占比情况

3.民办高中阶段在校生占同级教育规模比例上升幅度较大

2020 年,各级民办教育在校生占各级教育在校生总规模的比例,均比 2016 年有所上升,民办高中阶段相对升幅较大。民办幼儿园在园幼儿比例为 66.5%,比 2016 年上升 0.74 个百分点;民办普通小学和民办初中这一比例比 2016 年分别上升了 4.28 和 3.64 个百分点;民办普通高中这一比例达到 23.39%,比 2016 年上升 6.81 个百分点;民办中职在校生这一比例为 21.26%,比 2016 年上升 5.96 个百分点;民办高等教育在校生这一比例为 26.93%,比 2016 年上升 4.68 个百分点,如图 1-77 所示。

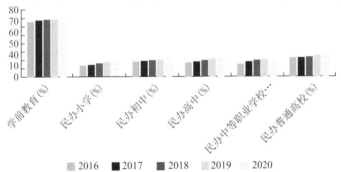

图 1-77　2016—2020 年全省各级民办教育在校生占各级教育在校生比例

(二)民办高等教育

2020 年,全省民办高等教育规模继续增长,占普通本专科在校生的比例上升,民办专科招生加快增长,民办本、专科在校生之比下降,民办普通高校教师配置水平持续提升。

2020 年,全省民办高校总数达到 43 所,比 2016 年增加 6 所,增长 16.22%。

1.民办高等教育招生规模持续增长

2020 年,民办本专科共招生 23.79 万人,比 2016 年增加 11.42 万人,增幅 92.32%,占普通本专科招生总数的比例为 28.71%,比 2016 年提高 8.3 个百分点。其中,民办专科招生增幅最大,相比 2016 年,民办专科招生增加 5.9 万人,增长 104.8%,翻了一番;民办本科招生增加 5.52 万人,增长 81.9%,如图 1-78 所示。

图 1-78　2016—2020 年全省民办普通本专科招生规模及占总规模的比例

2.民办高等教育在校生规模持续增长,占普通本专科规模的比例上升

2020 年,全省民办高等教育在校生为 67.12 万人,比 2016 年增加 25.4 万人,增长 60.88%,占全省普通本专科在校生总数的比例为 26.93%,比 2016 年提高 4.68 个百分点。其中,民办专科在校生增幅最大,相比 2016 年,民办专科在校生增加 14.16 万人,增长 93.04%,民办本科招生增加 11.24 万人,增长 42.42%,如图 1-79 所示。

图 1-79　2016—2020 年全省民办普通本专科在校生规模及占总规模的比例

3.民办专科招生加快增长,民办本专科在校生之比下降

"十三五"期间,民办本专科招生规模稳步增长,2020 年招生 12.26 万人,比 2016 年增加 5.52 万人,增长 81.9%;民办专科招生 11.53 万人,比 2016 年增加 5.9 万人,翻了一番。相比 2016 年,民办本科招生规模占民办普通高校本专科招生总规模的比例下降2.96 个百分点,降至 51.53%,本、专科招生比为 1.06∶1,如图 1-80 所示。

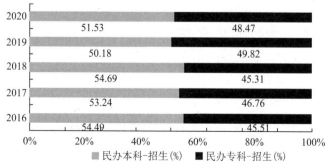

图 1-80　2016—2020 年全省民办普通本专科招生结构变化情况

"十三五"期间,民办本专科在校生规模持续增长,2020 年在校生规模为 67.12 万人,比

2016 年增加 25.4 万人,增长 60.88%;民办专科在校生 29.38 万人,比 2016 年增加14.16万人,增长 93.04%。相比 2016 年,2020 年民办本科在校生规模占民办普通高校本专科在校生总规模的比例下降 7.29 个百分点,降至 56.23%,本、专科在校生之比为 1.28∶1,如图 1-81 所示。

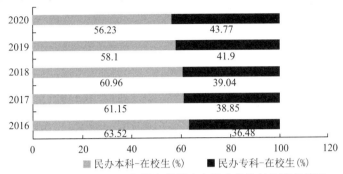

图 1-81　2016—2020 年民办普通本专科在校生结构变化情况

4.民办普通高校教师配置水平持续提高

2020 年,民办普通高校有教职工 4.46 万人,比 2016 年增加 1.68 万人,增长 60.43%,专任教师 3.49 万人,比 2016 年增加 1.39 万人,增长 66.19%,如图 1-82 所示。

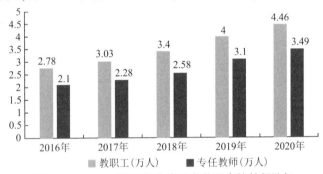

图 1-82　2016—2020 年全省民办普通高校教师队伍

(三)民办高中阶段教育

2020 年,河南省高中阶段民办学校 510 所,比 2016 年增加 78 所,增长 18.06%;在校生 83.16 万人,比 2016 年增加 30.44 万人,占全省高中阶段在校生总数的比例为 22.56%,比 2016 年增加 6.48 个百分点;民办普通高中与民办中职在校生规模之比为 1.72∶1。

1.民办普通高中学校数持续增加,在校生规模增长较快

2020 年,全省民办普通高中 366 所,比 2016 年增加 124 所,增长 51.24%。民办普通高中在校生 52.6 万人,比 2016 年增加 19.5 万人,增长 58.91%,民办普通高中在校生占普通高中在校生总数的比例为 23.39%,比 2016 年提高 6.81 个百分点。

2.民办中等职业教育学校数持续下降,在校生规模持续上升

2020 年,民办中等职业学校数 144 所,比 2016 年减少 46 所,减少 24.21%;在校生30.56 万人,比 2016 年增加 10.94 万人,增长 55.76%。民办中等职业学校在校生占全省中等职业学校在校生总数的比例为 21.26%,比 2016 年提高 5.96 个百分点,如图 1-83 所示。

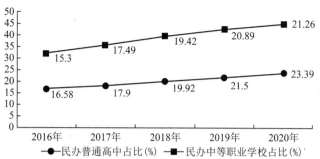

图 1-83　2016—2020 年全省高中阶段民办学校在校生占高中阶段在校生比例变化情况

（四）民办义务教育

2020 年,义务教育阶段民办学校数持续增加,在校生规模及占比提高。

1.民办小学在校生规模持续增长,占小学在校生总数比例持续提高

2020 年,全省有民办普通小学 1894 所,比 2016 年增加 146 所,增长 8.35%。民办小学在校生 180.22 万人,比 2016 年增加 51.22 万人,增长 39.71%。民办小学在校生占全省小学在校生总数的比例继续提高,达 17.64%,比 2016 年提高了 4.28 个百分点,如图 1-84 所示。

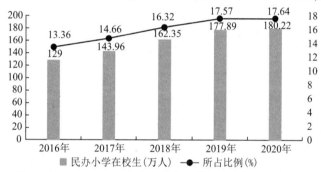

图 1-84　2016—2020 年全省民办小学在校生数及所占比例

2.民办初中在校生规模持续增长,占初中在校生总数比例持续提高

2020 年,全省有民办初中 941 所,比 2016 年增加 183 所,增长 24.14%。民办初中在校生 101.27 万人,比 2016 年增加 27.19 万人,增长 36.7%。民办初中在校生占全省初中在校生总数的比例继续提高,达 21.45%,比 2016 年提高了 3.64 个百分点,如图 1-85 所示。

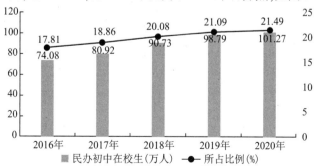

图 1-85　2016—2020 年全省民办初中在校生数及所占比例

(五)民办学前教育

自 2017 年国家实施第三期学前教育行动计划以来,民办学前教育继续保持快速发展。2020 年,全省有民办幼儿园 1.82 万所,比 2016 年增加了 3 485 所,增长 23.64%;其中普惠性民办幼儿园 1.05 万所,比 2016 年增加 0.67 万所,普惠性民办幼儿园占民办幼儿园的比例由 2016 年的 26.18% 提高到 2020 年的 57.8%,如图 1-86 所示。

图 1-86　2016—2020 年全省民办幼儿园在园幼儿数及所占比例

1.民办学前教育在园幼儿增速放缓,普惠性民办幼儿园在园幼儿占比提高

2020 年,民办学前教育在园幼儿为 283 万人,比 2016 年增加 14.25 万人,增长 5.3%;其中普惠性民办幼儿园在园幼儿 171.06 万人,普惠性民办幼儿园在园幼儿占民办学前教育在园幼儿的比例由 2016 年的 28.06% 提高到 2020 年的 60.45%。

2.民办学前教育在园幼儿占学前教育总规模的比例下降

2020 年,民办学前教育在园幼儿占全省学前教育在园幼儿的比例为 66.5%,比 2019 年下降 2.63 个百分点,改变了 2016—2019 年民办学前教育在园幼儿占比一直上升的态势,如图 1-87 所示。

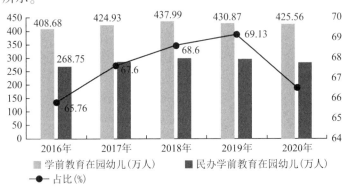

图 1-87　2016—2020 年全省民办学前教育在园幼儿占比情况

专题二　河南省学前教育发展研究

一、学前教育发展状况

(一)学前教育普及情况

为更全面了解河南省"十三五"期间学前教育的普及情况,除呈现河南的相关数据外,还以全国的相应数据作为比照,来进一步说明河南省的学前教育发展状况。

1.幼儿园数量逐年增多

2015-2020 年间,河南省幼儿园数量呈逐年增多趋势,且占全国幼儿园数量的比例也缓慢提升。自"十二五"末年至"十三五"末年,河南省幼儿园数量从 2015 年的 1.7 万所增至 2020 年的 2.4 万所,增加了 41.18%,此期全国幼儿园总数共增加 6 万余所,河南省增加的园所数超过全国增长总数的 11%。河南省幼儿园在全国的占比情况如下:2015年,河南省有近 1.7 万所幼儿园,全国共有 22 万所幼儿园,河南省幼儿园数占全国幼儿园总数的 7.7%;2016 年,河南省共有 1.8 万所幼儿园,全国有 23 万所幼儿园,河南省园所数占总比为 7.8%;2020 年,河南省有 2.4 万余所幼儿园,全国共有 29 万所幼儿园,河南省园所数占总比为 8.3%,如图 2-1 所示。

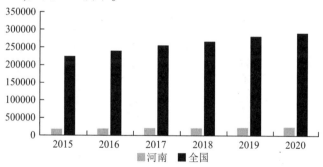

图 2-1　2015-2020 年河南省及全国幼儿园数量(单位:所)

"十三五"期间,河南省民办幼儿园数量呈逐年上升趋势,但增速较慢;2015—2019 年全国民办幼儿园数量逐年增多,但 2019—2020 年有所下降。2016 年,河南省民办园数为 1.4 万所,全国民办园总数为 15.4 万所,河南占总比为 9.1%;2017 年,河南省的该数据为 1.6 万所,全国的为 16 万所,河南占总比增至 10%;2018 年,河南省有 1.7 万所民办园,全国为 16.6 万所,河南占总比为 10.2%;2019 年,河南省民办园数为 1.8 万所,全国共有17.3

万所,河南占总比为 10.4%;2020 年,河南省又增加 100 余所民办园,全国民办园总数为 16.8 万所,河南占全国民办幼儿园总数的 10.7%,如图 2-2 所示。

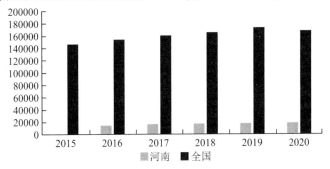

图 2-2　2015—2020 年河南及全国民办幼儿园数量(单位:所)

从上可知,河南省民办园数占全国民办园数的比例高于河南省幼儿园数占全国幼儿园数的比例,这说明河南省民办园数占全省幼儿园总数的比例较大,具体数据为 2016 年河南民办园数占总比为 77.8%,到 2020 年占总比略有下降,但仍占总数的 75%。

2.幼儿园在园(班)幼儿数呈先升后降趋势

"十三五"期间,河南省在园(含班)幼儿数先升后降,全国也呈同样态势。河南省的在园(含班)幼儿数量 2016 年为 401 万人,2017 年增长至 425 万人左右,2018 年为 438 万人,2019 年降至 431 万人,2020 年再降至 426 万人;全国在园(含班)幼儿数量由 2016 年 4 400 万增长至 2019 年 4 700 万人,2019 年后开始下降,至 2020 年降至 4 500 万人。可见,河南省在园(含班)幼儿数量变化趋势与全国略有不同,河南自 2018 年之后在园幼儿数量开始逐年下降。总体来看,河南在园(含班)幼儿数占全国在园(含班)幼儿总数的比例也一直低于 10%,如图 2-3 所示。

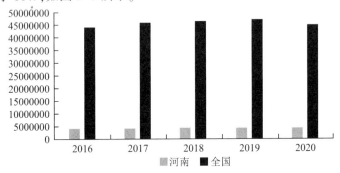

图 2-3　2016—2020 年河南及全国在园(含班)幼儿数量(单位:人)

"十三五"期间,河南省民办园在园幼儿数也呈先升后降趋势,全国此期也如此,但出现降点的年份不同。2016 河南省民办园在园幼儿数为 261 万人,2017 年为 279 万人,2018 年为 293 万人,2019 年为 292 万人,2020 年为 283 万人;全国民办在园幼儿数量 2016 年为 2 400万人,2017 年为 2 500 万人,2018 年为 2 600 万人,2019 年为 2 600 万人,2020 年降至 2 300万人,如图 2-4 所示。由上可知,河南省民办园在园幼儿数 2016—2018 年逐年增长,2019 年、2020 年逐年下降,全国此数据从 2020 年开始下降,河南及全国的民办园在园幼儿数都是先升后降,且与同期在园(含班)幼儿总数变化的时间节点一致。需进一步指出的是,河南省民办园在园幼儿数占全国民办园在园幼儿总数的比例由 2016 年的 10.72%增至 2020 年的 11.99%。

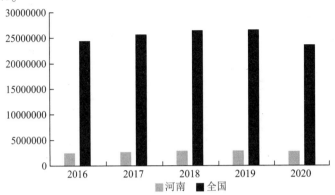

图 2-4　2016—2020 年河南及全国民办园在园幼儿数量(单位:人)

3.学前教育三年毛入园率逐年上升且明显高于全国同期水平

"十三五"期间,河南省学前教育三年毛入园率一直高于全国水平,并呈现逐年上升趋势。2015 年,河南省学前教育三年毛入园率为 83.18%,全国该数据为 75.0%;2016 年,河南省学前教育三年毛入园率为 85.14%,全国的该数据为 77.4%;2017 年,河南省的数据为 86.45%,全国为 79.6%;2018 年,河南省的为 88.13%,全国为 81.7%;2019 年,河南省的为 89.5%,全国为 83.4%;2020 年,河南省的为 90.3%,全国为 85.2%。河南省学前教育三年毛入园率自 2015 年起一直高于 80%,2015—2020 年 6 年间该数据增长了 7.12%,全国同期增长了 10.2%,如图 2-5 所示。

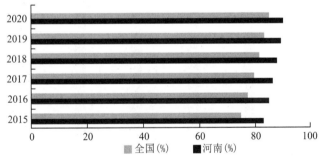

图 2-5　2015—2020 年河南及全国学前教育三年毛入园率情况

(二)学前教育普惠情况

1.普惠园及其在园幼儿数逐年提升,占总比都为先升后降再升

(1)普惠园数量①逐年上升,至 2020 年占总比超过 2/3

随着河南省学前教育事业的发展,2016—2020 年全省普惠性幼儿园的数量也随之上升。2016 年河南省普惠幼儿园数量为 7 812 所,2017 年为 12 437 所,2018 年增至 13 088 所,

---

①　普惠园数量=公办园数+普惠性民办园数。

2019 年又增加 200 余所,到 2020 年增至 16 582 所,与 2016 年相比增长率达 112.26%,如图 2-6 所示。河南省普惠幼儿园占全省幼儿园总数的比例则是先快升后缓降,2020 年又快速提升,2016—2020 年的占总比比例分别为:41.79%、60.34%、59.04%、57.69%、68.06%。

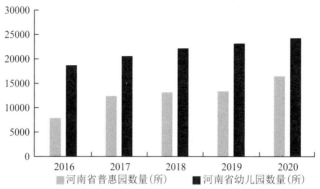

图 2-6　2016—2020 年河南省普惠性幼儿园数量

（2）普惠园在园幼儿数①逐年上升,其占总比先快升后缓降再升

2016—2020 年随着河南省在园幼儿数的上升,普惠园在园幼儿数也随之上升。2016 年河南省普惠园在园幼儿数为 155 万人,2017 年增至 230 万人,增速较快;2018—2019 年呈缓慢上升趋势,2020 年达到 269 万人,相比 2016 年增长率为 73.54%,如图 2-7 所示河南省普惠园在园幼儿数占全省在园幼儿总数的比例呈先快升后缓降再快升变化特点,具体来说,2016—2020 年的数据分别为:45.42%、63.94%、61.87%、62.29%、70.63%,其中,2016—2017 年增速较快,2019—2020 年又快速增长。

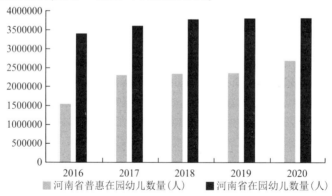

图 2-7　2016—2020 年河南省普惠园在园幼儿数量

2.公办园数量逐年缓升,但其在园幼儿数持续缓降后回升

（1）公办园数及其占总比逐年缓慢提升

2016—2020 年河南省公办园数量逐年增多,但增长趋势缓慢。2016 年河南省有 3 000 余所公办幼儿园,占河南省幼儿园总数的 21.14%;2017 年,该数据为 4 000 余所,占

---

①　普惠性幼儿园在园幼儿数=全省在园幼儿数（不含班）－非普惠性民办园在园幼儿数;非普惠性民办园幼儿数=民办园在园幼儿总数－普惠性民办园幼儿数。

总比为 21.49%;2018 年共有 4 800 余所公办园,占总比为 21.85%;2019 年,增至 5 000 余所,占总比是 22.08%;2020 年,河南省公办园有 6 000 余所,占总比是 24.91%,公办园数量及其占总比逐年缓慢上升,如图 2-8 所示。

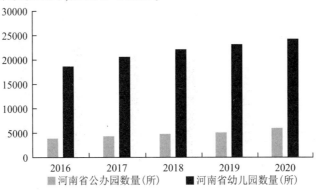

图 2-8　2016—2020 年河南省公办园数量

（2）公办园在园幼儿数①持续缓降至 2020 年有所回升

2016—2020 年河南省公办园在园幼儿数呈波浪式变化趋势,但总体波动不大,如图 2-9 所示。2016—2019 年河南省公办园在园幼儿数呈缓慢下降趋势,4 年间幼儿数量下降 6 万余人;公办园在园幼儿数占河南省在园幼儿总数（含班）的比例也从 2016 年的 34.24% 逐年下降,到 2019 年该数据降至 30.8%。2019—2020 年公办园在园幼儿数量增加 9 万余人,成为"十三五"期间发展最快的年份,但其占总比只为 33.5%,仍不及 2016 年的占比情况。

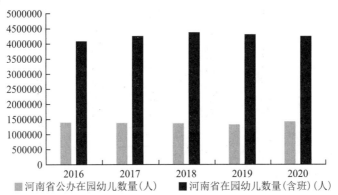

图 2-9　2016—2020 年河南省公办园在园幼儿数量

3.普惠性民办园及在园幼儿数逐年提升,其占总比先快升后缓降再提升

（1）普惠性民办园数逐年提升,但其占总比先快升后缓降再提升

2016—2020 年河南省普惠性民办园数量呈上升趋势,其中,2016—2017 年增幅较大,如图 2-10 所示。2016 年河南省普惠民办园数量不足 5 000 所,占河南省幼儿园总数的 20.65%;2017 年,该数据增至 8 000 所,占总比升至 38.84%;2018 年,普惠性民办园数量

---

①　公办园数=幼儿园总数-民办幼儿园数;公办园在园幼儿数=在园幼儿园总数（含班）-民办园在园幼儿数。

增加 200 余所,占总比为 37.22%;2019 年普惠性民办园数与 2018 年持平,占总比略有下降,为 35.6%;至 2020 年,普惠性民办园数增至 1 万余所,同年河南省幼儿园总数为 2.4 万余所,其占总比升至 43.4%,为"十三五"期间的最高水平。

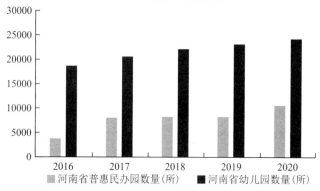

图 2-10　2016—2020 年河南省普惠性民办园数量

（2）普惠性民办园在园幼儿数呈上升趋势,但其占总比先快升后缓降再提升

2016—2020 年河南省普惠性民办园在园幼儿数总体呈上升趋势,其中,2016—2017 增幅较大,如图 2-11 所示。2016 年河南省普惠性民办园在园幼儿数占全省在园幼儿总数(含班)的 18.45%,2017 年该比例为 35.13%,2018 年为 34.03%,2019 年是 34.38%,至 2020 年,河南省普惠性民办园在园幼儿数进一步上升,其占总比达到 40.19%。

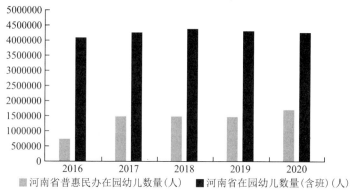

图 2-11　2016—2020 年河南省普惠性民办园在园幼儿数量

4.普惠率先升后缓降再提升,但都低于全国同期水平

2016—2020 年河南省学前教育普惠率呈小幅波动趋势,先升后缓降再升,但均低于同期全国学前教育普惠率,仅 2017 年与全国数据最为接近,如图 2-12 所示。2016 年,河南省学前教育普惠率为 52.69%,该年全国数据为 67.26%;2017 年,河南省的数据为 67.54%,全国为 70.63%;2018 年,河南省为 65.43%,全国数据是 73.07%;2019 年,河南省普惠率继续缓降至 65.26%,全国普惠率为 76.01%;2020 年,河南省普惠率升为 73.7%,全国数据则达到 84.74%。

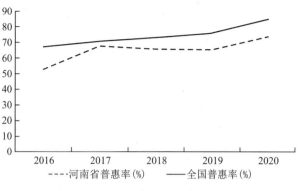

图 2-12 2016—2020 年河南省学前教育普惠率

(三)幼儿园师资队伍状况

1.幼儿园教职工总体情况

2016—2020 年河南省幼儿园教职工数量和全国幼儿园教职工总数都呈现逐年上升的趋势,其中,学前教育专业的教职工人数也逐年上升。学前教育专业教职工数占幼儿园教职工总数的比例,2016 年,河南省的数据为 44.23%,全国该数据是 46.49%;2017 年,河南的为 54.13%,全国为 47.17%;2018 年,河南的数据为 53.50%,全国为 47.60%;2019年,河南为 53.44%,全国是 47.19%;2020 年,河南该比例是 53.97%。可见,除 2016 年外,2017—2019 年河南省学前教育专业幼儿园教职工数占总比均高于全国的该数据,在一定程度上为学前教育高质量发展奠定了专业基础,如图 2-13 所示。

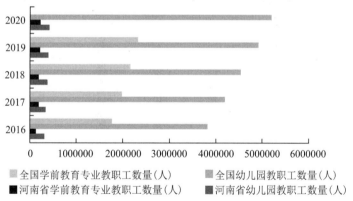

图 2-13 2016—2020 年河南省幼儿园教职工数及学前教育专业教职工数量

2.幼儿园专任教师情况

(1)幼儿园专任教师数逐年递增,但其占全省幼儿园教职工总数的比例逐年缓降

2016—2020 年河南省幼儿园专任教师总数逐年上升,如图 2-14 所示。从占总比来看,2016—2020 年,河南省幼儿园专任教师数占全省幼儿园教职工总数的比例分别为:60%、59.52%、58.33%、57.89%、57.43%;2016—2020 年其占全国幼儿园专任教师总数的比例分别为:7.98%、8.13%、8.31%、8.19%、8.04%。可见,河南省幼儿园专任教师数占全

省幼儿园教职工总数的比例逐年缓降。

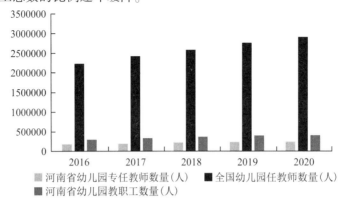

图 2-14　2016—2020 年河南省幼儿园专任教师数量情况

（2）学前教育专业专任教师数量及其占总比逐年提升

"十三五"期间,河南省学前教育专业专任教师数量逐年增多。占总比方面,2016—2020 年,河南省学前教育专业专任教师占全省幼儿园专任教师总数的比例分别为:62.59%、77.43%、77.92%、78.74%、79.84%;2016—2019 年全国学前教育专业幼儿园专任教师数占全国幼儿园专任教师总数的比例分别为:67.59%、69.34%、70.94%、71.33%。可见,河南省学前教育专业幼儿园专任教师占全省幼儿园专任教师总数的比重逐年上升,至"十三五"末年占近80%,且其占总比超过 2017 年、2018 年、2019 年全国的该数据,这为更好地实施幼儿园保育教育、保障幼儿园教育质量奠定了良好基础,如图 2-15 所示。

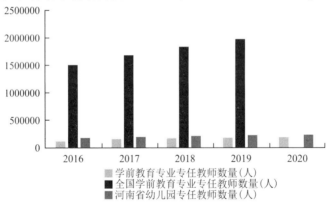

图 2-15　2016—2020 年河南省学前教育专业专任教师数量

（3）幼儿园专任教师学历以专科为主,高水平幼师数量增多,但至 2020 年仍有近 1/4 幼师学历不达标

如图 2-16、图 2-17 所示,2016 年,河南省拥有研究生学历的幼儿园专任教师占比为 1%,本科学历专任教师占总比为 12%,专科学历专任教师占总比为 58%,高中学历专任教师占总比是 26%,初中及以下学历的专任教师占总比为 3%;2020 年,河南省内拥有研

究生、本科、专科学历的专任教师占总比分别为 1%、14%、62%，高中学历的教师占总比为
21%，初中及以下学历的占总比为 2%，也即共有 23% 的幼儿园专任教师学历未达标。
《中华人民共和国教师法》中规定，"取得幼儿园教师资格，应当具备幼儿师范学校毕业及
其以上学历"。总的来看，至 2020 年年底，河南省高中、初中及以下学历的幼儿园专任教
师数量共减少了 6%，专科学历专任教师数量增长了 4%，本科学历的增长了 2%，研究生
学历的专任教师数量有变化，但不明显。

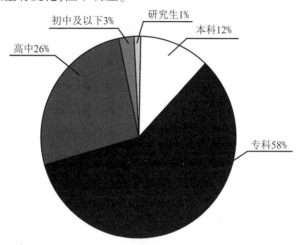

图 2-16   2016 年河南省幼儿园专任教师学历情况

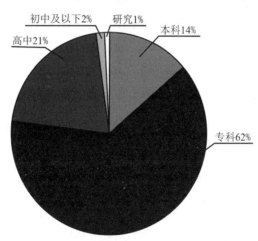

图 2-17   2020 年河南省幼儿园专任教师学历情况

（4）幼儿园专任教师中有编制的占总比逐年下降，未定职级的占总比总体提升

2016—2020 年河南省未定职级的幼儿园专任教师数逐年显著增多；有编制的幼儿教
师数量先降后升，2017—2020 年的数据分别为：25 674 人、25 149 人、25 329 人、26 949
人，总体波动幅度微小。从占总比来看，2016 年，河南省未定职级的幼儿园专任教师占全
省幼儿园专任教师总数的 81.57%，2017 年的数据为 83.36%、2020 年为 85.99%；2017—
2020 年，河南省有编制的幼儿园专任教师数占全省幼儿园专任教师总数分别为：12.98%、
11.72%、11.20%、11.51%。可见，有编制的幼儿园专任教师占总比逐年下降，未定职级的

幼儿园专任教师占总比总体提升,如图 2-18 所示。

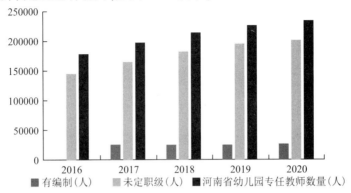

图 2-18　2016—2020 年河南省幼儿园专任教师职级及编制情况

3.幼儿园园长情况

(1)幼儿园园长数和学前教育专业园长数都逐年提升

2016—2020 年河南省幼儿园园长数量和学前教育专业园长数量总体呈现上升趋势,全国幼儿园园长数量和学前教育专业园长数量也有明显增多趋势。2016 年,河南省学前教育专业园长占全省园长总数的 45.27%,全国的该数据为 56.65%;2019 年,河南的数据为 58.79%,全国为 60.14%;2020 年,河南的数据升至 59.44%。可见,"十三五"期间河南省学前教育专业园长占总比提升明显,但除 2017 年外,2016 年、2018 年、2019 年该数据均低于全国占比情况,如图 2-19 所示。

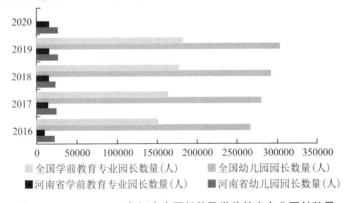

图 2-19　2016—2020 年河南省园长数及学前教育专业园长数量

(2)幼儿园园长学历以专科为主,但本科及以上学历者占总比逐年提升

2016 年,河南省研究生学历的幼儿园园长占全省园长总数的 1%,本科学历占 25%,专科学历的园长有 58%,专科及以上学历的园长占比 84%,如图 2-20 所示。

2019 年,研究生学历的幼儿园园长占园长总数的 1%,本科学历者占 29%,专科学历的园长有 60%,专科及以上学历园长占总比为 90%,如图 2-21 所示。

2020 年,研究生学历的幼儿园园长占总数的 1%,数量相比 2016 年有所减少,比 2019年有所增加,本科学历者占总比为 32%,专科及以上学历园长占总比为 91%,如图 2-22所示。

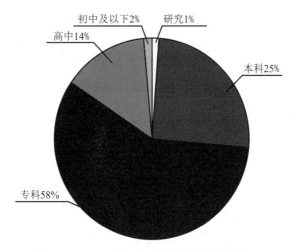

图 2-20　2016 年河南省幼儿园园长学历情况

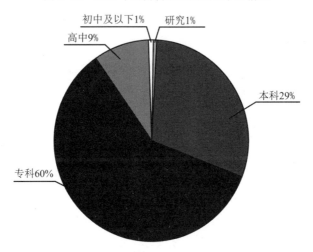

图 2-21　2019 年河南省幼儿园园长学历情况

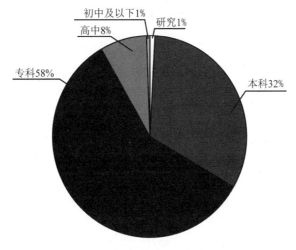

图 2-22　2020 年河南省幼儿园园长学历情况

总的来说,2016 年至 2020 年河南省初中及以下学历、研究生学历的幼儿园园长占比没有明显变化,高中学历的园长数量有所减少,专科学历的园长占比也没有明显变化,拥有本科学历的园长数量上升至 32%。另外,截止到 2020 年,专科及以上学历的园长占比为 91%,这说明河南省绝大多数幼儿园园长的学历达标。

(3)有编制的幼儿园园长占比少,未定职级的园长多,其占总比先升再降

2016—2020 年河南省有编制的幼儿园园长占总比较小,但逐年递增,未定职级的幼儿园园长数量也缓慢增加。2016 年,河南省未定职级的园长占园长总数的 74.47%;2017年,有编制的幼儿园园长占园长总数的 14.96%,未定职级的园长占总数的 76.48%;2018年,有编制的幼儿园园长占园长总数的 18.03%,未定职级的园长占总数的 86.79%;2019年,有编制的幼儿园园长占园长总数的 16.52%,未定职级的园长占总数的 78.43%;2020年,有编制的幼儿园园长占园长总数的 19.02%,未定职级的园长占总数的 77.07%,如图 2-23 所示。

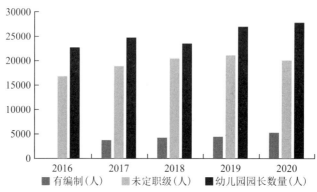

图 2-23　2016—2020 年河南省幼儿园园长编制及职级情况

二、学前教育发展的亮点

(一)集团化办园促均衡,扩充优质学前教育资源

1.背景

学前教育多年来一直是国家、河南省教育事业中的薄弱环节。经过 2011—2013 年、2014—2016 年两期学前教育三年行动计划的实施,河南省学前教育取得长足发展。2016年,全省学前三年毛入园率达到 85.14%,"入园难"进一步缓解,但由于基础差、欠账多,学前教育仍是河南省教育体系中最薄弱的环节,普惠性资源不足、"入公办园难、入优质民办园贵"等问题还存在。早在 2010 年,《国家中长期教育改革和发展规划纲要(2010—2020 年)》中就提出"把促进公平作为国家基本教育政策"。为了解决"入公办园难"的问题,进一步扩大普惠性学前教育资源覆盖范围、促进学前教育均衡发展与教育公平,河南省鼓励示范幼儿园和教育集团通过集团化管理以缓解学前教育发展中的困局。

《河南省人民政府办公厅关于印发河南省第二期学前教育三年行动计划（2014—2016年）的通知》（豫政办〔2015〕55号）中指出，"鼓励有条件的示范幼儿园和有实力的教育集团充分发挥自身优势，以举办分园、承办新园、托管弱园、合作办园等多种形式，积极扩大区域内优质学前教育资源。"关于印发《河南省第三期学前教育行动计划（2017—2020年）》的通知（豫教基二〔2017〕139号）中提出，"鼓励有条件的示范幼儿园以举办分园、承办新园、托管弱园、合作办园等多种形式，积极扩大区域内优质学前教育资源。发挥各级示范幼儿园的辐射带动作用，在全省范围内深入开展结对帮扶工作，全面提升农村幼儿园保教质量。""鼓励采取公办幼儿园举办分园区的形式，扩大公办学位供给。""要落实每个县（市、区）城区至少举办3所标准化公办幼儿园的要求，通过新建、扩建或盘活机关、企事业单位等因各种原因停办、闲置的教育资源，加快建成一批城区公办幼儿园。"

2.举措

下面主要以南阳地区为例来说明集团化办园的具体举措。南阳市主要采用紧密型教育集团模式来实现优质学前资源快速复制、快速扩展，以示范幼儿园为集团龙头，基本实施集团总园负责制下的人、财、物统筹管理的集团化办学模式。集团实行一套班子、一体化管理、集体研训、资源共享、统一考评。如以南阳市实验幼儿园、南阳市第一实验幼儿园、南阳市第二实验幼儿园、内乡县直幼儿园、桐柏县直幼儿园等为龙头，带动区/县新建园/改建园/乡镇中心幼儿园发展。

（1）示范、引领农村幼儿园发展，助推城乡学前教育均衡发展

以南阳市实验幼儿园为例来说明。[①] 自2011年至今，先后管理31所农村分园，其中，"十三五"期间新增3所乡镇分园，目前仍有青华、王村、达士营、新寺4所乡镇/村幼儿园在直管中。南阳市实验幼儿园主要采用以下举措推动农村幼儿园发展：

其一，责任明确、压实，建立分层、精细化管理体制。构建执行层、监管层和决策层三个层面的管理体制，注重管理行为的标准化、规范化、系统化。其中，执行管理层由分园执行园长或副园长负责，除了开展分园的各项工作外，还协调集团的园际活动；监管层由总园中层以上领导负责，定期深入其分包的园所，从专业的角度出发对各分园的工作质量进行监督；决策层由总园领导班子组成，对所有分园的发展定位、重大事项的决策等负责。这种管理方式不仅增加了管理的力度，实现了管理的精细化，还进一步夯实了以责任制为核心的幼儿园管理体制。同时，制定了切实可行的《实幼集团管理手册》，统一科学的教育理念，统一集团幼儿园文化、形象标识；规范幼儿园一日生活流程和教师行为；后勤工作传帮带，对门岗、医务人员、炊事人员进行实操性培训等，实施统一、精细化管理。

其二，真抓实练、交流研讨，促进教师共同提高。师资队伍是保证和提高学前教育质量的关键。为提升集团师资队伍的整体水平，通过"六个一"工程、同步教科研、师资交流等途径，促进教师整体成长。首先，把师德建设放在首位，组织教职工学习党的政策和幼教法规，通过学习、讲座、演讲等形式，规范教师的从教行为；第二，以"六个一"培养工程

---

① 本部分内容不少来自南阳市实验幼儿园总园长包丽提供的内部资料，还有部分基于对园长的访谈。

（读一本好书、展一项才艺、写一篇论文、做一个课件、上一次公开课、设计一样玩教具）为抓手，对教师进行说、唱、弹、跳、画、研、教等基本功培训，促进从教素养提高；第三，加强各园所教师间的对话、互动和合作。集团成立专业的导师团队，充分发挥各园业务精英的引领带头作用；成立五大领域课题组，研发集团内部的园本课程，并开展同步教科研活动；每月在集团内举办一次教学观摩活动，并通过分园之间的大带小、强带弱，总园班级与分园结对子，即两个班分包一个园，开展常态化的交流等方式，使分园教师逐步转变教育观念和教学方式，逐步解决"小学化"教育倾向等疑难问题，整体打造"优素质、善科研、会反思、有专长"的师资队伍。

其三，合而不同，各具特色。全集团在"一体化"管理的基础上，提出了"合而不同，百花齐放"的发展思路，要求各分园紧密结合自身本土特点、找准特色，以特色塑文化，打造理念、文化相同但各具特色的园所，比如：总园——混龄教育和体育活动，青华分园——体育特色，龙升分园——美术特色，达士营分园——经典诵读特色，新寺分园——自然教育特色。需进一步指出的是，新寺分园是2016年实幼集团发挥集团化办园的独特优势，投入100余万元，把南阳市卧龙区靳岗镇一个农村薄弱园建成了标准高、功能全的乡镇示范园，另外，其还是全集团幼儿开展自然教育的实践教育基地，是城乡、乡乡互动的平台。

（2）示范园直管/托管区域新建/改建园，推动城区学前教育优质均衡发展

南阳市区体现为以省示范幼儿园直管新建的完全学校幼儿部。为满足人民群众对优质教育资源的需求，破解"大班额""入学难"问题，2017年南阳市委市政府决定在市郊建设20所十五年一贯制的完全学校。分五年建设，每年四所，每个区建设一所。按照"省内一流、国内领先，三年初见成效，五年大见成效"的目标，拟把完全学校打造成南阳教育的"新旗帜""新标杆"。截止到2020年秋期，南阳市已有16所完全学校实现招生。这些完全学校多建在非核心城区，多数是城乡接合部。南阳市/区教体局让几所省示范幼儿园直管部分完全学校幼儿园，扩大优质学前教育辐射范围，带动城区学前教育优质均衡发展。具体来说，由南阳市实验幼儿园引领第一完全学校、第五完全学校、第九完全学校幼儿部，目前其仍直管第九完全学校幼儿部，其他2所幼儿园委托管理任务已结束；南阳市第一实验幼儿园直管第三、第十二完全学校幼儿部；南阳市第二实验幼儿园直管第八完全学校幼儿部。

除此之外，南阳市实验幼儿园还曾通过委托管理的方式支持新建的尚书坊小区配套幼儿园、已建成的南阳市体育运动学校附属幼儿园实现快速、优质发展。

3.成效

集团化办园以"名园+薄弱园""名园+乡村园""名园+新建园"等形式，通过直管或托管的方式，助力农村园、薄弱园、新建园快速、有质量甚至优质发展，在一定程度上破解了在办园经费不足、优质学前教育资源稀缺及分布不均的状况下，如何促进区域幼儿园保教质量整体提升的问题。

集团化办园的成效仅以南阳市实验幼儿园直管/托管的乡镇幼儿园为例具体说明。其重团队、重培养、重实践，在教职工队伍建设和硬件设施改造方面全力投入，提升文化内涵，破解"园舍、资金、师资、管理"等难题，坚持"公益、普惠、示范"的原则，着力打造"一处一风景、一园一特色"的园本文化，先后有10所农村分园被评为"市级示范幼儿

园",形成了"城区名园引领、城乡同步发展"的优质学前教育网络,把优质幼儿园办到了农民家门口,让 5 000 多名农村孩子与城市孩子共享优质学前教育,打造出了学前教育集团化发展的品牌。

(二)融合教育促公平,保障特殊儿童受教育权

学前融合教育是一个鼓励差异存在和消除教育障碍的过程。让幼儿在平等的环境中共同接受教育,支持幼儿差异性发展是未来教育的发展趋势。经过几年的努力,河南的融合教育走在全国前列。

1.政策层面

当前国际社会普遍将融合教育作为实施特殊教育的重要途径,尤其是低年龄段的特殊儿童教育。"融合教育(Inclusive education)也称全纳教育,是指具有身体障碍或者心理障碍的学生进入普通学生的班级、学校以及其他社会场所,主要针对残疾学生,让残疾学生能够和普通学生共同参加学习和社会活动,而不是把具有身心障碍的儿童孤立于隔离的、封闭的环境。"①融合教育主张让具有身心障碍的儿童能够和普通儿童一起接受学前教育,甚至直到高等教育。最开始的融合教育相关理论主张将特殊需求儿童进行教育安置,并提出相应的教学策略,并不是完全的融合。但是现在,融合教育是一种从人文主义的角度出发,真正使特殊需求儿童融入班级、融入学校、融入社会,促进特殊需求儿童和普通儿童的身心共同朝着健康方向发展的教育思想。②

在融合教育不断发展的过程中,河南省根据国家相关法律、省内幼儿园的发展实际和特殊儿童家长的需求,制定与颁布了相关政策推动学前融合教育的发展,如表 2-1 所示。

表 2-1　河南省融合教育相关政策

文件名	发文机关	发文时间
《河南省特殊教育提升计划(2014-2016 年)》	河南省教育厅	2014 年 12 月
《河南省特殊教育提升计划(2017-2020 年)》	河南省教育厅	2017 年 10 月

2014 年,河南省出台《河南省特殊教育提升计划(2014—2016 年)》(以下简称"一期提升计划")。自 2015 年起,河南省已先后安排 800 万元专项资金用于学前融合教育试点项目,截至 2016 年年底,全省共 73 所幼儿园作为学前融合教育试点,240 名残疾孩子受益。一期提升计划将残疾儿童学前教育纳入二期学前教育三年行动计划,鼓励普通幼儿园、儿童福利机构和残疾儿童康复机构为适龄残疾儿童入园学习创造条件,力争早发现、早干预、早教育、早康复。为推进学前融合教育发展,河南于 2014 年成立了学前融合教育发展支持中心,承担教学研究、师资培训、项目推广等工作。一期提升计划提出的总体目标是:全面推进全纳教育,使每一个残疾孩子都能接受合适的教育。经过三年努力,在全省基本建立布局合理、学段衔接、普职融通、医教结合的特殊教育体系,办学条件进

①　方俊明.融合教育与教师教育[J].华东师范大学学报(教育科学版),2006(03):37-42+49.

②　赵红.融合教育背景下幼儿园教师对特殊儿童态度的研究[D].广西师范大学,2017.

一步改善,教育质量进一步提升。建立以财政为主、社会支持、全面覆盖、通畅便利的特殊教育服务保障机制,基本形成政府主导、部门协同、各方参与的特殊教育工作格局。到2016年,全省视力、听力、智力残疾儿童少年义务教育入学率达到90%以上,其他残疾人受教育机会明显增加。主要措施:一是初步建立布局合理、学段衔接、普职融通、医教结合的特殊教育体系,办学条件和教育质量进一步提升。二是建立健全财政为主、社会支持、全面覆盖、通畅便利的特殊教育服务保障机制,增强特殊教育的保障能力。三是基本形成政府主导、部门协同、各方参与的特殊教育工作格局,增强特殊教育的推动能力。一期提升计划要求将残疾儿童纳入学前教育行动计划,力争早发现、早干预、早教育、早康复。此外,鼓励支持普通幼儿园创造条件接收残疾儿童,发展学前融合教育。

与教育部等部门联合颁布的全国《特殊教育提升计划(2014—2016年)》相比,我省最大的亮点是:在全国范围内较早地从省级政府层面出台支持学前融合教育发展的政策措施,将融合教育前置到学前教育阶段,在全省每个县(市、区)选择1~2所普通幼儿园开展学前融合教育试点,让更多的地方分享郑州市管城区奇色花福利幼儿园学前融合教育的成功经验。这不仅能够使更多的特殊需要儿童在良好的环境中得到早期干预、康复和教育,为残疾儿童顺利接受义务教育创造条件,而且对于普通儿童较早地形成关爱、帮助他人的良好品格也具有积极意义。

一期提升计划实施以来,河南省特殊教育事业取得较快发展,残疾人受教育机会不断扩大,普及水平显著提高;财政投入大幅增长,保障力度持续增强;教育质量进一步提升。但是,残疾儿童少年义务教育在一些贫困地区普及水平还比较低;学前、高中和高等特殊教育发展整体相对滞后;特殊教育条件保障机制还不够完善;教师队伍数量不足、待遇偏低、专业水平有待提高。

《河南省特殊教育提升计划(2017—2020年)》(以下简称"二期提升计划")是巩固一期成果、提升残疾人受教育水平的必然要求,是推进教育公平、基本实现教育现代化的重要任务,是增进残疾人家庭福祉、加快残疾人小康进程的重要举措。二期提升计划强调坚持统筹推进、普特结合的原则。以普校为主体、特教学校为骨干、送教上门和远程教育为补充,全面推进融合教育。除此之外,还坚持普惠加特惠、特教特办,政府主导、各方参与的原则。最重要的是,二期提升计划提出总体目标是到2020年残疾儿童义务教育入学率达到95%以上。非义务教育阶段特殊教育招生规模显著扩大。特殊教育学校、普通学校随班就读和送教上门的运行保障能力显著提高。教育质量全面提升,建立一支数量充足、结构合理、素质优良、富有爱心的特殊教育教师队伍。全面落实国家课程教材体系,探索实施地方课程和校本课程,开发配套教学资源,普通学校随班就读质量整体提升。这一规定虽然没有涉及学前残疾儿童的入园率,却在一定程度上保障了残疾儿童的幼小衔接教育。一直以来,学前残疾儿童的幼小衔接问题未能得到有效解决,在幼儿园毕业后除特教学校外无校可上的情况比比皆是,95%的入学率可谓是为残疾儿童平等接受义务教育做了铺垫。① 最后,在重点任务上要求着重完善特殊教育体系、增强特殊教育

---

① 中华人民共和国国务院新闻办公室.教育部就特殊教育《二期计划》答问.http://www.scio.gov.cn.2017-07-28.

保障能力、提升特殊教育质量等。支持普通幼儿园接收残疾儿童是二期提升计划的重点内容,为此,二期提升计划对非义务教育阶段特殊教育的重视与支持明显增加。相应地,学前特殊教育作为非义务教育的一部分也受到了国家的重视,但整体而言,还是以鼓励号召为主,并非强制性要求,也未有相应的问责机制或设置奖惩机制。

2.实践层面

2014 年河南省发布《河南省特殊教育提升计划(2014—2016 年)》,该计划提出在全省每个县(市、区)要选择 1~2 所幼儿园开展学前融合教育试点,依托郑州幼儿师范高等专科学校,整合各方资源,成立河南省学前融合教育发展支持中心。河南省学前融合教育发展支持中心引导省内教育行政单位和融合幼儿园开展学前融合教育。

Q 幼儿园是河南省郑州市一所融合幼儿园,自 1996 年起便开始走上融合教育的探索之路,Q 园构建了一套具体可操作的本土化学前融合教育体系,以幼儿的身心发展发育为基础,提出了嵌入式学习和添加式学习的融合教育课程架构,充分尊重幼儿身体与心理全方面的发展规律和幼儿的学习特点。Q 园按照 1:8 的比例接受特殊需求幼儿和普通幼儿,它的融合教育体系核心就是为每一位具有特殊需求的幼儿制定个别化融合教育计划,为每一位特殊需求幼儿提供适合自己的发展计划。以下主要以其为例来说明实践层面的融合教育开展状况。

(1)打造师资培训课程,实现理实高度结合

学前融合教育师资培训采用理论课程和实践课程相结合的形式展开。理论课程主要包括四大模块内容:融合教育基础知识、学前融合教育课程建构、学前融合教育班级管理及学前融合教育师资队伍建设。实践课程主要内容则是针对融合教育实施中的关键能力,如问题行为的观察与处理、个别化教育计划的制定与实施、个别化融合教育的实施等内容展开。试点园园长和教师经过理论和实践的学习,不仅具备了融合教育理念,也掌握了融合教育专业知识和能力,提高了试点幼儿园教师的融合教育素养,有效提升了学前融合教育的实践质量。下面具体谈谈师资培训中非常重要的实践课程——个别化教育计划的制定与实施。

个别化教育计划(Individual Educational Planning)即 IEP,最早是由美国出台的《残障儿童教育法》提出的,它的宗旨在于为每一位特殊需求幼儿制定教育方案,由父母和幼儿教师共同协商,针对特殊幼儿的现有发展水平和下一阶段可能达到的水平,拟定未来一个月或一个学期的幼儿发展重点和发展目标。

Q 幼儿园针对每一位特殊需求幼儿都会制定个别化的教育计划。首先,幼儿教师通过一个月的班级观察评估,综合分析特殊需求幼儿在五大领域的发展情况,形成特殊需求幼儿现有发展水平的书面综合分析报告。其次,幼儿教师讨论分析特殊需求幼儿的相关资料,确定幼儿的 IEP 目标,其中包括长期目标和短期目标,长期目标以幼儿全面发展为基础,在半年或者更长一段时间内幼儿在某些领域应该学习和加强的重点,是对幼儿的一般性期望;短期目标是指为了完成长期目标必须实际执行的教学目标,须具有可操作性,幼儿在几周或者一两个月之内通过学习或者锻炼可以获得的知识和技能。一个长期目标分为 2~5 个短期目标。最后是召开 IEP 会议,会议由幼儿园内的教学主任或者是资深特殊教育教师主持,班级内每位教师都要参加,班级教师要先向家长介绍特殊幼儿

在五大领域发展的优点及其近期内的进步表现,若家长有疑问则班级教师进行解答,家长结合这些情况对幼儿在家中的表现进行讲述;然后由班主任教师和专业人员各自陈述对幼儿这段时间的观察评估结果,初步制定个别化教育计划;最后家长和班级教师表达意见和建议,最终确定个别化教育计划,并签字确认。在制定个别化教育计划的过程中,借助幼儿能力的评估和教育目标,可以让幼儿教师和家长对幼儿的教育需求有更加清楚地认识,并且共同思考如何制定下一阶段的目标,这会更加有利于幼儿的发展。

（2）转变教育评价方式,实现教康有机结合

对于特殊幼儿而言,有家园转衔、幼小衔接和机构到融合的转衔三类。学前融合教育发展支持中心力图通过政策宣导、巡回辅导、师资培养等途径,使幼儿园在专业教师的引导下,通过融合教育的方法策略确保其顺利转衔。具体表现在:通过入园前的评估、家访、入园指导等方法,使孩子在适合的教育模式下、适合的班级进行就读。对于评估结果能力相对较弱的幼儿,可采用半天机构就读、半天幼儿园就读的方式入学,从渐进式融合到完全融合逐步过渡。对于幼小衔接而言,主要通过评估了解特殊幼儿在入园的准备工作和入园适应的工作上的现状能力和难点,采取有针对性的措施引导幼儿生活自理能力、沟通交往能力提升等。

Q幼儿园的教师对幼儿园内的特殊需求幼儿评估每学期有1~2次,评估的内容除了学业成就之外,还包括生活作息、基本能力和运动能力等,特殊需求幼儿入园之后,园内的特殊教育教师参考该幼儿的初次评估量表,将特殊需求幼儿暂时安排在适合其现有发展水平的班级中,再由班级教师对该幼儿进行两周的观察记录,分析其在语言、社会、健康、科学、艺术等方面的能力水平,进一步了解幼儿的发展状况。参与评估的人员不仅有主配班教师、保育员,还有家长等,评估场合包括幼儿园、家庭以及培训机构等。Q园的每一位幼儿都有属于自己的评估手册,教师在每学期末对幼儿进行评估,评估报告交由家长查看。除此之外,特殊需求幼儿还有属于自己的个别化教育计划,每隔一段时间教师都会与幼儿家长在一起召开个别化教育计划会议,分析上一阶段的幼儿行为,再制定下一阶段的幼儿发展目标。

教康结合是实现特殊需要儿童"全人"发展的主要路径,学前融合教育发展支持中心注重教育与康复结合评价体系的建立。Q幼儿园也设置了康复训练室,由专业教师管理并使用。一方面,学前融合教育发展支持中心通过师资培养、巡回辅导等途径,帮助教师掌握幼儿的教育评估方法、教学方案的设计方法、教学实施的方法、家园合作的方法等,引导教师注重通过对个案的个别化评估,制定和实施个别化融合教育计划,并注重通过嵌入式、添加式和融入式的学习方式。在整个过程中,注意教学前、中、后的评价与教学策略的调整,同时既关注特殊幼儿的发展又注重对于普通幼儿的教育成效,逐步优化融合教育中的教育评估体系。另一方面,学前融合教育发展支持中心与医院合作,对特殊儿童进行医学鉴定、评估,以了解其能力现状。让康复治疗师和特殊教育教师能够在基于精确的评估结果的基础上对特殊儿童进行针对性的医学康复和教育康复,以实现特殊儿童的功能补偿及潜能发展。

（3）构建师资培训体系,实现普特有效融合

学前融合教育师资培训的主要对象是试点园的在职教师和管理人员。从岗位来说,

学前融合教育师资培养教师岗和管理岗分开培养;从培训层次来说,学前融合教育既有初阶的融合教育基础理论知识的培训,又有进阶的融合教育实际问题解决的专项培训;从培训类别来说,既有理论的培训,又有融合教育现场的观摩和专门指导。不同类型的培训使不同的主体在自己的工作范围内共同推进学前融合教育高质量方向前进。学前融合教育师资培训团队中既有能进行理论引领的高校融合教育专家,又有能开展实践指导的一线学前融合教育骨干教师,还有从康复医学角度助推学前融合教育的康复治疗师。培训团队通过集中培训、巡回辅导等方式进行师资培养,有效促进了各试点园从不同的角度逐步推进学前融合教育实践。培训团队同时也为各个试点园搭建了一个对话交流和资源链接的平台,启发各个试点园从多学科角度去思考学前融合教育的发展。

Q幼儿园中特殊需求幼儿和普通幼儿一起接受教育,教师人数多时,虽然比较容易照顾到所有幼儿,但是并不意味着一定能把班级带好。拥有学前教育背景的教师可能并不具备特殊教育的相关知识,而受过特殊教育训练的教师也未必接受过学前教育专业知识的训练,因此在融合班级中,教师必须重新接受在职教育,例如如何制定个别化教育计划、如何设计适应性发展课程等等。每位教师设置固定的学习时长,分配不同的学习内容,教师将自己所学的内容掌握后,再传授给园内的其他教师,实现"利益最大化",花最少的时间学习更多的知识。教师接受的培训也是与时俱进的,而接受培训的教师会将培训内容及时反馈到自己班级的幼儿身上或者是班级管理中,然后再由这些教师对其他教师进行二次培训。在融合教育的班级中,要达到个别化教学的目标,幼儿教师绝对需要充分的准备及训练,甚至要比一般幼儿园教师及特殊班教师更具专业性,因此在融合班级中任教的幼儿教师所具备的条件将不同于其他类别的特教老师,而需另设一个类别,才能胜任如此繁复且具有挑战性的工作。

3.成效与展望

河南省学前融合教育的发展稳中前进,虽然仍存在一些问题,但整体向正向的趋势发展。从2015年发展至今,学前融合教育试点幼儿园的数量从45所增加目前的126所,其中公立的学前融合教育试点幼儿园达到96所。学前融合试点幼儿园的数量在增多,教师培训的次数也在增加。目前接受过学前融合教师培训的教师数量从90人次达到600人次。目前在幼儿园内的特殊需要幼儿数量亦增加至48名,更多的有特殊需要的幼儿有场所可以让他们接受正常的教育与服务。但是,试点园增加后出现一系列问题,有成功且丰富融合教育经验的幼儿园如何给予试点园系统化的指导?试点幼儿园可从哪些方面获得支持以推进幼儿园向融合幼儿园发展?通过学前融合教育的不断摸索与发展,试点幼儿园开展的困难从是否做融合教育之困,逐渐变为了缺少学前融合教育的方法之困,从选择之困变为了实践之困。在这种状况下,如何从多个方面给予学前融合教育试点幼儿园支持,满足其需要,就变得尤为重要。而及时的支持也是推动河南省学前融合教育发展的关键,否则就会出现观念转变而实践脱节的尴尬处境,不利于学前融合教育的发展。

当然,当前在学前融合教育领域还存在一些其他问题,比如教师职前培养中如何融入学前教育的相关内容。我国在1989年便提出了普通中等师范学校和幼儿师范学校可以根据自身院校的需求在对教师的培养中适当增加关于特殊教育的相关学科,以供学生做出不同的职业选择。在 2011 年和 2017 年颁发的《教师教育课程标准》和《第二期特殊教育提升计划(2017—2020 年)》中也提到了要在师范生的课程中增添特殊教育的相关课程,以此来提升师范生开展融合教育的能力。但如今我国的特殊教育和普通教育依然是分立的状态,普通教育的师范生并未掌握特殊教育的相关知识和技能,在这种情况下开展融合教育的教师少之又少,应该如何改变这种局面? 高校对现有的教育模式是否需要进行改革? 政府是否需要颁布相应的政策? 这些都是值得思考的问题。

(三)传统文化课程彰华彩,助力学前教育有质量发展

学前教育有质量发展离不开学前教育体系的有质量建设。学界对学前教育高质量体系建设的共识多是在质量内涵上重点关注教育经费、教师质量和课程内容。[①] 也有学者明确指出,课程和师资既是学前教育机构"专业质量"的决定因素,也是构成学前教育质量的核心要素,更是我国学前教育质量提升中薄弱且关键的环节。[②] 而虞永平,朱佳慧(2018)进一步指出,"教师观念的转变,幼儿园环境的改善,最终都要落实到课程设计和实施过程之中,并促进幼儿的发展"。"十三五"期间,经由政府推动和全省学前教育从业者的努力,河南省幼儿园课程建设百花齐放,尤其是传统文化课程建设甚至在全国有一定的知名度和影响力。

1.食育课程和天地课程

河南省实验幼儿园张秋萍园长领衔开发的食育课程和洛阳师范学院杜燕红教授联同新安县幼教中心开发的乡村幼儿园"天地"课程于 2018 年获得国家基础教育教学成果二等奖,在河南省甚至全国都有一定的知名度与影响力。

(1)食育课程[③]

河南省实验幼儿园开创的食育课程以健康为核心,坚持以生活化的教育方式凸显河南"两黄文化"中有关食物的知识与习俗,并将其融入幼儿园课程以促进幼儿的全面发展。幼儿园构建的食育课程是一个丰富的课程体系,其根本思想是尊崇天地自然之道和传承优秀传统饮食文化,通过食物来增进幼儿对自然、文化的认识以及幼儿自身的心灵康乐。通过食育课程实践,幼儿园进一步强化了对幼儿的饮食安全与膳食保障,通过制定多样化集体营养食谱、推荐精准化体质食谱、研发特色化民族食谱等方式来严选食材和健康烹饪,从而确保幼儿的愉快进餐与健康成长。

经过十五年的课程实践,幼儿园的食育课程已经成为河南省幼教领域的一张闪亮名片,为建设有中国特色的学前教育课程体系贡献了河南智慧与河南方案。2016 年,幼儿园创设的"耕读苑"被河南省教育厅批准为"河南省学前教育食育实践基地","耕读苑"开设了以亲近土地、亲近食物、保护自然、敬畏生命等为主题的幼儿园食育课程。幼儿园食育课程分别于 2017 年和 2020 年被写进(河南省第三期学前教育行动计划《2017—

① 龚欣,曲海滢.高质量学前教育体系:基本构成、主要特征及建设路径[J].现代教育管理,2021(11):34-42.
② 黄瑾,熊灿灿.我国"有质量"的学前教育发展内涵与实现进路[J].华东师范大学学报(教育科学版),2021(3):33-47.
③ 河南省实验幼儿园食育课程简介[J].学前教育研究,2021(1)..

2020年)》和《中共河南省委河南省人民政府关于学前教育深化改革规范发展的实施意见》,成为推动河南学前教育均衡与科学发展的重要手段。2020年11月,河南省教育厅启动100所食育试点幼儿园项目,深入探索食育生活化课程,将食育课程推向了全省。在科学研究成果上,张秋萍园长主持的课题《基于中国传统文化的幼儿园食育创新实践研究》荣获2018年国家基础教育教学成果二等奖,此外还研发和出版了食育课程丛书、食育案例、食育读本30余册。

（2）天地课程①

"天地课程"的理念根基是"天为魂、地为根,借天地之资源优势,促幼儿之和谐发展"。具体包含三层要义:"顺天时"——沿袭传统文化,传承地域文化。秉承培养"现代中国人"的教育真谛,将传统文化节日、民间游戏等融入课程,传承中华文化,建立文化认同,培育文化自信。"借地利"——依托乡土资源,构建课程体系。秉承自然主义教育思想,尊重乡村幼儿园发展的实际需要,让幼儿回归大自然、社会生活,回到天地的万事万物,感受人伦之道、自然之道。"促人和"——解放幼儿天性,促进和谐发展。尊重幼儿作为独立的人所具有的天性、权利及需要,让幼儿到更广阔的天地去感受理解、探索发现,获得身心和谐成长。

课程内容以传统文化为引领,以自然资源为基石,开发形成了以国艺课程、农耕课程、自然课程为主线的"天地课程"内容体系架构,期冀以国学启蒙幼儿的人伦之道,初步认识自然之道为天,以乡土资源中蕴含的根文化为地,将天地资源为我所用,实现天地文化与乡土资源的有机融合。比如,农耕课程包含农作、农畜、农技、农食、农谚和农器的"六农"农耕课程资源;根据时令节气、气候物候等方面的变化规律,分为春种、夏管、秋收、冬享四个阶段,设置单元主题活动——"播种春天""农耕园趣事""新安特产""樱桃沟之美""美味的烫面角"等,并将五大领域核心经验融于"六农"之中,从幼儿生活经验和兴趣出发,引导幼儿感受天地之息,体验农耕乐趣,认同家乡文化,激发家乡情意。

2."泥塑课程""四和"课程等传统文化园本课程

"十三五"期间,不少幼儿园在教育部提出的《完善中华优秀传统文化教育指导纲要》基础上开始有意识地探索开展中华优秀传统文化教育。2017年1月中共中央办公厅、国务院办公厅发布并实施《关于实施中华优秀传统文化传承发展工程的意见》,指出要将中华优秀传统文化"贯穿国民教育始终"作为重点任务之一,"以幼儿、小学、中学教材为重点,构建中华文化课程和教材体系",河南省幼儿园探索传统文化课程的热情高涨。在省内或区域有一定影响力的,如河南省省直机关第一幼儿园的"泥塑课程"、洛阳市孟津县第二县直幼儿园的"剪纸课程",南阳地区的中华文化"四和"课程。

近年来,河南省省直机关第一幼儿园巧借黄河泥资源,利用民间泥塑艺术,建构开发了幼儿园美术课程,汇编了"小手捏出大世界"系列丛书,并由香港中华书局出版发行。这套泥塑系列课程,体现了幼儿园教育活动的综合性、生活性和趣味性的特点,有助于强化幼儿对本土文化的认知、欣赏与热爱,符合幼儿生理和心理特点。而泥的触感性、塑造

---

① 洛阳师范学院学前教育学院.大学、政府、幼儿园合力纠正乡村幼儿园"小学化"倾向天地课程:有根有魂的乡村幼教[N].中国教育报,2019-11-17.

性,十分有助于幼儿专注力的提升和手脑眼的全面协调发展。幼儿园还将"泥塑课程"运用于省级幼儿园教师培训项目中。

南阳地区的幼儿园中华文化"四和"课程由南阳师范学院教育科学学院联同南阳市第一实验幼儿园、南阳市第二实验幼儿园、南阳市实验幼儿园、南阳市人民政府机关幼儿园开发,目前其核心成果已由郑州大学出版社出版。"四和"课程以中华优秀传统文化的"和合"核心思想理念为指引,通过高校与幼儿园的通力合作,构建幼儿园"四和"课程,即:人与自然的和谐、人与社会的和谐、人与自我的和谐、人与他人的和谐。既包括直接呈现中华优秀传统文化的具体形式与内容,如民间游戏、民间文学、民间艺术等的"乐嬉游""亲乡土"课程,也包括鲜明体现中华优秀传统文化精神——"和合"的"亲自然""乐美工"课程,竭力在幼儿园中华文化课程体系构建中将中华优秀传统文化的形式、内容与精神实质融为一体。该课程在上述四所幼儿园及其分园中推广应用,目前至少有 13 家幼儿园、3 000 多名幼儿从中受益。

三、学前教育发展中的成绩、问题与展望

(一)"十三五"期间河南省学前教育发展中的成绩与问题

纵观"十三五"期间,河南省学前教育发展亮点凸显,成绩突出,2018 年教育部还专门刊出一期题目为"河南省坚持政府主导完善学前教育公共服务体系"的简报。[①] 河南省学前教育发展的各项指标多呈逐年上升趋势,广覆盖、保基本、有质量的学前教育公共服务体系初步建立,"入园难""入园贵"问题逐步得到解决。尤其值得指出的是,河南省各年学前教育三年毛入园率均高于全国数据,且至少比其高出 5 个百分点;学前教育专业教职工和专任教师占总比较高,且高于全国 2017—2019 年的该占总比数据。

虽然"十三五"期间河南省学前教育发展的成绩可圈可点,但也存在一些突出问题,集中体现在普惠性幼儿园覆盖率和师资队伍建设方面:①普惠率低于全国均值,公办园覆盖率也不高。2016—2020 年河南省学前教育普惠率均低于全国同年该数据,最高值低于全国 17 个百分点,"十三五"末年为 73.7%,低于全国数据 11 个百分点,这也与河南省第三期学前教育行动计划(2017—2020 年)提出的"到 2020 年,全省学前三年毛入园率达到 90%,普惠性资源覆盖率稳定在 85%左右"有不小差距;公办园在园幼儿数占总比低,也即公办园的覆盖率低,2020 年仅为 33.5%,最高值也才 34.24%。②幼儿园专任教师学历不达标者仍不少,有编制者少,未定职级的比例高。"十三五"末年全省仍有近 1/4 的幼儿园专任教师学历不达标,为高中及以下学历;有编制的幼儿园专任教师占专任教师总数的比例不足 1/8,未定职级的专任教师占总比一直在 80%以上,影响教师队伍的素质、稳定性及发展动力。

---

① 教育部.河南省坚持政府主导完善学前教育公共服务体系[EB/OL].http://www.moe.gov.cn/jyb_sjzl/s3165/201804/t20180403_332217.html,登陆时间:2021-9-16.

(二)河南省学前教育发展展望

基于"十三五"期间河南省学前教育发展中的突出问题,结合国家及河南省相关政策指引,提出河南省学前教育发展展望。

1.尽快提升普惠性学前教育资源覆盖率,加大公办园覆盖范围

《中华人民共和国国民经济和社会发展第十四个五年规划和2035年远景目标纲要》中指出,要完善普惠性学前教育保障机制。2021年12月9日教育部等九部门印发《"十四五"学前教育发展提升行动计划》,指出要"把实现学前教育普及普惠安全优质发展作为提高普惠性公共服务水平、扎实推进共同富裕的重大任务""持续增加普惠性学前教育资源供给,进一步提高学前教育普及水平,巩固普惠成果",明确了"十四五"学前教育发展的主要目标,"进一步提高学前教育普及普惠水平,到2025年,全国学前三年毛入园率达到90%以上,普惠性幼儿园覆盖率达到85%以上,公办园在园幼儿占比达到50%以上。"为此部署了三项重点任务,其中两项与学前教育普惠发展有关:一是"补齐普惠资源短板",二是"完善普惠保障机制"。从中可见,"十四五"乃至未来较长一段时期,推动学前教育普惠性发展是国家和各省的重点任务。

河南"十三五"期间学前教育虽然取得了长足发展,但2020年学前教育普惠率仅为73.7%,与《"十四五"学前教育发展提升行动计划》提出的2025年普惠率至少是85%还有11.3%的差距;全省2020年公办园的覆盖率为33.5%,与国家提出的2025年至少应达到50%的要求还有16.5个百分点的差距,需要加大力度提升公办园覆盖率及学前教育普惠率。

2.大力增强财政投入力度,切实保障普惠性幼儿园建设和教师队伍素质提升

普惠性学前教育资源的扩大与学前教育质量提升,都需要财政经费的大力支持。"十三五"期间,我国学前教育财政投入持续增加,全国幼儿园生均一般公共预算教育经费年均增长12.3%,2020年达到9 410.76元,比2015年增长76.48%[①],但河南省2020年该数据仅为4 472.83元,全国倒数第二,全国数据为河南的2.1倍,该年的最高值为北京是42 575.20元,是河南的近10倍。虽然河南也为学前教育发展付出了巨大努力,但底子薄,差距大,因此,"十四五"河南的学前教育财政投入力度需要大力增强。

新增加的财政投入应着力保障普惠性幼儿园建设尤其是公办园建设,因2020年河南普惠性民办园覆盖率已达到40.19%,欲达到85%的普惠率,尤其是公办园50%的覆盖率,欠账多。另外,全省的师幼比过低,2016年全省幼儿园教职工数与在园幼儿数(不含班)之比为1:11.5,2020年该数据约为1:9.5,已经有很明显的进步,但与国家《幼儿园教职工配备标准(暂行)》中规定的教职工与幼儿比为1:5~1:7还有不小的差距。应加大幼儿园教师补充力度,并不断提升幼儿园教师工资待遇,增补公办园教师编制,尽可能实现公办园非在编教师、民办园教师与同级在编教师同工同酬,这是实现《中国教育现代化

---

① 教育部.2020年全国教育经费执行情况统计公告发布[EB/OL].[2021-12-10].http://www.moe.gov.cn/jyb_xwfb/gzdt_gzdt/s5987/202111/t20211130_583350.html

2035》中"普及有质量的学前教育"这一发展目标的重要保障,也是《"十四五"学前教育发展提升行动计划》提出的推动学前教育优质发展的重要政策举措。

3.科学保教、以评促发展,着力提升保教质量

"十三五"期间,河南省已通过省级示范幼儿园创建和复评工作,"撤名摘牌"打开了"以评估促发展"的局面,还通过省级示范幼儿园与农村薄弱园的结对帮扶提升学前教育质量。教育部基础教育司负责人指出,"十四五"期间提升幼儿园保教质量是学前教育发展的重中之重,并提出以下几个方面的政策措施:一是深化幼儿园教育改革。以先进实践经验为引领,提升幼儿园教师保教能力。二是深入落实《教育部关于大力推进幼儿园与小学科学衔接的指导意见》,推进建立幼小科学衔接机制,提高入学准备和入学适应教育的有效性。三是出台《幼儿园保教质量评估指南》,引导幼儿园树立科学评估导向,全面提高保教质量。四是推动学前教育教研改革。进一步完善教研体系,健全教研机构,建设一支专兼职相结合的教研队伍,及时研究解决教师教育实践中的困惑和问题,完善教研制度,实现各类幼儿园教研指导全覆盖。① 河南省可以参照此制定相应的政策措施来推进学前教育质量提升。

---

① 教育部.教育部基础教育司负责人就《"十四五"学前教育发展提升行动计划》答记者问[EB/OL].[2021-12-20].http://www.moe.gov.cn/jyb_xwfb/s271/202112/t20211216_587725.html

专题三　河南省义务教育发展研究

教育是民族振兴和社会进步的基石。义务教育则是各级各类教育的重中之重,是整个国民教育序列的基础。2020年,河南省义务教育系统继续坚持以习近平新时代中国特色社会主义思想为指导,全面贯彻党的教育方针,坚持社会主义办学方向,落实立德树人根本任务,深入贯彻落实习近平总书记重要讲话指示精神,进一步深化教育改革,办好人民满意的教育,为谱写新时代中原更加出彩的绚丽篇章做出贡献。

一、义务教育基本情况

截止到2020年,河南省共有各级各类学校(机构)5.42万所,教育人口2 873.39万人,其中,在校生2 689.67万人,教职工183.72万人,教育人口占总人口26.20%。当前全省共有义务教育阶段学校2.24万所,在校生1 493.73万人。教职工97.02万人,其中专任教师90.21万人。义务教育巩固率96%。面对如此庞大的教育规模,作为全国教育大省的河南省委、省政府始终坚持党对教育的全面领导,认真贯彻落实党中央国务院和省委省政府工作部署,把教育摆在优先发展的战略地位,坚持"一手牵两头",在抓好全省教育系统疫情防控工作的同时,坚持稳扎稳打,各项教育事业改革发展工作取得喜人成绩。

其一,保持高度正确的政治站位,结合党史学习教育,落实公办中小学校党组织"每校必建"和民办中小学校"应建必建"的要求,全省公办中小学校党组织覆盖率达到98%,在有中共党员的民办中小学校中党组织覆盖率达到90%。其二,河南省全省上下始终坚持教育优先发展战略,抓重点、补短板、强弱项,改革完善教育经费投入使用管理体制,2020年一般公共预算教育支出1 845.31亿元,比2019年增长4.06%;生均一般公共预算教育支出逐年增长,保障教育经费投入实现"两个只增不减"。同时建立全链条生均拨款制度,切实解决各学段、各类型教育经费保障问题。教师工资全面实施"一补两贴",进一步"提标扩面,促进农村中小学教师工资年平均增长1万元以上,乡村教学点教师增长1.5万元以上"。其三,坚决打赢疫情防控阻击战,在疫情肆虐的情形下,2020年河南省以最大管控力度,把病毒挡在校园之外,全省师生无一人在校园内感染;以最全教学资源,保障线上教学需求,率先推出涵盖全学段的"名校同步课堂",春季学期,2 085万名学生总体复学率近80%;以疫情危机为教育契机,深入开展"把灾难当教材,与祖国共成长"主题教育,使抗击疫情成为最厚重的思政大课和最鲜活的爱国主义教材。

二、义务教育发展成就

在党中央、国务院及省委的坚强领导下,省政府认真履行教育职责,加大教育改革力度,及时研究解决教育改革发展中的重大问题和人民群众关心关切的热点难点问题,努力办好人民满意的教育,教育事业发展呈现以下阶段性成就。

(一)义务教育经费投入显著增加,教育规模持续扩大

河南对义务教育发展高度重视,政府对义务教育的投入也呈现逐年增大的趋势。《河南省中长期教育改革和发展规划纲要(2010—2020年)》明确指出要加大教育投入,"义务教育要全面纳入财政保障范围,完善农村义务教育经费保障机制,建立健全城市义务教育经费保障机制。明确各级政府教育财政责任,完善政府间财政转移支付制度。积极扶持经济欠发达地区发展教育,进一步加大农村、边远贫困地区教育投入"。有机统一城乡义务教育"两免一补"政策,统一城乡义务教育学校生均公用经费基准定额。在政府的大力投入下,河南义务教育阶段的生均公共财政预算教育事业费和生均公共财政预算公用经费都得到持续提升,为河南义务教育的发展奠定了坚实的物质基础。

伴随着河南义务教育投入的不断增长,河南义务教育的规模也得到不断扩大。截至2020年年底,河南全省共有义务教育学校2.24万所比上年减少338所,下降1.49%,在校生1 493.73万人,比上年增加12.77万人,增长0.86%,教职工97.02万人,其中,专任教师90.21万人,比上年增加3.44万人,增长3.96%;九年义务教育巩固率96%,比上年提高0.55个百分点。随着河南城镇化的不断加速,义务教育阶段随迁子女和留守儿童的数量也在不断增加。2020年全省义务教育阶段随迁子女在校生达85.84万人,占在校生总数的5.74%;义务教育阶段农村留守儿童在校生达172.95万人,占在校生总数的11.57%。义务教育阶段学校占地面积达到54万亩,校舍建筑面积为13 703.93万平方米。

持续扩大的教育规模离不开教育经费的支持,2020年河南省教育经费总投入为2 802.23亿元,比上年增长5.01%。国家财政性教育经费(主要包括一般公共预算安排的教育经费,政府性基金预算安排的教育经费,国有及国有控股企业办学中的企业拨款,校办产业和社会服务收入用于教育的经费等)为2 189.78亿元,比上年增长5.90%。2020年全省义务教育总投入1 441.00亿元,占教育经费总投入的51.42%,比上年增长了4.01%,如图3-1所示。

生均经费是教育投入增长的重要指标,其提升对促进教育公平、义务教育均衡发展有重要意义。2020年,全省普通小学、普通初中生均教育经费总支出均较上年有所增长,其中普通小学生均经费增幅为3.49%,普通中学生均经费增幅为1.70%,如图3-2所示。

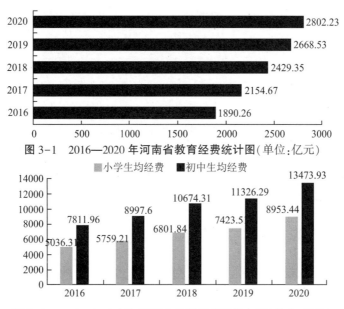

图 3-1　2016—2020 年河南省教育经费统计图（单位：亿元）

图 3-2　2016—2020 年河南省生均教育经费投入图（单位：亿元）

　　教师承担着传播知识、传播思想、传播真理的历史使命，肩负着塑造灵魂、塑造生命、塑造人的时代重任，是教育发展的第一资源，是国家富强、民族振兴、人民幸福的重要基石。党和政府历来高度重视教师工作。对于河南省广大义务教育阶段的中小学教师们来说，2020 年是充满希望与期待的一年。在早先中共中央国务院印发的《全面深化新时代教师队伍建设改革的意见》（以下简称《意见》）就指出："把提高教师地位待遇作为真招实招，增强教师职业吸引力""不断提高地位待遇，真正让教师成为令人羡慕的职业"。2019 年，教育部明确要求 2020 年年底要实现"义务教育教师平均工资收入水平不低于公务员平均工资收入水平"，并督促各地区的落实情况。河南省教育厅切实领会《意见》及要求的要旨，将"提高教师工资待遇"真抓、实抓，落在实处。在 2020 年 12 月 18 日教育部网站发布的《国家教育督导检查组对河南省义务教育基本均衡发展督导检查反馈意见》中，教育部肯定了河南省在落实"教不低公"方面的工作努力，尤其在其中提到了河南省在义务教育阶段乡村教师工资待遇提高方面的有力举措，包括全面实施"一补两贴"，进一步"提标扩面，促进农村中小学教师工资年平均增长 1 万元以上，乡村教学点教师增长 1.5 万元以上"。中共中央、国务院在《意见》中特别提到乡村教师，乡村教师工作环境比较艰苦、工资水平低，同时又缺乏有效机制和激励制度，一直面临年轻教师"进不来、留不住"的窘境，河南省与其他各省面临同样的问题即教师缺口重点全部集中在农村地区。

　　乡村要振兴，乡村经济结构要升级，必须培养本地人才，这就离不开乡村教师的努力。河南省始终关切义务教育阶段乡村教师的待遇水平，对义务教育阶段乡村教师提供"一补两贴"，即对义务教育阶段乡村教师进行生活补助、中小学教师班主任津贴以及教龄津贴。此前河南省义务教育阶段乡村教师的生活补助标准分别为 200 元每月、300 元每月以及 500 元每月。自 2020 年起，该补助标准分别提升到了 200 元每月、500 元每月以及 800 元每月，且规定了班主任津贴每月不低于 400 元。在教龄津贴方面，河南省同样做出津贴标准，即教龄每增加一年，月工资增加 10 元。通过以上对乡村教师实施"一补

"两贴",不仅对乡村教师扎根乡村教育有积极意义,也有利于新农村建设。

(二)义务教育均衡化成效显著,教育公平不断完善

2020年河南省委、省政府贯彻落实中央决策部署,强力推进义务教育均衡发展工作。在国家督导专家组督导检查中,河南省成功达到了国家规定的评估认定标准,成了全国又一个通过义务教育基本均衡发展验收的省份,这是河南教育发展史上新的里程碑。推进义务教育的均衡和高质量发展,既是关乎千家万户的民生工程,也是《义务教育法》赋予我们的新时代重要使命。河南省积极响应国家号召从义务教育阶段入手,旨在提高全省人民整体素质、推进教育起点公平、振兴教育事业。通过教育扶贫、精准脱贫,全面提升建档立卡等有效举措,全省义务教育均衡化成效显著,教育公平水平得到显著提高:明显提升了贫困人口受教育水平、贫困家庭子女义务教育入学率和巩固率;全面提升了全省义务教育办学条件,切实改善了"控辍保学"的教育环境,建立健全了"控辍保学"体制机制;全省义务教育学校布局进一步优化,义务教育学校办学条件达到乡村办学条件基本标准,改扩建或新建寄宿制学校规划全面落实;消除大班额专项规划有效实施,义务教育阶段各级学校现有56~65人的大班额1.23万个,占总班数的3.19%,66人及以上的超大班额292个,占总班数的0.08%,较上年明显下降;办学水平进一步提升,基本实现县域内义务教育均衡,持续推进优质发展。

首先,按照2019年国家发布的《关于切实做好义务教育薄弱环节改善与能力提升工作的意见》提出的要求,河南省继续加大地方财政投入力度,用好中央财政补助资金,补短板、强弱项,既努力争取达标,又坚持防止超标,进一步改善乡村义务教育办学设施,提高乡村学校条件装备水平。贫困地区办学条件不断改善,为贫困地区新建、改扩建中小学幼儿园2 000所,完成年度计划的166%,建成"专递课堂"1 400个,完成年度计划的140%,资源协作共同体覆盖达到80%以上,贫困地区中小学宽带接入率达到100%。各市各县各校尤为响应,重视乡村学校教学设施信息化、体育运动场(馆)和学校医疗卫生设施建设,增加乡村学校图书器材数量,努力达到相关标准要求,涌现出一批优秀范例。例如,洛阳市新建、改扩建农村寄宿制学校338所,新增校舍面积约130万平方米,新增寄宿生约3.5万人;在改革创新推动信息化建设上,该市"三通两平台"建设目标基本完成,以信息化建设为重要支撑,通过校际结对共建、城乡结对共建,优质教育资源通过网络向薄弱学校和乡村学校传导辐射。其次,全省建立了普遍的教师培训体系,按照"四有好老师"标准,建设高素质专业化乡村教师队伍。全省大部分地区推进乡村教师"国培计划""省培计划",深化乡村教师管理综合改革,落实教职工编制向乡村小规模学校倾斜,扩大农村教师特岗计划实施规模,提高乡村义务教育学校高级教师岗位比例,鼓励、引导城镇优秀教师、校长到乡村学校、薄弱学校任教、任职。最后,全省坚持推进"控辍保学"政策,以避免学生因学习困难或厌学而失学辍学、避免因贫困失学辍学、避免因上学远上学难而失学辍学为目标,以切实落实政府、学校、家庭和社会等各方面控辍保学责任为保障,持续提高我省义务教育入学率和巩固率,各地积极探索出较为完备的应对方案,其中涌现出较为优秀的代表性地区,例如:鹿邑县教体局把"控辍保学"作为脱贫攻坚的硬性任务,压实责任,制定"三项举措",确保鹿邑县义务教育阶段适龄儿童入学率、巩固率均达

到100%;信阳市聚焦控辍保学堵点难点,强化责任落实,探索完善控辍机制、健全保学体系,进一步巩固工作成效,全市义务教育阶段入学率和巩固率均保持在100%。通过教育脱贫攻坚政策措施的保障,全省贫困家庭学生义务教育得到有效保障,全年共资助义务教育阶段建档立卡学生126.58万人次、金额9.87亿元,不让一个孩子因家庭贫困而失学,全力打好控辍保学攻坚战,历史性地实现了动态清零。

(三)义务教育质量监测任务圆满完成,教育质量稳步提升

2020年国家义务教育质量监测如期举行,河南省教育厅积极配合国家义务教育质量监测的任务。根据抽样安排,全省有20个县(区、市)作为样本县接受2020年义务教育质量监测,本次监测的学段为小学五年级和初中九年级,教育部采取随机抽查的办法确定监测对象。2020年抽测的学科是科学和德育,重点了解义务教育阶段学生科学学习质量、德育发展状况以及课程开设、条件保障、教师配备、学科教学和学校管理等相关影响因素。

实施过程中,20个样本县(市、区)在省义务教育质量监测实施工作领导小组的指导下,先后完成提交监测实施工作细则、上报样本校测试年级的学生和教师信息、召开样本校负责人及信息员动员会、审核样本校学生和教师信息提交情况、义务教育质量监测测试程序与工作规范的培训、落实义务教育质量监测问卷调查系统使用的前期准备和模拟练习、开展义务教育质量监测测前准备与宣传教育等工作。

2020年是第二周期监测的收官之年,依据2020年国家义务教育监测报告,从对德育与科学两门学科的检测结果来看,本次德育状况监测结果显示:超过85%的四、八年级学生在勤劳节约、诚实守信、团结友善、遵守公德方面的日常行为规范较好;八成以上四、八年级学生喜欢上道德与法治课;超过95%的四、八年级学生报告学校开展过各种形式的德育活动;88.5%的四年级学生和78%的八年级学生对自己和家长的关系感到满意。科学学科监测结果显示:四、八年级学生科学学业表现达到中等及以上水平的比例分别为80%、79.5%;四年级学生科学学习兴趣高或较高的比例为86%,学习自信心高或较高的比例为68.6%;八年级学生物理、生物、地理学习兴趣高或较高的比例分别为82.3%、80.9%、71.1%,学习自信心高或较高的比例分别为45.1%、62%、53.1%。从对抽测的两门学科的检测内容来看,在德育方面,学生普遍具有积极的人生价值观,将"个人努力"作为成功的首要因素,九成学生同意"幸福是奋斗出来的";大部分学生喜欢上道德与法治课,积极参与学校开展的各种形式的德育活动,学生整体的道德规范意识均比2017年上一轮德育监测有所提升。在科学学习方面,由于科学教师的教学行为改善明显,探究教学水平高的科学教师比例比2017年上一轮科学监测大幅提高,九成以上中小学校均配备了实验室、仪器设备、实验耗材等科学实验教学资源,学生在科学学习方面的兴趣空前高涨。由此可见,2020年上半年,虽受疫情影响,但是省内的防疫措施及时到位,各学校师生严格遵守防疫要求,积极响应"停课不停学"的号召,自发居家学习,因此尽管处在"无教师监督、无教室环境"的条件下,超过九成的中小学仍按时按量地完成了常规教学任务。在配合国家圆满完成义务教育质量检测的同时,河南省高度重视建立义务教育质量监测常态工作机制,以期通过定期对不同学科的质量监测,分析影响义务教育质量的主

要因素,为转变教育管理方式和改进学校教育教学提供参考,引导全社会树立正确的教育质量观,纠正以升学率和分数作为评价学校和学生唯一标准的做法,推动义务教育质量和学生全面发展水平的不断提升。综合以上并结合对各种教育资源进行合理适配,持续推进"全面改薄"工程、加强学校建设和消除义务教育阶段学校"大班额"问题、不断提升学校师资队伍建设等多重举措,目前全省义务教育阶段学校的教学质量正在稳步发展。

(四)义务教育阶段师资队伍建设推进,教师获得感显著增强

河南是教育大省,也是教师大省,如何把这支队伍建成党和人民满意的高素质专业化创新型教师队伍,社会关切,家长关注,教师关心。河南省严格遵循《中共河南省委河南省人民政府关于全面深化新时代教师队伍建设改革的实施意见》(以下简称《意见》)来进行教师队伍建设,保障了教师的合法权益,给予教师更多的物质保障、人文关怀等举措。《意见》围绕教师工资、津贴、住房等关系教师切身利益的问题,提出了一系列突破性的政策措施。一是完善保障机制。明确健全中小学教师工资长效联动机制,做到"两个确保":确保中小学教师平均工资收入水平不低于或高于当地公务员,确保乡村教师实际工资收入水平不低于同等条件县镇教师。二是提高工资待遇。主要是扩大、建立、提高中小学教师的三种类型补贴:第一类是乡村教师生活补助,这次的政策重点是"提标扩面"。就是将国家集中连片特困地区重点县义务教育学校乡村教师生活补助政策扩大到全省农村义务教育学校教师,同时提高标准;第二类是建立岗位津贴;第三类是提高教龄津贴标准。三是加强住房保障。为改善中小学教师特别是农村教师工作生活条件,建立一支"下得去、留得住、教得好"的农村教师队伍,《实施意见》提出要拓宽投资渠道,3年内基本完成农村中小学教师周转房建设,5年内基本完成中小学教师保障性住房建设,全面提高中小学教师住房保障水平。同时提出,支持高校盘活资源,开发青年人才公寓。这三项大的政策,能够完善保障、提高补贴、改善住房,真正让教师特别是乡村教师安心、安居、安教,让教师成为最受人尊敬、最令人羡慕、最让人向往、最使人自豪的职业。

通过调查、分析来自河南省365所乡村中小学收集所得的数据可得,乡村中小学教师获得感总体处于中等水平。把教师获得感分为职业认同感、职业成就感、参与满足感、自我成长感四个维度来测量,通过均值比较可以发现,获得感的四个维度上存在一定差异。其中,职业成就感是乡村中小学教师得分最高的项目,反映出中小学教师能够在教育教学工作中取得一定成绩,职业成就感较强。得分最低的维度是职业认同感,反映出中小学教师的职业认同水平仍处于较低水平。参与满足感和自我成长感处于中间水平,参与满足感略低于均值,反映出中小学教师在参与学校建设中的体验欠佳。自我成长感略高于均值,反映出中小学教师学习力较强,注重自我提升。总体而言,教师获得感有所提高,尤其是乡村中小学教师的获得感有所回升并且呈现逐渐追赶城市教师获得感的趋势,二者并未产生愈来愈大的差距,在乡村振兴政策下乡村教育被重视起来,要想改善乡村教育那就必须大力建设乡村教师队伍,各级政府和教育相关部门正在积极投身于振兴乡村教育,改善教师队伍建设的实践工作当中。

目前乡村教师的工资在"教师工资不低于公务员"的倡导下有所提升,虽然据365所

样本学校的调查数据显示,大部分教师的工资依旧是低于公务员的工资水平,但是相较于前几年的境况而言,近些年的教师工资已经显著提升了许多,且国家政策中有全面落实集中连片特困地区乡村教师生活补助政策,依据学校艰苦边远程度实行差别化的补助标准,中央财政继续给予综合奖补的规定。国家要求各地要依法依规落实乡村教师工资待遇政策,依法为教师缴纳住房公积金和各项社会保险费。在现行制度架构内,做好乡村教师重大疾病救助工作。加快实施边远艰苦地区乡村学校教师周转宿舍建设。各地要按规定将符合条件的乡村教师住房纳入当地住房保障范围,统筹予以解决,这一系列的措施让乡村教师的生活条件有了一定的物质保障。此外相关的乡村教师荣誉制度也有向长期在乡村任教的教师倾斜,相关条例规定在评选表彰教育系统先进集体和先进个人等方面乡村教师有一定的优先权。总之,国家和政府振兴乡村教育的一系列组合拳使得乡村教师在物质获得上显著提高,并且乡村教师在任教过程中的参与满足感和职业认同感,尤其是当今在乡村中小学的一线青年教师,他们接受了正规教育,树立了坚定的理想和信念,数据显示这一批年轻乡村教师的职业认同感最高,如图3-3所示。

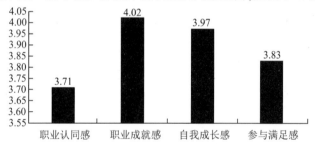

图3-3　教师获得感维度得分图

三、义务教育发展中存在的问题

(一)义务教育均衡化发展水平有待提升

《国家中长期教育改革和发展规划纲要(2010—2020年)》提出,要率先在县域范围内实现城乡义务教育均衡发展,并逐步在更大范围内推进。近年来,我省在县域义务教育均衡发展方面已取得显著成效。各市、各区县开始立足基本均衡成果探索向优质均衡转变的路径,但过程中存在的部分问题仍阻碍着义务教育均衡发展的实现。

1.教育均衡表象化

经常被提及的"政府悖论"现象,即政府既是经济发展的推动者,又是经济发展的最大阻碍。在义务教育均衡化发展的过程中,"政府悖论"现象同样影响和制约着义务教育均衡发展的进程。在目前河南省义务教育发展进程中主要表现在以下方面:第一,地方政府对教育均衡的认识存在局限性。教育均衡的目的是实现教育公平,而对公平的认识是多元的。公平既包含均等,也包含补偿,理应在平均分配的基础上根据当地的具体情况,加大对落后和薄弱学校的重点投入和发展,促进其办学条件、教学质量等逐步提升,但是当前地方政府在经费分配、设备投放等方面存在"平均主义"倾向。这种"均等"行为表象下其实是延续了之前教育不均衡的现象,甚至制造了新的不均衡,加剧了各区、各校的教育质量发展不平衡。第二,部分地方政府存在一定的功利思想,有部分政府为了彰显政绩,将财力、物力集中投入部分学校,力图打造"名校"来展示自己的领导作用,拉大了学校间的差距。同时为了体现当地教育质量,政府默许了教育行政部门和学校利用"名校率""达线人数"等作为宣传教育实力的标准,造成了学校以及社会对高分数的追求,引导学生和家长对"名校"的追逐,造成部分落后的地区学校生源不断流失。这体现了相关主管部门的"两面性",进一步导致了教育均衡的表象化。对于省内的政策,各地方政府在实施过程中大打折扣。比如教师轮岗交流在实施中确实存在许多问题,但政府在推行过程中更倾向于表象化地执行政策,象征性地将部分教师进行轮岗交流,导致城市的教师仅是为了晋升的需求从而到乡村进行交流,一旦期限达到了其晋升的标准,就直接返回城市的学校继续任教,这导致了师资不均衡现象。为了实现教育均衡,地方政府往往采取其他举措,如"集团办学""引进名校"等,但在这种轰轰烈烈的表象下,教师和教学资源并未实现流动,先进的教学理念也难以实施,教育均衡化发展并没有得到有效的保障。

2.教育评价方式单一

义务教育发展均衡的评价标准是多维度的,但在具体实施中,省内部分地方政府为了方便进行监测,往往将评价标准"简化"为依据学生成绩进行评判。为了管理方便,教育行政部门更愿意采取量化方式,即通过学生考试成绩来评价学校教学质量与发展情况。虽然当前国家教育主管部门明确禁止义务教育阶段进行考试,但地方教育行政部门仍然通过"质量监测"等方式变相考试。因为学生考试成绩涉及学校荣誉,更关涉校长办学水平和领导能力。校长为了提升学生成绩,并以此作为评价教师的主要标准,使得教师必须以提升学生考试成绩为实际教学目标。于是学校整体形成了"一切为了提升学生考试成绩"的教学氛围,片面追求升学率,区分"重点班""非重点班"的现象在省内部分中学较为普遍。教师过于注重课堂教学,学生只能被动适应教育教学,甚至存在大部分教师只注重少数尖子学生的学习,造成学生课业负担过重的现象,应试教育倾向未得到根本扭转。教育行政部门主要以考试成绩为评价标准的做法给学校施加了社会舆论压力。由于教育行政部门对学校的评价是公开的,评价结果为社会对学校评价产生了导向作用。于是,在教育行政部门评价标准的导向与社会舆论压力下,各校争相迎合评价标准,导致学校发展主要以提升学生考试成绩为第一要务,导致大部分学校仍是以"应试教育"为主,素质教育并没有得到发展。

3.农村学校生源流失

在河南省加大财政投入改善义务教育阶段学校的薄弱环节,增强学校的基础设施建设的同时,各乡村学校却面临着生源流失的严重问题。对于农村学校而言,生源的流失与学校的发展之间存在着不可割舍的利益冲突,优质的生源可以促进学校的发展,甚至可以拉动农村的经济状态。但是近年来生源却不断流失,造成农村学校的发展越来越困难,陷入一种无法调解的恶性循环之中。虽然近年来出台的各种政策关注到了农村学校的发展问题,但两者的教育资源仍然存在着巨大的不平衡,例如城镇学校不论在学校硬件的基础设施上还是教师队伍的"软件"资源配比上都明显超过农村学校,这一因素直接导致农村学生向城镇迁移。其次,在追求"高升学率"指标的背景下,中学之间的生源争夺战已经到了白热化的程度,甚至出现了恶性竞争,尤其是农村学校与县市学校之间的生源争夺。部分城镇学校不满足于只在该区域招生,反而会通过各种补贴和诱惑手段鼓动农村学生进入城镇学校学习,使农村中学的生源受到严重影响,不断流失。

(二)农村留守儿童关注度仍需提高

河南省作为农业立足的人口大省,农村人口占据绝大比重。随着社会经济水平的快速发展,尤其是城镇化的快速推进,农村人口出现大幅外流,青壮年劳动力群体纷纷涌入一、二线城市从事第二或第三产业,这种"父母双方或一方外出(到本乡镇以外的地方),子女留在户籍所在地县域生活或读书,亲子分离时间至少在半年以上的18周岁以下儿童"即为农村留守儿童。农村留守儿童作为当前社会经济发展下的农村地区的特殊群体,同时也是当前全省农村义务教育中常见的"老大难"问题。

1.留守儿童学习效果差,缺乏主动性

针对河南省农村留守儿童开展的一项群体性问题的调查研究结果显示,农村留守儿童缺乏必要监管,学习主动性差造成学习效果不佳成为目前农村留守儿童的共性问题。对农村留守儿童学习现状进行描述,即:"在校留守儿童近四成成绩较差,三成学生成绩中等偏下,仅有不足一成学生成绩比较优秀,留守儿童辍学现象仍然存在。在完成家庭作业方面,留守和非留守儿童有明显差别。父母在家的学生作业完成得比较及时、认真;父母不在家的学生作业经常拖欠,甚至还会出现抄袭、不写作业的情况。"造成这种情况的主要原因是:其一,农村留守儿童大多跟随父母一方或者祖辈监护人及其他亲属监护人照顾,这些监护人本身要承担繁重的体力劳动,只能让留守儿童得到物质上的照顾,无法对其学习进行辅导和监督,其学习近况、学习效率未能及时反映。其二,儿童本身的自制力较弱,在学习中遇到了问题、受到了挫折,无人对其进行鼓励和疏导,学生会有强烈的挫败感,无法获得学习的乐趣和成就感,容易产生厌学心理。加之互联网和智能手机的普及,使得产生厌学心理的儿童更容易沉迷于网络,不再积极主动地学习,而家长只是认为孩子不爱学习,自己毫无办法而任其堕落。久而久之,农村留守儿童的学习效果和学业成绩与城市学生相比出现显著差距。

2.农村存在较多安全隐患,身心健康发展成要务

与城镇学校相比较而言,农村中小学师生意外伤亡人数较高,主要源于交通事故和意外溺水。农村地区受到地理环境和经济条件的限制,学校数量较少,学生家庭住址分布较为松散且与学校距离较远,校车服务面临的现实问题比较复杂;所以多数地区的学生依靠步行或骑自行车上下学,路途遥远加之交通安全意识薄弱,学生的生命健康受到严重威胁;由于农村地区许多道路环境较差,学生更易受到恶意伤害。尤其要注意的是,目前大部分农村中小学不具备开展游泳教学课程的条件,由于农村地区缺乏娱乐设施,

留守儿童又缺乏父母的管教与监护,经常会结伴到河边玩耍,发生溺水的惨剧。一方面缺乏基本游泳技能,不具备自我救护能力,另一方面这类环境远离人群,获得他人救助的可能性较低,所以溺水事件频发。尽管学校、社会多方大力宣传,进行"预防溺水"普及教育,但在管理松散、安全意识薄弱、河塘众多、留守儿童相对聚集的农村地区,学生溺亡案例在2020年暑期仍时有发生,而父母只能在事情发生后悲痛欲绝,这些令人痛心的案例再一次为我们敲响警钟。父母选择外出打工本来是为了改善家庭状况,提高孩子的生活质量,但是父母忙于工作而疏于对孩子的管教,使得孩子在成长的过程中出现一系列问题,这反而是本末倒置。除生命健康外,留守儿童的心理健康也是当前亟须解决的重要问题。在孩子性格形成的关键时期,最需要父母的教育和引导,而农村留守儿童父母外出工作,其他监护人也无力或无暇对其引导,造成对其心理状况的忽略。留守儿童遇见问题无人求助,被人欺负无人倾诉,性格会逐渐变得孤僻、敏感,沉默寡言,不愿与人交流,遇到挫折选择逃避,不能及时有效地处理在生活中遇到的各种问题,部分留守儿童甚至在遭遇校园欺凌时也不善于寻求他人的帮助,这不仅不利于留守儿童良好性格的形成,对其未来的长远发展也会造成难以弥合的心理创伤,因此关注留守儿童心理健康发展必须成为要务之一。

3.思想品德存在问题,需引导形成正确的价值观

河南省是全国劳务输出大省,大批农村义务教育阶段学生家长选择外出务工获取更高额的报酬以期改善孩子的生活质量。由于留守儿童的父母无法在孩子身边照顾,常对孩子产生强烈的愧疚感,往往会选择满足孩子在各方面的物质需求以进行弥补,对其思想道德方面的关注较少,盲目相信自己的孩子。部分农村留守儿童由于长期享受父母提供的良好的物质生活,逐渐形成"跟父母要钱是天经地义"的不良观念,产生拜金主义、功利化倾向,无法体会到父母赚钱的不易,无法感受到父母的艰辛。留守儿童因为父母外出,家庭不完整,不仅缺乏父母情感上的关怀,同时也缺乏父母的监管,所以,他们性格上很容易走上两个极端,或者完全封闭自我,人际交往出现障碍;或者放任自流,在父母监管缺位加之隔代监护人宠溺孙辈的情况下,极易滋生出留守儿童骄纵的性格,部分儿童为讨父母的欢心和获得金钱,产生撒谎、欺骗等不良行为习惯,形成错误的价值观和世界观,很容易受到社会不良风气的影响,极易盲目崇拜社会不良青年、产生跟风式逆反行为,导致违法犯罪现象不断地在留守儿童中出现,对农村中小学校园安全构成了潜在的威胁。

(三)学生负担问题仍需改进

学业负担问题是全球教育改革关注的焦点之一,努力追求学生学业负担的动态平衡是教育改革面临的现实难题。过重的学业负担不仅损害了学生的身心健康,加重了家庭经济负担,而且严重违背了教育教学规律,同时阻碍素质教育的顺利实施。当前全省义务教育在学生学业负担方面仍存在以下诸多问题。

1.课时偏多,学习强度过高

原国家教委颁布的《学校卫生工作条例》第二章第五条明文规定:学校应当合理安排

学生的学习时间。学生每日学习时间(包括自习):小学不超过 6 小时,中学不超过 8 小时,大学不超过 10 小时。学校或者教师不得以任何理由和方式,增加授课时间和作业量,加重学生学习负担。但在实际调查中发现,目前全省教育发展仍未摆脱"以分数和升学率为重要导向"的情况,义务教育阶段学生的学习时间(含自习、课外活动、体育锻炼等)远远超出了国家相关规定。繁重的课时量成为义务教育阶段学生面临的常态化问题。面对长时间高强度的课堂学习,学生是否能保持足够的精力认真听讲、课堂教学效果是否能达到预期尚且存疑,学生的身体素质、视力状况等也会受到不良影响。

尤其是 2020 年全省为做好教育系统疫情防控工作,结合现代信息技术大规模开展"停课不停学"居家在线学习工作。尽管 2020 年 2 月 17 日,河南省教育厅发布了《关于做好新冠肺炎疫情防控期间中小学校网上教学工作的补充通知》,其中对不得强行要求学生每天上网"打卡"、上传学习视频等,对小学低年级上网学习不作统一硬性要求,严禁幼儿园开展网上教学活动等加强统筹指导等方面做出补充说明,力求确保在疫情居家学习期间不增加学生学业负担。但实际调查显示,省内各市县仍在不同程度上存在对中小学校学生家庭网络、学习设备基础摸排不清、将内容相似的教学资源重复推荐给学生、未能有针对性地开展网上授课和学习指导;部分地方学校的中小学教师未经学校统一研究,随意向家长推荐网络学习平台;在各科学习资源用量用时统筹方面,还存在学生网上学习时间过长、超前过快学习;还有部分中小学教师强行要求学生每天上网"打卡"、上传学习视频等,增加了学生不必要的负担。

2. 作业量大,作业任务繁重

在对学生课余时间安排的调研中,发现近七成的学生都选择了用来完成家庭作业。学生本就课时多、上课时间长,再加上作业,仅有的课余时间也被占用得所剩无几。教育部在《中小学学生近视眼防控工作方案》中明确规定:学校要统筹学生的家庭作业时间,小学一二年级不留书面家庭作业,小学其他年级书面家庭作业控制在 60 分钟以内;初中各年级不超过 90 分钟。但从现实情况来看,全省中小学生课后作业、家庭作业量仍然高于甚至远高于国家标准。学生作业负担重,为完成作业任务,睡眠时间相应被压缩,造成难以在第二天的课堂上保持充沛精力,听课效率下降造成课后作业完成难度提高,不得不再次缩减睡眠时间。如此循环往复便形成一种恶性循环,成为加重学生学业负担的又一诱因。

在 2020 年上半年全省中小学校响应"停课不停学"号召开展线上教学的同时,省教育厅多次在河南省"疫情防控专题"新闻发布会上强调:"线上学习期间,要减轻学生负担,减轻教师负担……小学低年级原则上不布置作业,其他年级适当布置和线上课程有关的作业。"但在实际执行过程中,部分地区仍存在教师强制要求学生完成每日作业任务"打卡"、强制要求家长配合作业检查等现象,部分家长也在学生课余时间安排额外作业任务进行"赶超比",此类现象给学生加重作业任务量,挤占了学生课外锻炼和正常的睡眠时间,影响其身心健康发展。

3. 考试频繁,应试压力过大

据不完全统计,目前中小学除规定的学业水平测试、学期统一考试,还存在诸多额外

专题三　河南省义务教育发展研究

的测验和考试,如:众多学科的定期或不定期测验、周考、月考、期中考试、会考、联考、毕业考试、中考等,学生几乎无时无刻不处于高度紧张的状态,这种情况下学生体会不到任何学习的乐趣,学习成为应付考试的手段,分数成为衡量评定学生的"硬指标",这对学生的身心健康发展是有害无益的。尤其受疫情影响,2020年上半年学生居家学习时间较长,在恢复线下教学后部分学校对学生频繁展开"摸底""诊断"考试以检验学生居家学习效果,且存在公布考试排名、奖优惩劣、联系家长谈话等行为,给学生造成较大的应试压力和心理负担。由此暴露出教育评价机制仍有待改进,破除"唯分数论""成绩至上"等固化思想,减轻学生升学考试压力负担仍然任重道远。

(四)教师队伍建设有待完善

河南省的教师队伍建设蓬勃开展的过程中,取得一定成就的同时,不能忽略的是目前全省义务教育阶段教师队伍建设过程中需要解决和改变的问题及现状。其主要表现在:教师自身的职业认同问题、教师的社会地位问题、教师职业倦怠问题及教师专业发展问题等方面。

1.教师职业认同有所下降

教师的社会地位反映了一个社会中教育的发展程度,同时也间接反映了整个社会的价值体现和意识形态的发展。良好的尊师重教的社会环境能够使教师在工作中得到领导尊重和体贴、得到学生的爱戴和家长的配合,这无疑是教育教学过程中的良性循环。在问卷收集到的意见中,提高教师的社会地位这一词出现的非常频繁,主要表现为中小学教师们对于改善社会风气,形成尊师重教的社会氛围的真情召唤,其中,着重提升乡村中小学教师的社会地位更是所有呼吁中最殷切的那一个。目前,我国乡村中小学教师社会地位的现状存在着以下突出问题。

留守儿童问题突出,乡村教师所受社会期望过高。由于乡村教师这一职业的特殊性,社会往往会对其从业者有一定的标准和要求,特别是乡村中小学教师这一群体,然而,乡村中小学教师地位并没有相应提升,甚至没有受到基本的尊重。第一,由于师资数量的限制和学生年龄的差异,乡村学校的老师一般都同时教几门课、同时教几个年级,其能力与精力所受的期望很高;第二,乡村中留守儿童问题突出,多数负责养育学生的家长都为家中老人,文化程度不高,他们对于辅导作业、监督学习等需要家校合作的环节往往力不从心,这部分责任就落到了教师身上,最终的工作量对于中小学教师来说又是一个考验;第三,由于社会主流意识形态对于城市和乡村的认知差异大,对乡村中小学教师这一职业的印象比较片面,不少媒体甚至把中小学教师这一职业放了"道德的制高点",于是负面报道层出不穷,使得乡村中小学教师污名化问题严重。

付出与回报不对等,中小学教师社会认可度低。在城镇和乡村中小学教师的话语体系内,乡村被赋予了"落后""贫穷""不体面"等符号性意义,并冠以"下面""下边""底下"等称谓,城市则被赋予了"现代""发达"等符号性意义,这一描述揭示了中小学教师在当前社会职业竞争中的巨大劣势。随着经济社会的不断发展,教师不再是"乡贤",而是村民和学生眼中经济收入微薄的社会竞争者,教师选择在乡村任教常常被视为不体面,能力不足。是否能考到城市当教师成为衡量中小学教师能力的重要标尺。中小学教师的独特价值被功利性价值的主流意识形态冲淡,乡村中小学教师在这种环境中被不断边缘化,其获得感日益下降。教育使人掌握知识技能,从而获得尊重,提高社会地位,然而教育的实施者教师主体地位却很低,这一矛盾也颇为讽刺,尤其是乡村中小学教师的社会地位更低。况且他们还承受着更多工作,且并未获得其额外工作付出的补偿。付出与回报的不对等会极大地消解教师自身对于职业的认同感和满意度,使得教师职业热情消散、专业发展激励不足,出现职业倦怠,影响教学的进程和效果。这样的矛盾可能会导致如下问题。第一,教学过程难以有效实施,乡村中小学教师地位的低下会使家校矛盾愈演愈烈,家长不体谅教师,对教师怀有偏见,使得正常的教学得不到家长的配合,更会加重教师工作负担。第二,过低的中小学教师地位会使中小学教师的专业发展举步维艰,过低的社会地位意味着社会资源分配减少,那么在教师专业发展过程中的培训与学习机会、技能训练、信息化素质的提升等便难以满足需求,乡村中小学教师获得感水平由此下降。第三,乡村中小学教师地位的低下不利于我国乡村教育的发展和振兴,因教师群体在社会公认的薪资低、待遇差,以及发展受限等劣势,乡村中小学教师师资绝不会增加,反而可能大大流失,进一步拉开乡村与城市教育的差距。

由社会比较理论可知,对相对位置和社会比较的重视是人的社会性的体现,对于教师个体来说,其自身对于其社会地位的认知及相互比较可以使其形成对这一职业的评价,涵括在职业认同感及对社会支持的感知之中,这是获得感的重要组成因素,影响着中小学教师的获得感现状。由此可见,提升中小学教师尤其是乡村中小学教师的社会地位在提高中小学教师获得感上有着重要的作用,不仅有利于中小学教师的发展,还对于解决我国乡村教育发展的困境有着根本的治理。

2.教师职业倦怠难以消解

调查结果显示,教学以外的工作过多给教师带来了较大的负担导致教师职业倦怠产生。中小学教师的工作量普遍超负荷,具体表现在工作时间过长和工作任务过重两方面。

中小学教师工作时间过长且时间结构不够合理。教师劳动具有连续性和广延性,连续性是指时间上教师的劳动没有严格的交接班时间的界限,纵然《中华人民共和国劳动法》规定我国劳动者每日工作时间不超过八小时、平均每周工作时间不超过四十四小时。但是对于教师职业而言,现实中这几乎是不可能的,除去固定上课时间,教师依旧是从早到晚浸泡在工作之中。而且教师的加班极可能是无形的、隐性的,大多以无额外酬劳的形式进行,且是持续性和经常性的,这也是导致教师职业倦怠,对教师职业认同不高的重要原因。中小学教师工作时间过长,时间结构不合理导致属于自己和家庭的时间很少,大多时间都奉献给学校和工作,自我反思、自我学习和自我提高的时间统统被占据,使得中小学教师的专业发展也受到限制。

中小学教师工作任务过重且非教学性工作过多。中小学教师的工作任务分为教学性任务和非教学性任务。首先,对于教学性任务的负担主要来自两方面,其中一种情况发生在极其偏远,规模很小的学校中,学校的一个班级可能只有十来个甚至几个学生,这样的学校教师数量少,尽管每个班级人数少,但是教师的教学任务依旧繁重,在访谈中我

专题三 河南省义务教育发展研究

们发现,这类学校的每个科目的教师负责一到六年级的所有班级。整个学校的任务分担在几个教师身上,任务的确很重。至于规模大一些的学校,教师可能要面临大班额的情况,班级学生人数过多一直是教师常年抱怨的话题,人数多意味着教师要批改更多作业、试卷,负责更多学生的学习、德育等各种任务,教师总是有些不堪重负。其次,对于非教学性任务而言,主要分为五大类:一是各类督查检查评比考核多;二是各种社会事务进校园多;三是填报各类报表事项多;四是非教学培训种类繁多;五是一些地方党政部门长期抽调借用教师。这可能会让教师感觉更厌倦。调查发现虽然中小学教师教学性任务比较重,但是多数教师还是认为,单纯的教学工作即使让他们再累,他们也会颇有价值感。但是诸如开无效率且与教学无关的会议、填写无关材料和报表、写党员学习笔记、为应对各级检查而写学习心得、周末被随意占用、非教学部门组织的活动太多以及新课改落地变形后给教师带来的更为复杂的任务等,这些工作不但占据他们过多时间,而且影响他们的心情,进而影响正常教学工作的开展。调查问卷开放题显示,"开会""笔记""检查""填表"是出现频率极高的关键词,绝大多数教师对此类工作产生抗拒心理。其中尤为突出的一点是应对各种不必要的检查和评比,教师对此类活动极为反感,他们总是要为应对各种评比检查而整理材料、准备迎接上级的检查,但是过多的评比检查是扭曲教育规律的,教育≠管理,学校需要更多的人文关怀,过分强调评比尤其是评比结果的时候很容易让教育走进"怪圈"和误区。中小学教师普遍超负荷地工作着,时间长、任务多,尤其是教学以外的工作让教师产生较大的负面情绪导致其职业倦怠滋生。

3.教师专业发展受到限制

学习能力不足,自我提升意愿不强。一方面,中小学教师学习力不强,面对专业学习要求时多表现出应付性学习、表层性学习和功利性学习的样态。如部分教师专业发展停滞不前,对信息技术持回避态度,仅使用简单的教辅资料授课,除成绩外,不关注学生综合素养的提升,有一部分教师表示,"我马上就退休了,学的意义不大,眼睛已经花了,学也学不会"。对于老教师而言,他们积累了丰富的教学经验,更希望用既有经验来完成工作,享受平稳的职业生活。另一方面,这更多存在于乡村学校教师中,一部分教师无心学习,将精力放在如何脱离乡村学校上。特别是年轻教师仅拿乡村中小学教师的岗位作为过渡岗位,对如何提升自己教育教学水平并不感兴趣。并时刻关注城市的招考信息,只要有机会,都在争取去城市工作,将关注点放在脱离乡村。这些情况会导致教师忽视如何能够更好地教育学生,而关心其他事情,如果无法改变这种想法,基础教育的质量就很难得到进一步提升。

(五)教育质量仍有提升空间

在当前阶段,随着"全面改薄"工程的进行和义务教育均衡发展,全省的义务教育质量稳步提升,但是除此之外,在学校的课后服务体系、德智体美劳"五育并举"等方面仍然存在着些许问题。

1.课后服务政策落地出现偏差

从2017年教育部办公厅印发《关于做好中小学生课后服务工作的指导意见》提出开

展中小学生课后服务以来,河南省教育厅也积极响应,各地坚持素质教育,深化教育改革,多措并举提升校内教育教学质量,丰富课后服务供给,加强校外培训机构规范管理,办好让人民满意的教育,促进学生全面发展和健康成长。但是政策的指导力和为人民办实事的初衷,在落地时却产生了一定的偏差,导致许多教育问题的出现。

(1)学校开展课后服务形式化

在落实课后服务过程中,学校对课后服务价值认识不足,将课后服务仅仅是理解为中小学生提供简单的看护服务和学校正常教学时间的延长,让课后服务流于形式。其次由于学校资源的限制的问题,一些学校无法配备充足的课后服务所用的教学场地和教学设备,这在客观上导致学校无法有效开展课后服务活动。因而出现了学校参与意愿低、学校不落实课后服务或将服务等同于补课等现象,忽略了课后服务是一项开发学生潜能、促进学生全面发展的重要工作,形式上的课后服务并不能实际的解决家长和学生的需求问题。

(2)学校管理制度落实缺位

系统有效的制度化管理是保障课后服务有序进行的前提。河南省虽然已经出台了《关于做好中小学生课后服务工作的指导意见》,明确指出课后服务应该遵循自愿参加和非营利性原则,优先保障特殊人群,严禁课后服务变成"集体补课",禁止出现课后服务乱收费的乱象,同时,要充分发挥家长委员会的作用。但是目前,我省在学校课后服务的监督制度、薪酬绩效制度、反馈评估制度等方面还没有明确的规定,对课后服务的相关内容界定也并不明晰。首先,课后服务不等于是变相的补课,课后服务的内容和形式应当是要求学校开展多样性的活动,但监管制度的缺失会使课后服务的内容和实施情况缺乏监管,最终出现课后服务质量良莠不齐的乱象,不能真正达到培养学生全面发展的目标要求。其次,课后服务不能乱收费,但是在薪酬绩效制度方面,学校没有明确教师在课后服务中的薪资问题,没有额外的薪资,相当于变相延长了教师的工作时间长久以往,教师难免会产生职业倦怠感,教师获得感下降,甚至可能影响教师的正常教学。最后,虽然许多学校与家长搭建了班级群、家长群等沟通平台,但是并没有发挥家长委员会的作用,没有建立起相应的反馈评估制度,家长对课后服务的需求和建议也不能得到及时的解决。

(3)课后服务的教育功能不明显

"学校课后服务供给矛盾的产生,其原因是复杂的、多方面的,但归根结底在于学校开展课后服务的投资供给不足所造成的。"学校对课后服务的态度流于形式,资金投入的力度也不足,不重视文化活动的开设。部分学校为了节约教育资源的投入,在开展课后服务时没有根据学生的兴趣爱好进行分班分组,学生对一些兴趣课程也没有自主选择的权利,反而是学校统一安排开展特定的课程,从另一个方面阻碍了学生兴趣的发现和养成,不能满足学生个性化发展的需求,不能体现出课后服务的教育的功能。

2.学校劳动教育课程有所缺失

(1)农村劳动教育氛围感缺失

受传统思想影响,一方面,大部分农村家长的观念中还存在着"不读书没有出路"的观念,认为劳动技能是低下的,不想让孩子从事这种体力劳动。另一方面由于农村地区留守儿童现象严重,大部分学生跟随祖辈生活。老一代家长对孩子过渡溺爱,不肯让孩子多受一点苦,对诸如劳动类的作业嗤之以鼻,甚至帮学生代为完成作业。读书、学习、成绩成了农村学生生活的一切,学生的生活变成了课本知识学习,学习之外的事情与之无关。而且,当代学生出生在被电脑、无线网络、数字科技等包围的互联网的时代,受到新时代网络文化的浸染,农村的劳动教育氛围不断弱化。在网络的巨大冲击和诱惑下,一般的家务劳作和普通的劳动课程对学生的吸引力不够,农村的劳动教育在此冲击下逐渐疏离本身的劳动教育氛围。在课余时间里,也鲜少有同学愿意走入生活进行劳作,他们更愿意沉浸在网络的世界里无法自拔。

(2)学校劳动教育开展不到位

首先,农村学校劳动教育课程落实不到位,各地区乡村对劳动教育的实施存在较大差别,多半地区的劳动教育课程有名无实。农村地区师资力量薄弱,专业的教师更是凤毛麟角,没有劳动教育的专任教师,其他教师也因同时教授多门课程而分身乏术,劳动教育课程只能被无限搁置,制作出一套虚假的课程表以应付上级检查。其次,有些开设了劳动教育课程的学校,在课程建设上也存在着很多问题。劳动教育无计划、无标准、无考核,教育内容浅显,教育时效性不强,教育目标不明确。学校对劳动教育课程不在意,仍以分数和成绩作为办学的指标,仍不断给学生传授"只有分数高才能摆脱现状"的思想。学校对劳动课程的关注、理解、执行不够,对劳动课程的实施过于单一,没有对农村学校的劳动教育环境加以创造性开发和利用,化其劣势为特色,开发适合自己的办学之路,仅仅是期望通过提高升学率改善学校经费不足,师资力量薄弱,办学条件不高的现状,忽视了学生的全面发展。最后,是农村学校劳动教育局限于劳动基础知识的讲授,未注重学生动手能力的培养。学校对劳动教育的整体理解太过肤浅,学生学习简单的理论知识后却没有机会将所学知识运用到生活中。劳动教育理论支撑匮乏,劳动教育在教育体系中不断被弱化以及学生劳动机会被大量剥夺,这些都导致学生劳动意识严重缺乏。劳动教育的实践方式单一,学生缺少对劳动的兴趣,劳动教育未得到重视和发展。

四、义务教育发展对策建议

(一)完善教育资源配置,推动义务教育优质均衡发展

1.加强教育管理,完善配套体制

任何政策都不可能是完美的,政策的落地总会存在一定的偏差。义务教育均衡化发展政策应在执行中根据其产生的问题进行逐步调整,以弥补制度缺陷、优化制度设计。首先,我国义务教育均衡化发展政策呈现出以教育公平为导向的政策价值,在执行过程中以政府强势主导的自上而下的制度调整为主。这在强化政府职能的同时弱化了基层部门的作用,造成基层部门政策执行的应付心理。因此,义务教育均衡化发展的政策在执行中应坚持自上而下和自下而上相结合,既彰显政府的引导功能,又吸收基层实践智

慧,切实为政策的具体实施提供指导。

其次,监督各地区建立县级政府和学校教育经费分配和管理制度。我国城乡义务教育发展失衡的主要原因之一是教育资源分配不均衡,造成城乡、校际获得的教育资源存在差异。因此,为提高教育资源配置的合理水平,需要建立完善的教育资源分配机制。"教育资源分配政策的实施必须以提高政策的效能为目标,强调公平与效率,找到平衡点。"教育资源分配政策的制定是前提,要从制度设计上堵住教育资源分配不均的各种漏洞,要突出"均衡发展"的价值取向,在内容上要全面具体,在措施上要切实可行,在结果上要公平合理。在政策实施过程中需要将公平放在第一位,努力做到公平与效益、效率的有机结合,最终实现教育资源价值的最大化。为加强对各级政府的教育分配政策实施的管理,要建立教育资源分配政策的评价机制,以促进城乡义务教育均衡发展为目的,通过构建多元化的、动态的评价体系来对教育资源分配情况进行有效评价。与此同时还要加强对教育经费使用情况的监管、调控和评价,提高教育经费的使用效益。通过建立完善的教育经费分配机制,切实保障城乡义务教育均衡发展能够得到持续、规范、充足的经费支持,并不断满足学校基础设施建设、仪器设备购置、学校日常运转、教师总体收入和学生资助等多方面的合理需求。

最后,要建立健全教育督导机制。我国城乡义务教育均衡发展是一个"永远在路上"的动态过程,为确保各项工作的顺利进行,需要建立完善的督导机制,开展有效监督指导。我国当前的教育督导制度还不是很完善,督导过程中存在形式化、表面化的现象,对政府履职情况的问责缺乏力度,督导人员的专业化水平还不高,或只注重监督而缺乏指导。因此,需要对当前的教育督导制度进行改革,建立比较完善的督导体系,如在督导主体方面,要由政府部门单一督导变为由政府与社会共同组成的内外督导主体。在督导形式方面,不仅要听汇报、看材料,而且还要深入到教师、学生、家长当中去了解各种情况。在督导渠道方面,要提供网络、书信等多种便捷的渠道。完善的教育督导机制对防止贪污腐败等违法违纪行为的发生,增强教育经费的投入和使用情况的公开性和透明度,改进教育行政部门工作作风,提升工作人员的责任意识和专业水平都会起到积极作用,"督导是转变政府教育管理方式,推进决策权、执行权和监督权分离的重要手段,是教育治理体系的关键环节"。通过提高教育督导的权威性和实效性,有利于促进城乡义务教育均衡发展目标的实现。

2.优化教育评价,发展学校特色

评价具有导向作用,教育评价往往可以引导教育改革的方向。通过优化教育评价体系,可以突破当前单向度评价的困境,促进学校办学特色多样化发展,在更大程度上满足社会对教育的多样化需求,以促进教育均衡实现。虽然历次课程改革一直倡导学生多元评价,但由于考试制度在我国教育教学中根深蒂固,在实际教学过程中,各个责任主体都默许了将考试成绩作为学生评价主要依据的现象,这不但阻碍了教育教学改革的顺利实施,也影响了义务教育均衡发展的落实。一方面从国家层面应该优化教育评价制度,切实实行多元评价体系。对学校评价,应弱化对教学成绩的关注,而应将学生的学习兴趣、课外知识的方法程度、基本劳动技能的掌握等,作为评价主要指标。在这种评价标准影响下,学校一般会顺应评价标准的转变,将教师与学生从单一的教学成绩评价中解脱出来,在教学过程中注重课外知识与基本生存技能的掌握,从而落实素质教育,也可以将学校发展均衡拉出一元评价的"怪圈",为所有学校提供新的公平竞争机会。另一方面,可以通过政策引领和学校主动变革相结合,鼓励学校实现特色化办学,以满足社会对多样化教育的需求。比如有的学校注重体育,有的注重艺术,有的注重传统文化等,从而使家长在"择校"时有多样选择,从而既避免"扎堆择校"现象,又促进学校特色办学,提升教育水平。

3.优化办学条件,保障学校生源

(1)合理分配教育资源,加大对农村学校的支持力度

要给予农村学校政策上的优先支持,使农村学校在政策发展上优于城镇学校。城镇中学优越于农村中学的关键原因是政策上的不平衡,我国长期以来形成的"以城市为中心""城市教育优先于农村教育"的办学思想影响了城乡义务教育均衡发展。要改善农村学校生源流失的现状:一是在目前的情况下要给予农村学校更好的政策,帮助其弥补长期以来因为政策原因造成的不平等和落后局面,通过完善教育资源的分配和管理制度,优先发展农村地区的学校,按照城镇中学的布局帮助农村中学建造条件相当的教学楼、宿舍楼、多媒体教室、实验室等,改善其教学条件,从而缓解因学校办学条件造成的生源流失问题;二是制定有效的区域政策,防止不正当竞争的出现,造成生源流失。避免各地政府出现"分数"和"成绩"导向,建立多元化的评价体系,促进学校发展其办学特色,避免统一量化指标造成的学校发展同质化趋势。

(2)做好宣传教育工作,破除家长固化的教育观念

造成生源流失影响的一大主要关键,除了教师以外,还有家长,家长的教育价值观,是影响学生选择的重要因素。很多家长认为城市学校,不论是从外部环境,还是师资力量,抑或是教学效果,相对农村而言,有很大的优势,所以家长不顾一切将孩子送往城市学习。要想有效解决生源流失问题,做好宣传教育工作,强化家校沟通力度必不可少。当地政府加强对正确择校观的宣传,可以对家长进行培训,从家庭教育理念、教育方法、教育价值观等角度出发,帮助其树立健康、正确的择校观,在双向交流中,克服从众心理,实现理性选择。同时在入学前,组织家长对学校进行参观访问,使家长真正了解学校的现状,让学生放心地入学。除此之外,在学生入学之后,学校还要加强教师和家长之间的沟通,通过微信,构建家校联系平台,在家校群中,及时为家长推送有关学生教育方面的内容,让家长看到教师全新的教育理念和教育方法,让家长对学校放心、对教师放心,提高家长对农村学校的信任,从而有效解决生源流失的现象。

义务教育均衡发展是涉及国计民生的重大问题。随着国家教育投入力度增大,我国义务教育得到了长足发展。但要实现更大程度的均衡发展,还需要在政策制定和具体实践中,结合教育公平的理念,从多学科视角出发,采用多种途径消除义务教育不均衡发展的现象。此外,在义务教育发展均衡评价中,更应转化视角,将自上而下的评价模式转向由社会评价为主的评价模式。家长、学生、教师和校长等群体才是身处义务教育一线的重要元素,更能直观感受到义务教育的均衡发展情况。这样通过在政策与评价两方面着力,可以更好地促进义务教育均衡发展。

(二)重视心理健康教育,持续关注农村留守儿童群体

1.着重关注农村留守儿童心理健康教育

对于成长中的儿童,特别是留守儿童,他们更需要的是父母的关心和安慰,精神上的需求远远大于物质上的满足。所以,对于农村留守儿童的父母来说,一定要改正错误的教育观念,多给予孩子精神上的鼓励与陪伴。父母一方面要加强与子女的交流沟通,适时了解和把握子女的心理变化和日常生活状况,多对子女进行辅导和鼓励;另一方面要多与孩子学校的老师沟通,通过老师了解自己子女的学习状况,同时将孩子的基本状况和老师进行沟通,避免"孩子的教育是学校的事,与我无关"的错误想法,积极发挥"家校共育"的良好育人作用,与学校共同承担起对子女的教育责任。

另外,政府需配合强化学校工作,有所作为。着重支持学校对农村留守儿童心理、生理健康教育,发挥主导作用,把农村留守儿童工作放在国家和地区的新农村建设规划、社会管理和公共服务体系中去,把农村流动儿童、留守儿童的权利和利益写进各级政府的儿童发展纲要中;发挥政府主导作用,注重学校教育对农村留守儿童的身心健康、生理知识的教育,在课程安排上开设新颖的课程,配备专业的教师和生活老师;密切关注留守儿童可能受到侵害的危险因素,严格预防校园欺凌等不良事件对留守儿童身心造成的恶劣影响;在农村教师招聘、选拔制度中,适当调整学科类教师与心理健康教育类教师招聘比例,向心理健康教育领域的报考教师倾斜;充分发挥学校教育的指导作用,引导农村留守儿童的自我价值定位,引导他们树立正确的价值取向,促进他们的健康心理的形成。

学校则可以通过专门为农村留守儿童建立档案,对其档案进行跟踪和更新,及时掌握各方面的情况,并将留守儿童的在校情况及时有效地通知父母,形成学校和家庭之间的内外联动、共同管理。同时,学校教师要给予农村留守儿童更多的关注和关怀,及时辅导他们的学习和解决生活上的困难。特别需要关注的是他们的心理问题,针对这一问题,学校可以利用政府出台的优惠政策吸收一批心理教育专业大学生及具备心理健康教育专业背景的招教教师等参与留守儿童的心理教育与辅导中来,适时把握孩子们的心理变化,做农村留守儿童心理健康的"守门人"。

2.大力推进学校"平安校园"建设力度

安全是学校发展的底线,也是不可触碰的红线!中共中央、国务院在《国家教育事业发展"十三五"规划》中明确提出"创建平安校园,开展教育系统稳定风险评估和监测,加强教育系统防灾减灾能力建设"的要求。农村地区河湖水库众多、缺乏必要和充足的安全屏障,潜在的不安全因素较多,加之缺乏家长监护,导致农村地区中小学包括溺水、交通事故、火灾、食品安全等在内的安全事故频发。要有效保障农村中小学学生人身安全,构筑起牢固的校园安全屏障可以从以下几方面着手。首先,完善硬件设施的标准化建设。农村面积广大,客观上造成了农村中小学较为分散的布局的存在。应对农村校园安全问题,就需要中小学基础设施建设的标准化。在合并部分小规模农村中小学的基础上,加大资金投入,集中精力建立一批优质农村中小学。在教学楼的抗震级别上,体育器材的质量上等等都追求高标准、高要求。对部分农村寄宿学校要严格按照安全标准执

行,无论是宿舍的消防还是宿舍的人员管理上都需适用统一的规则。同时,路途遥远的学生定期回家也需要全面的关怀,在校车配置上、司机选择上都需要标准化的要求。其次,强化教师队伍建设。教师的素质不仅对于学生的学习产生影响,而且教师的素质对于学生人身安全与否也有重大的影响,因此必须严把教师选任关口,对教师进行全面考察,尤其关注其安全素养。对现有农村中小学教师队伍必须加大"平安校园建设"安全培训力度,使广大教师牢固树立起"安全重于泰山"意识,对学生安全切实担起责任,认真履行对学生的安全教育、生命教育。另外,实现校园安保力量标准化配备。目前在许多农村中小学,校园没有围墙的阻隔,更谈不上聘请专门的人来看护。这样的校园管理漏洞,使得校外人员轻松随意地进出校园,使学生受到伤害的隐患进一步被提高。因此构建和谐校园就需要在校园内部,通过强化校园保卫组织建设,组建专业队伍进驻校园,配发简易防护器材等措施,提升人防、物防水平,建立标准化的门卫制度,对于一些重要区域采用安装摄像头等高科技手段加强校园安全。在学校的人员编制上,增加专门负责学校安全的责任人员。同时,也可以选派民警担任学校的兼职辅导员,负责治安防范和交通、消防等安全知识的普及。

(三)加大教育改革力度,内外联动打好"减负"组合拳

1.深化教育评价制度改革,减轻学生学业负担

在应试教育的指挥棒下,一切向分数看齐,不断的考试、评分、排名次,势必会给学生带来很大的负担和压力。深化招生制度改革势在必行。《国家中长期教育改革和发展规划纲要(2010—2020)》(以下简称《纲要》)第十二章第三十四条明确提出:按照有利于科学选拔人才、促进学生健康发展、维护社会公平的原则,探索招生与考试相对分离的办法,政府宏观管理,专业机构组织实施,学校依法自主招生,学生多次选择,逐步形成分类考试、综合评价、多元录取的考试招生制度。在中共中央、国务院新近印发的《深化新时代教育评价改革总体方案》(以下简称《方案》)中也作出明确规定:改进中小学学校评价。义务教育学校重点评价促进学生全面发展、保障学生平等权益、引领教师专业发展、提升教育教学水平、营造和谐人环境、建设现代学校制度以及学业负担、社会满意度等情况。国家制定义务教育学校办学质量评价标准,完善义务教育质量监测制度,加强监测结果运用,促进义务教育优质均衡发展。下一步全省应继续贯彻落实《纲要》《方案》中的规划要求,从顶层制度设计把握好教育评价改革大方向,为减轻义务教育阶段学生学业负担提供切实可行的方案。

2.规范校外教培市场,加强对教培行业的监管

一方面,政府要加强对社会行业"增负"行为的行政监管,限制面向青少年进行学科类补课的社会机构。从税收政策上对通过"增负"获取高额利润的机构加以限制;对于出版界的"教辅材料",应一律禁止使用"新课程必读"或者"二期课改推荐"等家长、学生非常敏感的封面词。另一方面,要切实整治校外培训市场乱象还要从校外培训市场的需方入手,当学生家长对于教育培训、课外辅导的需求减少时,校外教育培训市场作为供应方考虑成本投入与收益后自然开始收紧。因此要加强对学生家长的宣传、教育力度,引导

学生家长摆正心态,避免"绝不能让孩子输在起跑线"的过度焦虑的思想造成的"鸡娃""内卷"行为。家长应对学生合理表达期望,以鼓励为主,避免过高教育期望造成的过激言行对学生心理负担的"加压"。

3.均衡优质资源分配,确保优质教育资源共享

对优质教育资源的追求所导致的择校和升学压力势必会加重学生的负担。因此,政府应从大的层面上确保优质教育资源的均衡分配,确保充足的投入保障、均衡的资源配置。尤其要解决县域教育均衡化问题,严格控制学校规模和学校班额,化解农村学生生源流失、城市学校"大班额"的矛盾局面。从政策层面对随迁子女教育问题做出详细说明,完善涉及随迁子女入学的政策法规,最大程度地尝试突破"择校热""择校难"困境。要将部分社会资源转化为教育资源,同时鼓励一些中小学开放自己的资源,让周边学校和学生共享;加强优秀教师的合理流动,共享优秀教师资源等。

4.为学生内心"松绑",切实减轻学生的心理负担

对学生"减负"问题的看法不能偏于一隅,将学生负担减轻单纯看成"书包是否轻了""做作业的时间是否缩短了"等,这是一种简单化的、片面的、狭隘的看法,只关注减轻学生的物理负担,并未考虑到减轻学生的心理负担。心理失衡目前已成为困扰中小学生的不可忽视的心理问题。研究发现,学生常因学习、考试与竞争压力大导致心理失衡,人际交往不顺或人际关系紧张导致心理失衡,情感类问题导致心理失衡等等。针对这些情况和问题,家长、学校、社会要密切关注学生的情绪变化,引导学生用健康积极的心态对待生活和学习中的问题。积极引导学生提高自身的心理承受能力,处理好学生和教师的关系。建议加强对学生的挫折教育,以提高其抗压、抗挫能力,以便进入社会以后适应竞争压力。

(四)树立终身学习理念,持续加强全省教师队伍建设

1.挖掘社会合作动力,形成闭环育人氛围

营造尊师氛围,提高社会地位。首先,呼吁全社会营造尊师重教的良好氛围。要在社会实现尊师重教的文化氛围。目前乡村中小学的师资情况不容乐观,我们首先要改观社会对于教师群体的刻板印象,破除人们对于乡村中小学教师这一职业"牺牲艰苦""穷""差"的刻板印象,让大众尊重和理解教师的工作。接着要通过教育和文化传播手段,让学生礼貌尊师、家长积极配合、媒体客观对待,由是才能让乡村中小学教师在社会中获得一定的尊重感,在职业中获得一定的认同感,实现自我价值。

具体的措施可以从以下三个方面入手:第一,通过入学教育、家庭教育及社会教育,让大众对乡村中小学教师这一职业的意义和价值,让群众,尤其是村民,从心底增强对于乡村中小学教师的认同感和支持感,尊重之情便会油然而生。第二,加大乡村中小学教师正面宣传,全国及各地范围内展开"最美乡村中小学教师""优秀乡村中小学教师"等评选活动,展示出乡村中小学教师良好的精神风貌,在让群众进一步了解乡村中小学教师的同时又提高了乡村中小学教师的职业认同感和成就感。第三,乡村中小学教师是有知识有文化的群体,可以适当选拔一些有才干的乡村中小学教师兼任乡村的一些职务,

赋予乡村中小学教师群体在乡村事务中的话语权,从实际上提高其社会地位。第四,倡导青年群体响应相关乡村教育支持政策,积极参与支教、公费师范生及专项计划等,为解决乡村教育师资难题贡献力量。

其次,提高乡村中小学教师专业性以增强职业自信。提高教师的社会地位不仅要靠外部环境的改变,还需教师自身有一定提升。尽管在我国,教师在人们心中的形象一直是有学识、有品德、有使命、有理想的积极、正面的形象,但是近来社会中少数教师出现的以权谋私、虐待学生等负面报道也让社会大众对教师群体有所改观,使得教师在人们心中不再是一个可以完全信赖和尊重的群体。因此在外部环境为教师积极改善的同时,教师自身更需有一定的提升意识,对于教师专业的发展和师德的培养都要有所重视。而乡村中小学教师在教师群体的特殊性和其在教育事业中的特殊地位则更意味着乡村中小学教师要以提升自己的专业能力和道德水平为目标,同时注意相关理念的实施要结合教育教学过程中的实际,让自己的所学为乡村教育的发展解决更多的难题。

第一,提高乡村中小学教师的专业性和师德水平,加强教师群体的内部交流和沟通,既要让乡村中小学教师走出乡村、学习前沿的教育理念和教育教学方法,还要让城市高级教师、优秀教师及教育专家来到乡村与乡村中小学教师面对面交流及实地体验,增强教师群体内部的共情和真实经验交流。第二,对于在校师范生的教育,不仅要有理性、思辨的专业知识,还要有教育热情和人文情怀的熏陶,破除城市优势刻板思维,加强其热爱教育的意识培养,从而及早树立其职业自信与职业认同。特别是对于农村生源的师范生,要在尊重其自身意愿的同时,着重鼓励他们发挥自己独有的乡村生活经验和乡村价值认同感,积极回乡投入乡村教育的建设工程。第三,完善教师荣誉制度和激励制度,对于乡村优秀教师要有一定物质上或精神上的奖励,对长期扎根乡村、耕耘于教育的乡村中小学教师进行丰厚奖励,让有才能的教师在岗位上得到充分发挥,让能力不足的教师萌生出学习专业知识、培育专业素质的热情,增强乡村中小学教师自身的成长感知,增强其职业认同心理。此外,通过深入沟通,加强乡村中小学教师的公共服务意识,实现自我价值的精神需要。

2.合理安排教师工作,回归教师主体价值

合理地安排教师工作量,明确工作时间。调查显示教师工作量普遍偏高,工作时间超过劳动法中规定的四十四小时,教师难免产生负向情绪,所以我们应当科学地考虑教师的工作时间,合理安排工作量。首先,明确教师总体时间工作时间,划清工作与生活的界限,让教师既能够高效工作也能幸福生活;再者对教师工作时间也需要科学分配,教师首先是教书育人的,保证教师教育教学的时间是基础,尽量减少非教学性任务占据教师工作时间;再者教师是需要不断发展的职业,要预留给教师自我反思、自我教育和自我发展的时间,同时教师应合理规划自己的工作和生活,以便在教师职业中有更强的获得感。除此之外,为教师工作提供必要的激励也是必需的,不能单纯让教师靠觉悟和奉献精神去工作,让教师感到付出与回报对等能够使教师对自己现有的工作量有更加积极的认知,所以提高教师待遇,保障教师安心从教,不为衣食住行而疲于奔命刻不容缓。总而言之应当合理安排教师工作量,为教师工作创造更好的环境。

减少对教师的工作控制,回归教师本真。西方劳动者在解释教师工作变化时引入了

劳动过程论,而控制是劳动过程论的核心概念,即教师在其工作之中承受了五种控制,分别是市场控制、技术控制、官僚控制、思想控制和处分控制。而在调查中可知影响教师的主要是官僚控制、市场控制和技术控制。教师要承担大量教学以外的任务,如为了实现学校和地方政府的教育发展规划而应对各种检查评比、准备各种材料等是官僚控制的突出体现,科层化的深入发展限制了教师的专业性发挥;同时教师工作还承载了社会、家庭和学生对教育的期待,"一个好老师必须是能教出好成绩的老师"这种以成绩为单一的评价教师的标准限制了教师发展的轨迹,更是无形中给教师增加了工作压力,这一评价理念体现的是对教师的市场控制;教师的技术控制则体现在教师是否有较强的专业能力和专业素养,对教学情境中教师在教育知识的选择构成和教学进展中的自由程度。根据教师工作任务金字塔可知,教师的核心任务是教书育人,其次是准备教学计划、进行教学评价等,接着是教师培训研修等,最后才是其他行政性和辅助性工作。所以要想提高教师的获得感应该要回归教师角色,让教师育人的工作成为教师主要职责,减少不必要的教学以外的工作,因此必须减少对教师工作的控制,特别是市场控制和官僚控制;学校要合理安排教师任务,保证其投入教育教学的时间和精力,缩减非教学性任务,综合考虑各种具体情况,特别是教师的可接受度;社会和家庭应改变固有观念,对教师工作予以理解和宽容,令教师工作能够真正发挥教书育人的神圣职能。

3.树立终身学习理念,提高专业发展水平

激发学习动力,树立职业目标。学习内驱力是促进教师发展的主要动力。第一,应帮助其树立职业目标,建立统筹协调有序的专业发展环节,形成教师全方位成长系统,将职业目标分阶段化。教师学习意愿淡薄的重要原因在于对于职业生涯没有规划,职业发展前途渺茫,没有明确的职业目标。帮助教师设定分阶段的成长目标,助力教师的持续成长,形成不断进取的风气,能够始终保持教师队伍的生机与活力。第二,成立学习型组织,注重优质平台的集体力量,提供更多的职业发展空间,为教师专业发展赋能。如建立乡村中小学教师工作室、名教师论坛、教师成长联盟等,提供交流成长的机会,采取顶岗置换、数字化课程、送教下乡等多种形式,增强培训的针对性和实效性,找出制约教师发展的"痛点",解决教师发展的"难点",增添教师的"亮点"。第三,激发教师荣誉感,为其树立典型榜样。学习力生成与提升的首要前提就是教师本人对于学习及其价值的高度认同,在教师中宣传张玉滚、张桂梅等正面典型,能够起到典型示范作用,使教师感受到乡村教育的重要意义,激发教师的教育情怀,将其从"要我学习"变为"我要学习",愿意投身于乡村教育,推动乡村中小学的发展和教育教学质量的提升。

重视情绪管理,提升抗压能力。要帮助教师正确看待工作中的压力,为教师提供多种释压方式。第一,开展心理辅导课。心理辅导课能够让教师看见压力的来源,为教师释放压力提供一个场所,教师在心理辅导课上能够适当释放自己的压力,同时通过这种辅导课,教师能够学习到更多种释放压力方式,明白压力的正常性,了解压力的本质,从而能正确看待压力;第二,加强沟通交流,共同解决。教师的压力往往来源于他人的不理解与内心的烦恼等无处述说,他们常常在教学中遇到很多问题,但却缺少他人的关心,也不知道向谁述说,所以教师们要加强沟通与交流,要敢于说出自己内心的想法,领导们也要乐于倾听,加强与教师的沟通,与教师共同解决压力问题;第三,提升抗压能力。教师

要树立情绪管理意识,及时调节自己的情绪,在面对压力时,可以转移注意力等,运用多种方式,合理调节压力,运用好积极情绪,克服或释放消极情绪,进而提升自己的抗压能力,更好地促进自己内在的成长。

(五)优化课后服务建设,着力提高义务教育发展质量

1.学校优化课后服务建设

(1)健全学校服务机制

学校作为课后服务的主要承担者,理应为课后服务提供场地、师资。学校只有不断完善课后服务机制,因地制宜地制定清晰的实施细则,保证课后服务的内容多样性等,才能确保课后服务高质量实施。除此之外,学校需要制订相关制度,如监督制度、激励制度、反馈评估制度等,并根据实际情况不断完善优化其细则,确保制度的可实施性。第一,监督制度要健全。学校通过监督才能检验课后服务质量是否达到相关的标准,并且监督不能只停留在对学生和教师的考勤上,而是要对课后服务各个方面都进行监督,照顾教师在课后服务体系中的获得感和成就感,满足学生的求知欲和好奇心。第二,激励制度要合理。学校通过制订合理的激励制度,才能让教师更加投入课后服务中去,更加有效地开展课后服务。激励制度的制定可以广泛征求教师的意见,保证制定过程的民主性,避免对教师和学生的强制性达到相反的效果。第三,反馈评估制度要完善。学校应该以学生完成课程成效或者家长反馈等多方面课后服务反馈意见为核心,积极对课后服务的内容和形式进行相应的调整,发挥课后服务真正的效果,满足学生发展的需要。

(2)丰富课后服务内容与形式

课后服务的内容与形式应具有多样性、丰富性且具有教育价值。

在课后服务内容上。一是课后服务能帮助有学习困难的学生。在课后服务这个时间,教师能够给学习困难的学生单独辅导学习内容或者是辅导课后作业,培养他们良好的学习习惯,教会他们正确的学习方法,引导他们走出学习困境。二是课后服务能培养学生兴趣。学校针对学生的兴趣爱好,开设相应的课余活动,任学生自由选择,培养学生在实践活动中的团结合作能力、沟通交流能力、互帮互助的意识等。课后服务激发学生的多元潜能,最大限度地满足学生的个性化需求。三是课后服务特色化。课后服务结合学校"一校一品牌"的特色活动,将这些特色文化和特色课程融入学生的课后服务之中。

在课后服务形式上。首先,学校要了解参加课后服务学生的基本情况,充分调查学生目前的发展需要,对学生的现有水平做一个客观的评价;其次,学校要根据学生的性格特点或者是兴趣爱好让学生进行"走班制"选修课后服务的内容;最后,学校要依据学生的身心发展阶段理论,提前将不同年级的学生所需要开设的课后服务内容进行合理的分配,制定大致的课后服务体系培养方案,尽可能使学生都能得到个性化的发展。

2.学校推进劳动教育实践

(1)营造劳动教育氛围

农村劳动文化是劳动教育的宝贵财富,学校可以与村委会合作,开展校与村的联合活动。学校可定期组织学生看望农村孤寡老人,组织学生帮助老人打扫屋院卫生、和老

人进行亲密交流,或组织由教师带队的志愿者在村庄清扫乡道、捡拾垃圾,以身作则传递劳动文化。学校还可以利用好农村丰富的资源,定期组织学生深入果园、农田、蔬菜种植基地等进行劳动,让学生明白既要干农务又要知农事、体农情。学校在开设劳动教育课程时,可以结合当地的特色劳动文化,邀请经验丰富的老人用亲身经验给孩子们讲解农具的使用,农作物的特性等,培养以劳动为荣的教育氛围。村与校的联合活动,在完善学校劳动教育途径的同时也在潜移默化地影响着农村的劳动文化,使农村的劳动文化向着好的方向发展。

（2）丰富学校劳动教育实施途径

创建劳动教育实践基地。农村学校可根据校园情况,因地制宜开辟校内劳动教育实践基地,利用校内空闲田地开辟出各种具有特色的田园项目。让学生进行手工制作和发明创造,亲身感受劳动的乐趣和劳动的不易,学生在劳动中体会到团结协作的团队精神,懂得珍惜劳动成果,培养学生热爱劳动、吃苦耐劳的劳动品质和创新精神。同时,多举措加强教师队伍建设,加强教师对劳动教育的学习,增强农村教师的劳动意识和观念,提高劳动教育的水平。还要积极开设劳动教育校本课程。学校应将劳动教育与各学科结合起来,并根据农村地区学校实际情况和资源状况,开设劳动校本课程,以劳动教育为引导,促进学生全面发展。大力建设劳动光荣的校园文化。校园文化是学校精神文明的重要载体,学生的价值观受到校园文化的影响。学校建设积极的校园劳动文化,有助于培养学生正确的劳动价值观,塑造学生健全的人格。良好的劳动校园文化满足学生对环境的要求,丰富学生的校园生活,使学生的校园生活多姿多彩。

参考文献

[1]崔少鹏.刍议义务教育阶段教育资源配置从基本均衡走向优质均衡[J].河南教育(教师教育),2021(12):44-46.

[2]宋乃庆,贾璞.中国基础教育发展100年:走向公平与质量的教育——以党的教育方针为逻辑主线[J].西南大学学报(社会科学版),2021,47(03):127-139+221.

[3]杨清溪,柳海民.优质均衡:中国义务教育高质量发展的时代路向[J].东北师大学报(哲学社会科学版),2020(06):89-96.

[4]郑丽平.教育发展新水平[M].北京:中国人民大学出版社:"改革开放与新时代"研究丛书,202001.199.

[5]雷励华,张子石,金义富.教育信息化2.0时代城乡教育均衡发展路径反思与重构[J].中国电化教育,2019(10):47-53.

[6]薛二勇,李健,单成蔚,樊晓旭.实现基本公共教育服务均等化:《中国教育现代化2035》的战略与政策[J].中国电化教育,2019(10):1-7.

[7]雷励华.教育信息化促进城乡教育均衡发展的国内研究综述[J].电化教育研究,2019,40(02):38-44.

[8]朱德全,李鹏,宋乃庆.中国义务教育均衡发展报告:基于《教育规划纲要》第三方评估

的证据[J].华东师范大学学报(教育科学版),2017,35(01):63-77+121.

[9]李桂荣,李季洋.均衡发展视域下县域义务教育财政投入研究:基于河南省县级教育财政面板数据的分析[J].华北水利水电大学学报(社会科学版),2016,32(03):63-67.

[10]范先佐,郭清扬,付卫东.义务教育均衡发展与省级统筹[J].教育研究,2015,36(02):67-74.

[11]阮成武.我国义务教育均衡发展政策的演进逻辑与未来走向[J].教育研究,2013,34(07):37-45.

[12]范先佐.义务教育均衡发展与农村教育难点问题的破解[J].华中师范大学学报(人文社会科学版),2013,52(02):148-157.

[13]张新海.中原地区农村义务教育均衡发展调查:问题及对策[J].西北师大学报(社会科学版),2012,49(06):120-125.

[14]翟博,孙百才.中国基础教育均衡发展实证研究报告[J].教育研究,2012,33(05):22-30.

[15]杨小微.近五年我国基础教育改革及其研究的进展报告[J].基础教育,2011,8(03):5-20.

[16]李怀玉.河南省义务教育均衡发展现状调查及其对策分析[J].中州学刊,2010(04):67-70.

[17]翟博.中国基础教育均衡发展实证分析[J].教育研究,2007(07):22-30.

[18]姚永强.我国义务教育均衡发展方式转变研究[D].华中师范大学,2014.

[19]刘娟.乡村小规模学校教师获得感研究[D].东北师范大学,2018.

[20]赵庆华.义务教育均衡发展问题研究[D].东北师范大学,2005.

[21]周光礼,周详.教育与未来[M].北京:中国人民大学出版社:"认识中国·了解中国"书系,2017.187.

[22]Jiang Jinqiu. Chinese Teacher Compensation System of Compulsory Education:Attraction, Retention, and Motivation[M].Taylor and Francis:2021-07-18.

[23]Yuhong Du,Zhijun Sun. Research on Compulsory Education Financing in China[M].Springer, Berlin, Heidelberg.

[24]Jian Li,Eryong Xue. Compulsory Education Policy in China[M].Springer, Singapore.

专题四　河南省普通高中教育发展研究

2021 年正值"十四五"规划开局之年,纵观 2016 年至 2020 年河南省教育发展成就,梳理河南省普通高中教育发展的脉络,了解河南省在这五年间普通高中教育取得的成果与存在的问题,为未来河南省普通高中实现高质量发展以及应对新高考改革提出针对性的建议,对于促进河南省经济高质量发展具有重要的意义。

一、普通高中教育的发展目标

(一)发展目标

"十三五"时期,是我国全面建成小康社会、实现"两个一百年"奋斗目标中第一个百年目标的决胜阶段,教育事业面临着前所未有的机遇和挑战,全国各地教育迎来了提高质量、优化结构和促进公平的新阶段。2017 年 4 月 20 日,河南省教育厅发布了《河南省教育事业发展"十三五"规划》(以下简称《规划》),就普通高中来讲,《规划》总目标是全面普及普通高中,到 2020 年,全省高中阶段毛入学率达到 92%。《规划》在办学水平、学校多样化、特色化等方面提出了重要的目标要求。

首先,《规划》指出要"提高普通高中教育办学水平"。即继续实施普通高中改造等项目,完成 200 所左右普通高中学校改造任务,重点改善薄弱普通高中办学条件,逐步消除大班额现象;健全省域内优质学校对口帮扶薄弱学校工作机制,鼓励优质高中和乡村高中通过建立联盟、集团化办学、委托管理等方式,在课程建设、教学资源、教师培训、管理方式等方面实现合作共享,扩大优质教育资源惠及面;提升学校课程建设、实施和管理水平,重视选修课程建设,加大走班制教学指导力度,完善三级课程管理制度,加强校本课程开发与实施,提高学生的创新能力和实践能力,满足学生学习和发展需要;推进普通高中学生生涯教育,构建适应河南省普通高中学生终身发展需要的学生生涯教育体系。

其次,《规划》指出要"推动普通高中学校多样化、特色化发展"。即尊重学校主体地位,激发学校首创精神,科学定位发展方向,以创新培养模式为重点,以课程建设为核心,深化教育教学改革,建成一批普通高中特色学校和特色项目,引导推动全省普通高中学校多样化、特色化发展,满足不同潜质学生的发展需求;启动实施河南省科技创新后备人才培养计划(豫英计划),加强基础教育与高等教育的有效衔接,创新人才培养模式,探索拔尖创新人才培养途径;鼓励有条件的普通高中根据需要适当增加职业教育的教学内容,试办一批综合性高中,完善课程实施、学籍管理、考试招生等方面支持政策,实行普职融通。促进办学体制多样化,加强对普通高中涉外办学行为的规范管理。

（二）目标分析

第一，《规划》指出"提高普通高中教育办学水平。继续实施普通高中改造等项目，完成 200 所左右普通高中学校改造任务，重点改善薄弱普通高中办学条件，逐步消除大班额现象。"这意味着要加大教育投资力度，改善和提高学校条件，逐渐消除以往一个班级许多学生的现象。

第二，"提升学校课程建设、实施和管理水平，重视选修课程建设，加大走班制教学指导力度，完善三级课程管理制度，加强校本课程开发与实施，提高学生的创新能力和实践能力，满足学生学习和发展需要。"《规划》在这里强调的是课程的建设和规划，重视选修课程的设置，途径是加大走班制。这在一定程度上将高中生的学习主权交还给学生本人，学生有更多的机会选择自己想要学习的课程。关于"走班制"，主要是指高考改革后取消了文理科制度，学生们上课除"语数外"三门主科之外，还可以在其他六科中选择三科进行换班级、换教室的上课制度。走班制的优点在于给予学生很大的自主权，有了真正"一人一课表"的课程。

第三，"推进普通高中学生生涯教育，构建适应河南省普通高中学生终身发展需要的学生生涯教育体系"。生涯教育是实施素质教育的重要载体，高中生正处于身心发展的重要阶段，也是人生观和价值观形成的关键时期。在普通高中开展生涯教育有助于学生了解并适应社会发展需求，建立学校学习与学生未来发展的内在联系，形成对人生发展的清晰认识，促进自我设计与完善，为学生的终生发展和创造有价值、有意义的幸福人生奠定基础。普通高中的生涯教育课程以促进学生的全面发展和终身发展为目的，引导学生将学校学习与未来职业和生活相联系，激发学生的自主意识，提高学生的社会适应能力，满足学生多样化发展需求，为学生提供更多发展途径与更广阔的发展空间。

第四，"尊重学校主体地位，激发学校首创精神，科学定位发展方向，以创新培养模式为重点，以课程建设为核心，深化教育教学改革，建成一批普通高中特色学校和特色项目，引导推动全省普通高中学校多样化、特色化发展，满足不同潜质学生的发展需求。"随着社会的进步，人们对教育的期望也越来越高。面对社会对综合素质人才的需要，以及学生多样化学习的需求，普通高中也要结合素质教育的方针，积极地向多样化、特色化的办学理念转变。让学生在高中教育中不仅能学习知识，同时也能陶冶情操，培养学生的各项素质，促进学生的全面发展。

第五，"鼓励有条件的普通高中根据需要适当增加职业教育的教学内容，试办一批综合性高中，完善课程实施、学籍管理、考试招生等方面支持政策，实行普职融通。促进办学体制多样化，加强对普通高中涉外办学行为的规范管理。"综合高中是高中阶段普通教育与职业教育互相渗透的一种教育模式，学制为四年；课程设置主要是普通高中文化课和职业教育的专业知识与技能课。四年学业修满，成绩合格，可获取普通高中毕业证书和中等职业学校毕业证书。在培养目标上，以培养具有普通高中文化基础知识和中等职业教育专业知识与专业技能，并具有继续学习能力和一定就业能力的高素质毕业生。综合性高中在课程目标上，要促进学生德智体美等全面发展，体现以学生发展为本的要求；在课程结构上，要求整体设置综合高中有关课程，合理设置普通高中文化课程和专业技术课程，使普通高中文化基础知识教育和中等职业教育的专业知识与专业技能教育一体化。

二、普通高中教育发展概况

（一）河南省普通高中学校规模

1.高中阶段毛入学率超过目标实现增长

河南省"十三五"规划期间高中阶段毛入学率（含普高、中职）变化显著，由下表4-1可知，从2016年至2020年呈循序递增状态，5年间由90.40%增长至92.01%，共增长1.61个百分点，实现了规划的目标。

表4-1 河南省"十三五"规划期间高中阶段毛入学率（%）[①]

2016年	2017年	2018年	2019年	2020年
90.40%	90.61%	91.23%	91.62%	92.01%

2.普通高中学校数量显著增多

"十三五"规划期间河南省普通高中的数量变化，从表4-2可以看出，从2016年到2020年呈现递增状态，由792所增加到925所，共增加了133所。

表4-2 "十三五"规划期间河南省普通高中学校数量变化表[②]

年份	2016	2017	2018	2019	2020
普通高中(所)	792	813	852	889	925

3.普通高中学生规模

"十三五"规划期间河南省普通高中毕业生数、招生数和在校生数的变化情况从表4-3可以看出，从2016年至2020年普通高中的毕业生数、招生数和在校生数都呈现逐年递增的状态，其中毕业生数由63.31万人增长至69.03万人，共增长5.72万人；招生数由69.53万人增长至78.44万人，共增长8.91万人；在校生数由199.6万人增长至224.86万人，共增长25.26万人。

表4-3 "十三五"规划期间普通高中毕业生数、招生数、在校生数变化表[③]

年份	2016	2017	2018	2019	2020
毕业生数(万人)	63.31	63.14	66.08	67.99	69.03
招生数(万人)	69.53	70.97	72.65	74.98	78.44
在校生数(万人)	199.6	205.49	210.06	215.88	224.86

---

① 数据来源：2016—2020年河南教育事业发展统计公报。
② 数据来源：2016—2020年河南教育事业发展统计公报。
③ 数据来源：2016—2020年河南教育事业发展统计公报。

(二)河南省普通高中教师队伍发展

加快推进教育现代化,建设教育强国,办好人民满意的教育,关键在于教师。《中国教育现代化2035》提到"建设高素质专业化创新型教师队伍"[①]。建设高质量教师队伍,必须从"为党育人,为国育才"的高度,真正落实教师队伍建设的优先位置,要从战略和全局高度充分认识教师工作的极端重要性,"把教师工作置于教育事业发展的重点支持战略领域"[②]。教师队伍的质量不仅取决于教师个人素质,还与教师队伍的结构相关,结构合理有利于发挥教师队伍的群体优势,合理的教师队伍结构是高质量教师队伍建设和高质量教育体系建设的重要组成部分,是保证教育可持续发展的前提。

通过对我国教育部发布的2013—2019年的教育统计数据中关于河南省普通高中专任教师的数据进行分析,从生师比结构、性别结构、学历结构和职称结构四个方面系统全面地分析河南省普通高中教师队伍的发展状况。

1.普通高中教职工显著增多

"十三五"规划期间河南省普通高中教师总数变化由表4-4可知,从2016年到2020年普通高中教师总人数呈现逐年递增的态势,由15.55万人增长至19.69万人,共增长了4.14万人,表明河南省普通高中教育规模在逐步扩大,教师总量不断增加。

表4-4 "十三五"规划期间河南省普通高中教职工人数变化表[③]

年份	2016	2017	2018	2019	2020
教职工(万人)	15.55	16.49	17.44	18.57	19.69

2.普通高中专任教师队伍不断壮大

"十三五"规划期间河南省普通高中专任教师变化由表4-5可知,从2016年到2020年普通高中教师总人数呈现逐年递增的态势,由13.54万人增长至17.31万人,共增长了3.77万人。由此可知"十三五"规划期间河南省普通高中专任教师队伍规模在不断地壮大。

表4-5 "十三五"规划期间河南省普通高中专任教师数变化表[④]

年份	2016	2017	2018	2019	2020
专任教师(万人)	13.54	14.45	15.33	16.30	17.31

3.普通高中生师比明显下降

生师比一直与办学规模、办学效益及教学质量有着相应的关联,生师比升高,办学规模、办学效益会提高,但教学质量难以保证;相反,生师比下降,办学规模、办学效益就会

---

① 中国共产党新闻网.中共中央国务院印发《中国教育现代化2035》[EB/OL].(2019-2-24)[2021-07-16]. http://cpc.people.com.cn/n1/2019/0224/c419242-30898683.html.

② 管培俊.建设高质量教师队伍发展高质量教育[N].人民政协报,2021-6-30(010).

③ 数据来源:2016—2020年河南教育事业发展统计公报.

④ 数据来源:2016—2020年河南教育事业发展统计公报.

下降,教学质量则会提高。① 通常用生师比来研究生师结构,用专任教师数计算专任教师的生师比能较为真实地反映各级各类一线从事教学工作的教师数量情况。合理的生师比能保证教师与学生之间充分的接触,为教育教学达到理想效果提供保障,同时也能够保证教师工作强度的合理化,对于教师队伍发展以及教育教学发展具有重要意义。"十三五"规划期间河南省普通高中生师比变化由表4-6可知,从2016年到2020年呈现逐渐降低的趋势,由16.93:1降低至15.18:1。

表4-6　"十三五"规划期间河南省普通高中生师比变化表

年份	2016	2017	2018	2019	2020
普通高中生师比	16.93:1	14.22:1	13.7:1	15.6:1	15.18:1

4.普通高中专任教师队伍性别结构演变

性别结构指教师队伍中男女教师的数量及比例状况。男女教师有着不同的生理差别、气质特点,对学生的成长有着不同的影响,平衡的教师性别结构对学生的人格塑造和身心发展有着积极的作用。根据2016—2020年河南教育事业发展统计公报数字(见表4-7),无论从绝对数量还是从普通高中专任教师总体的占比上,普通高中女性专任教师均呈现持续上升趋势。河南省普通高中专任教师女性化趋势明显,男女教师性别失衡现象进一步拉大,教师性别结构渐趋不合理,逐渐失衡。

表4-7　河南省普通高中专任教师队伍性别结构②

	专任教师总数(人)	女性教师(人)	男性教师(人)	女性教师占比(%)
2016年	135454	73711	61743	54.4
2017年	144506	81293	63213	56.2
2018年	153342	88691	64651	57.8
2019年	163013	96841	66172	59.4
2020年	173106	105095	68011	60.7

5.普通高中专任教师队伍学历结构演变

学历结构是指具有不同层次学习经历的教师数量的分布状况和比例关系,它是教师学术水平和科研能力高低的一个重要标志。根据教育部关于2013—2019年河南省普通高中专任教师学历结构统计数据,绘制出《2013—2019年河南省普通高中专任教师学历结构情况柱状图》(见图4-1)。从图中可以看出,本科毕业和研究生毕业的教师数量在逐年增加,且本科学历的教师占普通高中专任教师队伍的主体;专科学历的教师数量起伏变化,总体呈现下降趋势;高中学历的教师非常少,和其他学历阶段教师相比微不足

---

① 王利爽,阳荣威."双一流"建设背景下"C9联盟"高校师资队伍及结构调查研究[J].大学教育科学,2017(06):32.

② 数据来源:数据来源:2016—2020年河南教育事业发展统计公报。

道。普通高中专任教师学历结构的变化和我国对教师学历的要求是分不开的,我国在不断提高普通高中专任教师的学历水平,《中华人民共和国教师法》规定"取得高级中学教师资格和中等专业学校、技工学校、职业高中文化课、专业课教师资格,应当具备高等师范院校本科或者其他大学本科毕业及其以上学历"①。总体来说,普通高中专任教师学历水平在不断提高,对普通高中专任教师队伍素质的优化起到了很好的提升作用。

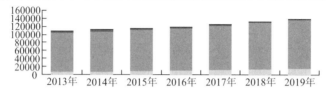

	2013年	2014年	2015年	2016年	2017年	2018年	2019年
■高中阶段毕业	49	43	40	27	62	59	9
■专科毕业	3775	4012	3247	3411	2977	2253	2509
■本科毕业	97399	98954	102084	104930	110322	115644	121117
研究生毕业	6840	7750	8666	9498	11326	13146	14634

研究生毕业(人) ■本科毕业(人) ■专科毕业 ■高中阶段毕业(人)

图 4-1 河南省普通高中专任教师学历结构情况②

6.普通高中专任教师队伍职称结构演变

职称结构是指教师队伍中不同层级职称的教师数量的构成状况和比例关系。不同层级的职称一方面代表着教师教育教学能力的高低,另一方面也和教师的工资待遇相关。中小学教师职称评定制度是决定教师个人职称层级的制度,符合对应的职称要求,经过申报、评审,就能获得相应层级的职称,它在教师队伍建设中具有导向作用,能够提高教师工作的积极性,激发教师的创造力和活力。

表 4-8 河南省普通高中专任教师职称比例情况③

年份	正高级占比	中学高级占比	中学一级占比	中学二级占比	中学三级占比	未定职级占比
2013		22.35%	32.78%	38.12%	1.84%	4.91%
2014		22.64%	33.79%	37.00%	1.58%	4.99%
2015		22.95%	33.84%	36.20%	1.48%	5.53%
2016		22.85%	34.04%	35.70%	1.22%	6.19%
2017		22.17%	33.24%	35.11%	0.80%	8.68%
2018		21.82%	32.96%	34.44%	0.59%	10.20%
2019	0.06%	21.17%	33.30%	32.41%	1.14%	11.91%

---

① 中华人民共和国教育部.中华人民共和国教师法[EB/OL].(1993-10-31)[2021-8-22].http://www.moe.gov.cn/s78/A02/zfs__left/s5911/moe_619/tnull_1314.html.

② 数据来源:根据教育部关于 2013-2019 年河南省普通高中专任教师学历结构统计数据。

③ 数据来源:2013—2019 年教育统计数据,根据"各级职称中普通高中专任教师人数/普通高中专任教师总人数"计算而来。

从表4-8可以看出,2013—2015年,中学高级职称的占比逐年增长,而自2016年至2019年在逐年减少,这主要是由于2015年实行中小学教师职称制度改革,在中小学职称中增设正高级职称,原来的中学高级职称改为副高级,2016—2018年的统计数据中没有区分正高级和副高级,仍然延续之前的职称进行统计,2019年教育统计数据中,将正高级和副高级进行了区分,一部分符合正高级条件的教师晋升为正高级,导致中学高级占比有所下降;中学一级职称和中学二级职称占职称总数的2/3以上,变化不大;未定职级的占比逐年增长,说明新进教师数量规模在扩大,教师师资力量得以扩充。

根据教育部2013—2019年关于河南省普通高中专任教师各级职称统计数据(见表4-8),为更直观了解其职称结构,绘制《2013—2019年河南省普通高中专任教师职称结构柱状图》(见图4-2),河南省普通高中中学一级职称和中学二级职称是职称结构占比最多的,中学高级职称、中学一级职称呈现逐年递增的趋势,且中学一级职称增幅较大;中学二级职称在2014年和2019年有较上年降低趋势,然而总数也是在不断增加;中学三级职称自2013-2018年是逐年递减,2019年有所增加;未定职级的教师数量在逐年增加。普通高中专任教师职称结构的变化和中小学职称制度的改革分不开,总体来说,普通高中专任教师职称结构在朝着合理的方向变化,职称级别越高,说明教师的教育教学水平越高,更能提高教育教学质量。

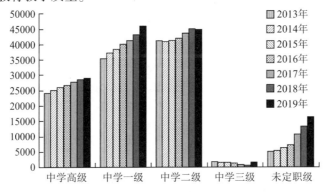

图4-2　河南省普通高中专任教师职称结构柱状图①

(三)"十三五"规划期间河南省普通高中大班额与超大班额状况

1.普通高中大班和超大班数量逐年减少

关于"十三五"规划期间河南省普通高中大班和超大班的数量变化,从表4-9可知,从2016年到2020年呈现同步减少的趋势,其中大班数量由2.26万个减少至0.91万个,共减少了1.35万个;超大班数量由1.31万个减少至0.25万个,共减少了1.06万个。

---

① 数据来源:根据教育部关于2013—2019年河南省普通高中专任教师职称结构统计数据。

表 4-9　普通高中大班和超大班的数量变化表①

	2016 年	2017 年	2018 年	2019 年	2020 年
大班额(万个)	2.26	2.22	2.23	1.64	0.91
超大班额(万个)	1.31	1.27	1.07	0.51	0.25

2.普通高中大班和超大班数量占比显著降低

"十三五"规划期间河南省普通高中大班和超大班数量占总班数比例的变化,从表 4-10 可知,从 2016 年至 2020 年呈现同步显著降低趋势,其中大班数量所占比例从 72.81%降低至 21.48%,共降低了 51.33%;超大班数量所占比例从 42.16%降低至 5.87%,共降低了 36.29%。

表 4-10　普通高中大班和超大班数量占总班数比例变化表②

	2016 年	2017 年	2018 年	2019 年	2020 年
大班	72.81%	68.35%	64.72%	42.79%	21.48%
超大班	42.16%	38.87%	31.15%	13.28%	5.87%

　　根据 2017 年《河南省教育事业发展"十三五"规划》提出的"提高普通高中教育办学水平",逐步消除大班额现象的目标要求;河南省教育厅 2017 年 10 月 31 日关于印发《河南省普通高中普及攻坚计划(2017—2020 年)》的通知指出要全面消除普通高中超大班额,大班额比例控制在 10%以内。在 2019 年 4 月河南省政府办公厅下发《关于加快改善普通高中办学条件切实解决大班额问题的意见》(以下简称《意见》),提出重点把握普通高中大班额表现出的"普遍弱"和"局部挤"两大特征,突出解决"教室缺""教师缺""经费缺"等问题,着力补齐短板、夯实基础,全面提升高中阶段办学水平。《意见》提出了以五项措施解决普通高中大班额问题:加快改善普通高中基础设施条件、稳步推进普通高中教师队伍建设改革、进一步完善普通高中教育经费保障机制、持续推动普通高中优质特色发展、积极鼓励支持民办普通高中发展,并鼓励各省辖市、县(市、区)原则上按照标准教学班数的四分之一配置选课走班所需教室,按照标准完成现有普通高中教职工配备。并在此基础上,2021 年前再逐步增加 10%以上的公办普通高中教师,满足走班教学的基本需求。在上述政策支持下,高中学校积极发展并吸引优质教师资源,教师学历合格率呈现逐步增长趋势,专任教师研究生学历占比也呈增长趋势,普通高中生师比逐渐下降。从上表 4-10 可以看出,得益于政策的指导以及各级教育管理部门和学校的共同努力,河南省普通高中大班额数量和超大班额数量呈现大比例下降趋势,取得了优异成果。

①　数据来源:数据来源:2016—2020 年河南教育事业发展统计公报。
②　数据来源:数据来源:2016—2020 年河南教育事业发展统计公报。

（四）"十三五"规划期间河南省普通高中办学条件状况

1.普通高中学校占地面积逐年上升

"十三五"规划期间河南省普通高中学校占地面积的变化情况从表4-11可知。从2016年到2020年呈现逐年递增的状态，由8.97万亩增长至10.92万亩，共增长1.95万亩。

表4-11 "十三五"规划期间普通高中学校占地面积变化表[①]

年份	2016	2017	2018	2019	2020
占地面积(万亩)	8.97	9.29	9.95	10.42	10.92

2.普通高中校舍建筑面积的提升

"十三五"规划期间河南省普通高中学校的校舍建筑面积变化情况从表4-12可知，从2016年到2020年呈现逐年递增的状态，且增加幅度较大，由2929.57万平方米增长至3828.53万平方米，共增长898.96万平方米。

表4-12 "十三五"规划期间普通高中校舍建筑面积变化表[②]

年份	2016	2017	2018	2019	2020
建筑面积(万平方米)	2929.57	3051.05	3317.41	3542.71	3828.53

3.普通高中图书量逐年上升

"十三五"规划期间河南省普通高中学校馆藏图书量的变化情况，由于2016年的统计为学生人均图书，与2017—2020年的总图书量统计的维度不一致，所以2016的数据未纳入分析范围内，仅分析后4年的数据。从表4-13可知，河南省普通高中从2017年到2020年其馆藏图书总量呈现逐年递增状态，且增加幅度较大，由3 519.38万册增长至3 950.86万册，4年间共增长431.48万册。

表4-13 "十三五"规划期间普通高中图书变化表

年份	2016	2017	2018	2019	2020
普通高中图书	生均图书（17册）	总图书3519.38万册	总图书3667.06万册	总图书3829.15万册	总图书3950.86万册

4.普通高中教学仪器设备值的提升

"十三五"规划期间河南省普通高中教学仪器设备值的变化状态，由于2016年的统

---

① 数据来源：数据来源：2016—2020年河南教育事业发展统计公报。
② 数据来源：数据来源：2016—2020年河南教育事业发展统计公报。

计为学生人均资产值,与2017—2020年的总资产值统计的维度不一致,所以2016的数据不纳入分析范围内,仅分析后4年的统计数据。从表4-14可知,普通高中从2017年到2020年其教学仪器设备值呈现逐年递增的状态,且增加幅度较显著,由249 201.97万元增长至36.8亿元,4年共增长11.879 803亿元。

表4-14 "十三五"规划期间普通高中教学仪器设备值变化表

年份	2016	2017	2018	2019	2020
普通高中仪器设备 资产值(元)	生均 1149元	总值 249201.97万	总值 309588.44万	总值 353777.58万	总值 36.8亿

(五)"十三五"规划期间河南省综合高中发展状况

我国2010年出台的《国家中长期教育改革和发展规划纲要(2010—2020)》(以下简称为《规划纲要》)明确提出,"探索综合高中发展模式,实现高中多样化、特色化发展"。在此背景下,河南省一些中职学校抓住河南省"十三五"规划带来的契机,结合学校自身特点,改革学校教学管理制度,自发地对综合高中模式进行探索。其中濮阳市综合高中为学生提供升学为主、就业为辅的教学模式;商丘睢阳区综合高中采用双学籍多校合作培养学生,与当地一高、四高两所普通学校合作办学;郑州市信息技术学校本着有利于学生综合素质全面发展,对学生负责的态度,精心安排区别于普通高中的课程设置。这些学校在探索综合高中建设中,具有各自的特色,在实际开展中也存在诸多问题,颇值思考。

1.综合高中角色定位及内涵

综合高中与传统意义上的普高与职高不同,是一种独特的学校类型,它既为学生提供进入大学的预备课程,走向社会的职业技术课程,还设置一般的普通课程,学生可以基于自身需求选择课程,学校依据学生所选课程的差异,进行自然分流。它具有普职融通性、适性发展性、分流后延性、课程兼顾性、自主选择性、多向发展性和模式多样性等特点。

综合高中是社会发展的必然要求。在人类社会实践活动中,技能是从事工作必备的能力,而文化素养是人们进一步学习的基础,所以要求教育不能"一条腿走路",而是要关注学生综合能力的全面发展。长期以来普通高中过分重视语数英等基础文化课的教育,以促进学生升学为第一目的,对专门的知识技能教育重视不够。与之相反,职业技术教育过分重视专门的培养与训练,却忽视文化基础知识的学习,以促进学生就业为第一目的。在这样两极反差下,高中的教育往往是清晰的两极,高中阶段的教育,选择普高的学生对应升学,选择职高的学生对应就业,两大支流很少进行融通,这对学生综合全面的发展十分不利。而综合高中可以更好地实现两者的融合,因而综合高中的发展不仅是社会发展的需求,更是教育和学生个体发展的必然要求。综合高中既关注文化知识教育也关注职业技能的培养,是一种灵活性、多选择性的教育类型,有助于教育育人价值的整体提升。综合高中是在高中阶段同时设置普通教育类课程和职业教育类课程,以非定向的初中毕业生为培养对象,通过职业试探和职业指导等,根据学生的能力、性向和兴趣等实施多次分流,由学生自由选择普通教育课程或职业教育课程,自由选择升学或就业,以实现学生适应性发展为目的的学校。

2.综合高中办学状况

2017 年 10 月印发《河南省普通高中普及攻坚计划(2017—2020 年)》的通知,提出探索发展综合高中,实行普通高中和中等职业学校合作机制,探索课程互选、学分互认、资源互通。河南省教育厅为贯彻落实通知精神,加快普及普通高中,推动普职协调发展,探索综合高中办学模式,为学生提供更多选择机会,发布了《关于在中等职业学校开展综合高中班试点工作的通知》,决定遴选一批有条件的县级中等职业学校开展综合高中班试点工作,普职融通班由办学行为规范、师资队伍、校舍面积等基本办学条件能满足综合高中试点需要的县级中职学校主体开设,并与当地 1—3 所优质普通高中建立合作关系,联合举办。随后,教育厅公布了开展综合高中班的河南省中职学校名单,名单包含全省各个地方在内的 93 所中职学校,计划招生人数全省共计一万两千人。"综合高中班"采用中职学校为主体,普通高中配合参与的办学模式,由县域级学校作为试点,全省范围内试行,是为以后探索发展并推广综合高中所采取的试点工作,同时也是高中阶段促进普职融通的一种探索模式。这种模式由政府主导,涉及地方广,参与学校多,受众范围大,是河南省对促进普职融通的一次历史性探索。

"十三五"规划期间,河南省高中阶段毛入学率稳步提高,从 2016 年的 90.40%增长至 2020 年的 92.01%,5 年间共增长了 1.61 个百分点。2017 年开始试点综合高中班招生,将综合高中班招生列入当年高中段招生计划,当年安阳市、郑州市、开封市综合高中招生情况(见表 4-15)。由数据可以看出,河南省在"十三五"开始时综合中学尚处于初步的发展阶段,表现为总量小、占比低。从录取情况来看,综合高中被列为普通高中招生计划,录取批次有的与普通高中处于同一批次,有的则位于普通高中最后一批次。在实施主体上,综合高中除了极少数由当地相对薄弱的普通高中实施外,基本上是由办学实力相对较强的中职学校组织实施。郑州市教育局就明确规定:综合高中依法设立、由省四级以下(不含四星级)标准的普通高中、中职院校实施。实际情况是:高水平的普通高中没有实施综合高中的意愿,相对薄弱的普通高中对实施综合高中意愿也不高,中职学校就成了综合高中的实施主体。综合高中新生入学后注册为普通高中学籍,入学第一年统一开设普通高中课程,参照普通高中进行管理,在第一学年结束后实行分流,根据个人意愿,学生可以继续选择学习普通高中课程,也可选择学习中等职业教育课程。学生分流后,上职业学校的学生注册中职学籍,上普通高中的学生则保留普通高中学籍。

表 4-15 河南省 2017 年综合高中招生情况抽样调查(单位:人)

地区	总招生数	普高招生数	综合高中招生数	职业学校招生数	普职比
安阳	51148	29451	720	21697	5.8:4.2
郑州	53067	31790	1035	21277	6:4
开封	45326	27320	639	18900	5.2:3.5

(六)"十三五"规划期间河南省普通高中多样化、特色化发展

普通高中多样化、特色化发展是新时代普通高中育人方式改革的重要内容和关键领域。它是遵循教育规律和人才成长规律,满足学生多样化发展需求和社会多样化人才需

要的必由之路。"特色"与"一般"相对,特色意味着一种"差异化",指区别于其他事物,有鲜明的特征,有时包含着"优质"的含义。当我们提起特色学校时,往往指这所学校有区别于其他一般学校的特质且较为优质,即常说的"人无我有,人有我优,人优我精"。"特色高中"是普通高中特色发展的理想学校形态概括,也是"特色普通高中"的简称。

1.普通高中多样化、特色化发展的时代要求

高中阶段对学生至关重要,这一阶段不仅仅要给学生传递知识,同时还要陶冶学生的情操,培养学生的各项素质,促进学生的全面发展。随着我国普通高中的快速普及,人们对优质的高中教育的诉求也日益强烈。过去以提高学生成绩为唯一追求的办学模式已经逐渐失去生命力,取而代之的是多样化、特色化的高中办学模式。普通高中进行多样化、特色化办学,可提高学校特色化办学质量,实现学生知识与才艺兼得,促进学生综合素质有效提升,有效地体现学生的主体地位,实现全体学生的全面发展和学生的个性发展,同时也为教师的专业化发展和学校的多样化、特色化发展奠定基础。

普通高中教育的多样化建设对提高国家教育质量、人才培养质量具有重要意义。从历史角度看,通过均衡合理配置教育资源,多样化建设有利于满足大众学生个性化的受教育需求,更好地实现基础教育的育人功能;从高中定位上看,多样化建设有利于平衡与协调升学导向的预科教育和扎实育人的基础教育;从社会的人才培养需求角度来看,多样化建设则有利于满足社会对创新型人才与丰富性、多元性的专门人才的需求,避免高中教育发展"单一化"和"趋同化"抑制人才创新。因此,普通高中多样化发展是当今以及未来教育改革的一个主要发展趋势。

2.普通高中多样化、特色化发展的宏观政策

近年来,我国普通高中教育一方面,朝着大众化的方向发展,另一方面,当前普通高中在办学模式中还存在着相互照搬,缺乏特色化的问题,绝大部分的高中学校在办学理念、办学模式、人才培养模式和校园文化建设等方面都存在单一化、同质化的倾向,既难以满足学生个性化、多样化的发展需求,又难以满足社会对新型人才的需要。针对这种问题,《国家中长期教育改革和发展规划纲要(2010—2020年)》《普通高中普及攻坚计划(2017—2020年)》等文件先后提出"推动普通高中多样化有特色发展"的要求。《国务院办公厅关于新时代推进普通高中育人方式改革的指导意见》(国办发〔2019〕29号)也提出,到2022年要基本形成普通高中多样化有特色发展的格局。

《河南省教育事业发展"十三五"规划》提出,"尊重学校主体地位,激发学校首创精神,科学定位发展方向,以创新培养模式为重点,以课程建设为核心,深化教育教学改革,建成一批普通高中特色学校和特色项目,引导推动全省普通高中学校多样化、特色化发展,满足不同潜质学生的发展需求。"2020年1月河南省人民政府办公厅印发《关于新时代推进普通高中育人方式改革的实施意见》(以下简称意见)指出,要促进普通高中多样化有特色发展,重点实施"1256工程",具体为重点培育100所普通高中多样化发展省级示范校、200所普通高中省级示范性教学创新基地学校、500个普通高中省级示范性学科,设立600项普通高中育人方式改革研究课题,鼓励普通高中与中等职业学校课程互选、学分互认、资源互通。① 这一系列相应的政策为尊重高中学校主体地位,激发学校首创精神,科学定位发展方向,促进高中阶段多样化、特色化发展提供了保障。

3.普通高中多样化、特色化办学的发展

河南省从 2014 年起,在全省启动实施普通高中多样化发展试点工作。通过试点,积极探索普通高中多样化、特色化发展模式,建成了一批办学特色鲜明、文化内涵丰富、课程丰富多样、教学方式灵活、评价科学有效、办学绩效突出的普通高中学校。试点学校充分发挥示范引领作用,形成了河南省普通高中多样化发展新格局,逐渐形成了四种类型:综合创新高中、学科特色高中、普职融通高中、国际特色高中。

综合创新高中:以培养基础深厚、全面发展的创新人才为主,学校具有高品位文化、高质量课程体系和高效的创新培养机制,善于与高等院校和科研院所建立有效的常态合作机制,通过多样化课程设置和科学指导,促进学生全面而富有个性的发展且成效显著;同时能够积极发挥示范带动作用,探索形成优质资源区域共享机制。

学科特色高中:以培养特长突出、基础扎实的普适性人才为主,学校发展注重学科特色建设,拥有特色鲜明的教育发展理念和浓厚的特色氛围,构建系统的特色学科课程体系和较为成熟的培养模式,在满足学科专业学生发展需要的同时,也能培养全体学生具有明显的学科兴趣和特长。

普职融通高中:以培养"合格+技能"的高素质应用型人才为主,学校发展融合升学预备教育和职业技能教育,具有融通两种教育的多元开放课程体系和灵活务实的管理机制,能够满足学生升学和就业双重需求。

国际特色高中:以培养具有传统底蕴和国际视野的综合性人才为主,具有融合本土教育与国际教育的先进教育理念,科学完整的国际教育课程体系和成熟常态化的国际合作交流机制,为国际化人才成长奠定基础。

2014 年 6 月,河南省普通高中多样化发展示范校项目拉开帷幕,通过学校自主申报、上级教育行政部门可行性论证、省教育厅综合论证三步,确立普通高中多样化发展试点学校名单,共 58 所(见表 4-16)。被确立的这些学校根据本校的推进方案有序开展实验工作,为期三年,定期完成实验报告;各省辖市教育行政部门对试点学校开展督导检查,每个学期结束后及时上报试点工作进展情况;学校围绕培养目标、办学模式,在课程资源开发、教师队伍建设、教育教学改革、办学条件改善、管理体制创新、示范作用发挥等方面所采取的措施和取得的成效要进行自评汇报;上级教育行政部门复评属地试点学校形成评估报告;省教育厅通过实地考察、召开座谈会、查阅相关资料等方式对试点学校进行考核评估;召开普通高中多样化试点工作总结会进行工作汇报,最终命名为河南省普通高中多样化发展示范校。2017 年 4 月,河南省完成首批示范校评审工作,共 30 所(见表 4-17)。推荐郑州市第二中学为教育部首批教育信息化试点工作典型,郑州市第九中学为河南省创新教育实验试点学校。

---

① 《河南省人民政府办公厅关于新时代推进普通高中育人方式改革的实施意见》政策解读[EB/OL].[2020-01-10].https://www.henan.gov.cn/2020/01-10/1244941.html.

河南教育发展研究2021

表 4-16　普通高中多样化发展试点学校

综合创新类

郑州市第一中学	郑州外国语学校	开封高级中学	杞县高中
栾川县第一高级中学	新安县第二高级中学	平顶山市第一中学	鲁山县第一高级中学
安阳市第一中学	林州市第一中学	鹤壁市高中	新乡市第一中学
焦作市第一中学	濮阳市第一高级中学	许昌高中	漯河市高级中学
灵宝市第一高级中学	南阳市第一中学校	南阳市第五中学校	西峡县第一高级中学
商丘市第一高级中学	信阳高级中学	周口市第一高级中学	郸城县第一高级中学
驻马店高级中学	济源第一中学	巩义市第二高级中学	汝州市第一高级中学
固始慈济高级中学	鹿邑县高级中学校	河南省实验中学	河南大学附属中学
河南师范大学附属中学			

学科特色类

郑州市第二中学	郑州市第九中学	郑州市第 106 中学	开封县第一高级中学
鹤壁市外国语中学	新乡市第二中学	焦作市第十二中学	濮阳市油田艺术中学
襄城高中	漯河市第二高级中学	三门峡市外国语高级中学	三门峡市实验高中
信阳市第一高级中学	周口市第二高级中学	驻马店市第二高级中学	济源市第四中学
永城市实验高级中学	新蔡县第二高级中学		

普职融通类

郑州市第十中学	延津县高级中学	长葛市第一高级中学	商丘市第三高级中学
长垣县第十中学	邓州市第六高级中学		

国际特色类

郑州市第四十七中学			

表 4-17　首批普通高中多样化发展示范校

综合创新类

郑州市第一中学	郑州外国语学校	南阳市第一中学校	西峡县第一高级中学
河南师范大学附属中学	新乡市第一中学	郸城县第一高级中学	许昌高中
河南大学附属中学	安阳市第一中学	河南省实验中学	开封高级中学
济源第一中学	汝州市第一高级中学	焦作市第一中学	鹤壁市高中
平顶山市第一中学	信阳高级中学	驻马店高级中学	栾川县第一高级中学
漯河市高级中学			

学科特色类

郑州市第九中学	郑州市第二中学	三门峡市外国语高中	郑州市 106 中学
焦作市第十二中学	濮阳市油田艺术中学		

普职融通类

郑州市第十中学	商丘市第三高级中学		

国际特色类

郑州市第四十七中学			

　　多样化办学过程中要突破单一模式,明晰发展定位。在学校特色形成过程中,课程建设是核心,办学条件是支撑,教育技术是手段,制度管理是保障,校园文化是载体。应紧紧抓住课程建设这一核心,逐步凝练特色,厚植优势,彰显文化。根据学生需求、本校与当地资源状况,从各种不同的角度开发、利用各方资源,形成发展合力,拓展发展空间。

4.普通高中多样化、特色化办学成就

河南省自 2014 年开展普通高中多样化发展试点工作,每年从有限的普通高中发展引导资金中拿出近 1 200 万元支持试点工作开展,同时成立河南省普通高中多样化发展试点工作专家指导组,为试点学校提供咨询服务、理论指导和专业支持,形成了河南省普通高中多样化发展的新格局。

(1)榜样引领,确定多样化发展学校示范校

2017 年 3 月,根据河南省普通高中多样化发展试点工作安排,依据《首批河南省普通高中多样化发展试点学校评估标准》,对学校围绕培养目标、办学模式,在课程资源开发、教师队伍建设、教育教学改革、办学条件改善、管理体制创新、示范作用发挥等方面采取的措施和取得的成效等进行考察评估。经综合考评,拟确定郑州市第一中学等 30 所试点学校为首批河南省普通高中多样化发展示范校。

以郑州市为例,7 所学校被省教育厅确定为高中特色化多样化发展试点项目学校,15 所学校被评为郑州市普通高中多样化发展试点学校,4 所学校陆续开设 8 门大学先修课程,16 所学校开设 24 个中外合作办学项目。试点学校坚持以学生为本,努力适应学生的个性差异和不同选择的需要,从学校实际出发,积极探索,大胆实践,为学生的个性发展提供了更多的选择。如郑州一中以"爱与善"为核心的学校文化建设,郑州回民中学的"绿色教育"特色,郑州 11 中对学生的民族团结教育……多样化发展示范校的确定,体现了省教育厅对学校多样化发展的倡导,不仅改变了学校培养模式单一、办学模式趋同等问题,也在全省建成了一批具有明显办学特色的学校。

(2)促进多方面特长办学蓬勃发展

实施多方面特色培养规划,各学校开设心理健康、体育、音乐、舞蹈、美术、书法、绘画、播音主持、影视编导等多项可供选择的课程来满足学生多样化选择的需要,培养学生个性特长,促进学生全面发展。建成了一批特色学校,如河南省校园足球特色学校、河南省书香校园、河南省甲骨文教育特色学校、河南省开展规范汉字书写教育特色学校、河南省中小学劳动教育特色学校、河南省中小学心理健康教育特色学校、河南省职业教育特色学校、河南省职业教育品牌特色学校等项目的评选,大大促进了多方面、多维度创新式办学理念的生发。普通高中教育生活化、实践化、职业化的趋势越来越明晰,尊重学校的主体地位,发挥学校的首创精神,以创新培养模式为导向,以课程建设为核心,深化了教育教学改革,创新了教育教学方法,完善政策措施、创新体制机制、提高教育质量,推动了河南省普通高中多样化发展。

三、普通高中教育存在的问题

(一)河南省普通高中教师队伍问题剖析

1.从生师比结构看,高中专任教师数量不足

生师比既是一个效率指标,表示教育资源有效利用的程度;又是一个质量指标,标志

着教育的基本条件和质量水平。确定一定阶段恰当的生师比目标,需要同时关注质量和成本,在坚持质量前提下控制成本,提高教育系统用人效益。中央编办《关于统一城乡中小学教职工编制标准的通知》①将高中教职工与学生比定为 1:12.5,但这是教职工的生师比,而不是专任教师生师比。按照国务院文件《关于制定中小学教职工编制标准意见的通知》②高中学校管理人员不超过 16% 的规定计算,普通高中专任教师生师比应达到14.88:1。从"十三五"规划期间河南省普通高中生师比变化来看(见表 4-6),2016 年到2020 年的 5 年间呈现逐渐降低的趋势,由 16.93:1 下降至 15.18:1,日趋合理,但还未达到14.88:1,说明普通高中专任教师数量还不足,有待补充。

2.高中教师队伍学历结构不合理

学历是衡量教师专业理论基础知识水平和学术科研能力发展水平的一个重要指标。学历结构既能反映高中专任教师队伍的综合素质,也能在一定程度上预测其教学能力和科研能力。学历越高,往往标志着教师个人科研水平和能力也比较高,发达国家高中专任教师队伍学历结构的显著特点就是高学历化。"十三五"规划期间河南省普通高中专任教师学历结构在不断优化(见图 4-1),这与我国对教师学历的重视及相关政策的制定分不开,但高中专任教师队伍学历结构仍需进一步提高,比如尚有一部分专科学历的教师,乃至少数高中学历的教师。

3.高中教师队伍职称结构不合理

职称结构是衡量高中师资队伍质量高低的一个重要标志,同时职称结构也和教师的工资待遇密切相关。教师都期望自己的职称能够向高一级职称晋升,虽然从统计数据来看(见表 4-8 和图 4-2),高级职称和一级职称的教师数量在不断增加,符合职称结构的合理发展,但是在实际中,需晋升高级职称和一级职称的教师数量远高于实际晋升数量,许多教师符合向高级职称和一级职称晋升的条件,但由于有指标限制,"僧多粥少",导致一些教师不能顺利向高一级职称晋升。教师晋升职称不顺利,不免会打击其工作积极性,这不利于教师队伍建设。

(二) 河南省综合高中发展的问题剖析

"十三五"规划期间,河南省鼓励有条件的普通高中根据需要适当增加职业教育的教学内容,试办一批综合高中,完善课程实施、学籍管理、考试招生等方面的支持政策,实行普职融通。当前综合高中既面临着"十三五"规划带来的发展机遇,也面临着一些困扰,在办学过程中存在着缺乏办学特色、课程分离等较为突出的问题。

1.地位尴尬、缺乏办学特色

河南省教育厅发布的关于试办综合高中班的指导意见中提出,综合高中招生列入高

---

① 中华人民共和国教育部.关于统一城乡中小学教职工编制标准的通知[EB/OL].(2014-12-09)[2021-08-26].http://www.moe.gov.cn/s78/A10/tongzhi/201412/t20141209_181014.html.

② 2001 年《中央编办、教育部、财政部关于制定中小学教职工编制标准意见的通知》指出"中小学校的管理工作尽可能由教师兼职,后勤服务工作应逐步实行社会化。确实需要配备职员、教学辅助人员和工勤人员的,其占教职工的比例,高中一般不超过 16%、初中一般不超过 15%、小学一般不超过 9%"。

中阶段招生计划,要求第一学年原则上以开设普通高中课程为主,加强技术类课程的设置,并设置部分选修专业课程。在第一学年结束时进行分流,选择就读普通高中的学生,继续学习普通高中课程;选择就读中职学校的学生,学习公共基础课程以及相应专业的专业理论和专业技能课程。在实践中,为了不影响学生一年后继续选择普通高中,综合高中第一学年开设的课程与普通高中完全相同,第一学年分流后会有少部分学生进入普通高中,继续学习普通高中课程,大多数学生留在职业学校,学习职业学校课程。这种实践样态与普通高中扩招、在第一学年以"掐尾"方式向职业学校分流没有实质区别,综合高中的"综合"特性没有得到有效体现。即便如此,普通高中对以综合高中形式招来的学生并不热心,职业学校也没有精力去专门设置普通高中班,综合高中的分流处于一个非常尴尬的境地。由于综合高中的"生命周期"只有一年,这一年几乎等同于普通高中,一年后就分别转制为普通高中或职业学校,综合高中变成了高中阶段办学的一个临时机构。综合高中的办学定位决定了其"点缀""过渡"的角色,不具备与普通高中、中等职业学校同等类型的教育性质,其办学地位自然尴尬。

综合高中的发展首先要解决普通文化知识教育和职业技术教育之间分离的问题,从而实现两者的融合,基于学生兴趣自然分流,从而给学生提供更广的发展空间。但是在现实教育中,由于各方面发展的原因,综合高中的建立与发展不是一蹴而就,而是脱胎于现存的学校模式中,具有两种形式:一是在普通高中学校为学业较落后的学生或有特定发展需求的学生设置职业技术专业;二是在职业高中学校为有升学需求、升学能力的学生设置普通高中班,这两种形态所谓的"综合高中"一般出现在发展水平较弱和发展水平较高的职业高中学校。但实际上,这种办学模式下的高中从根本上违背了综合高中的价值定位。特定学生群体只能选择其中一种发展路径,大多时候是依据学生学业成绩进行的被动选择、被迫分流,学生面临的仍旧是相对单一的发展机会,因而这样的办学模式并非真正意义上的综合高中,既忽视了学生的学习需求、学习兴趣、选择自由、多元发展,也使得综合高中缺乏办学特色。

2.配套制度落后、成效不显著

受我国教育传统的限制与影响,河南省一直尚未建立起与综合高中配套的制度体系,如升学招生制度、就业制度、教育评价制度等。在升学招生方面,高校也缺乏针对综合高中学生的制度,由于普通高中以文化基础教育为主,以升学为唯一目标,因此高校往往将普通高中视为重要的生源基础,而对综合高中的学生关注较少,许多综合高中的学生只能与职业高中的学生一样从事具体的技术工作,没有机会进入高校进行深造,这样单线、闭合式的升学系统,使得综合高中学生的升学成为一大问题。在就业制度层面,用人单位更加看重学生的从业资格和实习经验,这方面职业技术教育培养出来的学生更占优势,综合高中的学生由于学习内容较多,并非以就业为唯一目标,因而很难在学习过程中从事大量的实习。

此外,综合高中并无权为毕业生颁发从业资格证书,因而综合高中的学生在就业上也处于不利的地位,以技术作为招工门槛的就业制度,也不利于综合高中的发展以及人才培养。就教育评价制度而言,升学率也是家长、社会、教育行政部门衡量综合高中的重要标准,而受应试教育、高考制度的影响,无论文科、理科还是工科,都将考试成绩作为学生步入高校的唯一标准,凭借一纸试卷测量学生的基础文化知识,而对学生的实际操作技能却置之不理,这使得综合高中的技术学习对升学而言似乎变得"毫无作用",综合高中的升学率无法与普通高中匹敌,因而社会对综合高中学生及综合高中办学质量的评价不高。总体来说,河南省综合高中有关的配套制度稍显落后,成效不显著。

3.课程内容综合性不强、相互分离

"十三五"规划期间,河南省综合高中在不断地进行发展,但是未能实现真正地综合,这也是综合高中课程改革的最大难点。很多综合高中的课程设置只是将普通高中的课程与职业中学的课程进行简单的加减,在升学预备类课程板块直接套用普通高中的课程内容,在就业预备类课程板块直接植入以前职业高中的课程内容。再加上普高和职高的课程体系相对独立,缺乏沟通和综合,简单的加减必然影响综合高中教育课程和职业教育课程的有效贯彻。

目前来看,河南省综合高中课程结构略显单一,将综合演变成了分段,高一复制普通高中模式,高一结束后分流、学生在普通高中模式和职业学校模式中进行选择,而且这种选择是在老师引导下进行的。在课程设置上,没有专门适用综合高中的课程,沿用的还是普通高中和职业学校的课程,不是三年普通高中课程就是一年普通高中加上两年职业学校课程,普职课程分离的情况大量存在。因此,河南省实行的综合高中并没有改变普通高中与职业学校"双轨制"的办学局面,没有改变普通高中和职业学校课程脱轨局面。

四、普通高中未来发展建议

(一)明确普通高中办学定位和发展导向

当前河南省普通高中学校学生数量显著提升,在学生数量扩招的基础上也要保证学生的质量发展,因此普通高中教育不是要超越转型发展"精英到大众",而是要走创新发展道路,将社会对人才的要求、普及化教育、教育选择性与普通高中独特性综合起来,确定办学的方向。要深刻认识到普通高中"育人"的价值,当代普通高中必须走出为高考预备的发展思维,必须回归以培养全面发展的人为导向的教育立场。要抓住人才培养的关键,重视全面提升学生的综合素质,对于高中生而言,就是要"文理兼备",具有综合能力,学会自我管理,学会与他人合作,学会集体生活,丰富想象力,具备创新思维与实践能力等。普通高中学校必须按照这些要求开展教育教学创新实践探索,打破德智体美劳相互分离的状态,使"五育"并举育人方式成为学校教育新常态;立足社会成员的素质养成与责任担当,努力让每个人都有出彩的人生,这是教育公平与教育质量的意义所在。

(二)加强普通高中专任教师队伍建设

1.提高教师待遇,增强教师职业吸引力

提高教师待遇是教师队伍建设和教育事业发展基本的和首要的前提。教师待遇的高低直接关系到教师职业的吸引力,关系到教师队伍整体素质的高低,关系到教师队伍的生存状态和主动性的发挥。长期以来,教师队伍之所以不稳定,人才流失严重;优秀学生之所以不愿报考师范专业;许多优秀人才不愿从事教师职业,合格师资得不到足够的补充,一个重要的原因就是教师待遇偏低。提高教师地位和待遇是关系全局、迫在眉睫的大事。改善教师的地位和待遇,使教师职业在人才竞争中具有一定的吸引力和竞争力,这是稳定和优化教师队伍,加强教师队伍建设的根本途径。同时,提高教师待遇体现尊重知识、尊重人才,昭示正确的价值取向,影响学生未来的择业观念,有利于受教育者全面素质的培养。

2.加强教师培训,构建教师终身学习体系

在建设学习型社会的背景下,教师的在职学习培训显得尤其重要,要加强教师培训。推进教师培养培训一体化,做到教师职前培养和职后培训相结合,充分发挥区(县)教师培训机构的支撑作用,积极推进区(县)教师培训机构的改革与建设。党的十八大提出了"完善终身教育体系,建设学习型社会"的宏伟目标,在这一伟大进程中,教师应当首先成为终身学习的楷模,教师群体应当率先成为学习型组织的模范,教师终身学习体系应当首先成为全民终身学习体系和学习型社会的模范,要构建教师终身学习体系,为教师终身学习提供强有力的支持。

3.完善职称制度改革,合理提高中高级职称指标

2015年,人社部、教育部印发《关于深化中小学教师职称制度改革的指导意见》,规定全国统一实行中小学教师职称改革,这次职称制度改革在一定程度上解决了教师职称评定难的问题,职称评审的条件较符合中小学教师教学实际,切实改变过分强调论文、学历的倾向,注重教书育人的本质,坚持育人为本、德育为先,更注重师德和教学绩效,对农村教师有所倾斜。虽然职称改革让大多数教师能够晋升职称,但由于职称指标的分配限制,仍有很多教师即使符合条件,也难以顺利晋升。因此,为了使更多符合条件的教师能够有机会晋升职称,应科学设置岗位比例。《中共中央国务院关于全面深化新时代教师队伍建设改革的意见》也指出,"适当提高中小学中级、高级岗位比例,畅通教师职业发展通道"。以深化职称制度改革为突破口,充分发挥职称评聘的资源配置和杠杆作用,优化教师职称指标分配原则,在充分考虑地域(城乡)、学校等因素的基础上,回归教育能力和实际贡献这一最基本的因素考量。① 不仅有助于优化教师队伍职称结构和提升教师的职业幸福感,对于教师队伍的稳定和整体素质的提高也大有助益。

4.探索教育教学管理制度改革,提高教师队伍水平

高考制度的改革打破了传统的高中教学方式,对学校教学管理体制也提出了新的挑战,学校应该对教学管理、教师管理和学生管理进行探索与改革,协调好各种组合科目班级之间的关系,合理安排课程,优化课程与教师资源之间的关系,有效提高实验室等固定资源的使用效率,为人才的培养提供组织保障。高考制度的改革对普通高中老师的教学能力提出了新的要求,学校应该根据社会的需求加强对教师队伍的建设,建立教师培训

---

① 余明辉.破解职称晋升"拥堵"[N].工人日报.2019-4-11.

制度,提高教师本身的教学能力,使其能够逐渐适应新型的学生自主选课模式、分层教学模式和走班教学模式等。增强教师全面个性化教学观念,提高学生职业生涯规划教育的能力,以便及时发现学生本身的特长和潜力,给予最恰当、全面的指导。

(三)综合高中要科学定位,完善制度和课程体系

1.精准办学定位,搭建不同类型教育框架

目前河南省将普通高中多样化发展试点确定为综合创新高中、学科特色高中、普职融通特色高中、国际特色高中四种类型。并推出了首批河南省普通高中多样化发展试点学校。综合高中的基本使命是为学生的多样发展搭桥,要精准办学定位,建立相互贯穿的办学框架。

首先,是将综合高中作为一种办学类型与普通高中和职业学校一样列入招生计划。在第一学年结束时进行第一次选择,学生可以在普通高中和综合高中、综合高中和职业学校之间进行理性选择、横向流动,使普通高中的学生可以选择综合高中,综合高中的学生可以选择普通高中;综合高中的学生可以选择职业学校,职业学校的学生可以选择综合高中,并且在综合高中内部进行大类专业方向的选择。无论综合高中在普通高中中的占比是多少,综合高中作为一种类型教育的身份应得以确立,普通高中、职业学校、综合高中等多样并存和多元发展的格局应成为河南省高中教育改革与发展的主旋律。

其次,要明确不同类型学校的办学方向。建议应用型高校主要面向综合高中通过春季高考进行招生,少量面向普通高中通过夏季高考进行招生;高职院校主要面向综合高中通过春季高考进行招生,这样就进一步明确了春季高考和夏季高考的功能定位,使普通高中、综合高中、职业学校学生都有相应的上升通道。

2.完善配套保障,提高综合办学实力

(1)资源配套共享

综合高中兼具普通高中和职业学校的部分特点,对办学的内外部环境、软硬件设施等有着独特的要求,做好资源配套共享是办好高品质综合高中的基础。一是办学主体资源。当前综合高中基本依附于各职业学校,随着综合高中规模的持续扩大,综合高中的办学主体可以有3种形态供选择:①普通高中或职业学校改制成综合高中、新建独立建制的综合高中,使综合高中成为一种独立的办学形态;②依托职业学校,在现有职业学校的基础上组建综合高中,以两种模式、一种制度的方式运作;③依托普通高中,在普通高中增开综合高中班,具体采用何种形式取决于区域教育资源的分布与配置。二是教学资源。综合高中的综合特性使综合高中不仅需要普通高中的教学资源,也需要职业学校的教学资源,而且更需要开放的教学资源。我们可以采用校际合作的方式,例如学校之间的课程合作、教师跨校兼课、学生跨校选课等。其中最可行的是教育资源共享,如学校的实践基地、仪器设备等在某学区内充分共享。

(2)管理和评价制度配套

首先,打破普职身份壁垒,创新学籍管理机制。综合高中的综合性对传统的学生学籍管理体制提出了挑战。按照传统的普职二分的管理体制,学生入学时已经区分为普通

高中学籍和职业教育学籍,这一学籍身份性质也基本框定了学生未来发展的方向。这种传统的学籍管理明显不适合综合高中发展的特点。未来,我们需要创新普职融通的学籍管理机制,让学生能够在普通教育学籍和职业教育学籍之间自由转换,这样才能真正实现综合中学之学生多样发展。

其次,制定专门的政策法规,创新综合高中的管理机制。像浙江省、江苏省、湖南省等都非常重视综合高中的发展,浙江省教育厅明确了普职学生相互转学的具体要求和规定,以学籍融通的形式促进普职融通;湖南省提出以普通高中为办学主体,建立和完善课程体系。这些省份为综合高中的良性发展创造了政策条件。相对而言,在综合高中的管理方面,河南省相关的政策还有待完善,管理体制有待理清。比如,综合高中的归口管理,从理论上说,由于综合高中的综合性、普职融通性,综合高中原本应该由基础教育处和职业教育处统筹管理,体现管理的"综合",但是,在具体的实践中,综合高中的管理却往往被归入基础教育处或者职业教育处,失去了应有的综合性,这就不利于综合高中的良性发展。综合高中迫切需要教育行政管理体制的创新。

最后,为了更好地促进综合高中的健康良性发展,除了政策倡导与鼓励之外,必须落到实处,完善考试评价制度,针对综合高中,设定与其匹配的衡量尺度与升学标准,也可以给予高校更多的招生自主权,对综合高中的学生采取"推免制",或者实施"分类考试、综合评价、多元录取"的高等学校考试招生制度改革,将学生的职业技能测试纳入升学评价体制中,体现综合高中学生的独特优势,促进综合高中的良性发展。

3.融合普职课程,形成综合课程体系

课程体系是落实教育目标、实施教育活动的最重要依据。河南省一些地市综合高中还没有属于自己的课程方案、课程标准、课程架构,沿用的是普通高中或职业学校的课程,适合综合高中特点的课程体系尚未建立。

普职融合的课程应有效关照学生的多样选择,在课程设置、课程结构、内容选择、课程开发等方面进行整体设计,既要与普通高中课程和职业学校课程有机衔接、相互渗透,又要构建出重基础、多样化、有层次、综合性的有着鲜明综合高中特色的课程体系。在课程设置上,形成以公共基础课程、专业基础课程、专业技能课程三大类课程为主体的课程框架;在课程结构上,依据课程类型多样、课程转换灵活、课程选择广泛、课程资源融通的原则,主体建构起公共基础课程"学科—学习领域—项目",专业基础课程、专业技能课程"专业领项目"的课程结构。每门课程形成"基础模块+拓展模块"的框架,其中基础模块为必修,拓展模块为选修,拓展模块又可分为基础拓展和职业拓展,满足学生不同层次的学习需求。课程要突出专业基础课程的比重,突显课程学习的基础性、通用性,为学生的升学打下坚实的基础;在课程内容的选择上,注重专业技能学习,不追求技术的"快"或"熟练"而着重技能的"会"与"应用",这样就使综合高中的人才培养趋向于技能型或应用型;在课程开发上应体现社会发展对国民素质的要求,依据地方经济建设和社会发展对人才的需要以及学生个性发展的需要,以高中阶段学生身心健康发展的规律和学习特点为基础,以全面打好基础和发展个性专长有机结合为原则,构建综合高中课程体系。

(四)提高和完善普通高中办学多样化和特色化

普通高中多样化、特色化办学是教育改革的呼唤,培养的是有价值、有追求、幸福的人,适应了学生兴趣和能力倾向,满足了家长的不同需求。基于上述考虑,未来普通高中多样化、特色化发展应在以下几个方面提高和完善。

1.凝练愿景,明确顶层目标

普通高中多样化、特色化发展的首要任务是明确学校的特色愿景目标,做好特色发展的顶层设计。办学的宗旨应包括学校未来的发展目标、重要使命以及核心价值。顶层目标既要基于现状又要面向未来,既要能够指引学校应该迈进的方向,又要蕴含学校文化的核心价值观和理念。特色办学愿景的形成不是无中生有,而应是建立在学校发展的历史与现状的基础之上,在学校过去、现在、未来的时间维度,学校所处的区域、社区、自然环境等空间维度,以及学校所拥有的师资、生源等人文维度等方面的多维互动中逐渐生成。未来社会发展对人才素养的要求是顶层设计愿景的核心。确定顶层设计愿景之后,学校就需要确立清晰的目标,既要有中长期目标,也要有阶段性目标。不同阶段的目标之间要前后一致,逐步促进,并与愿景中所包含的价值观和理念保持一致,进而寻找特色化办学之路。

2.科学规划,创建特色课程体系

课程是学校教育的载体,高中课程改革在课程管理和开发上给予学校很大的空间,赋予学校更多的自主权。同时,课程也是体现学校办学特色、育人特色的核心内容。新一轮基础教育课程改革确立了国家课程、地方课程、校本课程的三级课程体系,赋予了基层学校更大的探索空间,为普通高中因地、因校、因势开发体现地方和学校特色的课程体系提供了契机。普通高中特色课程的开发,应该着眼培养未来人才,基于学校特色办学理念、师生实际和区域特点,进行科学规划和实施,努力创建适应学生终身发展的教育,促进学生全面而有个性的发展。教师都有自己的兴趣爱好和专长,学校要充分挖掘专任教师的潜能,鼓励教师努力开发深受学生喜爱的、丰富多样的课程。校本课程开设要系列化、常态化、课程化、规范化,如此有利于推动区域高中教师将经验性认识自觉上升到课程意识,增添课程建设的活力。

3.健全制度,加强多样化特色化建设保障

(1)培养特色师资队伍

普通高中特色化发展建设离不开特色化教师队伍发展。不仅要求教师具备基础教师素养:高尚的师德、先进的教育思想、精湛的教学技艺、渊博的学科学识、较强的科研能力和团队合作能力,还应具备自己的教学专长、具有鲜明而独特的教育个性、富有强烈的创新精神。普通高中推进特色化发展就必须建设一支优秀的、先进的、具有学校特色的教师队伍,并以特色办学理念培养特色教师,通过走出去、请进来、外练内修等途径,围绕人才培养目标,以学科、专业团队建设为核心,促进教师资源合理配置以及优秀人才健康成长机制。河南省不少高中学校通过青蓝工程、领雁工程、名师工程,教师梯级发展路径等培养出了德才兼备、素质优良的师资队伍,为学校特色化办学提供了师资力量。

（2）完善资源开发体系

在新课程的实施过程中,随着教学手段的现代化发展,学校应具备学生科学探究、课题研究和实践的必要条件。配套的信息技术、理化生实验室、数字化实验室、机器人实验室等设备都不可或缺。河南省积极创设特色培育平台和特色办学资助体系,构建资源与差异化发展评价机制,加大跨地区特色办学交流合作力度,助力学校提升特色办学项目的影响力,使特色办学得到有力地支持。学校可与科研力量强的高校建立长期合作关系,充分发挥高校多学科交叉和人才资源丰富的优势,推动高校与高中在科技创新和教师、学生人才培养方面的合作。

（3）提升外部支持力度

高中办学要多样化、特色化,教育行政部门和社会必须创设良好的外部支持系统,协助学校建立起真正意义上的现代学校制度,赋予学校更多办学自主权,特别是在课程设置、教师招聘、学生招考、资源配置上。同时,教育行政部门要建立健全推动普通高中学校多样化发展的督导评价制度,突出对学校办学特色的评价,引导学校健康开展办学水平竞争。社会也要转变观念,给学校足够的时间和宽松的空间。

4.开放办学,创新办学模式

普通高中要实现多样化、特色化发展,除了学校内部不断深化改革、探索内涵式发展道路,还应实行开放办学,拓展特色办学的视野和格局,联动整合地域内外各种资源,探索立足区域又面向世界的名校办学模式。加强"学校+国际学校"的模式。国际交流能够促进多元文化的碰撞与融合,以积极的态度吸收国际先进思想和优秀治学理念,促进自身学校内涵与特质的进步。加强"名校+名校",促进"名校+弱校",增进"名校+新校",联合"名校+社区"等方式促进学校的多样化、特色化办学。充分挖掘体制内和体制外的硬件、软件资源,甚至引入市场机制、社会资源等要素。甚至非示范性高中或低知名度学校,只要能明细自身办学定位,培育办学特色,展现学校个性文化,创办适合自己的特色项目,形成自己独特的办学优势,同样能办出高水平的特色化学校。

（五）开展生涯规划教育,激发学生自信与动力

2015 年河南省教育厅发出《关于开展普通高中生涯教育试点工作的通知》(教基二〔2015〕617 号),紧接着当年 8 月河南省教育厅确定了 109 所普通高中为全省首批普通高中生涯教育试点学校,随后 2016 年 8 月 23 日河南省教育厅发布《河南省深化考试招生制度改革实施方案》,指出高中学生要依据自己的学习兴趣、认知特长、专业志向自行选择学习科目。上述通知、举措和方案,推动了普通高中生涯教育的开展,同时也表明了高中生实施生涯教育的紧迫性。在此背景下,全省各高中学校积极开展生涯教育实践与探索,在"十三五"规划期间取得了不菲成就。但由于专业教师匮乏、领导不够重视等客观原因,各学校生涯教育开展并不平衡。

建议河南省教育厅成立专门的生涯教育机构,负责高中学校生涯教育理念的推广、生涯讲座、生涯辅导以及生涯规划等活动。加强生涯规划教育课程的顶层设计,从课程目标、课程途径与方法、评价内容等方面进行有效指导,必要时按照独立的学科模式制定区域统

一的课程标准,构建科学、完善的课程体系。建立专门职业生涯教育指导教师机制,目前高中学校生涯规划教师大多数由心理健康教师、班主任或科任教师担任,多数学校甚至还没有专职的生涯教师。鉴于这种情况,要加快专职生涯规划教师的培养步伐,同时还要依靠兼职教师队伍,注重对兼职生涯规划教师的培训和继续教育,应充分利用社会资源,如高校职业生涯发展教育师资力量、互联网实践平台、职业生涯大赛、模拟训练营等,开展对高中学生的职业生涯教育。加强与企事业单位等社会资源建立联系,积极开发建设互动式、体验式生涯教育学习实践基地,为学生搭建生涯体验和学习实践平台,让学生有更多机会获得职业生涯规划知识和职业生涯体验。要充分发挥试点作用,不断总结经验,引领带动当地普通高中学校生涯教育工作开展,为全省普通高中生涯教育工作的全面实施奠定良好基础。

参考文献

[1]王安全.西部农村地区教师结构变迁研究:以 M 县为例[M].北京:中国社会科学出版社,2014.5:53.

[2]朱智贤.儿童心理学[M].北京:人民教育出版社.

[3]郑杰.给校长的建议[M].北京:教育科学出版社.

[4]张云鹏.河南省普通高中普职融通发展问题研究[D].开封:河南大学硕士学位论文,2018,6.

[5]杨淑敏.教师队伍结构分析与优化策略研究[D].武汉:华中师范大学,2017:9-10.

[6]王利爽,阳荣威."双一流"建设背景下"C9 联盟"高校师资队伍及结构调查研究[J].大学教育科学,2017(06):32.

[7]张宝歌,韩嵩,焦岚.后普及时代普通高中多样化制约机制及对策思考[J].教育研究,2021(1):83-95.

[8]王凤秋,曹景萍.中小学师资结构现状及调整策略[J].教育探索,2003(11):51-53.

[9]李江.十堰市中小学教师队伍结构特征与对策分析[J].汉江师范学院学报,2018,38(5):117-121.

[10]李朝有等.我国高校专任教师队伍结构优化研究[J].煤炭高等教育,2016,34(4):103-107.

[11]王安全.中小学合理性教师性别结构及其形成[J].教育学术月刊,2012(9):59.

[12]郝文武.推进农村教育现代化亟需全面优化教师队伍结构[J].中国教育学刊 2020(09):32-34.

[13]谢泽源,范李明,李建.青年教师性别结构"女性化"现象及其消解:基于江西省 H 中学的个案研究[J].教育学术月刊,2016(8):25-27.

[14]崔志钰,倪娟.江苏综合高中的办学现状、问题与政策建议[J].中国职业技术教育,2020,(19):78-82.

[15]王鸿宾.综合高中的发展困境及变革[J].教学与管理,2017(31):11-14.

[16]苏鸿.广东省综合高中办学模式的探索[J].广东第二师范学院学报,2016,36(04):

7-11.

[17]罗检宏,贺艳芳.综合高中办学模式改革的实践与探索[J].当代教育论坛,2003
(08):67-68.

[18]贺菲.江苏省综合高中的实施现状与反思[J].广东第二师范学院学报,2016,36
(01):15-19.

[19]刘丽群.我国综合高中发展的现实问题与路径选择[J].教育研究,2013,34(06):
65-71.

[20]刘丽群,彭李.国外高中教育普职沟通的关键举措与基本经验[J].湖南师范大学教育
科学学报,2014,13(05):85-89.

[21]王会霞.当前我国综合高中发展面临的现实困境与建设路径[J].教学与管理,2019
(21):22-25.

[22]周可桢.综合高中的起源及在我国的实践探索[J].广东第二师范学院学报,2016
(1):6-9.

[23]刘春生,宁永红.关于发展综合高中的探讨[J].河南职业技术师范学院学报(职业教
育版),2003(3):24-26.

[24]汤可发等.试论高中教育的综合化[J].教育发展研究2001(2):20-24.

[25]任国民.普通高中特色化办学实施策略与启示[J].学周刊:下旬,2015(4):112-112.

[26]赵高栓.课改理念下普通高中特色办学的思考与行动[J].中国科教创新导刊,2014
(5):117-118.

[27]余凯,谢珊.普通高中教育多样化发展的问题分析与政策建议[J].中国教育学刊.
2020.(02):40-45.

[28]冯建军,汤林春,徐宏亮."新高考改革与普通高中教育发展"笔谈[J].基础教育.
2019,16(01):39-46.

[29]张建义.促进普通高中多样化发展的思考[J].中国教师.2012(03):38-41.

[30]关于印发《河南省普通高中普及攻坚计划(2017—2020年)》的通知[EB/OL].
[2017-10-31].http://jyt.henan.gov.cn/2017/10-31/1664057.html.

[31]《河南省人民政府办公厅关于新时代推进普通高中育人方式改革的实施意见》政策
解读[EB/OL].[2020-01-10].https://www.henan.gov.cn/2020/01-10/1244941.ht-
ml.

[32]中国共产党新闻网.中共中央国务院印发《中国教育现代化2035》[EB/OL].(2019-2-
24)[2021-07-16].http://cpc.people.com.cn/n1/2019/0224/c419242-30898683.html.

[33]中华人民共和国教育部.教育部等四部门关于印发《普通高中普及攻坚计划(2017-
2020年)》的通知[EB/OL].(2017-03-30)[2021-8-20].http://www.moe.gov.cn/
srcsite/A06/s7053/201704/t20170406_301981.html.

[34]中华人民共和国教育部.中华人民共和国教师法[EB/OL].(1993-10-31)[2021-8-
22].http://www.moe.gov.cn/s78/A02/zfs__left/s5911/moe_619/tnull_1314.html.

[35]中华人民共和国教育部.关于统一城乡中小学教职工编制标准的通知[EB/OL].
(2014-12-09)[2021-08-26].http://www.moe.gov.cn/s78/A10/tongzhi/201412/

t20141209_181014.html.

[36]关于在中等职业学校开展综合高中班试点工作的通知[EB/OL].[2017-06-15].ht-tp://jyt.henan.gov.cn/2017/06-15/1663841.html.

[37]河南省教育厅办公室关于做好2019年度中等职业学校综合高中试点班学生分流工作的[EB/OL].[2020-07-27].通知http://jyt.henan.gov.cn/2020/07-27/1931217.html.

[38]河南省人民政府办公厅关于加快改善普通高中办学条件切实解决大班额问题的意见[EB/OL].[2019-04-01].https://www.henan.gov.cn/2019/04-01/741126.html.

[39]人民网.中共中央国务院关于全面深化新时代教师队伍建设改革的意见[EB/OL].(2018-1-31)[2021-07-16].http://politics.people.com.cn/n1/2018/0131/c1001-29798707.html.

[40]人民网.中共中央关于制定十四五规划和二〇三五年远景目标的建议[EB/OL].(2020-11-4)[2021-07-16].http://yuqing.people.com.cn/n1/2020/1104/c209043-31918159.html.

[41]人民网.办好人民满意的医疗教育事业:习近平总书记在政协医药卫生界、教育界委员联组会上的重要讲话鼓舞人心[EB/OL].(2021-3-7)[2021-07-16].http://edu.people.com.cn/n1/2021/0307/c1006-32044681.html.

[42]国家中长期教育改革和发展规划纲要(2010—2020年)[EB/OL].(2010-07-29)[2019-12-01].ht-tp://www.gov.cn/jrzg/2010/07/29/content_1667143.htm.

[43]中国教育现代化2035[EB/OL].(2019-02-23)[2019-12-01].http://www.moe.gov.cn/jyb_xwfb/s6052/moe_838/201902/t20190223_370857.html.

[44]河南省人民政府办公厅.关于新时代推进普通高中育人方式改革的实施意见[OL],(2020-01-09).

[45]河南省教育厅.关于进一步推进高中阶段学校考试招生制度改革的实施意见[OL],(2017-12-12).

[46]管培俊.建设高质量教师队伍发展高质量教育[N].人民政协报,2021-6-30(010).

[47]袁桂林.促进高中教育多样化发展的三个关键点[J].人民教育,2018(02).

[48]余明辉.破解职称晋升"拥堵"[N].工人日报.2019-4-11.

[49]朱小梅.高中教师"供给"短缺亟待解决[N].中国教师报,2021-5-6(003).

[50]张泽科.问道综合高中发展模式[N].中国教育报,2011-08-29(1).

[51]2016年河南省教育事业发展统计公报http://jyt.henan.gov.cn/2017/03-17/1702226.html.

[52]2017年河南省教育事业发展统计公报http://jyt.henan.gov.cn/2018/04-02/1653226.html.

[53]2018年河南省教育事业发展统计公报http://jyt.henan.gov.cn/2019/06-19/1653227.html.

[54]2019年河南省教育事业发展统计公报http://jyt.henan.gov.cn/2020/04-21/1653228.html.

[55]2020年河南省教育事业发展统计公报http://jyt.henan.gov.cn/2021/09-14/2312589.html.

[56]关于印发《河南省教育事业发展""十三五""规划》的通知http://jyt.henan.gov.cn/2017/04-21/1657214.html.

专题五 河南省高等教育发展研究

一、高等教育发展现状

"十三五"期间,河南省高等教育无论是高校的数量与学生规模,还是办学质量与经费投入等多方面都有显著的发展成果。高等教育规模持续扩大,结构不断优化,综合实力显著增强;教师队伍不断壮大,专任教师数量稳步增加;校区建设、信息化建设等办学条件持续改善,办学水平不断提高;毛入学率逐年上升。

(一)发展规模

从宏观上来分,高等教育可划分为研究生教育、普通本专科教育、成人本专科教育。衡量高等教育发展状况的重要指标有学校发展规模、学科建设规模与学生发展规模。"十三五"期间,高等教育学校发展规模取得长足的发展,高校数量与结构也更加合理。目前,已经形成了研究生培养机构、普通本科院校、普通专科院校、成人高等学校、民办的其他高等教育等梯次完备的高等教育体系;高等教育学科建设规模得到提升,高层次人才培养登上了一个新的台阶;高等教育学生发展规模持续增长(不论从招生规模、在校生规模,还是毕业生规模看),为河南省经济社会发展提供了人才保障和智力支撑。高等教育取得的以上进步主要得益于国家对高等教育的鼎力支持和河南省制定的有关高等教育发展的一系列政策。关于高等教育男女生比例,研究生教育与普通本专科教育在招生规模、在校生规模、毕业生规模三个方面男女生数量大体均衡,各占一半;但是成人本专科教育在招生规模、在校生规模、毕业生规模这三个方面女生比重大于男生,男女生比例稍微失衡。

1.高等教育学校发展规模

2016 年,全省共有研究生培养机构 27 处,其后的 2017—2020 年,研究生培养机构仍为 27 处,学校规模未发生变化。2016 年博士学位一级学科授权点 55 个,硕士学位一级学科授权点 279 个;2017 年博士学位一级学科授权点 53 个,硕士学位一级学科授权点 273 个;2018 年博士学位一级学科授权点 87 个,硕士学位一级学科授权点 332 个;2019 年博士学位一级学科授权点 87 个,硕士学位一级学科授权点 334 个;2020 年博士学位一级学科授权点 87 个,硕士学位一级学科授权点 334 个,如图 5-1 所示。

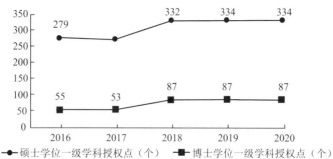

图 5-1　2016—2020 年河南省博/硕士学位一级学科授权点发展情况

2016 年,全省普通高等学校共有 129 所,其中本科院校 55 所,民办院校 37 所;2017 年,全省普通高等学校共有 134 所,其中本科院校 55 所,民办院校 37 所;2018 年,全省普通高等学校共有 140 所,其中本科院校 57 所,民办院校 39 所;2019 年,全省普通高等学校共有 141 所,其中本科院校 57 所,民办院校 39 所;2020 年,全省普通高等学校共有 151 所,其中本科院校 57 所,民办院校 43 所。"十三五"期间,普通高等学校的规模整体上持续扩大,其中 2020 年学校总数增长得最快,比上一年增长了 7.09%,如表 5-1 所示。

表 5-1　2016—2020 年河南省普通高等学校增长(较上一年)情况

2016 年	2017 年	2018 年	2019 年	2020 年
0%	3.88%	4.48%	0.71%	7.09%

2016 年,全省成人高等学校共 11 所;2017 年,全省成人高等学校也为 11 所;2018 年,全省成人高等学校共有 10 所;2019 年和 2020 年,全省成人高等学校数量同 2018 年保持一致,未发生变化。

2.普通高等学校发展规模

河南省的高校类型较为全面,除民族类和语文类大学外,其他类型大学都有所涉及。2016 年,理工类高校的数量最多,有 64 所,占总数的一半,财经类高校居于第二位,有 17 所,其次依次是师范类高校、医药类高校、综合类高校,分别有 14、11、9 所,农业类高校 5 所,政法类高校 4 所,艺术类高校 3 所,林业类高校、体育类各为 1 所,如图 5-2 所示。

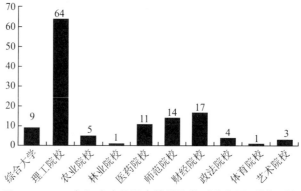

图 5-2　2016 年河南省普通高等学校类型分布图(单位:所)

2017 年,理工类高校最多,有 65 所,财经类高校居于第二位,有 17 所,其次依次是师范类高校 14 所,医药类高校和综合类高校均为 12 所,农业类高校 5 所,政法类高校 4 所,艺术类高校 3 所,林业类高校、体育类高校均为 1 所,如图 5-3 所示。

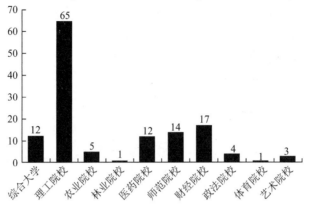

图 5-3　2017 年河南省普通高等学校类型分布图(单位:所)

2018 年,理工类高校最多,有 69 所,财经类高校居于第二位,有 19 所,其次依次是师范类高校、医药类高校、综合类高校分别为 14、13、10 所,农业类高校 5 所,政法类高校 4 所,艺术类高校 3 所,林业类高校、体育类高校均为 1 所,如图 5-4 所示。

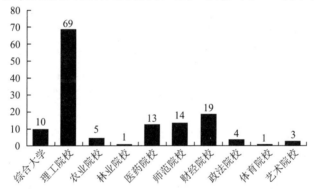

图 5-4　2018 年河南省普通高等学校类型分布图(单位:所)

2019 年,理工类高校最多,有 70 所,财经类高校居于第二位,有 20 所,其次依次是师范类高校、医药类高校、综合类高校分别为 14、13、10 所,农业类高校 5 所,政法类高校 4 所,艺术类高校 3 所,林业类高校、体育类高校均为 1 所,如图 5-5 所示。

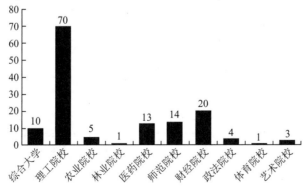

图 5-5　2019 年河南省普通高等学校类型分布图(单位:所)

2020 年,理工类高校最多,有 77 所,财经类高校居于第二位,有 22 所,其次依次是师范类高校、医药类高校、综合类高校分别为 14、13、10 所,农业类高校 5 所,政法类高校 4 所,艺术类高校 3 所,体育类高校 2 所,林业类高校 1 所,如图 5-6 所示。

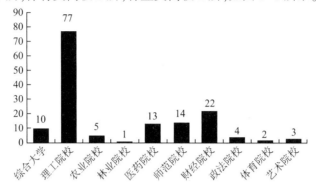

图 5-6　2020 年河南省普通高等学校类型分布图(单位:所)

3.高等教育学科建设规模

"十三五"期间,河南省实施的高校科技创新团队和人才支持计划共支持高校创新团队 150 个,创新人才 250 名。高校承担的国家自然(社会)科学基金项目数和资金量,均达到全省总数的 90%以上;国家杰出青年基金总数达 13 项、国家优秀青年基金总数达 12 项。高校建有 8 个国家级(省部共建)协同创新中心,29 个省级协同创新中心和 120 多个校级协同创新中心。河南省省级优势学科、省级特色学科每年均为 10 个、25 个,未发生变化。在这几个指标方面(见表 5-2):学科建设以及实验室建设、研究中心建设等规模都有所扩大。

表 5-2　2016—2019 年河南省学科建设规模发展情况　　　　　(单位:个)

	2016 年	2017 年	2018 年	2019 年
一级学科省重点学科	253	268	288	288
二级学科省重点学科	173	100	119	122
国家"2011 协同创新中心"	1	1	3	6
国家大学科技园		2	2	2
国家重点实验室(培育基地)	7	4	4	6
国家工程(技术)研究中心	2	5	5	6
国家国际联合研究中心	5	4	7	7
国家(地方联合)工程实验室	10	11	11	11
教育部重点实验室	11	11	12	12
教育部工程研究中心	6	6	6	7

4.研究生教育学生发展规模

2016 年,全省研究生教育招生规模为 14 206 人,比上年增加 4.76%;2017 年,全省研究生教育招生规模为 18 352 人,比上年增加 29.18%;2018 年,全省研究生教育招生规模为 20 043 人,比上年增加 9.21%;2019 年,全省研究生教育招生规模为 20 962 人,比上年增加 4.59%;2020 年,全省研究生教育招生规模为 28 228 人,比上年增加 34.66%,如图 5-7 所示。

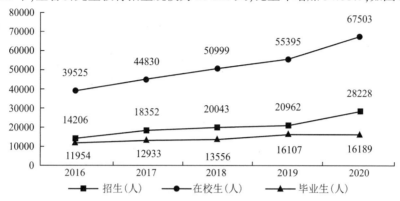

图 5-7 2016—2020 年研究生教育学生发展规模

2016 年,全省研究生教育在校生规模为 39 525 人,比上年增加 5.23%;2017 年,全省研究生教育生规模为 44 830 人,比上年增加 13.42%;2018 年,全省研究生教育在校生规模为 50 999 人,比上年增加 13.76%;2019 年,全省研究生教育在校生规模为 55 395 人,比上年增加 8.62%;2020 年,全省研究生教育在校生规模为 67 503 人,比上年增加 21.86%。

2016 年,全省研究生教育毕业生规模为 11 954 人,比上年增加 12.7%;2017 年,全省研究生教育毕业生规模为 12 933 人,比上年增加 8.19%;2018 年,全省研究生教育毕业生规模为 13 556 人,比上年增加 4.82%;2019 年,全省研究生教育毕业生规模为 16 107 人,比上年增加 18.82%;2020 年,全省研究生教育毕业生规模为 16 189 人,比上年增加 0.51%。

5.普通本专科教育学生发展规模

2016 年,全省普通高等教育招生规模为 60.60 万人,比上年增加 8.37%;2017 年,全省普通高等学校招生规模为 63.57 万人,比上年增加 4.90%;2018 年,全省普通高等学校招生规模为 70.87 万人,比上年增加 11.48%;2019 年,全省普通高等学校招生规模为 78.89 万人,比上年增加 11.32%;2020 年,全省普通高等学校招生规模为 82.26 万人,比上年增加 5.04%。

2016 年,全省普通高等教育在校生规模为 187.48 万人,比上年增加 6.11%;2017 年,全省普通高等教育在校生规模为 200.47 万人,比上年增加 6.93%;2018 年,全省普通高等教育在校生规模为 214.08 万人,比上年增加 6.79%;2019 年,全省普通高等教育在校生规模为 231.97 万人,比上年增加 8.36%;2020 年,全省普通高等教育在校生规模为 249.22 万人,比上年增加 7.44%。

2016 年,全省普通高等教育毕业生规模为 48.3 万人,比上年增加 3.69%;2017 年,全省普通高等教育毕业生规模为 50.41 万人,比上年增加 4.37%;2018 年,全省普通高等教育毕业生规模为 55.99 万人,比上年增加 11.07%;2019 年,全省普通高等教育毕业生规模为 59.34 万人,比上年增加 5.98%;2020 年,全省普通高等教育毕业生规模为 63.82 万人,比上年增加 7.54%,如图 5-8 所示。

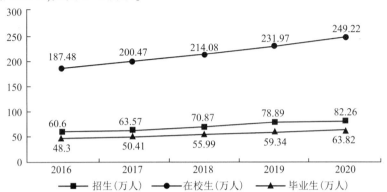

图 5-8 2016—2020 年河南省普通本专科教育学生发展规模

6.成人本专科教育学生发展规模

2016 年,河南省成人高等教育招生规模为 11.78 万人,比上年减少 22.50%;2017 年,全省成人高等教育招生规模为 12.50 万人,比上年增加 6.11%;2018 年,全省成人高等教育招生规模为 18.17 万人,比上年增加 45.36%;2019 年,全省成人高等教育招生规模为 21.28 万人,比上年增加 17.14%;2020 年,全省成人高等教育招生规模为 29.57 万人,比上年增加 38.93%。

2016 年,河南省成人高等教育在校生规模为 31.55 万人,比上年减少 12.14%;2017 年,全省成人高等教育在校生规模为 28.22 万人,比上年减少 10.55%;2018 年,全省成人高等教育在校生规模为 33.86 万人,比上年增加 19.99%;2019 年,全省成人高等教育在校生规模为 42.03 万人,比上年增加 24.14%;2020 年,全省成人高等教育在校生规模为 54.57万人,比上年增加 29.82%。

2016 年,河南省成人高等教育毕业生规模为 15.65 万人,比上年增加 7.63%;2017 年,全省成人高等教育毕业生规模为 15.92 万人,比上年增加 12.14%;2018 年,全省成人高等教育毕业生规模为 12.30 万人,比上年减少 22.74%;2019 年,全省成人高等教育毕业生规模为 12.42 万人,比上年增加 0.97%;2020 年,全省成人高等教育毕业生规模为 17.11 万人,比上年增加 37.76%,如图 5-9 所示。

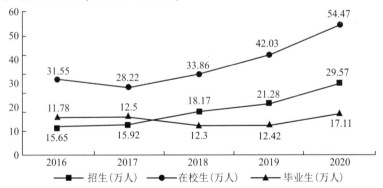

图 5-9 2016—2020 年河南省成人本专科教育学生发展规模

7.研究生教育女学生发展规模

2016 年,全省研究生教育招生规模中女学生为8 470人,占比60%;2017 年,全省研究生教育招生规模中女学生为10 262人,占比56%;2018 年,全省研究生教育招生规模中女学生为12 051人,占比60%;2019 年,全省研究生教育招生规模中女学生为12 624人,占比60%;2020 年,全省研究生教育招生规模中女学生为16 479人,占比58%。

2016 年,全省研究生教育在校生规模中女学生为23 133人,占比59%;2017 年,全省研究生教育在校生规模中女学生为25 645人,占比57%;2018 年,全省研究生教育在校生规模中女学生为30 267人,占比59%;2019 年,全省研究生教育在校生规模中女学生为32 813人,占比59%;2020 年,全省研究生教育在校生规模中女学生为39 482人,占比58%,如表5-3 所示。

表 5-3　2016—2020 年河南省研究生教育女学生发展规模　　　（单位:人）

	2016 年	2017 年	2018 年	2019 年	2020 年
招生数	8 470	10 262	12 051	12 624	16 479
在校生数	23 133	25 645	30 267	32 813	39 482
毕业生数	6 882	7 260	7 420	9 519	9 246

2016 年,全省研究生教育毕业生规模中女学生为6 882人,占比58%;2017 年,全省研究生教育毕业生规模中女学生为7 260人,占比56%;2018 年,全省研究生教育毕业生规模中女学生为7 420人,占比55%;2019 年,全省研究生教育毕业生规模中女学生为9 519人,占比59%;2020 年,全省研究生教育毕业生规模中女学生为9 246人,占比57%。

8.普通本专科教育女学生发展规模

2016 年,全省普通本专科教育招生规模中女学生为 320 314 人,占比 53%;2017 年,全省普通本专科教育招生规模中女学生为 339 708 人,占比 53%;2018 年,全省普通本专科教育招生规模中女学生为 376 599 人,占比 53%;2019 年,全省普通本专科教育招生规模中女学生为 401 504 人,占比 51%;2020 年,全省普通本专科教育招生规模中女学生为 425 210 人,占比 52%。

2016 年,全省普通本专科教育在校生规模中女学生为 993 877 人,占比 53%;2017 年,全省普通本专科教育在校生规模中女学生为 1 078 528 人,占比 54%;2018 年,全省普通本专科教育在校生规模中女学生为 1 150 461 人,占比 54%;2019 年,全省普通本专科教育在校生规模中女学生为 1 227 146 人,占比 53%;2020 年,全省普通本专科教育在校生规模中女学生为 1 303 237 人,占比 52%。

2016 年,全省普通本专科教育毕业生规模中女学生为 258 026 人,占比 53%;2017 年,全省普通本专科教育毕业生规模中女学生为 265 313 人,占比 53%;2018 年,全省普通本专科教育毕业生规模中女学生为 298 871 人,占比 53%;2019 年,全省普通本专科教育毕业生规模中女学生为 321 671 人,占比 54%;2020 年,全省普通本专科教育毕业生规模中女学生为 344 119 人,占比 54%,如表5-4 所示。

表5-4 2016—2020年河南省普通本专科教育女学生发展规模　（单位:人）

	2016年	2017年	2018年	2019年	2020年
招生数	320314	339708	376599	401504	425210
在校生数	993877	1078528	1150461	1227146	1303237
毕业生数	258026	265313	298871	321671	344119

9.成人本专科教育女学生发展规模

2016年,全省成人本专科教育招生规模中女学生为68 682人,占比58%;2017年,全省成人本专科教育招生规模中女学生为77 287人,占比62%;2018年,全省成人本专科教育招生规模中女学生为116 837人,占比64%;2019年,全省成人本专科教育招生规模中女学生为136 280人,占比64%;2020年,全省成人本专科教育招生规模中女学生为188 399人,占比64%。

2016年,全省成人本专科教育在校生规模中女学生为185 644人,占比59%;2017年,全省成人本专科教育在校生规模中女学生为176 314人,占比62%;2018年,全省成人本专科教育在校生规模中女学生为271 233人,占比64%;2019年,全省成人本专科教育在校生规模中女学生为269 407人,占比64%;2020年,全省成人本专科教育在校生规模中女学生为347 173人,占比64%。

2016年,全省成人本专科教育毕业生规模中女学生为92 345人,占比59%;2017年,全省成人本专科教育毕业生规模中女学生为95 640人,占比60%;2018年,全省成人本专科教育毕业生规模中女学生为75 231人,占比61%;2019年,全省成人本专科教育毕业生规模中女学生为76 888人,占比62%;2020年,全省成人本专科教育毕业生规模中女学生为113 417人,占比66%,如表5-5所示。

表5-5 2016—2020年河南省成人本专科教育女学生发展规模　（单位:人）

	2016年	2017年	2018年	2019年	2020年
招生数	68682	77287	116837	136280	188399
在校生数	185644	176314	217233	269407	347173
毕业生数	92345	95640	75231	76888	113417

(二)师资队伍

"十三五"期间,普通高等学校教职工数量逐年增加,专任教师数量逐年增加,教职工中硕士研究生及以上学历的人数所占比例逐年上升,专任教师中副高级及以上职称、研究生及以上学历的人数都逐年上升;不论是研究生教育,还是普通本专科教育,其专任教师中女教师的数量与所占比例都呈上升趋势,以上说明河南省师资队伍的发展迈向新的高度。

虽然高校教师队伍稳步壮大,但生师比一直呈上升趋势,教师增长的速度比不上学生增长的速度,高等教育师资队伍发展规模与学生发展规模不匹配。另外普通高等学校教职工中副高级及以上职称的人数所占比例总体呈下降趋势;成人高等学校教职工总数、专任教师数量都逐年下滑,教职工中副高级及以上职称的人数所占比例这五年间变化趋势不稳定,波动幅度较大,专任教师中硕士研究生及以上学历的人数整体呈缩小趋势,这些也说明师资队伍建设力度不够大,这一现状在成人高等学校表现尤为明显。

1.高等教育教师队伍发展状况

2016 年,河南省高校教职工共 141 100 人,比上一年增加 3.49%,其中女教师 66 906人,占比 41.41%,专任教师 104 325 人,占比 73.94%,专任教师中女教师 50 814 人;2017年,河南省高校教职工共 147 254 人,比上一年增加 4.36%,其中女教师 71 687 人,占比48.68%,专任教师 109 553 人,占比 74.40%,专任教师中女教师 54 905 人;2018 年,河南省高校教职工共 154 591 人,比上一年增加 4.98%,其中女教师 76 360 人,占比 49.39%,专任教师 115 921 人,占比 74.99%,专任教师中女教师 59 138 人;2019 年,河南省高校教职工共 162 945 人,比上一年增加 5.40%,其中女教师 82 253 人,占比 50.48%,专任教师124 547 人,占比 76.43%,专任教师中女教师 64 661 人;2020 年,河南省高校教职工共174 451 人,比上一年增加 7.06%,其中女教师 88 839 人,占比 50.92%,专任教师 134 800人,占比 77.27%,专任教师中女教师 70 763 人,如图 5-10、表 5-6 所示。

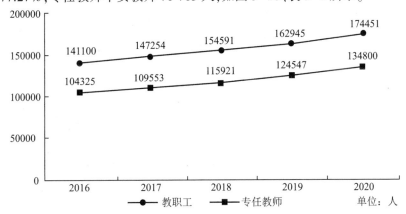

图 5-10   2016—2020 年河南省高校教职工发展状况

表 5-6   2016—2020 年河南省女教师发展状况   (单位:人)

	2016 年	2017 年	2018 年	2019 年	2020 年
教职工中女教师	66906	71687	76360	82253	88839
专任教师中女教师	50814	54905	59138	64661	70763

2.普通本专科教育教师队伍发展状况

2016 年,河南省普通高等学校教职工共 13.88 万人,比上年增加 4.05%,其中专任教师 10.27 万人,比上年增加 4.80%,师生比达到 1:13.51;2017 年,河南省普通高等学校教职工共 14.58 万人,比上年增加 5.04%,其中专任教师 10.84 万人,比上年增加 5.55%,师生比达到 1:13.75;2018 年,河南省普通高等学校教职工共 15.37 万人,比上年增加 5.42%,其中专任教师 11.54 万人,比上年增加 6.46%,师生比达到 1:13.93;2019 年,河南省普通高等学校教职工共 16.21 万人,比上年增加 5.47%,其中专任教师 12.40 万人,比上年增加 7.45%,师生比达到 1:14.31;2020 年,河南省普通高等学校教职工共 17.21 万人,比上年增加 6.17%,其中专任教师 13.34 万人,比上年增加 7.55%,师生比达到 1:14.48,如图 5-11 所示。

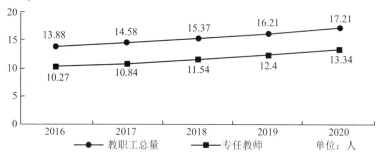

图 5-11　2016—2020 年河南省普通高等学校师资队伍状况

2016 年,普通高等教育教职工中副高级及以上职称的人数所占比例 34.54%,比上一年降低 0.06%;2017 年,普通高等教育教职工中副高级及以上职称的人数所占比例 34.03%,比上一年降低 1.48%;2018 年,普通高等教育教职工中副高级及以上职称的人数所占比例 33.63%,比上一年降低 1.18%;2019 年,普通高等教育教职工中副高级及以上职称的人数所占比例 33.13%,比上一年降低 1.49%;2020 年,普通高等教育教职工中副高级及以上职称的人数所占比例 33.17%,比上一年上升 0.12%,如表 5-7 所示。

表 5-7　2016—2020 年河南省普通高等教育教职工中副高级及以上职称人数所占比例

	2016 年	2017 年	2018 年	2019 年	2020 年
所占比例	34.54%	34.03%	33.63%	33.13%	33.17%
与上一年相比	−0.06%	−1.48%	−1.18%	−1.49%	0.12%

2016 年,普通高等教育教职工中硕士研究生及以上学历的人数所占比例 54.36%,比上一年增加 1.23%;2017 年,普通高等教育教职工中硕士研究生及以上学历的人数所占比例 54.89%,比上一年增加 2.67%;2018 年,普通高等教育教职工中硕士研究生及以上学历的人数所占比例 55.76%,比上一年增加 1.58%;2019 年,普通高等教育教职工中硕士研究生及以上学历的人数所占比例 56.38%,比上一年增加 1.11%;2020 年,普通高等教育教职工中硕士研究生及以上学历的人数所占比例 57.22%,比上一年增加 1.48%,如表 5-8 所示。

表 5-8　2016—2020 年河南省普通高等教育教职工中硕士研究生及以上学历的人数所占比例

	2016 年	2017 年	2018 年	2019 年	2020 年
所占比例	53.46%	54.89%	55.76%	56.38%	57.22%
与上一年相比	1.23%	2.67%	1.58%	1.11%	1.48%

3.成人本专科教育教师队伍发展状况

2016 年,河南省成人高等学校教职工 0.23 万人,比上年减少 20.69%,其中专任教师 0.16 万人,比上年减少 20.00%;2017 年,河南省成人高等学校教职工 0.15 万人,比上年减少 34.78%,其中专任教师 0.11 万人,比上年减少 31.25%;2018 年,河南省成人高等学校教职工 0.09 万人,比上年减少 39.93%,其中专任教师 0.06 万人,比上年减少 48.36%;2019 年,河南省成人高等学校教职工 0.09 万人,比上年减少 0.67%,其中专任教师 0.06 万人,比上年增加 0.35%;2020 年,河南省成人高等学校教职工 0.08 万人,比上年减少 0.63%,其中专任教师 0.05 万人,比上年减少 6.84%,如图 5-12 所示。

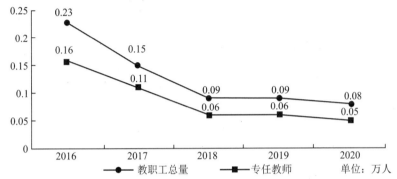

图 5-12　2016—2020 年成人高等学校师资队伍状况

2016 年,成人高等教育教职工中副高级及以上职称的人数所占比例 28.56%,比上一年降低 10.41%;2017 年,成人高等教育教职工中副高级及以上职称的人数所占比例 28.17%,比上一年降低 1.37%;2018 年,成人高等教育教职工中副高级及以上职称的人数所占比例 33.80%,比上一年上升 19.99%;2019 年,成人高等教育教职工中副高级及以上职称的人数所占比例 36.32%,比上一年上升 7.44%;2020 年,成人高等教育教职工中副高级及以上职称的人数所占比例 34.65%,比上一年下降 4.58%,如表 5-9 所示。

表 5-9　2016—2020 年成人高等教育教职工中副高级及以上职称的人数所占比例

	2016 年	2017 年	2018 年	2019 年	2020 年
所占比例	28.56%	28.17%	33.80%	36.32%	34.65%
与上一年相比	−10.41%	−1.37%	19.99%	7.44%	−4.58%

4.专任教师职称状况

2016 年,高等教育专任教师中副高级及以上职称的人数共 35 930 人;2017 年,高等教育专任教师中副高级及以上职称的人数共 37 217 人;2018 年,高等教育专任教师中副高级及以上职称的人数共 38 993 人;2019 年,高等教育专任教师中副高级及以上职称的人数共 41 284 人。

表 5-10 2016—2019 年专任教师的职称状况（总计） 单位：人

	2016 年	2017 年	2018 年	2019 年
正高级	8722	8852	9249	9746
副高级	27208	28365	29744	31538
中级	42590	45328	47270	50392
初级	18420	19251	20310	22083
未定职级	7385	7757	9348	10788

2016 年,普通高等学校专任教师中副高级及以上职称的人数共 35 473 人;2017 年,普通高等学校专任教师中副高级及以上职称的人数共 36 906 人;2018 年,普通高等学校专任教师中副高级及以上职称的人数共 38 796 人;2019 年,普通高等学校专任教师中副高级及以上职称的人数共 41 077 人,如表 5-11 所示。

表 5-11 2016—2019 年专任教师的职称状况（普通高等学校） 单位：人

	2016 年	2017 年	2018 年	2019 年
正高级	8694	8826	9226	9722
副高级	26779	28080	29570	31355
中级	41913	44884	47020	50145
初级	17969	18914	20216	21995
未定职级	7370	7745	9321	10760

5.专任教师学历状况

2016 年,高等教育专任教师中硕士研究生及以上学历的人数共 55 194 人;2017 年,高等教育专任教师中硕士研究生及以上学历的人数共 59 683 人;2018 年,高等教育专任教师中硕士研究生及以上学历的人数共 64 486 人;2019 年,高等教育专任教师中硕士研究生及以上学历的人数共 70 071 人,如表 5-12 所示。

表 5-12 2016—2019 年专任教师的学历状况（总计） 单位：人

	博士研究生	硕士研究生	本科	专科及以下
2016 年	14932	40262	47512	1619
2017 年	16440	43243	48244	1626
2018 年	18070	46416	49888	1547
2019 年	19949	50122	53011	1465

2016 年,普通高等学校专任教师中硕士研究生及以上学历的人数共 54 947 人;2017 年,普通高等学校专任教师中硕士研究生及以上学历的人数共 59 531 人;2018 年,普通高等学校专任教师中硕士研究生及以上学历的人数共 64 320 人;2019 年,普通高等学校专任教师中硕士研究生及以上学历的人数共 69 893 人。

表5-13　2016—2019年专任教师的学历状况(普通高等学校)　　单位:人

	博士研究生	硕士研究生	本科	专科及以下
2016年	14929	40018	46189	1589
2017年	16439	43092	47311	1607
2018年	18069	46251	49496	1537
2019年	19947	49946	52631	1453

2016年,成人高等学校专任教师中硕士研究生及以上学历的人数共247人;2017年,成人高等学校专任教师中硕士研究生及以上学历的人数共152人;2018年,成人高等学校专任教师中硕士研究生及以上学历的人数共166人;2019年,成人高等学校专任教师中硕士研究生及以上学历的人数共178人,如表5-14所示。

表5-14　2016—2019年专任教师的学历状况(成人高等学校)　　单位:人

	博士研究生	硕士研究生	本科	专科及以下
2016年	3	244	1323	30
2017年	1	151	933	19
2018年	1	165	392	10
2019年	2	176	380	12

6.专任教师变动状况

2016年,高校共增加教师8 498人,减少教师4 225人,其中普通高等学校增加教师8 482人,减少教师3 767人,成人高等学校增加教师16人,减少教师458人;2017年,高校共增加教师10 921人,减少教师5 693人,其中普通高等学校增加教师10 911人,减少教师5 187人,成人高等学校增加教师10人,减少教师506人;2018年,高校共增加教师11 393人,减少教师5 025人,其中普通高等学校增加教师11 304人,减少教师4 950人,成人高等学校增加教师89人,减少教师75人;2019年,高校共增加教师13 276人,减少教师4 650人,其中普通高等学校增加教师13 254人,减少教师4 630人,成人高等学校增加教师22人,减少教师20人,如表5-15所示。

表5-15　2016—2019年专任教师变动情况　　单位:人

	2016年		2017年		2018年		2019年	
	增加教师数	减少教师数	增加教师数	减少教师数	增加教师数	减少教师数	增加教师数	减少教师数
总计	8498	4225	10921	5693	11393	5025	13276	4650
其中:女	4588	1803	6193	2102	6201	1968	7595	2072
普通高等学校	8482	3767	10911	5187	11304	4950	13254	4630
其中:女	4575	1539	6185	1821	6140	1928	7587	2056
成人高等学校	16	458	10	506	89	75	22	20
其中:女	13	264	8	281	61	40	8	16

（三）办学条件

"十三五"期间,河南省各类事业都在不同程度地向前驱动,发展经济的同时,教育事业也取得了巨大进步,学校办学条件也有显著改善。办学条件是学校发展所需要的基础性资源(人力资源、物力资源、财力资源),高等教育学校办学条件的高低会直接影响高等教育学校办学质量的高低。考虑数据的可获取性和指标的代表性,并结合以往的研究,主要选取占地面积、校舍建筑面积、图书藏量、计算机存量、固定资产值、信息化建设六个指标。统计后发现:"十三五"期间,高等学校占地面积呈逐年增长的趋势;校舍建筑面积呈逐年增加的趋势,但增速逐年放缓;图书藏量呈逐年增长的状态,其增速有快有慢;计算机存量呈逐年增加的趋势,但增速也逐年放缓;固定资产值在2020年不但没有增加,相比2019年,反而减少;信息化建设(网络信息点数、上网课程数、电子图书册数、信息化工作人员数)整体呈上升趋势。

从总体上看,"十三五"期间河南省的办学条件逐步改善,办学水平不断提高。但从生均量这一衡量指标看,六个指标在这五年均呈下降趋势,表明高等教育学校办学条件的改善速度低于学生的增长速度;从不同的教育层次看,成人高等教育的各项指标值都远远落后于普通高等教育,差距悬殊,表明河南省对于成人高等教育的重视程度不得提升,将大量的精力都花费在普通高等教育或其他教育。

1.占地面积发展状况

2016年,河南省高等教育学校占地面积109 103 271平方米(办学条件指标均为学校产权,以下均同),比去年减少1 765 353平方米,减幅1.59%;2017年,河南省高等教育学校占地面积111 457 945.9平方米,比去年增长2 354 674.9平方米,增幅2.16%;2018年,河南省高等教育学校面积116 300 820平方米,比去年增长4 842 874.1平方米,增幅4.35%;2019年,河南省高等教育学校面积119 796 645平方米,比去年增长3 495 825平方米,增幅3.01%。

2016年,普通高等学校占地面积生均57.80平方米;2017年,普通高等学校占地面积生均55.27平方米;2018年,普通高等学校占地面积生均54.07平方米;2019年,普通高等学校占地面积生均51.41平方米。

2016年,成人高等学校占地面积生均2.31平方米;2017年,成人高等学校占地面积生均2.35平方米;2018年,成人高等学校占地面积生均1.60平方米;2019年,成人高等学校占地生均1.29平方米。

2.校舍建筑面积发展状况

2016年,河南省高等教育学校校舍建筑面积57 318 882.72平方米,比去年减少675 214.12平方米,减幅1.16%;2017年,河南省高等教育学校校舍建筑面积59 776 612.39平方米,比去年增加2 457 729.67平方米,增幅4.29%;2018年,河南省高等教育学校校舍建筑面积61 973 223.20平方米,比2017年增加2 196 610.81平方米,增幅3.67%;2019年,河南省高等教育学校校舍建筑面积63 297 053.03平方米,比2018年增加1 323 829.83平方米,增幅2.14%。

2016年,普通高等学校校舍建筑面积生均30.21平方米;2017年,普通高等学校校舍建筑面积生均29.53平方米;2018年,普通高等学校校舍建筑面积生均28.79平方米;2019年,普通高等学校校舍建筑面积生均27.14平方米。

2016年,成人高等学校校舍建筑面积生均2.15平方米;2017年,成人高等学校校舍建筑面积生均2.02平方米;2018年,成人高等学校校舍建筑面积生均1.03平方米;2019年,成人高等学校校舍建筑面积生均0.83平方米。

3.图书藏量发展状况

2016年,河南省高等教育学校图书藏量15 944.01万册,比2015年增加827.78万册,增幅为5.47%;2017年,河南省高等教育学校图书藏量16 582.86万册,比2017年增加638.85万册,增幅为4.01%;2018年,河南省高等教育学校图书藏量17 643万册,比2017年增加1 060.14万册,增幅为6.39%;2019年,河南省高等教育学校图书藏量18 455.71万册,比2018年增加812.71万册,增幅为4.61%。

2016年,普通高等学校图书藏量生均83.96册;2017年,普通高等学校图书藏量生均82.03册;2018年,普通高等学校图书藏量生均82.03册;2019年,普通高等学校图书藏量生均79.20册。

2016年,成人高等学校图书藏量生均6.43册;2017年,成人高等学校图书藏量生均4.91册;2018年,成人高等学校图书藏量生均2.39册;2019年,成人高等学校图书藏量生均1.96册。

4.计算机存量发展状况

2016年,河南省高等教育学校计算机存量627 655台,比去年增加638.85万册,增幅为4.01%;2017年,河南省高等教育学校计算机存量678201台,比去年增加50 546台,增幅为8.05%;2018年,河南省高等教育学校计算机存量732 139台,比去年增加53 938台,增幅为7.95%;2019年,河南省高等教育学校计算机存量748 564台,比去年增加16 425台,增幅为2.24%。

2016年,普通高等学校计算机存量生均0.33台;2017年,普通高等学校计算机存量生均0.33台;2018年,普通高等学校计算机存量生均0.34台;2019年,普通高等学校计算机存量生均0.32台。

2016年,成人高等学校计算机存量生均0.03台;2017年,成人高等学校计算机存量生均0.03台;2018年,成人高等学校计算机存量生均0.02台;2019年,成人高等学校计算机存量生均0.02台。

5.固定资产值发展状况

2016年,河南省高等教育学校固定资产总值8 489 436.83万元,比去年增加625 604.711万元,增幅为7.96%;2017年,河南省高等教育学校固定资产总值9 288 246.45万元,比去年增加798 809.62万元,增幅为9.41%;2018年,河南省高等教育学校固定资产总值11 065 924万元,比去年增加1 777 677.55万元,增幅为19.14%;2019年,河南省高等教育学校固定资产总值11 027 993.12万元,比去年减少37 930.88万元,减幅为0.34%,如表5-16所示。

2016年,普通高等学校固定资产值生均4.50万元;2017年,普通高等学校固定资产值生均 4.61 万元；2018 年，普通高等学校固定资产值生均 5.15 万元；2019 年，普通高等学校固定资产值生均 4.74 万元，如表 5-17 所示。

2016 年，成人高等学校固定资产值生均 0.16 万元；2017 年，成人高等学校固定资产值生均 0.15 万元；2018 年，成人高等学校固定资产值生均 0.11 万元；2019 年，成人高等学校固定资产值生均 0.08 万元，如表 5-18 所示。

表 5-16　2016—2019 年河南省高等教育学校办学条件状况（总计）

	2016 年	2017 年	2018 年	2019 年
占地面积（平方米）	109 103 271	111 457 945.9	116 300 820	119 796 645
校舍建筑面积（平方米）	57 318 882.72	59 776 612.39	61 973 223.20	63 297 053.03
图书藏量（万册）	15 944.01	16 582.86	17 643	18 455.71
计算机存量（台）	627 655	678 201	732 139	748 564
固定资产值（万元）	8 489 436.83	9 288 246.45	11 065 924	11 027 993.12

表 5-17　2016—2019 年河南省普通高等学校办学条件状况

	2016 年	2017 年	2018 年	2019 年
占地面积（平方米）	108 375 321	110 793 995.8	115 758 526	119 254 351
校舍建筑面积（平方米）	56 639 280.01	59 206 422.28	61 624 208.75	62 948 038.58
图书藏量（万册）	15 740.95	16 444.31	17 562	18 373.46
计算机存量（台）	618 110	670 002	725 221	741 507
固定资产值（万元）	8 440 264.35	9 244 773.69	11 029 914	10 992 334.63

表 5-18　2016—2019 年河南省成人高等学校办学条件状况

	2016 年	2017 年	2018 年	2019 年
占地面积（平方米）	727 950.21	663 950.07	542 294	542 294
校舍建筑面积（平方米）	679 602.71	570 190.11	349 014.45	349 014.45
图书藏量（万册）	203.06	138.56	81	82.25
计算机存量（台）	9 545	8 199	6 918	7 057
固定资产值（万元）	49 172.48	43 472.76	36 010	35 658.49

6.信息化发展状况

（1）网络信息点发展状况

2016 年，河南省高等教育学校网络信息点为 1 357 187 个，比上一年增加 239 331 个，增幅为 21%；2017 年，河南省高等教育学校网络信息点为 1 336 531 个，比上一年减少 20 656 个，降幅为 2%；2018 年，河南省高等教育学校网络信息点为 1 417 358 个，比上一年增加 80 827 个，增幅为 6%；2019 年，河南省高等教育学校网络信息点为 1 517 103 个，比上一年增加 99 745 个，增幅为 7%。

2016 年，普通高等学校网络信息点数生均 0.72 个；2017 年，普通高等学校网络信息点数生均 0.66 个；2018 年，普通高等学校网络信息点数生均 0.66 个；2019 年，普通高等学校网络信息点数生均 0.65 个。

2016 年，成人高等学校网络信息点数生均 0.03 个；2017 年，成人高等学校网络信息点数生均 0.03 个；2018 年，成人高等学校网络信息点数生均 0.03 个；2019 年，成人高等学校网络信息点数生均 0.02 个。

（2）上网课程数发展状况

2016 年，河南省高等教育学校上网课程数共 20 453 门，比上一年增加 8 692 门，增幅为 74%；2017 年，河南省高等教育学校上网课程数共 25096 门，比上一年增加 4 643 门，增幅为 23%；2018 年，河南省高等教育学校上网课程数共 26 893 门，比上一年增加 1 797 门，增幅为 7%；2019 年，河南省高等教育学校上网课程数共 3 940 门，比上一年增加 5 047 门，增幅为 19%。

2016 年，普通高等学校上网课程数 20 253 门；2017 年，普通高等学校上网课程数 24 318 门；2018 年，普通高等学校上网课程数 25 800 门；2019 年，普通高等学校上网课程数 30 840 门。

2016 年，成人高等学校上网课程数 200 门；2017 年，成人高等学校上网课程数 778 门；2018 年，成人高等学校上网课程数 1 093 门；2019 年，成人高等学校上网课程数 1 100 门。

（3）电子图书册数发展状况

2016 年，河南省高等教育学校电子图书 110 094 482 册；2017 年，河南省高等教育学校电子图书 110 550 174 册，比上一年增加 455 692 册，增幅不明显；2018 年，河南省高等教育学校电子图书 117 789 606 册，比上一年增加 7 239 432 册，增幅为 7%；2018 年，河南省高等教育学校电子图书 130 419 972 册，比上一年增加 12 630 366 册，增幅为 11%。

2016 年，普通高等学校电子图书生均 58.48 册；2017 年，普通高等学校电子图书生均 54.37 册；2018 年，普通高等学校电子图书生均 54.41 册；2019 年，普通高等学校电子图书生均 55.49 册。

2016 年，成人高等学校电子图书生均 1.47 册；2017 年，成人高等学校电子图书生均 5.50 册；2018 年，成人高等学校电子图书生均 3.87 册；2019 年，成人高等学校电子图书生均 4.06 册。

（4）信息化工作人员发展状况

2016 年，河南省高等教育学校信息化工作人员共 2 731 人，比上一年减少 151 人，减幅为 5%；2017 年，河南省高等教育学校信息化工作人员共 2 761 人，比上一年增加 5 人，增幅不明显；2018 年，河南省高等教育学校信息化工作人员共 2 630 人，比上一年减少 106 人，减幅为 4%；2019 年，河南省高等教育学校信息化工作人员共 2 696 人，比上一年增加 66 人，增幅为 3%，如表 5-19 所示。

表 5-19   2016—2019 年河南省高等教育学校信息化状况（总计）

	2016 年	2017 年	2018 年	2019 年
网络信息点数（个）	1357187	1336531	1417358	1517103
上网课程数（门）	20453	25096	26893	31940
电子图书（册）	110094482	110550174	117789606	130419972
信息化工作人员数（人）	2731	2736	2630	2696

2016年,普通高等学校信息化工作人员2 634人;2017年,普通高等学校信息化工作人员2 639人;2018年,普通高等学校信息化工作人员2 575人;2019年,普通高等学校信息化工作人员2 641人,如表5-20所示。

表5-20 2016—2019年河南省普通高等学校信息化状况

	2016年	2017年	2018年	2019年
网络信息点数(个)	1 347 134	1 326 726	1 408 336	1 507 841
上网课程数(门)	20 253	24 318	25 800	30 840
电子图书(册)	109 631 478	108 999 033	116 477 652	128 711 905
信息化工作人员数(人)	2 634	2 639	2 575	2 641

2016年,成人高等学校信息化工作人员97人;2017年,成人高等学校信息化工作人员97人;2018年,成人高等学校信息化工作人员55人;2019年,成人高等学校信息化工作人员55人,如表5-21所示。

表5-21 2016—2019年河南省成人高等学校信息化状况

	2016年	2017年	2018年	2019年
网络信息点数(个)	10 053	9 805	9 022	9 262
上网课程数(门)	200	778	1 093	1 100
电子图书(册)	463 004	1 551 141	1 311 954	1 708 067
信息化工作人员数(人)	97	97	55	55

(四)毛入学率

2016年,全省高等教育毛入学率38.80%;2017年,全省高等教育毛入学率41.78%;2018年,全省高等教育毛入学率45.60%;2019年,全省高等教育毛入学率49.28%,2020年,全省高等教育毛入学率51.86%,河南省高等教育已实现大众化水平,如图5-13所示。

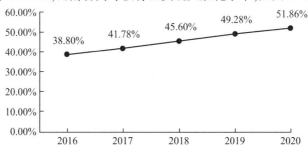

图5-13 2016—2020年全省高等教育毛入学率

二、高等教育改革实践

2020年4月16日,河南省2019年度高等教育教学成果奖评审会在郑州市举行,在会议上,省教育厅副厅长刁玉华对高等教育近些年的发展现状做出总结:"在大家的共同努力下,河南省的本科高等教育不断深化改革,以人才培养为中心的教学工作越来越巩固提升;分类发展的理念越来越清晰;专业设置越来越符合经济社会发展的需要;协同育人的机制初步形成等"。

(一)大力支持"双一流"高校建设

2017年,郑州大学、河南大学双双进入"双一流"建设高校行列,实现了河南高等教育发展史上里程碑式的重大突破。这有利于提升河南省高等教育整体水平,优化河南省高等教育发展生态,提高河南省高等教育在全国大局中的地位,更有利于促进河南省经济社会的发展。

省委、省政府为推进"双一流"建设,构建了"齐抓共管体系""1+3"政策体系"省政府+专家"决策体系"14+2"共建体系等"四大体系"。省教育厅积极发挥牵头部门作用,协调推进"双一流"建设。省财政厅制定了"双一流"建设筹措方案,拟筹措资金40.27亿元协调推进郑州大学、河南大学两所高校的"双一流"建设;还在"十三五"期间投入总额不变的前提下相应调整年度间预算安排额度,采取提前预拨次年专项资金的方式,积极支持郑州大学、河南大学建设。省发改委积极支持郑州大学、河南大学内涵建设,2018年向国家发展改革委申报郑州大学绿色选冶与加工工程研究中心,晋升国家级创新平台;安排省基建投资3000万,支持河南大学郑州龙子湖校区文科教学实验组团建设,2019年争取中央预算内资金1亿元,支持河南大学龙子湖校区基础建设。郑州市政府也秉着以校兴城,以城育校的理念,与两所高校深入合作,积极支持两所高校"双一流"建设;与郑州大学签署了合作框架协议,郑州市财政每年投入2亿元专项资金支持郑州大学"双一流"建设,主要用于基础设施的建设和专项课题的支撑与保障;郑州市政府也一直支持河南大学郑州校区的建设,在人才引进、人才公寓建设、河南大学留学生创业园建设等方面给予了很大的支持。

2020年9月17日,郑州大学召开"双一流"建设周期总结专家评议会,把脉诊断郑州大学"双一流"周期建设的符合度、达成度和建设成效。经过专家组的认真评议,一致认为,郑州大学高标准完成了一流大学建设各项任务,建设成效显著,取得一系列标志性成果;高质量完成了一流学科建设任务,学科实力和水平显著提升。

"十三五"期间,河南大学以生物学一流学科建设为引领,发挥综合性大学的多学科优势,大力实施"生物学+"战略,推进环境生态、农业科学、医学、信息科学、材料科学、考古学等相关学科交叉融合,带动了生物医学、纳米生物学、生物信息等学科发展。生物学科在人才培养、师资队伍、科学研究、社会服务、国际交流合作、文化传承等方面也取得了巨大成就,在机制体制、推进措施上形成了自身的特色。

(二)以"思政课程"引领"课程思政"

思政课是全面贯彻党的教育方针、落实立德树人这一根本任务的关键课程,在解决"培养什么人、怎样培养人、为谁培养人"这一问题上发挥着不可替代的作用。党的十八大以来,河南省高校采取有力的措施认真贯彻落实,思政课建设取得显著的成效。如:郑州大学实施"思政课建设体系创新计划",在制度建设、学科建设、机构建设、经费保障等方面为马克思主义学院提升建设水平打下坚实基础;河南大学刘嘉尧的思政课,时刻关注学生所思所惑不只是说大道理,而从生活中、从身边事汲取素材,用年轻人喜闻乐见的方式和语言,把课堂变成"故事会";洛阳理工学院以"领航讲坛""同上一门示范课"等教学改革扎实推进思政课程建设,学校5门思政课全部建设成为河南省优秀课程;华北水利水电大学实行"四课联动",在思政课教学中分别开展演讲比赛、历史情景剧比赛、辩论赛、微视频大赛,将传统思政课教师讲、学生听的模式转变为学生积极主动参与的模式,让思政课真正活起来;河南大学党委书记卢克平发表的《办好高校思政课的着力点》一文中,提出要以党的坚强领导引领思政课政治方向,为思政课建设提供根本保证;以中国特色社会主义伟大实践提升思政课育人效果,为思政课建设提供有力支撑;以丰厚文化资源涵养思政课铸魂品性,为思政课建设提供深厚力量;以全媒体技术运用丰富思政课讲授形式,为思政课建设提供全新平台;以社会各界力量充实思政课师资队伍,为思政课建设提供"八方支援";以加强顶层设计理顺思政课体制机制,为思政课建设提供良好氛围。

为深入贯彻落实习近平总书记关于教育的重要论述和全国教育大会精神,贯彻落实中共中央办公厅、国务院办公厅《关于深化新时代学校思想政治理论课改革创新的若干意见》,全面落实立德树人根本任务,把思想政治教育贯穿人才培养体系,切实推进河南省本科高校课程思政教育教学工作,有效提高人才培养质量,根据教育部《高等学校课程思政建设指导纲要》精神,中共河南省委高校工委河南省教育厅联合发布《关于推进本科高校课程思政建设的指导意见》(教高[2020]314号),提出充分发挥高校各门课程的思想政治教育功能,切实把思想政治工作贯穿教育教学全过程,做到每门课程都能"守好一段渠、种好责任田";通过五年的改革和建设,构建较为完善的课程思政教育教学体系,课程思政教育教学质量显著提升;选树一批充满思政元素、发挥思政功能的样板课程,遴选一批教学效果优良、德才兼备的课程思政教学团队;建设一批成果丰富、榜样引领的课程思政教学研究示范中心;培育一批实施课程思政成效显著的本科示范高校,形成一批高质量的课程思政教科研成果,全面推进河南省本科高校课程思政建设,形成全员全过程全方位育人的新格局的主要目标。采取深入挖掘课程思政元素,打造样板课程;充分发挥互学互帮作用,凝练教学团队;扎实推进课程思政研究,形成示范引领;整体推动思政育人改革,建设示范高校;全面启动教育教学改革,转化教研成果的措施。

思政课的质量和水平,关键在教师。为打造一支政治素质过硬、业务能力精湛、育人水平高超的专业化思政课教师队伍,河南省委高校工委、省教育厅近年来依托全省高校思政课教师培训基地举办培训班46期,培训骨干教师7 000多人,组织思政课骨干教师到教育部全国高校思政课教师社会实践研修基地等实践研修1 000多人。同时,设立思政课教师奖励基金,对教学工作表现突出、成绩显著的思政课教师进行奖励;设立高校思政工作奖,表彰奖励优秀思政课教师300多人次;组织思政课教学能手评选,召开教学能手表彰暨现场教学观摩会、思政课教学展示活动暨教师培训会;组织出版思政工作管理丛书,总结宣传思政工作先进经验。河南省教育厅副厅长介绍,河南省以培训班为抓手,"打造"新时代思政课教师队伍,让创新举措扎根;以"名师示范课堂"为引领,助力思政课教师快速成长,让教学质量扎根;以实践研修为契机,促进理论与实践结合,让创新理论扎根。河南省每年都组织全省高校马院院长、高校"形势与政策"教学骨干教师等举办各类培训班;同时各高校举办"名师示范课堂",邀请马院院长、知名思政专家等授课,思政课专兼职教师观摩听课。

(三)创新人才培养模式

为推进教育教学改革,改进教学方法、更新教学手段、转变培养方式,河南省积极探索科学基础、实践能力和人文素养融合发展的人才培养模式。

一是加强研究生产学研联合培养基地建设,积极推进学术学位、专业学位研究生培养模式改革,深入实施"研究生教育创新计划"。2020年12月11日,郑州大学-人邦科技研究生培养基地授牌仪式在河南人邦科技股份有限公司举行。该研究生培养基地的建立,成为双方联合培养高层次人才的一个良好平台,为无机非金属材料研究生培养和就业开辟了一条路径。2021年7月11日,"共识、共建、共享"河南省研究生教育创新培养基地高质量建设研讨会在河南工业大学举行。研讨会上,基地主任尚恒志教授表示,自2019年10月获批以来,基地成立了管理委员会,完善了管理体系,不断加强导师遴选,产学研合作持续开展,学生培养成果显著。还进一步明确了未来的建设方向,要持续加强校媒合作,强化合作意识,产学研合作进一步推进,实现优势互补。

二是深化普通本科人才培养模式改革,大力推进卓越人才教育培养计划。为加快建设高水平本科教育,培养卓越拔尖人才,河南印发一揽子"卓越人才教育培养计划2.0实施方案",为新工科、农林、医生、新闻传播等四大类卓越人才教育培养划定5年目标,明确重点工作。如探索建立未来技术学院,校企共建共管现代产业学院;建设一批新兴涉农专业,试点免除农科专业学费;加快紧缺人才培养,严控临床医学类专业单招规模;增设1至2所部校共建高校,培养国际新闻传播预备队。郑州大学坚持以立德树人为根本任务,把创新人才培养贯穿于学生培养全过程,不断优化创新人才培养方案,创办郑州大学创新人才培养学校,完善学生科技创新活动激励措施,积极构建以人才培养质量为导向的"四位一体"创新人才培养体系,在双创教育、平台构建、机制探索、学风建设4个方面下功夫,全面提高人才培养能力。学校还打造了"机器人实验室""ACM-ICPC创新实验室""深蓝科技部"等一系列创新实践基地,为学生开展创新实践提供了广阔的平台。郑州大学基于"最大规模"的人才培养底色,遵循研究型大学人才培养规律,探索文理工医全覆盖、全链条联动创新的人才培养新机制,激发科技创新新活力,提高人才培养质量。

三是强化实践育人环节,增加实践教学比重。为了让学生更加深入地理解课本所学理论知识,河南大学生命科学学院教师带领学生从土地丈量开始,经历播种、育苗、移栽、授粉和收获等栽培育种整个过程。通过走向田间地头、走进现代农业设施生产一线,学子们见识到了农业发展的广阔前景。

四是支持高校探索与有关部门、科研院所、行业企业协同育人。河南大学与黄河科技集团创新有限公司共建的鲲鹏产业创新学院,是双方准确把握国家发展战略,瞄准区域经济发展需求,是按照教育部"六卓越一拔尖"计划2.0的内容和要求,推进科教协同、校企合作,培养拔尖创新人才的谋划和落实。

五是推进职业教育产教融合、校企合作。职业教育集团化办学是人才培养模式的一种探索,是实现职业教育融合发展、"双元"育人的重要途径。2019 年 12 月 2 日,河南省成立人工智能职业教育集团,这既是河南省人工智能行业深化产教融合、校企合作的重要探索,也是落实国务院《新一代人工智能发展规划》和教育部《高等学校人工智能创新行动计划》的实践行动。因此职业教育集团要发挥好平台作用、学校发挥好主导作用、企业发挥好重要主体作用,打造河南省人工智能行业技术技能人才培养高地和技术创新服务高地。此外,2019 年出台的《河南省职业教育改革实施方案》也提出了推动产教融合发展,促进校企"双人"育人,健全产教融合、校企合作激励政策等措施。至此,河南省成为部省共建、推进职业教育创新发展高地建设的 7 个省份之一。

(四)继续推动优势特色学科建设

河南省于 2015 年启动实施省优势特色学科建设工程,省财政计划 10 年投入 31 亿元,以支持创新驱动战略、服务河南发展重大需求为导向,集中力量建设一批国内一流学科和优势特色学科,实现局部高端突破。一期 35 个建设学科成效明显,有力带动了全省高校的分类发展与内涵提升。优势特色学科的建设方式是将河南省优势特色学科建设工程分为优势学科和特色学科。优势学科以进入国家"世界一流学科"行列为目标,着力提升综合实力;特色学科以在关键应用领域取得突破、学科综合实力进入国内前列为目标,着力服务经济社会发展重大需求。优势学科和特色学科各设 A、B 两类,其中 A 类为重点建设学科,B 类为重点培育学科。建设工程一期建设时间为 2015—2019 年,计划立项建设 10 个左右优势学科和 20 个左右特色学科。二期建设时间为 2020—2024 年,一期验收合格纳入二期继续支持。建设资金 2015—2017 年安排 10 亿元,2018—2024 年每年安排 3 亿元。

2020 年 4 月 28—29 日,河南省特色骨干大学和特色骨干学科评审会议在郑州举行。省教育厅党组书记、厅长郑邦山指出:河南省特色骨干大学和特色骨干学科建设是深入贯彻落实全省教育大会精神,推动高等教育上层次、上水平、上台阶的一项重大举措与重要工程,是前期省优势特色学科建设工程的进一步拓展和深化,是加快推进河南省高等教育现代化的具体行动,是补齐高校分类发展支持政策短板的现实选择。

(五)加强基层教学组织建设

高校基层教学组织是高校立德树人、以人为本的组织保障,发挥着基础作用。高校基层教学组织在历史上长期为促进教师专业发展,提高人才培养质量发挥了巨大作用。随着高校招生规模的扩大以及对科研功能的重视,当前高校基层组织逐渐式微、日益边缘化。最近颁布的《教育部关于一流本科课程建设通知》强调:"高校要实现基层教学组织全覆盖,教师全员纳入基层教学组织,强化教学研究,定期集体备课、研讨课程设计"。高校基层教学组织随着社会政治、经济和科技发展,以及高校职能多元化扩展,已经无法满足高校教育教学战略发展和组织制度创新的需求。新时代背景下如何重构与我国高等教育发展相适应的基层教学组织,激活基层教学组织的效能,促进教学质量和人才培养质量的提升尤为重要。因此,对高校基层教学组织进行改革,促进高校人才培养质量的提升,具有重要的理论价值和实践意义。

2016 年,河南省教育厅颁布的《关于进一步加强高等学校基层教学组织建设、提高教学水平的指导意见》中强调,要更好地发挥高等学校基层教学组织在立德树人、提高教学水平和人才培养质量中的重要作用。通过探索创新组织模式"学院—系""学院—系—教研室"等进行组建;还明确了基层教学组织在教学组织、专业建设、课程与教材建设、实践教学、教学研究与改革、教师教学发展等方面的工作任务;并从完善管理制度、加强条件保障、加强考核激励等方面强化基层教学组织的功能。

在此文件的基础上,为进一步完善教学管理体制,加强高校基层教学组织建设,提高教学质量,每年都会进行河南省高等学校基层教学组织达标创优建设工作的评选,其中优秀基层教学组织的认定标准包含以下指标:规章制度、教学效果、专业建设、课程教材建设、实践教学、教学研究与改革、教师教学发展、条件保障;合格基层教学组织的建设标准包含以下指标:规章制度、队伍建设、教学组织、课程教材建设、教学研究、专业建设、实践教学、条件保障、人才培养能力。2017 年共认定 207 个优秀基层教学组织;2018 年共认定 281 个优秀基层教学组织,1 403 个合格基层教学组织;2019 年共认定 200 个优秀基层教学组织,1 049 个合格基层教学组织;2020 年共认定 299 个优秀基层教学组织,1 468 个合格基层教学组织。

(六)扩大对外开放与合作

随着全球化的不断推进,河南省持续扩大教育对外开放,国际教育交流与合作日益增强,国际化水平不断提高。

一是探索多种方式引进和利用国外优质教育资源,支持河南省高校与国(境)外高等教育机构开展合作办学、学分互认、学位互授联授、联合培养、校际交流等多种形式的国际交流与合作。国家外国专家局与教育部启动的高校"国际化示范学院推进计划",以建设世界一流大学为目标,在高校院系聘请外国专家,建立国际教学试验区,采用国际先进的教学管理模式,为推动我国高等教育综合改革,促进高等教育内涵式发展,培养造就创新型人才提供了借鉴。

2016 年 4 月 8 日,国家外专局正式批复郑州大学医学科学院为"国际化示范学院推进计划"试点单位,郑州大学成为首批入选地方省属高校国际化示范学院推进计划的中西部地区高校,这一举措将全面提升学校的国际化办学水平,加快创建"一流大学"和"一流学科"的进程,致力于将郑州大学建成中部地区的人才高地、科研基地和交流合作中心。

2018 年 5 月 8 日,"一带一路"水利水电高峰论坛暨华北水利水电大学乌拉尔学院启动仪式在华北水利水电大学龙子湖校区举行。蒋正华指出,启动成立华北水利水电大学乌拉尔学院是金砖国家框架内第一个高等教育合作成果,是河南省教育对外开放的重大突破性成果,也是华北水利水电大学服务国家战略需求、融入金砖国家教育合作的一项成果展示。华北水利水电大学乌拉尔学院将充分加强两校在教学、科研和人才方面的交流,由中俄两国高校的双边合作逐步扩展到"金砖五国"高校的多边合作,以此带动河南省国际交流与合作的发展和提升。

二是启动"留学河南计划",扩大来华留学生规模,提高教学层次和质量。河南省通过组织高校赴海外进行招生宣讲,不断拓宽留学生招收渠道,大力吸引世界各国尤其是"一带一路"沿线国家优秀青年来豫留学,不断增进中外学生的交流和友谊,增强来华留学生对中国发展的理解和认同。截至 2019 年年底,河南省高校外国留学生人数达到7763 人,在不到 3 年的时间里实现了规模翻番,来华留学生培养质量稳步提升,实现了教育层次和类别全覆盖。

三是加强公派留学,培养海外高层人才。聚焦培养高层次人才,通过实施"国家留学基金委河南省地方合作项目""青年骨干教师出国研修项目""国家建设高水平大学公派研究生项目""优秀本科生国际交流项目"等,选拔高校优秀中青年骨干教师及学生赴国外知名高校或研究机构进修学习,及时了解学科发展新动态,追踪国际学术与技术前沿,带动高校相关学科建设,提升科研水平。近年来,河南省启动了"河南职业院校骨干教师赴德留学项目",为构建具有河南特色的职业教育体系、推动职业教育的高质量发展提供人才支撑;结合河南省"双一流"建设及"五区联动""四路协同"发展需求,实施创新人才国际合作培养子项目,加快培养拔尖创新人才。

四是加大职业教育国际合作与交流。郑州电力高等专科学校国际交流与合作已经有近 30 年的发展历史,该学校结合自身行业优势和办学条件,坚持"交流"与"合作"同行,"引进"与"走出"并重,积极推进电力职教国际化高地建设,积极深化国际交流与合作,在文化交流中进步,于教育合作中共赢,共铸教育命运共同体。2020 年,该校通过在线沟通与德国北黑森科技大学开展合作,大力开展"双元"育人模式;通过中德合作办学项目,引进多种国际先进的职业教育理念;通过转变职教理念,自办培训班,对骨干教师进行综合国际能力提升培训;为了更好地开展中外合作办学,与外教共同开发实用性教材,编撰多部双语教材。

(七)有序开展高等教育综合改革

在实施科教兴豫和人才强省战略的背景下,河南等教育规模迅速扩大,经费投入大幅度增长,办学水平和人才培养质量不断提高,科技创新能力持续提升,服务经济社会发展能力不断增强。尽管已经取得很大的成就,但河南省高等教育仍存在一些突出问题:规模、结构、质量、效益不够协调;高等教育水平整体不高;部分高校办学定位不够准确;人才培养、科学研究与经济社会发展脱节现象仍然存在等。进入新阶段,面对高等教育发展的新要求,必须深化高等教育综合改革,增强高等教育服务经济社会发展的责任感与紧迫感。

2016 年颁布的《河南省教育综合改革方案》关于高等教育,该方案规定要建立高校分类设置、评价、指导、评估、拨款制度,引导高校科学定位,在不同层次、领域办出特色;调整优化本科院校区域布局,支持省属本科院校与本科教育资源短缺的地方政府合作举办应用技术类型二级学院,新增高等职业院校主要向省辖市和省直管县(市)倾斜;扩大和落实高校自主权,尊重高校专业设置主体地位,高校可依法自主设置专业;支持高校自主管理使用学校财产经费,新增经费继续向基本支出倾斜,提高基本支出经费比例,降低专项经费比例,扩大学校对专项经费使用和管理的自主权;支持高校依规自主公开招聘教职工,鼓励支持具备条件的高校申报副教授评审权;依法保障民办高校权益,支持民办高校创新体制机制和育人模式,激发民办高校办学活力;支持高校依法依规自主开展各类教育教学活动;完善省属本科高校和职业院校财政经费核拨机制,打破按编制核拨经费的办法,实行按学生数量、毕业生质量等反映办学水平和社会贡献度因素拨款的新方式,打破平均主义"大锅饭"现象,增强高校的竞争意识,引导高校科学确定办学规模、提升内涵发展质量。

(八)建设高素质创新型教师队伍

"十三五"期间,河南省深入贯彻落实中央、省高校教师队伍建设意见精神,加强师德师风建设,坚持外引内培,建设适应新时代发展的高素质创新型教师队伍。主要做法有:

第一,实施高层次人才重点项目,加大人才引进力度。坚持协调做好海外高层次人才引进"千人计划"、省"百人计划""长江学者"特聘教授等国家级和省级重大人才专项。实施"河南省高等学校特聘教授讲座教授岗位制度",发挥人才项目的整体效应。加强政策衔接和工作协调,引才与引智并举,鼓励海外高层人才通过兼职、咨询、讲学、技术合作、学术交流、中介服务等多种形式服务高校。

第二,完善教师发展机制,提高教师专业能力。一是加强教师骨干教师培养。针对各高校普遍存在的40岁以下青年教师人员比例高,博士以上学位比例较大的现状,出台"河南省青年骨干教师培养计划"、完善青年骨干教师考核制度、鼓励高校教师出境出省做访问学者,加大青年骨干教师的培养力度。2016年,修订印发了《河南省高等学校青年骨干教师培养计划实施办法》,体现分类指导,针对不同学校类型修改了申报条件,加快培养青年骨干教师,提高河南省高校教师队伍的整体素质。骨干教师培养计划在河南省高校连续实施19年,每年选拔200—300名青年教师重点培养。二是开展教师教学能力提升培训,重点面向新入职教师和青年教师,做好本科高校新入职教师培训,为高校培养生力军。2016年以来,积极参与教育部国培计划,并启动实施省培计划,累计完成省级以上培训3400人。选送一批青年教师到国内外高水平大学访学研修,积极参与教育部中西部高校青年骨干教师访学项目。注重提升青年教师创新能力,组织开展青年教师课堂教学创新大赛等教学竞赛,河南省高校累计有500多名教师参加省级复赛和决赛,创新教学方法和教学手段,推动课堂教学革命;各高校相继开展校级新入职教师培训、课堂创新大赛,提高新进教师的教学能力和综合素养。搭建教师发展平台,整体提升以教学能力,教研能力为核心的教师专业素养。三是开展教师发展中心建设。为夯实教学根基,启动实施省级示范性教师发展中心建设计划,计划3年建设30所省级示范中心,组织研修和培训活动,开展教学研究与指导,建立完善传、帮、带机制,推进教学改革与创新,提高教师教学能力。

(九)持续推进考试招生制度公平

河南省作为高考大省,却面临优质高等教育资源短缺的状况,河南考生上大学难、上重点大学难的问题由来已久。"十三五"期间,河南省委、省政府对提高河南考生录取率问题依旧高度重视。在每年的省部会商中,都将增加河南招生计划基数,增加河南学生上大学、上重点大学的机会作为重要议题之一。同时教育招生部门也采取多种宣传推广措施,积极争取国家重点大学和省外高校多向河南投放招生计划。

2019 年 12 月 5 日,河南省教育厅印发《河南省进一步深化高考加分改革实施方案》,该方案严格控制全国性加分项目和分值,逐步减少地方性加分项目和分值;严格执行加分政策使用范围;严格落实资格审核工作责任;严格落实加分考生资格信息公示制度;严厉打击弄虚作假等违规违法行为,确保进一步深化高考加分改革政策稳步实施,实现学生成长、社会公平、国家选才的有机统一。

三、高等教育发展亟待解决的主要问题

"十三五"期间,河南省高等教育迅速扩张并发挥其价值的同时,其发展水平与经济社会的发展需求还不够契合,发展不平衡、不充分的矛盾仍然比较突出,主要表现在:发展水平不高、发展结构不均衡、经费投入不足、国际化程度有待深化、师生比逐年增高、杰出人才流失、学生性别比例不平衡等方面。

(一)发展水平不高

由于历史和经济水平的制约、指导思想和决策忽视等原因,河南省高等教育一直处于全国落后水平,高等教育发展水平不高已成为河南省高等教育缺乏竞争力的主要原因。

根据教育部最新公布的统计数据,河南省共有普通高校 151 所,高校数量在全国排名第 4 名,其总量并未处于劣势地位。但由于河南省的人口数量众多,上大学的学生基数较大,按每千万人拥有的高校数量来看,河南省在全国则排名倒数第一;从办学水平来看,河南省高等教育明显呈现出"大而不强"的局面。从国家"211 工程"与"985 工程"建设高校分布看,河南省仅有一所"211 工程"建设高校,明显低于全国每省平均 3.31 所的平均水平;河南省没有一所"985 工程"建设高校,全国每省平均有 1.22 所。

2017 年,教育部、财政部、国家发展和改革委员会联合印发《统筹推进世界一流大学和一流学科建设实施办法(暂行)》,是中国高等教育继"211 工程""985 工程"之后的又一国家战略。经过评选,最终确立 36 所世界一流大学建设高校(A 类)、6 所世界一流大学建设高校(B 类)、95 所世界一流学科建设高校。首批"双一流"建设高校 137 所,而河南省仅占两所(郑州大学-B 类世界一流大学建设高校;河南大学-世界一流学科建设高校),这不仅远远落后于北京、江苏、上海等省市,甚至与同为中西部地区的湖北、陕西、四川等地相比也相距甚远。

近 5 年来,尽管河南省高等教育办学规模有很大提升,但办学水平和知名度不高,缺乏吸引力和影响力。从本科高校数量、重点大学数量、全国重点学科数量、双一流学校数量、全国优势专业数量等核心要素来看,与发展较好的北京、上海、江苏等省份相比相差

甚远,河南高等教育发展水平仍然落后,与社会期望有一定差距。如 2017 年《省域普通高等教育的第三方综合指数总体竞争力比较》的研究结果表明:河南省在全国 31 个省份中排名 12 位。2020 年,全国第三方大学评价研究机构——艾瑞深校友会网正式发布的《校友会 2020 中国大学双一流建设评价报告》指出:综合类大学学术排名(自然科学),郑州大学全国排名 66 位,河南大学全国排名 193 位;综合类大学学术排名(社会科学科学),郑州大学全国排名 53 位,河南大学全国排名 66 位;双一流大学教学质量排名,郑州大学 51 位,河南大学排名 94 位。在建设高水平大学的道路上,河南省高等教育不尽如人意,高等教育建设任重而道远。

(二)发展结构不均衡

高等教育结构是高等教育系统内各部分之间的比例关系及其组成方式,对高等教育的长远发展起着举足轻重的作用。河南省高等教育发展结构不均衡主要表现在层次结构失衡、类别结构失衡、布局结构失衡、形式结构失衡这四个方面。

第一,高等教育主要包括研究生、本科、专科三个层次。层次结构失衡主要表现在研究生培养比例偏低。调查显示,河南省高等学校的博士研究生、硕士研究生、专业硕士研究生比例均低于全国平均水平。2019 年,全国普通本科在校生与研究生在校生的比是 10.57∶1,而河南省普通本科在校生与研究生在校生的比是 41.88∶1;河南省研究生招生仅占全国研究生招生的 2.29%(2019 年,全国研究生招生 91.65 万人,河南省研究生招生 2.096 2 万人)。

第二,在类别结构上,高等教育学校类型较为全面,除语言类、民族类大学外,其他类型均有涉及。但综合类大学数量不足,仅占普通高等学校的 13.25%,农林类、政法类、艺术类、林业类、体育类高校结构重心偏低。

第三,布局结构失衡主要表现在河南省本科高校主要集中在郑州、洛阳、新乡等地,区域分布不均衡,多数高质量的本科院校集中分布在郑州市、洛阳市、新乡市,鹤壁市、三门峡市、漯河市没有一所本科高校。

第四,形式结构失衡主要表现在成人高等学校和职业技术学院数量较少。河南省是农业人口大省,城镇化水平较低,拥有众多未接受高等教育的农村居民,因此成人高等学校数量也应该位于全国第一,但事实却与之恰恰相反。"十三五"期间,河南省成人高等学校不增反降,从 11 所下降到 10 所。另外成人高等教育的教师队伍规模逐年减少专任教师的数量从 2016 年的 0.16 万人下降到 2020 年的 0.05 万人,校舍建筑面积、占地面积、图书藏量、固定资产值等各项指标值也都远远落后于普通高等教育,差距悬殊。

(三)经费投入不足

高等教育的发展离不开经费的支持。目前高校经费主要由财政性教育经费和非财政性教育经费两大块构成:财政性教育经费包括国家财政预算内教育经费,企业办学教育经费,校办产业、勤工俭学和社会服务收入用于教育的经费;非财政性教育经费包括学杂费,社会捐资集资,承接科研课题或与企事业单位进行科研合作所取得的收入。

高校需要依靠省市政府的财政性教育拨款来维持学校的正常运转,2020年河南省GDP排名在全国位于第六名,综合实力的落后和经济发展水平的低下限制了政府对高等教育的资金投入,从而使众多高校发展呈现"有心无力"的局面。2019年,河南省一般公共预算教育经费占一般公共预算支出的17.45%。全国普通高等学校生均一般公共预算教育经费为23 453.39元,但河南省普通高等学校生均一般公共预算教育经费仅为15 475.95元。虽然对河南省一般公共预算教育经费的投入比例在全国算比较高的,但由于河南省是人口大省,生均一般公共预算教育经费在全国仍居于末尾,不仅远低于北京、上海等经济比较发达的地区,甚至低于西部的西藏、青海等经济发展比较落后的地区。

(四)国际化程度较低

国际化程度是高等教育现代化的关键指标和核心要素,高等教育国际化主要分为师生国际化、科研国际化与办学国际化。

师生国际化方面:普通高校在校生留学生比例、国内学生通过交流生、交换生赴境外学习的比例、具有海外学习或工作经历的教师比例等指标都从侧面反映高等教育合作办学以及高等教育国际交流渠道畅通情况,根据2016—2020年《河南省教育统计年鉴》的数据计算并统计,留学生的比例、赴境外学习的学生比例、教师比例占学生总数、教师总数的5%以下。

科研国际化方面:国际科研合作平台是国际间进行资源共享的平台,根据所能查到的资料显示,河南省内这样的科研合作平台并不多。

办学国际化方面:在河南省各高校的中外合作办学中,只有本科及专科层次的中外合作办学项目或机构,至今没有硕士、博士层次的中外合作办学项目或机构。

另外在高等教育领域中,中外合作办学可以分为中外合作办学机构和中外合作办学项目两大类,河南省高校中外合作办学的模式主要以中外合作办学项目为主。目前,河南省高校中只有四所本科层次的非独立法人资格的中外合作办学机构:郑州大学西亚斯国际学院、河南大学迈阿密学院、中原工学院中原彼得堡航空学院、华北水利水电大学乌拉尔学院,还没有独立法人资格的中外合作办学机构。

(五)生师比逐年增高

"十三五"期间,在高等教育大众化进程的影响下,河南省高等教育在规模上取得较大的进展。高校数量快速增长,普通高等学校从2016年的129所增长到2020年的151所;学生规模持续扩大,研究生教育在校生规模从2016年的39 525人增长到2020年的67 503人,增幅达到70.79%;普通本专科教育在校生规模从2016年的187.48万人增长到2020年的249.22万人,增幅达到32.93%;成人本专科教育在校生规模从2016年的31.55万人增长到2020年的54.57万人,增幅达到72.96%;教师队伍逐年增加,高校专任教师数量从2016年的104 325人增长到2020年的134 800人;普通本专科教育的专任教师数量从2016年的10.27万人增长到2020年的13.34万人。尽管学生规模与教师规模在不断扩大,但是教师增长的速度赶不上学生增长的速度,生师比逐年升高,从 2016 年的 1:13.51 增长到 2020 年的 1:14.48,生师比逐年增高势必会影响高校教学的质量。

(六)杰出人才流失严重

目前,高等院校之间的竞争已经演变为高层次人才的竞争。对于高校来说,人才是其发展的根本力量,高层次的人才能够胜任更多的工作,创造更多的价值。高水平的人才是提升高校办学水平与综合实力的核心力量,提高人才培养质量,是扩展社会服务不可或缺的人力资本。

高校之间合理的人才流动对各高校发展是有利的,但国内各校间通过高薪互相挖人,成了一种"恶性人才竞争"。河南省地方高校人才流失现象是比较严重的,一般拥有"长江学者"或"国家杰出青年科学基金"头衔的人才,很容易就被沿海高校或者名校"盯"上。而且,这些学校给出的待遇十分优厚,包括百万年薪、数百万元的购房补贴和安家费以及千万元以上的科研启动经费。对于河南省高校而言,培养一个学科带头人是非常不容易的,一旦被高薪挖走,不仅学校的学科链会断裂,人才培养也会受影响。如河南省的一所大专院校,近年来先后被挖走了近十名拔尖人才。

(七)学生性别比例不平衡

目前,中国社会在男女平等方面发生的一个重要变化就是女性在学校中的优势越来越明显。刘江,万江红(2020)的研究表明:我国 2005 年就进入了女性教育的优势时代;我国本科层次中女性教育优势正在不断增长、大专教育中女性保持了比较高的教育优势,但是增长后继乏力;高等教育考试招生中的女性优势离不开中小学教育的逐步积累,女性适应了学校教育环境,并转化为更好的成绩和考试表现,在竞争的环境中淘汰了更多的男生,逐渐占据了优势地位。特别是经过中考和高考两道关卡的考验,女性教育优势实现了两次明显的增长,这种改变引发了一些专家学者忧虑中国社会将会出现"男孩危机"的现象。上述这种现状不仅在全国表现凸显,而且在河南省各高校也同样凸显。2016—2020 年,河南省高校女生数量增长非常快,很多男性占优势的专业其女生的比例也在快速增长。据统计发现:不论是研究生教育、普通本专科教育,还是成人本专科教育,其女学生规模(招生规模、在校生规模、毕业生规模)都大于男生规模,占比均达到 50% 以上;尤其是成人本专科教育,女学生规模(招生规模、在校生规模、毕业生规模)达到 60% 以上,男女生性别比例更加不平衡,这些情况都有可能会造成人才结构上性别失衡的危险。

四、高等教育发展展望

在高等教育价值日益凸显的形势下,在竞争日趋激烈的国际环境中,加快高等教育的发展,强化重视高等教育的意识,提高高等教育的办学水平,完善高等教育的制度体系,对河南省高等教育来说是一种必然的选择。"十四五"时期,河南省应逐渐把高等教育这块"蛋糕"做大做强,提升高等教育的办学质量,以便在全国高等教育战线上展示河南实力,发出河南声音。

(一)强化政府、高校对高等教育的认识

思想和认识是行动的先导,转变思想观念是实现高等教育未来发展目标的先导。河南省政府、各高校应该认清现实,意识到高等教育在现在以及未来社会中的必要地位和重要价值,意识到高等教育的强弱关系到未来人才竞争力的大小、关系到经济、政治、文化发展速度的快慢、关系到整个省份能否可持续健康发展。所以河南省政府、各高校应当与时俱进,建构创新教育观、素质教育观、科学人才观,把优先发展高等教育事业作为推动党和国家各项事业发展的重要先手棋;坚持质量为先、内涵发展;大力推进高等教育理念、体系、制度、内容、方法、治理现代化;把发展科技第一生产力、培养人才第一资源、增强创新第一动力更好地结合起来。为河南省高等教育的发展开辟一条"思想通道",河南省才有可能从"高等教育大省"走向"高等教育强省"。

(二)提高办学质量,着眼内涵式发展

河南省是全国人口第一大省,在全国的位置尤为重要,尤其在联结东部地区和西部地区具有更加突出的地位。针对办学质量不高的问题,河南省高等教育必须突破瓶颈,提高办学水平,推动本科教育提质创新,加快研究生教育高质量发展。河南省政府要高度重视,增大资金投入,积极创造条件,持续推进"双一流"建设,努力把河南农业大学、河南工业大学、河南科技大学等学校也建设成为"双一流"高校。

习近平总书记曾深刻指出:"当前,我国高等教育办学规模和年毕业人数已居世界首位,但规模扩张并不意味着质量和效益增长,走内涵式发展道路是我国高等教育发展的必由之路"。走内涵式发展道路,要以提高质量为核心,紧跟时代发展的步伐,更新教育思想与教育理念;突破单一的学科培养模式,形成开放的、多样化的课程体系和培养模式;重视建立与国际知名高等教育机构合作培养人才的制度和机制;调整专业设置、教学内容和教学模式,注重适应经济社会发展的多方位需求,使人才培养与时代需求紧密联结;培养与引进学术领域的顶尖人才,使高校科研成果不仅要有量的积累还要有质的提升。走内涵式发展道路,才有可能提高办学质量,解决发展水平不高的问题。

(三)加大高水平学校建设力度

根据河南省人民政府网站印发的《河南省国民经济和社会发展第十四个五年规划和二○三五年远景目标纲要》精神,继续加强"双一流"建设,推动郑州大学、河南大学加快向研究型大学迈进,着力打造"双航母";按照"量身定做,精准施策"的要求,为郑州大学、河南大学"双一流"建设制定全方位支持意见,推动两校在国家"双一流"建设中力争实现晋位升级;重点支持郑州大学、河南大学4个一流学科建设;注重高校科研创新与产业精准对接,"一校一院"地重组一批现代产业学院、未来技术学院,重塑一批面向产业的学科专业,重构一批具有特色的创新载体,重建一批具有影响的高校品牌智库。

培育高等学校"双一流"创建第二梯队。2021 年 9 月 24 日,河南省召开"构建一流创新生态建设国家创新高地"新闻发布会,遴选了"双一流"创建第二梯队的 7 所高校 11 个学科。这 7 所高校分别是河南理工大学,河南农业大学,河南师范大学,河南科技大学,华北水利水电大学,河南工业大学和河南中医药大学;11 个学科如表 5-22 所示:

表 5-22 "双一流"创建第二梯队的高校和学科

序号	高校	学科
1	河南理工大学	安全科学与工程
2	河南理工大学	测绘科学与技术
3	河南农业大学	作物学
4	河南农业大学	兽医学
5	河南师范大学	化学
6	河南师范大学	物理学
7	河南科技大学	材料科学与工程
8	河南科技大学	机械工程
9	华北水利水电大学	水利工程
10	河南工业大学	食品科学与工程
11	河南中医药大学	中医学

(四)优化发展结构,区域协调发展

高层次人才的培养规模可以反映高等教育发展水平的高低,研究生教育薄弱一直是河南省高等教育层次结构合理化的瓶颈。通过与其他省份对比,可以清楚认识到河南省研究生培养规模的不足。所以,"十四五"时期,河南省应抓住每一次博士硕士学位授予点申报审核的机会,做大做强研究生教育,提升河南省高等教育的办学层次,形成更为合理的高等教育结构。

一个省份各地级市的教育机会、人力投入、物质投入及经费投入都处于不同的水平,区域发展不平衡是必然存在的。既然高校布局结构失衡无可避免,那么河南省政府应统筹区域发展,逐步形成以省会郑州高校为中心,以洛阳、新乡、开封等省辖市高校为依托,其他省辖市高校合理分布,具有地域特色的高校区域布局;也应正确认识高等教育区域发展的差异性,正确认识各地级市的优势和劣势,从顶层设计出发,由高等教育领导小组统一制定科学合理的高等教育建设和发展规划,做到各地级市在高等教育发展、人才引进、科研联合攻关等重要事项上的统筹推进,进而使每一个地区都能有属于自己的本科院校;还可以通过多方渠道加强各地级市相关教育部门、大学、科研机构等主体之间的交流合作,实现高等教育资源和信息的全面对接和流动共享,促进高等教育的蓬勃发展。

大力发展成人高等教育和职业技术教育。关于成人高等教育,应该从师资队伍、校舍建筑面积、图书藏量、计算机存量、固定资产值等多方面满足学校办学最基本的条件，给更多的人提供良好的接受教育的机会，满足他们想要继续接受教育的愿望。关于职业技术教育，要建立以能力为本的职业教育与就业培训制度，吸引企业全方位参与人才培养工作，推进学校与企业联合办学和"订单式"培训，建立校企之间人才资源交流机制和校企双导师制。

（五）拓宽经费来源，提高使用效率

目前几乎全国高等学校均处于经费困难的状态，为了保证自身的运行与发展，高等学校都采取了多种办法来增加学校办学经费。解决河南省高等学校经费紧缺的问题，应加大政府对高等教育的投入，保证一定的比例和数额；大力提倡社会捐赠，采取多种措施来鼓励、支持和争取社会组织及个人对教育事业的捐赠投入；学校根据实际情况，开展科学研究、技术开发和成果转让等活动，以获取经济收入用于支持学校的创新发展；调动闲置资金进行短期投资，利用现有资产，增加学校经费收入。

除了高校办学经费不足外，不合理的支出和严重的浪费也是经费短缺的主要原因，因此，高校在经费使用过程中要遵循严格的经费审批程序，做到经费使用的高效与合理。具体而言：一是科学安排经费预算，遵循"量入为出，收支平衡"的原则，合理统筹安排各项经费支出，提高经费利用率，利用有限经费实现效益最大化；二是合理配置教学资源，提高利用效率，促进大型仪器设备的公开共享，实现有限教学资源的优化配置，杜绝重复配置和闲置；三是加强对学校经费使用的监督，接受政府和社会的监督。

（六）提升对外开放水平，提高合作办学质量

《中共河南省委办公厅、河南省人民政府办公厅关于做好新时期对外开放工作的实施意见》提出，要统筹现有资金，鼓励与世界高水平大学开展合作，争取新增独立设置高水平中外合作办学机构1个，非独立中外合作办学机构2—3个，项目若干个。

为实现以上目标，提高中外合作办学的质量，主要从以下几个方面推进。第一，优化对外开放工作的区域布局，创新与沿线国家的合作方式与内容，深度拓展合作交流的空间和内涵。如：巩固发展与欧美发达国家的教育交流；积极推进与日本、韩国等国家的交流；充分利用国家与东盟、中东欧、非洲、拉美、阿拉伯地区等区域和次区域的教育交流机制，推动"一带一路"各类教育联盟特色发展。第二，积极引进国内外优质教育资源。紧密结合河南经济社会高质量发展的需要，加强顶层设计和整体规划，在与国内外互容、互鉴、互通中发展具有河南特色的现代化教育，推动高等教育发展从规模速度型向质量效益型转变。第三，大力推进高层次科研合作与学术交流。支持有条件的大学邀请世界著名学者、知名教授来校任教或合作研究，积极吸引优秀的海外留学人员为河南省的高等教育发展服务，在高校的重点学科、重点实验室和重点科研项目中发挥作用。第四，提高国际化创新型人才培养能力，借鉴世界一流高校先进管理经验和办学理念，整合优质教学资源，深化教育教学改革，优化人才培养结构。第五，着力打造高水平创新团队，培养具有国际影响力的高水平专家、学科领军人才和青年学术英才，建设具有国际视野的高

素质专业化创新型教师队伍,打造"留学河南"品牌。

(七)推行"一揽子计划",弥补人才队伍流失

高校教师作为高等教育发展的主体,不仅有扎实的教育基础理论知识、丰富的教育教学经验,还具有一定的管理经验。师生比逐年增高、人才队伍流失是当前河南省高等教育发展中亟待解决的问题。为建立一支激发创新活力、培养一流人才、产出一流成果的教师团队,河南省政府应推行"一揽子计划",不仅要引进国内外高层次人才和培养现有的高层次人才,还要采取多项措施提升教师经济待遇,对教师专业发展、职称晋升、子女教育等方面给予更多关注并提供有效支持。

在现有教师方面。首先是要建设"网状"的师资队伍结构,如果一个大学的师资队伍结构不是"网状"的,而是主要依靠少数高端人才来支撑,一旦这些高端人才流失,高校会陷入十分被动的局面,并且损失重大,建设"网状"师资队伍结构能够在很大程度上缓解人才流失的不利影响。其次通过制定教师培训学习规划,有计划选派教师到高等教育发展不错的地区进行深造;或者邀请专家、教授对教师进行跟踪指导。因为教师满足感不仅仅是物质上的满足,还需要得到更高层次的、内心世界的、精神方面的满足。通过构建合理而全面的专业发展支持体系,助力高校教师获得更多专业成长的机会,营造向上共进的工作氛围。最后从政策、待遇等多方面加大对高校教师的支持力度,保证教师的实际获得与工作付出、职业期待相匹配。

在引进教师方面,各高校应有明确的目的性和针对性,根据本校的实际和学科发展的需要,坚持"不求所有,但求所用"的新人才理念。一要打破常规,制定引进不同层次人才的具体措施,如在奖励制度、职称评聘、住房分配等方面要有具体而灵活的措施。二要积极主动,要走出去,充分利用现代化信息手段开拓视野,掌握信息,加强与各院校和科研院所的联系。三要加强自身信息和形象的宣传、发布,明确拟引进高层次人才的学科、专业及现状和拟提供的条件。四要鼓励本校教师推荐人才,唯才是举,建立广泛的人才信息网。

(八)尊重天性,因"性"施教

在教育事业大发展的今天,越来越多的人认识到尊重男女学生性别差异的重要性。男女之间除了与生俱来的生理差别外,在心理上的差别也随着环境的变化出现显著的变化。高校要建立在对性别差异的充分认识和尊重前提下,实现性别真正的平等,不仅要承认两性之间这种差别,尊重天性,还要保证机会均等,因"性"施教。

第一,加强性别差异的理论研究。高等教育是层次最高的教育阶段,高等学校的学生是通过层层考试筛选出来的高水平高质量人才,高等学校的男女生比例与未来人才结构、社会经济发展的全局是紧密联系的。高校作为学术型研究机构,应正确看待性别差异在当下的实际状况,大力开展关于性别差异教育学、性别差异心理学、性别差异社会学等学科理论的研究。

第二,尊重天性,因"性"施教。高校要真正落实"因性施教"的教育理念,不能仅仅

停留在口头上,更要贯彻在日常教学中。教师一定要理解以及区分清楚男女平等与性别差异的真正涵义,对于性别差异中不可能消除的,必须因势利导;根据男女学生学习的特点,采取相应的教育措施,开展对应的实践活动,在保持他们各自原有长处的基础上,促进男女学生健康和谐地发展;在教学方法中也要运用科学合理的教学方式,有的放矢地传授知识以及培养能力,促进他们各自优劣势之间的互补。

高等教育作为人才培养和科技进步的结合点,是培养科学家、原创性的重大科研成果的摇篮,对科学技术的进步与创新具有十分突出的直接贡献。党提出的"科教兴国、人才强国"战略,不仅需要高等教育提供人才上的支持,更需要高等教育提供技术上的帮助。

面向未来,"十四五"期间,河南省高等教育仍要大力实施科教兴豫和人才强省战略,坚持规模质量并重,以人才培养为中心,把提高办学水平放在更加突出的位置。各高校要扎根在丰富的办学实践中开拓自己的道路,满足社会旺盛的需求和自身水平提升的需要,从学习借鉴模式向自主创新模式转变,在创新发展中为中国高等教育发展贡献河南模式。

专题六　河南省职业教育发展研究

一、职业教育发展现状

（一）基本情况

"十三五"时期,河南省的职业教育发展战线以习近平新时代中国特色社会主义思想为指导,进一步传达执行共产党中央、国务院和河南省委、省政府、教育部等有关职业发展高等教育管理工作的决定战略部署,以认真学习执行《国家职业教育改革实施方案》《河南省职业教育改革实施方案》为主线,着力推进做好人民群众满意的职业发展高等教育管理工作,为实现中国经济更加出彩发展提供强大的技术技能与人力资源保障。

1.院校布局

在高等职业教育层面,2016 年,河南省高等职业院校 74 所;2017 年,河南省高等职业院校增加到 79 所,2018 年、2019 年河南省高等职业院校维持在 84 所;2020 年,河南省高等职业院校大幅增长,达到 94 所。

截至目前,在河南省经教育部批准、独立设置的高等职业院校 94 所(其中,2020 年新设置学校 10 所),本科层次职业大学 1 所(民办)。在 94 所独立设置的高职院校中,特色高水平高职院校建设单位 1 所、高水平专业群建设单位 5 所,教育部认定的国家优质专科高等职业院校 9 所,河南省高水平高等职业学校建设单位 34 所、高水平专业建设单位 54 所。2020 年,高等职业院校数量排名前三的是郑州市、开封市、洛阳市。其中有排名并列情况,详情见图 6-1。

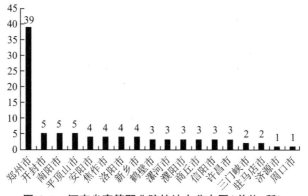

图 6-1　河南省高等职业院校地市分布图(单位:所)

在中等职业教育方面,2018 年河南省中职学校 414 所(含技校),比 2017 年减少 341 所;2019 年河南省中等职业学校规模仍维持在 414 所,其中教育部门指导管理的中等职业学校 339 所,另有技工学校 75 所;2020 年河南省中等职业学校的院校数量与类型分布在 2019 年的基础上保持不变。

2.院校类型

在高等职业教育方面,2016 年,河南省高职院校共涵盖了理工、综合、医药、农业、林业等十种类型,理工共 44 所,占比最高达到了 59%,而后医药共 8 所,综合 6 所,分别占比 11% 和 8%;2017 年之后,在保持类型多样化的基础上,院校结构有所变化。2017 年理工院校 43 所,占全国 54%,其次为医药院校 8 所、综合院校 6 所,分别占 10% 和 7.6%。2018 年,全省理工科院校共 47 所,占比约 58%。

截至 2020 年 6 月,独立设置的 94 所高职院校由 69 所公办院校、24 所民办院校和 1 所专科层次中外合作办学机构构成。院校类型丰富,形成了包含理工、综合、医药、农业、林业、师范、财经、政法、体育、艺术等 10 多种类型协调发展的格局,有利于更好地服务于区域经济发展。具体院校类型分布如图 6-2 所示。

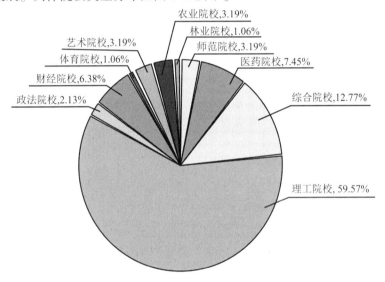

图 6-2 河南省高职院校类型分布图

3.在校生规模

在高等职业教育层面,依据河南省高等职业院校年度质量报告数据,2016 年全省专科高职院校全日制在校生约 50 万人,校均规模近 6 700 人;2017 年全省专科高职院校全日制在校生约 56 万人,校均规模 7 200 人;2018 年全省专科高职院校全日制在校生约 65 万人,校均规模近 8 841 人;2019 年全省专科高职院校全日制在校生约 72 万人,校均规模近 9 911 人;2020 年全省专科高职院校全日制在校生约 88 万人,校均规模近 10 477 人。图 6-3 所示为 2016 至 2020 年全省专科高职院校在校生规模变化趋势。

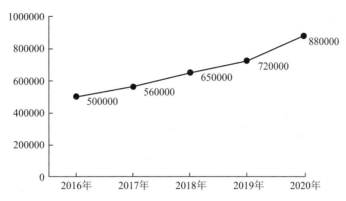

图 6-3　2016—2020 年河南省专科高职院校在校生规模变化趋势

2016 年,在校生规模超 10 000 人的高职院校有 22 所,占 30%;6 500 至 10 000 人的院校有 16 所,占 22%;3 000 至 6 500 人的院校有 18 所,占 24%;3 000 人以下的院校有 18 所,占 24%;

2017 年,在校生规模超 10 000 人的高职院校有 26 所,占 33%;6 500 至 10 000 人的院校有 13 所,占 16%;3 000 至 6 500 人的院校有 19 所,占 24%;3 000 人以下的院校有 21 所,占 27%。在超万人规模的院校中,12 000 人以上的有 16 所院校,较 2016 年增长了 4 所。

2018 年,在校生规模超 10 000 人的高职院校有 30 所,占 36%;6 500 至 10 000 人的院校有 13 所,占 15%;3 000 至 6 500 人的院校有 21 所,占 25%;3 000 人以下的院校有 20 所,占 24%。在超万人规模的院校中,12 000 人以上的有 23 所院校,较 2017 年增长了 7 所,如图 6-4 所示。

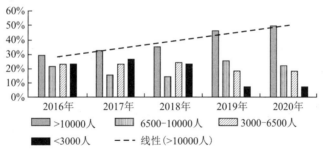

图 6-4　在校生规模比例趋势情况

2019 年,在校生规模超 10 000 人的高职院校有 34 所,占 47%;6 500 至 10 000 人的院校有 19 所,占 26%;3 000 至 6 500 人的院校有 14 所,占 19%;3 000 人以下的院校有 6 所,占 8%。在超万人规模的院校中,12 000 人以上的有 27 所院校,较 2018 年增长了 4 所。

2020 年,在校生规模超 10 000 人的高职院校有 42 所,占 50%;6 500 至 10 000 人的院校有 19 所,占 23%;3 000 至 6 500 人的院校有 16 所,占 19%;3 000 人以下的院校有 7 所,占 8%,在超万人规模的院校中,12 000 人以上的有 31 所院校(见表 6-1),总数较 2019 年增加 4 所,其中民办院校 1 所;突破 20 000 人的院校共 4 所。在校生总数排名前 10 的院校中有 6 所是国家"双高计划"建设单位,其余 4 所均是河南省"双高工程"建设单位。

表 6-1　超 12000 人规模的 31 所院校在校生情况

序号	院校名称	在校生数（人）	备注
1	郑州铁路职业技术学院	22250	国家"双高计划"建设单位
2	河南经贸职业学院	21609	河南省"双高工程"建设单位
3	河南职业技术学院	21025	国家"双高计划"建设单位
4	黄河水利职业技术学院	20613	国家"双高计划"建设单位
5	许昌职业技术学院	19666	国家"双高计划"建设单位
6	河南农业职业学院	18549	国家"双高计划"建设单位
7	信阳职业技术学院	18449	河南省"双高工程"建设单位
8	漯河职业技术学院	18216	河南省"双高工程"建设单位
9	开封大学	17406	河南省"双高工程"建设单位
10	河南工业职业技术学院	17276	国家"双高计划"建设单位
11	鹤壁职业技术学院	17099	
12	平顶山工业职业技术学院	16887	
13	商丘职业技术学院	16649	
14	河南工业贸易职业学院	15947	
15	南阳医学高等专科学校	15906	
16	河南应用技术职业学院	15754	
17	三门峡职业技术学院	15584	
18	济源职业技术学院	15280	
19	河南交通职业技术学院	15231	
20	漯河医学高等专科学校	15153	
21	河南机电职业学院	14889	
22	郑州职业技术学院	14805	
23	新乡职业技术学院	14547	
24	商丘医学高等专科学校	14363	
25	河南建筑职业技术学院	14310	
26	郑州理工职业学院	13722	
27	焦作师范高等专科学校	13529	
28	周口职业技术学院	13495	
29	焦作大学	13153	
30	濮阳职业技术学院	12615	
31	郑州旅游职业学院	12159	

在中等职业教育层面,2017 年全省中职院校在校生人数为 133.23 万人;2018 年全省中职院校在校生人数为 136.63 万人;2019 年全省中职院校在校生人数为 137.87 万人;2020 年全省中职院校在校生人数为 143.74 万人。河南省中职在校生数量整体呈现上升趋势,图 6-5 所示为 2017 至 2020 年全省中等职业院校在校生规模变化趋势。

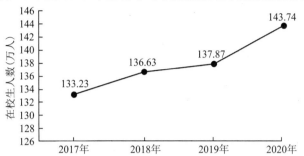

图 6-5 2017—2020 年河南省中职院校在校生规模变化趋势

4.基本办学条件

在高等职业教育层面,依据各院校 2016—2020 年《高等职业教育质量年度报告》数据,2016、2017、2018、2019、2020 年全省专科高职院校基本办学条件和监测办学条件指标对比分别于表 6-2、表 6-3。

表 6-2 河南省专科高职院校基本办学条件指标

指标	单位	2016 年	2017 年	2018 年	2019 年	2020 年
生师比	–	14.74	14.49	15.4	15.63	16.17
具有研究生学位教师占专任教师的比例	%	44.81	46.14	47.89	48.79	49.15
生均教学行政用房	m²	26.86	25.33	23.23	19.54	21.53
生均教学科研仪器设备值	元	11993.88	15088.23	10251.13	9770.96	9708.82
生均图书	册	100.13	88.38	83.68	78.14	81.17

表 6-3 河南省专科高职院校监测办学条件指标

指标	单位	2016 年	2017 年	2018 年	2019 年	2020 年
具有高级职务教师占专任教师的比例	%	27.27	26.9	25.34	24.45	24.79
生均占地面积	m²	138.21	104.82	87.7	72.94	76.06
生均宿舍面积	m²	13.09	11.43	10.59	8.96	9.43
百名学生配教学用计算机台数	台	29.09	24.84	26.2	23.16	23.23
新增教学仪器设备所占比例	%	18.38	14.47	18.35	20.10	22.01
生均年进书量	册	7	6.48	6.68	5.86	8.24

从办学条件指标中可以看出,除生师比、具有研究生学位教师占专任教师比例、新增教学仪器设备所占比例外,其他指标在"十四五"时期的走向整体呈下降趋势,说明河南省注重改善教师队伍优化和教学仪器设备引进,但除此以外的其他指标可能是由于在校

生规模有所增长造成生均值下降,应引起重视。

在中等职业教育层面,依据河南省职业教育与成人教育网公布的各年度《河南省中等职业教育质量年度报告》数据,2017、2018年全省中职院校基本办学条件如表6-4所示。由于2019、2020年的具体基本办学条件指标未披露(折合在校生数未知),因此该年份数据不可获取。但依据2019年和2020年相关数据可知,2019年全省中等职业学校(不含技工学校,下同)校舍面积1 475.71万平方米,比上年减少26.84万平方米,下降1.79%;纸质图书2 075.17万册,减少103.83万册,下降4.77%;教学仪器设备值37.48亿元,比上年增加725.59万元;2020年校舍面积1 576.96万平方米,比上年减少46.32万平方米,下降2.85%,占全国6.44%,位居全国第5位;纸质图书2 071.22万册,比上年减少减少85.17万册,下降3.95%,占全国6.44%,位居全国第5位。

表6-4 河南省中职院校基本办学条件指标(2017—2018年)

指标	2017年	2018年
生均仪器设备值(元)	3149	3396
生均图书(册)	19	20
生均校舍面积(m^2)	11	11

(二)学生发展

1.立德树人

河南省高职院校全面落实贯彻国家、省级教育教学会议精神,坚持将立德树人活动纳入学生思想道德教育教学、人文基础知识教学、技术技能教学、社会实践教学等环节中,以学生的全面发展和成长成才为目标,主动满足新时代背景下对技术技能人才培养的全新需求,着力推进培养德智育体美劳全面发展的社会主义建设者和接班人。

在高等职业教育层面,持续发挥社团育人职能,促进学生全面发展。2016年,河南省专科高职院校共有学生社团1 984个,院校平均27个;志愿者组织387个,院校平均5个;17所院校建有红十字会组织。2017年,全省专科高职院校学生社团达2 197个,院校平均28个;志愿者组织450个,院校平均6个;20所院校建有红十字会组织。2018年,学生社团数量达2 407个,一、二年级参加社团人数达21.5万人;志愿者组织551个,院校平均7个;20所院校建有红十字会组织。2019年,全省学生社团大幅增加。一年级学生社团数为2387个,二年级学生社团数为2 478个;一年级学生参与社团达152 455人次,二年级学生参与社团达111 369人次。通过各类学生社团开展技能学习、志愿服务、兴趣培养等活动,有利于激发学生学习热情,提升综合素养,打造复合型人才培养重要平台。

在中等职业教学层面,河南中等职业院校针对该层级学生的特点,运用了入学教育、社团活动、文明风采比赛、道德大讲堂等多种载体,以活动促育人。2017—2020年度以来,河南省中职院校通过精心学习贯彻执行《中共中央国务院关于进一步加强和改进未成年人思想道德建设的若干意见》《中等职业学校学生公约》等政策文件精神,积极组织举办“文明风采”比赛、中华传统文化大赛等赛事,较好地践行了“立德树人”的教育目标。

2.分类招生

分类录取即单招录取、独立招收,是国家批准高职学校自主组织考核录用人员的一种方法,因此该部分仅阐述高等职业教育层面。自 2016 年,国家对普通高职学校启动进行了分类考核录取的改革,并出台《河南省深化考试招生制度改革实施方案》,全方位推进高素质与职业技术考评机制。至此,所有高职学校的录取渠道都依靠分类方式录取。

2017 年高职分类招生规模持续扩大,当年录取 14.47 万人,占总招生人数的 58.9%。

2018 年,河南省高职院校自主招生学生数与统招生数接近 1:1 的比例;探索在高职院校开展大类招生,择优分类培养。

2019 年,河南省高职院校积极响应,根据"标准不降、模式多元、学制灵活"的原则,保质保量完成招生任务。同时,各高职院校为确保"课程不少、学时不减、标准不降、质量不低",分类管理,分层教学,分类培养,推动教师教材教法改革,以促进就业和适应产业发展需要为导向,切实服务地方经济发展中的人才需求。

2020 年,河南省实施了"高职扩招提质行动"。将高职扩招计划纳入高职院校单独招生、"3+2"分段培养、五年一贯制、普通高考等招生计划中,重点向优质高校、优势专业倾斜。强化扩招宣传,面向"一主三辅"及企业在职职工、村"两委"干部等群体扩招,确保如期完成高职扩招任务。

3.就业情况

构建平台,促进就业引导服务更为优化,并采取现场、网络双选活动、毕业生就业市场、校园双选会、"一对一"求职咨询服务等形式,多措并举,以靶向提升求职引导与服务。在毕业生人数只增不减,就业不景气形势下,就业率仍在全国平均水平之上。

在高等职业教育层面,2016 年河南省高职院校应届毕业生人数 133 752 人,2017 年河南省高职院校应届毕业生人数 152 752 人,较 2016 年提高了 1.9 万名,整体就业率高出上年同期2.23个百分点。2018 年河南省高职院校应届毕业生人数 199 820 人,比 2017 年增加 4.7 万名,就业率91.6%,与 2017 年同期持平;2019 年河南省高职院校应届毕业生人数 227 190 人,比 2018 年增加 27 370 名,就业率91.34%,略低于 2018 年同期水平。2020 年河南省高职院校应届毕业生人数 252 791 人,比 2019 年增加 25 601 名,就业率87.90%,较 2019 年同期水平低,如图 6-6 所示。

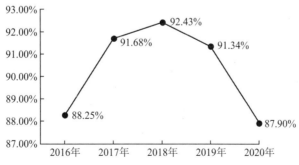

图 6-6 河南省专科高职院校就业率

2016 年、2017 年、2018 年、2019 年和 2020 年在当地就业的比例分别为 50.17%、53.52%、49.9%、56.38%、53.53%,到中小微企业等基层服务的比例分别为 58.47%、62.05%、61.9%、64.01%、61.26%,到 500 强企业就业人数的比例分别为 8.19%、9.54%、6.84%、6.99%、6.10%,满足高职院校服务地方经济发展的需求,如表 6-5 所示。

表 6-5　河南省高职院校就业去处比例

年份	当地就业比例	中小微企业等基层服务就业比例	500 强企业就业比例
2016 年	50.17%	58.47%	8.19%
2017 年	53.52%	62.05%	9.54%
2018 年	49.9%	61.9%	6.84%
2019 年	56.38%	64.01%	6.99%
2020 年	53.53%	61.26%	6.10%

在中等职业教育层面,2018 年,河南省中等职业学校(含普通中专、职业中专、职业高中、成人中专,下同)毕业生数为 311 194 人,就业人数为 299 503 人,总体就业率达到百分之九十六点多,2019 年,毕业生数为 243 102 人,就业人数为 233 303 人,就业率为 95.97%;2020 年,毕业生数为 229 229 人,就业人数为 217 460 人,总体就业率为 94.86%。有关河南省中等职业院校毕业生就业详情,如表 6-6 所示。

表 6-6　河南省中等职业学校毕业生就业情况

年份（年）	毕业生人数（人）	就业人数（人）	就业率（%）	直接就业率（%）	对口就业率（%）	初次就业平均收入（元）
2017	445 936	424 334	95.16	68.41	71.25	2 560
2018	311 194	299 503	96.24	67.00	70.66	2 680
2019	243 102	233 303	95.97	50.02	60.16	1 183
2020	229 229	217 460	94.86	44.42	94.86	1 371

4.创新创业教育

以革新带动创业、以技术创新促进就业,河南省正切实培养职业教育在校生的创业意志和创新就业才能。近年来,河南先后颁布了《深化高等学校创新创业教育改革的实施方案》等一系列政府文件,加速培育规模宏大的、具有创造意识、创新创业才能,敢于投身现实社会的创新型创业人才。在全国"互联网+"大学生创新就业竞赛总淘汰赛上,2017 年,河南省高等院校已累计夺得 1 金、16 银、55 铜的好成绩;2018 年,河南省高校累计获得 4 银、22 铜的好成绩;2020 年,组织开展了河南省大学生创新创业大赛,高职院校获 15 项,其中一、二、三等奖获奖数量分别是 3 个、5 个和 7 个。

(三)教育教学

1.工匠精神

在高等职业教育层面,河南省高职院校注重培养学生的职业道德、劳模精神、工匠精神,推动课程思政与思政课程同向而行,依托技能大师工作室传承技艺技能,通过主题教育、技能大赛、劳动实践等系列活动和方式,把专业精神、职业精神和工匠精神有机结合,融会贯通教育教学改革的全过程。

2017年举办第十届河南省高职院校技能大赛,915个代表队参赛,共评出一、二、三等奖96个、184个和276个,优秀奖184个,优秀组织奖31个。参加全国职业院校技术大赛的比赛获奖率较往年提升,2017年共获得竞赛奖励83个;2018年参加了第十一届河南省普通高职学校学生专业技能竞赛,87所院校1 209支代表队参赛,大赛共评出各项目一等奖123个,二等奖241个,三等奖366个,优秀奖241个,优秀组织奖20个。2018年参加全国职业院校技能大赛比赛获奖率比往年大幅提高,共获得一、二、三等奖21项、77项和139项。

在中等职业教育层面,河南省中等职业院校则更加强调对学生职业技能与社会职业精神的高度融入,推广中华优秀传统文化教育进校园、进课堂,对培养学生技术技能、成长成才发挥着重要作用。

2018年,河南省的中职院校在全国高等职业学生技术比赛中,荣获的一、二、三等奖分别为12个、34个和44个,总获奖率达到了百分之八十一点八,超过了全国百分之六十的人均获奖率。河南财政共投入了四千多万元,着力打造了十五个集研发、训练、比赛等于一身的专业技能竞赛培训基地;2019年,河南中职院校共在国家职业院校技能竞赛的中职组项目中荣获奖项一百零三个,其中一、二、三等奖获奖数量分别为17个、36个和50个,与2018年相比获奖总量增加13个,增长14.44%,一等奖增加5个,增长41.67%,获奖率为历史最好成绩;2020年河南省组织举办了中等职业教育技能大赛,共评出3 395个奖项,较好地展现了河南省中职院校的技术技能水准。

2.专业建设

服务于黄河生态环境保护战略与国民经济高质量发展的重大国家战略、"三区一群"建设等重大国家战略以及河南经济发展的实际需要,学校围绕全省重点支柱产业、重要行业,按照河南省内优势的职业院校学科布局,结合招生、培训以及就业信息等手段进行大数据分析,形成了紧密衔接产业链、技术创新链条的学科系统,并建立了电子信息大类、交通运输大类等为重点的学科布局。

在高等职业教育层面,2016年河南省高等职业院校专业布点2 351个,理工农医类专业占比60%以上。初步构建了结构合理、特色明显的专业体系。

2017年河南省高等职业院校共设置351种专业,专业布点2 157个,新增专业数298个,停招专业数7个,撤销专业数28个,使专业布点更加合理,专业集群特色更加明显。河南省高职院校服务一、二、三产业专业点比例分别为2%、52.5%、45.5%;高职院校的学生人数在一、二、三产业上的分布为1.52%、26.49%、71.99%。2017年,全省共有重点(特色)专业总数554个,占专业布点总数的25.69%。

2018年河南省高等职业院校共设置761种专业,专业布点2 242个,新增专业数307个,停招专业数442个,撤销专业数40个,使专业布点更加合理,专业集群特色更加明显。当年,河南省高职院校的学生人数在一、二、三产业上的分布为1.45%、22.53%、76.02%。2018年,全省共有重点(特色)专业总数547个,占专业布点总数的24.4%。

专题六　河南省职业教育发展研究

2019 年,全国高职专业设置数量调整为 2 768 个,招收学生专业数 2 341 个,增设专业数 331 个,停招专业数 427 个,取消专业数 36 个,专业布局在第一、二、三产业的专业比例分别为 8.93%、37.19%、53.88%,学生比例分别为 1.42%、21.85%、76.73%(见图 6-7),专业布局以面向第三产业为主。2019 年,129 门学科被教育部确定为创新培育行动计划的骨干学科,6 所院校(含一所高水平职业院校、7 个高水平专业群)列入教育部"特色水平高职院校和专业建设计划"重点共建单位。在国家"双高计划"的背景之下,由河南省教育厅、省财政厅等主管部门牵头组织,启动并开展了河南高水平高等职业院校和高水平专业建设工程。

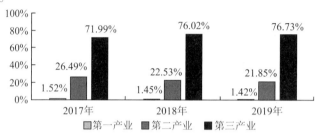

图 6-7　高职院校的学生人数在一、二、三产业上的分布

2020 年,制定"高水平职业院校建设行动计划"。重点扶持国家本科阶段职业教育试点学校、国家特色高水平高等职业院校(含高水平专业)、国家优质专科阶段高等职业学校的建设,在专业建设、项目设置等方面给予政策倾斜;重点扶持建立三十四所省级高水平高职学院和五十四个国家高水平专科群,着力培育河南职业教育的"高原"、打造职业教育"高峰"。

在普通中等职业教育层面,2018 年,河南共设有 5 176 个学科专业点,学科专业点设有较多的五种大类依次是:信息技术类、交通运输类、经济商贸类、文化艺术类、教育类,以上五大学科专业布点情况数约占全省学科专业布点情况数 65%;在校生规模位居全省前十名的学科中,信息技术、交通运输学科类的在校学生数分列全省第一和第二,规模均大于十万人;截至 2019 年 10 月,河南共设有学科专业数 233 个,学科专业点 5 106 个;截至 2020 年 10 月,河南省内共设有的专业数 228 所,专科点 4 111 个,如表 6-7 所示。

表 6-7　河南省高等职业学校专业点设置数量前五类详情

年份	2018 年	2019 年	2020 年
专业设置点门类	信息技术类	信息技术类	信息技术类
	交通运输类	财经商贸类	财经商贸类
	财经商贸类	加工制造类	文化艺术类
	文化艺术类	文化艺术类	交通运输类
	教育类	交通运输类	加工制造类

3.校企协同育人

在高等职业教育层面,2016 年河南省高职院校校企深入协作,健全以实践性课程为主导的课程体系,在省内专科高职学院中有合作企业的专业数量占开办专业数量的 53.18%,校企合作研究开发课程门数占开办课程数量的 3.36%,合作企业订单培训人数占全日制高职学生数量的 4.47%。然而,校企之间在教材开发、课程开发上仍有不足。

2017 年河南省普通专科高职学校中有合作共建企业的,学科数量占开办学科专业数量的 59.01%,校企合作共同开发课程门数占开办专业课数量的 5.35%,学校为企业培训员工 21 万人次。2017 年全省高职院校共有 29 879 名应届毕业生实现订单式培养,比2016 年增长 9.86%,占应届毕业生总数的 19.58%。

2018 年,全省普通高职学校中有合作企业的专业数量占开办专业数量的 48.84%,校企合作共同开发课门数占学校开办专业课数量的百分之 5.33%,学校已为社会企业培养职工 37 万名。

2019 年,河南省内职业院校有合作企业的专业数量占全省开设专业数量的 54.55%,合作企业订单数量占全省全日制普通高职学生数量的 6.24%,均比 2018 年有所提高,说明校企合作向纵深发展。省内新增 21 个省级现代学徒制试点专业,引领职业院校全面开展现代学徒制;85 所职业院校成为国家级"1+X"证书试点院校,322 个"1+X"试点专业,4.4万余名试点学生,如表 6-8 所示。

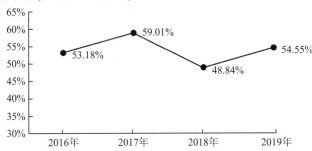

图 6-8 河南省专科高职院校中有合作企业的专业数占开设专业总数百分比

2020 年,河南省评估、确定了一批"示范性校企合作项目",将重点扶持建立一大批基于产教融合的现代产业院校(系、部)、高水准专业化实习基地、高水平专业群,并扶持建立了若干示范性职业教育集团、产教融合专业联盟和应用技术协同创新中心。

在普通中等职业教育层面,2016—2018 年,企业供给的职业院校校内实际教学设备值总量为 8.86 亿元。当中,2016 年为 3 亿元,2017 年为 3.44 亿元,2018 年为 4.12 亿元;2018—2020 年,企业供给的中等职业院校校内实际教学设备值总量为 9.15 亿元。2019 年通过产教融合安排社会就业人员 1 000 余人,完成生产总值 6 000 多万元;2020 学年专任教师企业实践总人数 8 257 人,专任教师企业实践总时间为 36.96 万人/日,如图 6-9所示。

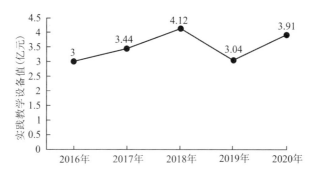

图 6-9　企业为河南省中职院校提供的学校校内实践教学设备值变化趋势

4.双师型队伍建设

河南省以国家"万人计划"、国家"工匠之师"、中原教学名师、河南省职业教育专家等为引领完善教师队伍分层分类建设体系。服务于"1+X"证书制度、现代学徒制工作需求。河南省高等职业教育教师队伍稳步发展,在专任教师的规模、"双师"结构等方面都得到了较大的发展。

2017 年,河南省高职院校现有教职工总数 39 134 人,其中专任教师 28 097 人,占比71.79%;2017 年加大师资力量投入,生师比为 14.16:1,比 2016 年增加 0.58,优于教育部生师比 16:1 的标准。2017 年河南省高职院校共有双师型教师 16 083 人,占专任教师比例为 57.24%,比 2016 年提升 0.95 个百分点。2018 年,河南省高职院校有教职工数为44 712 人,其中专任教师为 31 359 人,专任教师占比 74.03%,生师比例为 15.4:1,优于教育部生师比 18:1 的标准。共有双师型教职工 16 239 人,占专任教师的 51.78%。2019年,河南职业院校共有师资 48 234 人,其中双师素质专任教师比率为 47.68%;同时新增了三十五名省级职业教育专家,5 名中原教育大师,7 名国家"万人计划"教学名师候选人,引领"双师"队伍建设;设立 159 个兼职教师特聘岗位。2020 年,河南省内职业院校共具有师资 42 708 人,其中双师素质专任教师比例为 48.7%,高级专业技术岗位专任教师比例为 26.36%,如图 6-10 所示。

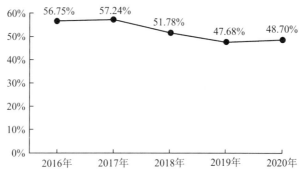

图 6-10　河南省专科高职院校双师素质教师占专任教师总数的比例情况

在中等职业教育层面,2018 年河南省中等职业学校,教职工 7.58 万人,其中专任教师 6.16 万人,专任教师占比为 81.27%,双师型教职工 1.5 万人,专任教师的学历合格率为90.22%,硕士及以上学历教师占总数的 8.48%;2019 年,河南省中等职业学校共有教职工

7.13 万人,其中专任教师 4.77 万人;在专任教师中,拥有高级职称的 9 877 人,占全部专任教师的 20.71%;硕士及以上学历的 3 823 人,占比 0.97%;本科学历的 39 487 人,占比 82.76%;"双师型"师资比重为 55.74%;2020 年,河南省中等职业学校共有教职工 6.87 万人,其中专任教师 4.61 万人;在专任教师中,拥有高级职称的 9 877 人;硕士及以上学历的 3 823 人;本科学历的 39 487 人,占 82.76%;"双师型"师资占全部专业课师资总量的比重高达 64.1%,远高于全国平均水平,如图 6-11 所示。

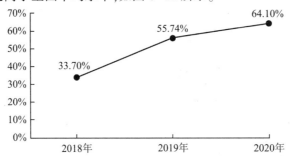

图 6-11   河南省中职院校双师素质教师占专任教师总数的比例情况

5.信息化建设

河南省高职院校顺应"互联网+职业教育"趋势,加快建设"三通两平台",基于大数据、人工智能和泛在技术改革传统教育组织形式,推进"三教"改革,以信息化教育为人才培养赋能,以信息化为院校治理水平添加引擎,以教育信息化支撑教育现代化。首先,河南省中职学校注重于建立信息公开与共享的产教融合校企协作公共信息服务平台,并定期推出产业人力资源需求预测。其次,根据需求定制开发特色应用系统,致力于契合学校管理,切实提高办公效率和管理效能。

2018 年,在教育部确定的 801 门国家教育精品网络开放课程中,河南省有 43 门,数量位居全国第 5;2019 年,省 13 所高职院校在河南省高校信息化发展水平评估获得"优秀",对提升高职院校校园信息化建设水平起到示范作用。

(四)国际合作

河南省职业院校以国际化的视野,紧抓"一带一路"发展契机,培养"一带一路"的建设者和"走出去"企业的协同者,助力中国企业"走出去"。多所院校持续关注"一带一路"沿线国家对技术技能人才的迫切需求以及对先进技术服务的期待,与当地政府、教育部门、培训学校、行业企业等在师资培训、技术技能人才属地化培养、留学生培养、员工培训以及技术技能创新服务等方面开展务实合作,设立海外分校和实践教学基地,贡献职业教育河南方案和标准,极大地提升了河南省职业教育国际影响力。

2018 年,河南省招收全日制国(境)外留学生 280 名,比 2017 年增长 159%。非全日制国(境)外人员培训量达 15 980 人次,国外技能大赛获奖数量达 87 项;2019 年,河南省职业院校国(境)外办学点数量为 6 个,国(境)外人员培训量为 127 766 人次。其中,国(境)外人员培训量同 2018 年比增长 360.34%;2020 年,河南省高职院校国(境)外办学点数量为 10 个,较 2019 年增加 4 个,国(境)外人员培训量为 98 182 人次,如图 6-2 所示。

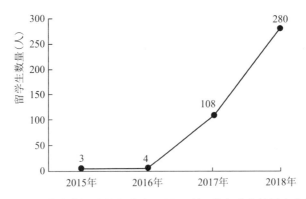

图 6-12 河南省高职院校招收全日制国(境)外留学生数量变化趋势

2019 年,国(境)外技能大赛获奖数量为 31 个,在国(境)外机构中兼任职位的专任教师数量为 71 人,后者比 2018 年增长了 294.44%。2019 年,郑州铁路职业技术学院与郑州电力高等专科学校作为第一批列入教育部"人文交流经世项目",首批"经世国际学院"项目的全国五十所重点高等职业技术学校之列。2020 年近 60 所高等职业院校和 30 余个国家、地区的国际组织、跨国企业、国外高校、研究机构开展了不同领域、不同形式、不同层次的交流合作,推动了人才培养标准的互联互通,河南高职教育的国际影响力持续扩大。河南省中等职业学校也同样重视教育国际化,于 2014 年成立了标准化中德班,采用德国的"双元制"教学方法。以中德班为载体,积极推进教学方式变革,推动学生专业发展。

河南省职业教育注重打造多平台、多途径的交流机制,通过在国际组织任职、参与国际职教事务、承担跨国企业海外建设项目、组织开展国际会议、参加国际技能比赛等形式、拓展国际交流合作渠道;凝聚职业院校、行业企业之力,优化整合优质资源,共同打造合作交流机制,促进合作发展。

(五)服务贡献

1.技术技能积累与社会服务

在高等职业教学层面,河南省内各所职业院校为贯彻落实《河南省职业教育改革实施方案》,制定《河南省职业教育产教融合发展行动计划》。以技术技能的累积为纽带,针对市场需求与科技蓬勃发展,与行业公司合作共建了各不同类别的应用科技协同创新中心、产业学院等科技服务平台,支撑区域重点产业、支柱产业发展。

2017 年河南省高职院校对社会开展职业鉴定达 91 553 人,较 2016 年增长 6 191 人,技术服务以及科研能力不断提升,横向技术服务到款额 2017 年较 2016 年增长了 19.49%;2018 年,全省高职院校横向技术服务到款总额 36 023.01 万元,同比增长 73.6%;横向技术服务产生经济效益 268 398.76 万,同比增长 489.8%;2018 年纵向科研经费到款总额 14 806.93 万元,同比增长 3.7%;技术交易到款额 12 244.53 万元,同比增长 18.8%;2020 年,全省高职院校技术服务到款额 25 572.78 万元,同比增长 35.94%;技术交易到款额 3 530.76 万元,同比增长 21.46%;纵向科研经费到款额 8 531.99 万元;技术服务产生的经济效益 125 751 万元。

在中等职业教育层面,截至 2018 年,河南省中等职业学校为社会累计培养了超过 300 万名高素质劳动者和技术技能人才;2019 年投入资金 5 114 万元,对 14 个未摘帽贫困县的中等职业学校予以重点支持。支持 20 个乡村振兴技能人才培养示范基地和 40 个专业点开展技能培训工作。积极协助人社厅等部门组织开展农村劳动力转移、"雨露计划"、新型职业农民等职业技能培训,有效促进了贫困家庭成员就业创业;2020 年共完成各类职业培训 114.17 万人次,完成率 114.17%。补贴性职业技能培训 16.87 万人次,完成率 140.56%。安排资金 3 300 万元,加大对 20 个挂牌督战重点县中职学校的支持力度。投入 1 700 万元,依托 53 个"摘帽"县和 3 个非贫困县的中等职业学校,持续举办职业教育"精准脱贫技能培训班",全年各基地共培训贫困家庭人员 8 898 人,超额完成年度培训 5 000 人次的任务。

2.社会培训

河南省内各职业院校正积极承担学历教育和职业培养并重的工作,主要面对现代农业、先进技术制造业、现代服务型产业等重点产业领域,围绕退役军人、新型职业农民、在校生等多元化职业培训需求,与行业企业携手,实施职业技能等级证书培训以及跨境职业培训等不同类别的职业培训项目,建设了一批职业培训资源,利于就业创业能力的提升。

在高等职业教育层面,2017 年河南省高职院校为企业培训员工 217 126 人次,较 2016 年大幅增长 61.48%。2018 年河南省高职学校对社会人员进行的职业鉴定达到 105 462 人;2019 年新型职业农民培训服务 145 031 人次,退役军人培训服务 79 187 人次,基层社会服务人员培训服务 510 036 人次;2020 年,河南省各高职院校开展各类职业培训 933 043 人次(政府补贴性培训 131 861 人次),如图 6-13 所示。

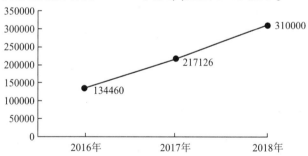

图 6-13　河南省高职院校为企业培训员工数量

在中等职业教育层面,截至 2018 年,河南中等职业学校已为全国社会各界累计培训了超过三百多万的高素质劳动力和技术技能人员;2019 年,研究制定《河南省职业技能提升行动方案》,全省共有 345 所职业院校、400 多个专业列入"职业技能提升行动"培训目录清单。积极配合省人社厅等有关部门,组织开展农村劳动力转移、"雨露计划"、新型职业农民等职业技能培训,有效促进了贫困家庭成员就业创业;2020 年印发了《关于做好 2020 年河南省职业院校全面开展职业培训,促进就业创业行动计划有关工作的通知》,召开了 2020 年河南省职业院校全面开展职业培训工作推进会,其间累计共进行了各种就业培训 114.17 万人次,完成率 114.17%。补贴性职业技能培训 16.87 万人次,完成率 140.56%。安排资金 3 300 万元,加大对 20 个挂牌督战重点县中职学校的支持力度。

3.精准扶贫

河南省内各高职学校深入贯彻落实中央决定部署,依托在智力、培训、人才等方面的优势,通过校地结对帮扶、驻村帮扶、技术培训、产销帮扶以及完善家庭经济困难学生资助政策体系等有机结合,建立健全常态化的高职教育扶贫制度,持续落实国家和本省的脱贫政策,不断加大教育扶贫力度。

河南省中等职业院校致力于帮助贫困群众掌握脱贫致富技术。2019 年,国家投放资金 5 114 万元,对 14 个尚未摘帽贫困县的普通中等职业院校进行重点扶持。依托全国五十三个重点农业贫困县的普通中等职业院校,对全国七千六百五十余名农业贫困户成员开展了技术技能训练。支持 20 个乡村振兴技能人才培养示范基地和 40 个专业点开展技能培训工作。共设置了 298 个特聘岗,并投放资金 894 万元,以赞助贫困县中等职业学院聘请的高层次建筑工程技师和能工巧匠作为兼任老师。2020 年,投入 1 700 万元,依托53 个摘帽县和 3 个非贫困县的中等职业学校,全年各基地共培训贫困家庭人员 8 898 人,超额完成年度培训 5 000 人次的任务。

4.组团援疆

河南省教育厅高度重视教育对口援疆工作,在省委、省政府的统一领导下,学校围绕传达执行《落实省党政代表团赴疆对口支援重点事项工作方案》《落实陈润儿省长会见新疆维吾尔自治区代表团会谈成果工作方案》和《河南省 2019 年对口支援新疆哈密市和兵团第十三师工作要点》,将教育援疆工作当成一个重大的政治任务来抓,并多次召开教育大会,专题研究部署,以《职业教育东西协作行动计划》为抓手,积极与援建单位兵团第十三师沟通协调,为第十三师职业技术学校开展全方位帮扶工作。

截至 2019 年,河南省投入援疆资金 2 000 万元,修建了 4 112.42 m² 的豫新公寓,图书馆、办公综合楼 2 923.32 m²,1 510.82 m² 的豫疆苑,总建筑面积 8 546.56 平方米,改变了第十三师职业技术学校教学条件。2019 年十三师职业技术学校共派出老师到河南学习培训 32 人次,协调计划外援疆老师到校支教 16 人次,对口合作院校定期安排专家教授开展讲座 10 次,河南各级专家 42 人次进行交流指导;2020 年十三师职业技术学校共派出老师到河南学习培训 120 人次;协调计划外援疆老师到校支教 48 人次,对口合作院校定期安排专家教授开展讲座 15 次,河南各级专家 55 人次进行交流指导。2020 年,河南省教育厅加大"组团式"教育援疆力度,黄河水利职业技术学院等 10 所高职院校与新疆生产建设兵团第十三师职业技术学校,在郑州签署对口支援合作协议。

二、职业教育成绩与经验

(一)职业教育服务现代农业能力增强

近年来,河南省依托农业高等学校、职业院校组建农业教育集团,培养多层次农业技能人才,积极参与农业技术推广体系建设。职业院校将主动地与企业、行业协会、农业合作社等开展对接活动,并积极参与涉农专业、课程和人才培养模式改革,助力脱贫攻坚。

案例 1 濮阳职业技术学院助力现代农业

濮阳职业技术学院充分发挥"四多"(技术专家多、应用型研发项目多、优质丰产品种多、实用技术多)的优势,自觉开展"科技助力地方特色经济作物提质增效工程",实施"四个对接"——技术专家与当地农村主导产业对接、优良品种与种子经营单位对接、实用技术与特色产业区技术能手、种植大户对接。全年共有 8 位园艺、园林、农学、植保方面技术专家培养乡土人才 52 名,有 6 个项目在家庭农场和专业合作社落地生根。学校最新培育"濮大 1030"小麦品种、"濮学花 0815"花生品种、"濮葱"系列大葱品种、"濮谷 0816"谷子品种先后在五县二区及周边推广,全院师生 2 000 多人次下乡指导培训,解决特色产业区技术难题 30 多个。

案例 2 许昌职业技术学院"送专家、送技术、送服务"

在当前疫情防治工作常态化的经济社会发展重要阶段,为实现"六稳""六保"任务,许昌技术学校策划了到扶贫村鄢陵县大马镇陈寨村开展"科技为民奋斗有我"科学支农教学活动。科学支农教学活动以"送专家、送技术、送服务"为中心,灵活开展技术志愿服务。学校张传斌教师带去了其科研队伍最新技术成果——烟叶自走式井窖移植机,并利用宣讲版面对现场村组党员干部、农户详尽介绍了"自走式井窖移植机""联合移植机"、烟秆拔除机械等烟草种植技术成果和烟叶害虫防控常识;该校的飞机工程学院无人驾驶战斗机操作队伍还对近百亩烟田进行了杀虫剂喷涂,有效预防了病虫害对烟田的直接伤害;医疗卫生学校还协助教学医院(许昌市立医院)的医师对全村农户开展了卫生义诊,义诊人次高达一百多人次。

(二)统筹职业教育区域发展布局

在城镇化建设过程中科学地合理谋划了新型职业教育资源,学校布置将更接近于其服务的行业与社会。尤其是,将新增高等职业院校的重心面向中小城市规划布局,为地方职业院校科学定位发展进行了指导,使各个地方高等职业学校集中力量办大事,保持自身特色专业优势。促进了县职业教育中心(中等职业学校)建设成为全区高等学历教育、人才技术引进、精准扶贫工作、劳动力转移培训,以及社会生活教育的综合开放平台。

案例 3 平顶山工业职业技术学院学科与行业的同频共振

平顶山工业职业技术学院发展围绕全产业链,校企同频的共振尼龙新材质行业是河南省重点培育与发展的战略性新兴产业。《河南省尼龙新材料产业发展三年行动计划》中指出,要在平顶山市建成国家尼龙城,建立技术规格一流的国家尼龙新建筑材料工业基地。按照国家尼龙城市的工程建设要求,该校还围绕着煤焦化工、盐化工等产业链,筹建了国家尼龙化工学院,把学科建立到生产线上,做到了学科与行业的同频共振,打造了校企互通互融的生产实践性育人环境,拉近学生培养与企业需求之间距离,为社会和企业精准培养大批"来之即用"的专业技术技能型和产业急需的复合型人才。

（三）职业教育集团化发展步入新阶段

河南省为贯彻落实《河南省职业教育改革实施方案》，制定"职业教育产教融合发展行动计划"。将遵循市场导向、效益共享、协同互赢的原则，积极吸纳各种市场主体参加职教集团建设。研究并提出了推动河南职教集团进一步成长的扶持政策措施。以全国重点中等职业院校或普通高职学校为龙头，以专业为基础，积极吸纳具有相同专长的职业院校和社会有关企事业单位加入，推动职教集团与一批知名大中型企业的联系、加强合作，构成了政府协调、教育部门管理、其他部门配合、行业企业参与的管理机制，促进职教资源整合和重组。为了完善集团公司内部的组织建设，河南省各职教集团公司制订了有关的集团公司规章制度，并设置了董事会和文秘处作为管理机构。其中，董事会为集团公司的最高权力机关，主要承担制订和修订集团公司规章，提出集团公司的年度工作方案，审查董事会年度工作报告等；秘书处通常设在职教集团公司的牵头院校，主要担负对职业教育集团公司的政策协调组织、协同管理等工作。而集团公司外的政府，协调重点是在政策措施和资金上重点倾斜，如建设重点、培养名校、扶持龙头，以打造集团化发展的强大平台。

积极采取企业领导班子干部交叉任职、共建创新平台和生产性实习基地、共同建设混合所有制职业院校等方法，加强企业内部的利益纽带。引导产业特点鲜明的普通高等院校加入职业教育集团。引导职业教育集团与跨国公司、境内外教学组织等进行联合。完善产教融入类企业认定机制，对新加入目录的企业予以"金融+财政+土地+信用"的综合式鼓励，并依法严格执行有关政策。建设开放共享的产教融合校企合作信息服务平台，定期发布行业人才需求预测。

案例4　信阳职业技术学院多学科、多专业交叉融合

信阳职业技术学院入选"校企合作双百计划"典型案例，信阳职业技术学院与新道科技股份有限公司校企双方共建"新道商学院"，以"商科+"创新创业实践育人体系建设为契机，开展深度合作，共同培养具有"专长、胜任素质、创新性"的技术创新型企业管理型人才。校企双方立足服务豫南及河南地区产业发展需要，将产业前沿技术、最新教育技术和教学方法融入实践教学中；实验教学项目以设计性、综合性为重点，以产业链结构为主线，真正实现多学科、多专业交叉融合协同发展。

（四）中等职业教育基础地位不断夯实

中等职业教育也是国家公共服务系统的重要组成部分。把学生就业作为中职教学的导向目标，遵循系统训练、全面培养、终身教育的教学理念，强化学生思想道德教育和职业道德教育，完善学生基本人文教育和体育、艺术课程，强化最新信息技术教学和专业技能培训，为学生全方位成才发展、持续发展打下了扎实基础。

针对学校自身行业特点、人口、教学实际情况以及城市化进程，学校适时调整优化了中等职业教育格局。积极引导优质院校采取并购、托管、联合办学等多种形式,有效整合办学资源;对发展定位不清楚、办学质量较低、业务实力薄弱的院校,进行调整改革或合并改制。促进了学校多种要素资源优化整合,逐步提高了中等职业院校的办学管理水平。

案例 5　禹州市中等专业学校实习基地蓬勃发展

禹州市中等专业学校根据地方经济特色和资源优势,结合学校专业特点,深入探索创新。学校根据不同专业的需要与不同企业建立实习基地。如汽修专业与海马汽车有限公司、海马轿车有限公司、禹州市大拇指一站式汽车服务有限公司等建立的实习实训基地;旅游服务与管理专业与禹州市大鸿寨卧佛山旅游开发有限公司等建立的实习实训基地;计算机专业与禹州市乙元传媒文化传播有限公司、许昌智博网络通信工程有限公司、禹州市新世纪电脑有限公司等建立的实习实训基地;幼儿保育专业与禹州市巴学园、禹州市德慧幼儿园、禹州市小哈佛幼儿园等建立的实习实训基地;陶瓷专业与禹州市金丰钧艺坊,中餐烹饪专业与禹州市红事缘餐饮有限公司建立的实习实训基地等。这些基地的设立,一方面满足了社会对技能人才的需求,另一方面也满足了地方经济发展对人才的需求。

案例 6　学校社会联动培训培养质量显著提升

2020 年 3 月 11 日,河南省新闻出版学校向河南省教育厅提出申请,于文化艺术类专业下增设"播音与节目主持"专业。并在 2020 年面向全省开展广播电视播音员主持人网络传播能力提升培训。

2020 年 8 月 31 日—9 月 4 日,在殷商之源商丘举办河南省首届广播电视播音员主持人网络传播能力提升培训。由河南省广播电视局主办,河南省新闻出版培训中心和商丘广播电视台承办,培训工作获得了中国共产党商丘市委的支持,来自商丘市、县两级广播电视播出机构(融媒体中心)在职的播音员主持人,商丘市内广播影视和网络视听节目制作单位播音员主持人(网络主播)共 107 人参加了培训。通过培训,参训学员开阔了融媒眼界视野,提升了媒体素养,提高了业务技能。

未来,河南省新闻出版学校将紧随时代发展潮流,锐意革新,力求突破。坚持以技术创新驱使经济社会发展,全面形成经济高质量发展,技术创新的优势。繁荣发展文化事业和传统文化,践行提高我国文化发展软实力的政策规定,向广播电视行业输送更多的专业技术人才。

(五)高等学校分类管理体系日益健全

构建高校分类管理制度,带动一批本科院校转型发展,向应用技术型院校发展。支持独立院校向应用技术型院校转变。鼓励本科院校和国家示范性普通高等职业院校间加强技术交流和协作,并通过办学、合作培训等方式为国家输出技术技能人才。应用技术型院校同时接受国家在职优秀技术技能人才、职业院校优秀毕业生和普通高中、综合高中毕业生。各地政府通过计划、财务、评估等综合性的调控政策,指导当地本科院校转型发展。

推进高等职业院校改制步伐。进一步推进高等职业院校在管理架构、学科体系、人才培养模式、招生入学机制等重要领域变革,进一步增强学校办学活力和人才培养品质。增强教育服务行业的社区导向,为社区提供职业教育、继续教育以及普通高等院校基础培训。对行业特点突出的普通高等职业院校,通过强化行业引导,起到增强行业实力的效果。

案例 7　强化责任担当,扎实开展高职扩招工作

河南工业职业技术学院积极响应国家"高职院校扩招 100 万"重大决策,率先落实高职扩招任务,足额安排扩招专项计划。学校在 2019 年单独考试招生中,积极落实高职扩招任务,招生计划由 3 000 人增加至 4 000 人,同时,又先后分两次组织开展高职扩招单独招生考试,共安排专项计划 669 人。

制定了高职扩招工作的实施方案,并投放优势学科资源用于扩招。根据地方经济社会的构成特征,并充分考虑扩招对象需要,学院出台了《2019 年高职扩招专项工作实施方案》,重点投放了机械设计与制造、数控技术、计算机应用技术、电气自动化工程技术等优势学科,主要用于招录退役军人、农民工、新型职业农民等。

多元开展扩招优惠政策宣传,为学生提供全面咨询服务。该校还迅速行动,利用招生信息网、招生微信平台等新媒体公布了高职扩大招生资讯,并讲解了高职扩大招生的有关政策法规,点击数达到了一万余次。同时,该校还积极对接南阳市退役军人事务局,加大了招收老师对外宣传招生政策的力度,并帮助了符合条件的生源积极申报。

案例 8　工学结合教学模式改革

南阳农业职业学院农业工程学院与湖北银亮农业科技有限公司签订脱毒生姜种苗长期种苗繁育协议,进一步推进工学结合教学模式改革,培养农业实用型人才。学校组建了专项研究团队,试验各阶段组织培养方案,攻克脱毒快速繁育技术难关,并在无菌室田间加紧生产。历时 3 个月,学校组培中心无菌培养室内已经成功繁育出脱毒生姜种苗6 万株。并在组培中心教师团队的精心呵护培育下,第一批生姜苗顺利转移到室外大棚育苗穴盘中,进入炼苗阶段。

(六)职业人才衔接培养体系不断完善

河南省教育厅将深入贯彻落实全国、省级教学工作会议精神,加快推动高职学校分类考试工作。相继颁布了《河南省教育厅关于做好 2020 年高等职业教育单独考试招生和技能拔尖人才免试入学工作的通知》《河南省教育厅等六部门关于做好 2020 年高职扩招专项工作的通知》《河南省教育厅关于做好 2020 年高职扩招单独考试招生工作的通知》《河南省教育厅河南省退役军人事务厅关于做好退役士兵高职扩招专项工作的通知》等一批文件精神,不断加大高职学校的分类考核录取制度改革力度,进一步健全"文化素质+职业技能"的考评办法和人才选拔激励机制,不断促进高职学校根据学考成绩直接招录高中毕业生的试验改造,系统化推进高职扩招工作向质量型扩招转变,继续深化中高职贯通人才培养招生改革。

强化学历、学位和职业资格衔接。积极探索适应职教特色发展的学位管理制度。进一步健全教育学历学位证书与学历资格的"双证书"管理体系,稳步推进职教学历学位双证书体系、专科学位研究生教育体制和职业资格双证书体制的有机衔接,积极研究形成各类职教和普通教育衔接发展的新机制。

(七)职业教育质量保障体系不断强化

形成了校企合作、工学融合的人才培养体系。把工学融合精神贯彻到职业教育教学的全过程。强化学生科学素养、技术思维和实际能力教学,进一步完善实验、实训、实习和研究性教学环节。做好工程实践中心、实习基地和企业实践基地的建立,保证对学习者有一定质量的学习实训要求。加强职业院校与企业协作,鼓励共同招收、合作培训的学徒制,企业按照用工要求与职业院校进行联合录取(招工)、共同培训。加强职业院校的德育工作。积极推动行业文化教育、企业文化进校园、职业文化进教学,将生态环境保护、绿色节约、清洁制造、循环经济等理念融合到教学过程,以构建融合现代工业文明的校园文化。持续向学生灌输职业道德教育,可以借助榜样力量引导在校学生,培养高素质、高道德修养人才。

完善职业教育质量评估机制。教学质量评估系统的建设,需以学习者的职业道德、技术技能水平和职业品质为基础。健全由院校、行业、企业、研发机构,以及其他社会机构等联合参加的职业教育质量评估机制。监督和评价职业教育标准需以社会服务贡献和人才培养质量中的具体指标表现。重视并充分发挥行业功能,支持行业协会开展职业院校人才培养质量评估,以增强学校培养品质水平和结构与产业要求的符合度。积极引导社会企业、用人单位等进行对毕业生就业质量、满意度等评价。

在办好特色优势学科,压缩冗余专业上,河南省正积极调整改造办学层次、教育办学质量和需求等不衔接的学科,努力构建发展面向市场经济、优胜劣汰的专业设置制度。2016年职业院校在政府部门和行业的引导下,对接职业特点和工作要求自主设定专业。支持职业院校设置体现未来行业变化和科学技术发展趋势的创新学科。到2017年,中国高校特色优势学科集中度明显提升,专业设置信息公布平台和动态调整预警制度初步形成。

构建教育行业科技进步驱动的教学改革体制。按照国家职业规范和专业教育规范,河南省要求各职业院校联动开发按照科技发展水平和职业资格标准设计的课程结构和内容。至2020年,学校基本建立了衔接密切、特点突出、动态调整的职业教育教学课程体系。为突出实际应用场景,部分职业院校根据实际环境真学真做掌握真实本领的实际需要,进行仿真教学。

案例9 郑州铁路职业技术学院"书证融通"高质量推进"1+X"证书试点

郑州铁路职业技术学院是第一批进入建设信息管理模块(简称BIM)"1+X"认证体系试验的学校,面向轨道交通工程专业群实施BIM证书。学校将BIM职业等级考试标准融入专业课程体系,以企业生产项目为载体,实施"学习训练、项目实践、竞赛提升"人才培养模式,构建"基础能力""专项应用能力""综合应用能力"梯次训练模型,实现"学习、考证、工作"三融通。依托院士团队领衔组建的坝道工程医院郑州铁院分院(全国高职院校唯一),联合行业龙头广联达公司、中铁七局、中铁郑州局集团等,由企业投入100万元与学校共建"产、学、研、创、培、孵"六位一体BIM技术培训基地;校企双向交流组建30多人的混编师资团队,企业深度参与"1+X"(BIM)书证融通,校企协同开展教材建设、学科建设、教学改革、实习教学等,深化"引企入教"的工作模式。通过"课、赛、证"全面融合,分层次、全方位培养满足行业、社会需求的BIM技术技能人才。参加了第六届全国高等学校BIM设计创新能力竞赛(高职高专组)获特等奖、一等奖项各一项。学校"1+X"BIM证书试点实践,受到行业企业高度认可,由BIM证书培训评价组织、河南省建协向全国示范推广。

(八)"双师型"教师培养培训体系不断完善

河南省教育厅出台《河南省教育厅河南省财政厅关于实施业院校兼职教师特聘岗计划(2020—2021学年)的通知》,深入贯彻执行《教育部财政部关于实施职业院校教师素质提高计划(2017—2020年)的意见》和《河南省职业教育改革实施方案》,进一步优化师资构成,推动兼职师资管理工作向纵深化、细致化发展,进一步提高全省教育资源质量与社会服务能力。把师德师风的建设放在首位,以双师素质为核心,完善教师培养培训体系,增强师资教育教学能力和服务行业蓬勃发展的实力。以国家"万人计划"、国家"工匠之师"、中原教学名师、河南省职业教育专家等为引领完善教师队伍分层分类建设体系。服务于教师1+X证书制、现代学徒制工作需要,校企联合打造高素质、结构化的教师教学创新队伍,积极推动高素质的"双师型"教师建设。

改革教师资格标准与编制制度。针对职业教育的新特点,完善了教师资格标准、专业技术职务(职称)的认定办法与教师聘用办法。在2019年后,对普通高等职业学校有关专业教师的录用,需要求职者必须具备三年以上企业工作经验或者高职以上学历,而应届毕业生则不再属于教师录用对象;建立健全职业学校教职工编制动态管理机制;推行"兼职教师特聘岗计划"。同时,针对有一定实际操作经验的专业老师,给予新增教师编制名额。截至2020年,有实际操作经验的专兼职老师总量约为专业老师总量的60%。

改革新型职业学校的用人机制。实行职业学校用人自主权,根据职业学校各自特色,针对性设置教职工绩效评价标准。在教师绩效薪酬分配方面,肯定"双师型"教师贡献并给予一定程度的倾斜。依托高水平学校和大中型企业建立"双师型"职业教育师资培养基地。2021年,组织遴选建立二十个左右"河南省职业院校教师企业实践基地",并组织遴选建立"河南省职业院校教师省级培训基地""河南省职业院校'双师型'名师工作室"和"河南省职业院校教师技艺技能传承创新平台",构建高等学校、行业企业联合培养"双师型"师资人才的教育立体化网络平台。

探索职业教育师资定向培养制度和"学历教育+企业实训"的培养办法。不断强化教职工师德师风建设,提升职业教育教师的使命感。建立一批职业教育教师实践企业基地,实行新任教师先实践、后上岗和教师定期实践制度,要求专业教师专业实践学时两年内至少高于两个月,并引导职业院校的教师积极参与行业协会活动。

案例 10 双阵地校企培养,提升教师专业能力

平顶山工业职业技术学院为了将理论与实践更好融合,提升服务学生水准,从 2013 年起的寒暑假,学校均组织上百名教师,参与企业顶岗实践锻炼,与现场技术人员沟通,学习技术技能。2019 年暑期,300 余名教师下现场工作,企业主要涉及尼龙科技公司、帘子布发展公司、硅烷科技公司、隆基新材料公司、中国尼龙城等十家企业,通过接触生产一线的新设备、新工艺,教师专业能力和教学水平不断提高。与此同时,学校开展"百名技师上讲台"工程,采取了接触学员、走入教学环境的多种形式,向学员传递技能和经验,全面彰显了技术名师对于技术创新、教育教学、以师带徒培训方面的巨大作用。

案例 11 智能运维跨界融合,教师队伍再谱新篇

人工智能、云计算、物联网等新技术的开展实施,得以在中国高铁领域广泛应用,郑州铁路职业技术学院为培养出掌握高速列车智能技术维复合型创新型人才,基于人工智能技术应用协作共同体,本着专业融合、结构合理、校企互兼互聘的原则,从学校、合作企业和合作学校中遴选出智能领域、高速列车领域和通识教育专兼职教师,组建计算机应用技术(高速列车智能运维)专业教学创新团队。

团队师资力量实力雄厚,年龄结构、职称结构、学历结构、双师结构合理,学科交叉融合优势明显,在学校"全国高校黄大年教学团队"引领下,奋发向上、团结协作、勇于创新,不断提升应用创新和技术攻关能力。团队在校内计算机应用技术(高速列车智能运维)专业点的基础上,开发全新课程标准,重组课程模块,重构"两主线两融合三层次"的课程体系,打造职业岗位培训体系和人才培养标准体系,填补人工智能+轨道交通复合型技术技能人才培养的空白。

(九)现代职业教育体系的投入经费日益提升

办学经费投入逐年增加,财政性教育经费投入逐年提升。完善了职教格局框架、基础建设工程、专业建设和教师队伍建设计划,并增加了对职业教育体系建设工程中重要领域和薄弱环节的资金支持。2016 年,县级以上政府还制定了职教支出绩效评价管理制度、审核督导公告管理制度、预决策公开管理制度。就学校办学条件、人才培养质量等关键信息指标及时披露公开。2018 年以来,公立学校费用主要来自国家的财务性教育经费和公共事业收入,而民办职业院校的教育办学费用则主要来自举办者投资和公共事业收入,社会各界的捐助费用普遍较少,经费来源结构没有变化。年生均财政拨款水平超过 1.2 万的公办院校达 48 所,占比 88.89%,民办院校 6 所,占比 33.33%,省财政投向职业教育的经费显著增加。2018 年豫政办〔2018〕25 号文件正式实施,改革职业院校生均拨款制度,引入竞争因素,试行专项业务分配指标量化考核。

建立健全生均拨款制度,加大学校经费管理自主权,注重以财政资金的方式激励学校。2020 年,河南省高职院校生均财政拨款为 12 987.00 元,基本实现了我国"各地高等职业院校年生均财政拨款水平应不低于 1.2 万元"的要求,比 2019 年提高了 0.59%,年生均财政拨款水平超过 1.2 万的公办院校达 43 所,占比 68.25%。黄河水利职业技术学院等6所国家"双高计划"建设院校年生均财政拨款均超过1.3万元;9所国家优质专科高等职业院校中除平顶山工业职业技术学院为企业办学外,其余8所院校年生均财政拨款均在1.2万元以上。河南省高等职业院校财政性教育经费投入三年来年均增长24%,教学、科研仪器设备资产总值较去年增加29 170.6万元,新增科研仪器设备所占比例达18.35%,达到638 710.09万元,基本办学条件持续改善。

发展现代职业教育要依靠社会资金投入。通过健全民办职业教育的收费体系,逐步形成了主要由市场确定的学费定价形成制度。加强对职业教育捐赠领域的优惠政策、典型事件、社会效益的舆论传播。积极引导社会力量利用资本、土地、技术等各类要素,投入职业教育领域。

(十)技能型社会框架初步形成

聚焦优先发展,营造职教良好环境。河南省委省政府将职业教育纳入全省经济社会发展大局统筹谋划,主要负责同志多次就职业教育开展专题调研,研究部署院校建设、专业布局、产教融合、人才培养等工作。制定了两期职业教育五年攻坚计划,以"每年召开一次会议、每年制定一个文件、每年投入100亿元"的力度,推进职业教育上台阶。制定了相应文件,进一步健全完善了职业教育发展政策法规体系制度。省政府建立职业教育工作部门联席会议制度,以强化对职业教育领域改革发展工作的组织指导与统筹协调。

聚焦改革创新,增强发展内生动力。改革办学模式,深化产教融合、校企合作,着力打造产教合作、校企优势互补的发展格局。改革单一投资模式投资不仅仅依靠政府,同样鼓励社会参与合作办学,积极推进办学体制改革,全省民办中、高等职业学校达到115所,在校生46.47万人。改革职业院校管理体制和机制,将学生人数和专业类别等作为生均财政拨款预算的重要指标。

聚焦类型特色,拓宽人才成长通道。大力提升中等职业教育的办学品质,并不断优化中职学校布局。推进高等职业教育提质培优,把发展高等职业教育作为提升高等教育普及率、培养大国工匠的重要途径,连续三年超额完成高职扩招任务。积极推动本科院校转型发展,重点建设15所示范性应用技术类型本科院校。稳步推进招生考试制度改革,进一步优化"文化素质+职业技能"的职业教育考试制度,基本达到了高职院校全覆盖、专科层次骨干专业全覆盖,分类考试招生占比达60%以上,为选择接受高等职业教育的学生提供多元化入学条件和就读方案。

聚焦内涵建设,提升教育教学质量。坚持立德树人、德技并修,大力加强思政课程建设;发挥河南红色资源优势,挖掘焦裕禄精神、红旗渠精神、大别山精神等思政元素,深入开展爱国主义教育、革命传统教育。按照"省市共建、地方为主、统筹规划、分步推进"的原则,先后分三批实施300个省级品牌示范院校和特色院校建设项目,6所高职院校入围国家高职"双高计划"建设单位。启动实施省级"双高工程",立项建设102所高水平职业院校和152个高水平专业群。先后认定400余名省职业教育专家、470名省职业教育教学名师。建立财政与多渠道投入相辅相成的实训基地建设模式,重点建设582个实训基地项目。重视教学标准和教材研发,积极对接产业发展。推动全员化参与技能大赛,切实提高学生技能水平。

聚焦优势发挥,服务经济社会发展。联合黄河流域及其沿岸九省的职业院校共同组建了"黄河流域职业教育联盟",以服务于中部区域经济高质量发展与黄河流域的生态环境保护。紧密结合新兴产业发展需要,重点组建了 19 个基于职业教育大类的国家级骨干职教集群,以推动各成员单位资源共享、优势互补,促进教学链、人才培养链、产品产业链、技术创新链的高效连接。深化校企合作,成立 109 个行业性、区域性职业教育集团,400 多所职业院校、3 000 余家企业参与,校企合作产品开发、技术推广项目 4 000 余项。充分发挥职业院校主阵地作用,坚持"多路并进",整合教育、人社、民政、农业、残联等多部门培训资金和资源,每年开展各类职业培训 330 万余人次,脱贫攻坚成果显著。

案例 12 校企合作育人才模式创新促发展

在订单班培养模式方面,禹州市中等职业学校订单培养模式多以"冠名班"的形式存在,如学校的"海尔班""京东班"。学校根据教学要求,采取企业模式,引进企业文化进校园,让企业元素增色校园。学校通过与企业签订协议,针对企业人才岗位技术能力要求,联合制定目标、培养方法;引进先进设备进校园,提升师生结构性认知,实现产教无缝对接;同时采取企业管理入校园,让企业专家进入校园,让专业教师进入企业,形成校、企协同育人,学生毕业后直接进入企业工作,达到企业、学校、学生三方共赢。这种模式针对性强,学生学习目标明确,缩短了进入企业后的适应期,避免了人才培养的盲目性,节约了人力资源成本。

引入先进设备进校园,增强教师的结构性知识,实现了产教无缝衔接;同时采取公司管理方法进学校,让公司专家走进学校,让学科班老师直接走进公司,形成学校、公司的合作育人,学员在毕业后可以直接走进公司上班,达到企业、学校、学生三方共赢。这个模式培训针对性较强,学生的培训目标较为明晰,从而减少了进公司工作后的适应期,也避免了教师培训的盲目性,从而节省了人力成本。

在发展企业新型学徒制培养模式方面,利用学校与企业的协同,教师与企业技术人员的联手培养,更强调的是技能的培养和传承。学校充分利用企业的人力资源,选派经验丰富的技术能手和管理人员开展课程辅导,采取"学徒式"帮助校方学员的实训,以提升技能水平为主要目标,遵循"学生—学徒—准员工—员工"四位一体的培养总体思路,实现学校与企业、专业与产业、教师与师傅、学生与员工,培训与终身教育,实现学生既能在校完成文化课程学习任务,又能熟练掌握专业所需各项基本技能。以禹州市华电瑞天电气有限公司与我校建立合作共建关系为例,华电瑞天公司对参加实习的学生进行岗前培训(包括安全培训),如线材的选用、号码管的制作、端子机的使用、下线机的使用、端子压接的注意事项等,培训合格后的学员进入岗位实践操作,并进一步做好指导工作。实习实训过程中,专业任课教师作为实习指导教师全程参与指导监督,了解电路结构、理解工作原理,熟悉操作流程,并协助华电瑞天电气公司做好实践实习工作。专业任课教师同时担负有进行前期讲解电气安装调试工艺流程的职责,让未参与实习和将要实习的学生提前熟知工作流程。华电瑞天电气公司指导学生进行检验和调试,进行质量检测和控制,确保产品合格,培养学生产品质量意识。实习结束,华电瑞天电气公司将对每位实习学生做出实习鉴定评价,作为企业将来录用员工的主要依据。

三、职业教育发展中亟待解决的问题

河南因职业教育校企合作的推动力度大、发展环境好、推进改革效果突出,成为国务院通报表彰的六个地区之一。面临着新形势、新任务、新要求,但我们也必须清醒地认识到,职业教育依然是全省教育的薄弱环节,职业教育的规模、结构和质量还没有很好地满足社会经济发展的新需要,职业教育改革发展的任务仍很繁重。

(一)服务发展的能力尚需提升

河南省职业教育在经济转型、产业结构升级新常态下,努力打好"四张牌"、深化落实"五大国家战略"、建设"四个强省",尤其是聚焦"三区一群",打造支撑河南省未来发展的改革开放创新发展支点。河南高等职业教育在衔接创新驱动发展战略方面,仍需加快培育战略性新兴产业、新兴交叉学科专业人才;衔接制造强省发展战略,需要强化技术装备研制有关学科专业建设工作,弘扬培育"工匠精神",为"中国制造2025"提供人才培养保障。对接航空港综合实验区建设,仍亟需大力发展航空经济、信息通信、现代物流等产业的相关专业建设;对接"一带一路"建设战略,需要积极参与共建"一带一路"教育行动,大力培养具有战略眼光、国际视野、适应我省企业、中原文化走出去的国际化人才。

(二)内涵建设仍需加强

河南省在校生数和学校数量及规模,位居全国前列,怎样处理好质量与效益间的关系,仍需从内涵化方向入手,着力强化建设。通过推进立德树人根本任务,进一步深化教育改革,进一步完善现代教学管理体系建设,进一步强化师资的综合素养提升,进一步提高人才培养质量,提升优质教学资源的供应水平,积极反映人民群众的新期待。

现代化是我国教育发展一百多年不变的主题,而职业院校内部治理结构优塑则是促进中国高职学校精益发展,实现国家管理能力与社会治理体制优化完善的关键途径。在为国家输送技术技能人才的建设背景下,河南省职业院校内部治理能力的提升,离不开党委、校务委员会和学术委员会的联动参与。而均衡多个权力结构,从多维度视角透析其"价值意义、权责界定和实践应用",对构建有品位、有效率、有质量的内涵化职业院校内部治理结构,推动中国治理模式的精益发展具有重要意义。

(三)职业教育与产业发展适配度不够

《国家职业教育改革实施方案》中提出,推进职业教育改革是推动经济发展和增强我国竞争力、提升国家高质量人力资源保障水平的重大措施。然而,河南省部分职业院校由于存在生均拨款依赖、经费投入不足、办学资源有限等局限,在专业设置、产业融合、校企合作等职教改革上已很难适配外部宏观环境发展的需求。为提升职业教育与产业发展的适配度,需要从发展目标、组织形式、培养规模、人才结构、办学质量与服务能力等方面,全面提升职业教育的适配度,推动职业教育人才链深度嵌入产业链、供应链、创新链,在"延链补链强链"中发挥更大的作用。

(四)产教融合和校企合作的机制体建设需要进一步加强

在院校质量年报中不少学校反映在产教融合和校企合作方面还存在着企业参与的积极性不强,国家相关制度政策无法落地的问题。

参与校企合作办学的主动性不高,这极大制约着校企合作的推进与发展,长远来说区域性的企业积极性不高对职业教育院校的公平发展极为不利。其积极性不高的原因也是多方面的。一是企业是一个经济组织,在参与校企合作办学的过程中,其本质目的是追求利益的最大化。但目前企业与职业院校的利益结合点仅限于人才资源,企业能获得的其他收益不大。再加上培养人才具有延时性的特点,成效周期较长,不是立竿见影的,企业无法短时间内看到经济效益,而企业始终是以利益为前提的组织,它更注重的是眼前的利益。二是人才需求不能被满足。企业参与校企合作办学的目的是获取优质的人才资源为其创造更大的利润和价值。而事实是当前校企合作办学培养出来的学生整体素质不高,如此一来,学生毕业后进入企业,必然迫使企业对其进行再培训,有些企业甚至不得不招生专业不对口的高学历学生,或者临时工。这些因素无疑都增加了企业的运营成本,也削弱了企业人力资源的实用性和稳定性。

(五)信息化建设推进力度需要进一步加大

在院校自评报告中和全省信息化教学条件数据项均显示各院校信息化建设水平很不均衡,教师信息化素养及信息化教学能力相差较大,需要进一步加大推进力度,完善和创新教师信息化素养及信息化教学能力培养考核的导向机制。

聚焦职业教育发展新使命,应强化政府主体责任以调节区域教育信息化建设不平衡发展矛盾,大力支持和规范社会力量参与高职教育以增加职业院校信息化建设经费来源,提升职业院校对信息化建设教育的供给能力,从源头为教育信息化建设均衡发展提质增效。

(六)专业层次结构布局有待进一步调整优化

高水平技术技能人才培养能力有待进一步提升。围绕河南"三区一群"建设、服务中原更加出彩对高端技术技能人才的需求相比,河南高职专业布局结构和高职人才培养层次规模调整还需加快步伐,紧跟区域经济发展的形势和速度,确保人才有效供给。

(七)职业教育地位属性需进一步明确

明确职业教育与普通教育是两种不同教育类型,具有同等重要地位;提出积极创建国家职教改革试验区,开展市厅共建省职教改革试验区;进一步优化职业院校布局和学科专业结构;实施省级高水平高等职业院校和专业建设工程,重点建设30所左右省级高水平高等职业院校和50个左右专业群;完善"文化素质+职业技能"招生考试办法,建立"职教高考"制度。

四、职业教育发展建议

（一）指导思想

以习近平新时代中国特色社会主义思想为指导，坚持职业教育与普通教育不同类型、同等重要的战略定位，加快构建纵向贯通、横向融通的中国特色现代职业教育体系，大幅提升新时代职业教育现代化水平和服务能力，为促进河南省经济社会持续发展和提高国家竞争力提供多层次高质量的技术技能人才支撑。

（二）战略目标

通过建设，职业教育转向类型教育发展阶段，多元办学格局基本形成，产教融合、校企合作不断深化，高水平职业学校建设成效明显，办学能力显著增强、内涵质量明显提升。

职业教育发展制度基本健全，纵向贯通、横向融通、层次分明的现代职业教育体系更加完善，"职教高考"制度基本建立，职业本科教育规模达到 16 万人。职业教育工作机制更加顺畅，政府行业企业学校职责清晰、同向发力，政府统筹管理、社会多元办学格局更加稳固，职业学校育训并举的法定职责全面落实。职业教育与普通教育规模大体相当、相互融通，职业学校办学定位清晰，专业设置和人才供给结构不断优化，"双师型"教师占专业课教师的比例超过 60%。服务全民终身学习的继续教育体系日益完善，技能型社会建设取得显著成效，尊重技能、崇尚技能的社会氛围基本形成。

（三）基本原则

育人为本，质量为先。加强党对职业教育工作的全面领导，推进新时代职业学校思想政治工作改革创新。深化产教融合、校企合作，强化工学结合、知行合一，健全德技并修育人机制，完善多元共治的质量保证机制，推进职业教育高质量发展。

固本强基，综合改革。聚焦薄弱环节，着力补短板、强弱项，夯实职业教育发展基础。系统推进体制机制、教育教学、评价体系改革，为职业教育发展注入新动力，激发职业学校办学活力。

标准先行，试点突破。健全国家、省、校三级标准体系，完善标准落地的工作机制。以打造创新发展高地为抓手，推进关键改革，突破瓶颈制约，打造一批职业教育优质资源和品牌，带动职业教育大改革大发展。

地方主责，协同推进。构建政府行业企业学校协同推进职业教育高质量发展的新机制，强化省级政府统筹，加强计划执行的过程管理、检查验收和结果应用，确保各项改革措施取得实效。

（四）主要任务

1.落实立德树人根本任务

推动习近平新时代中国特色社会主义思想进教材进课堂进头脑。以习近平新时代中国特色社会主义思想特别是习近平总书记关于职业教育的重要论述武装头脑、指导实践、推动工作。加强党史、新中国史、改革开放史、社会主义发展史教育和爱国主义、集体主义、社会主义教育。将劳动教育纳入职业学校人才培养方案,设立劳动教育必修课程,统筹勤工俭学、实习实训、志愿服务等环节系统开展劳动教育。加强职业道德、职业素养、职业行为习惯培养,并体现在教学生活当中。加强职业教育研究,加快构建中国特色职业教育的思想体系、话语体系、政策体系和实践体系。

构建省校两级培训体系,建立辅导员职务职级"双线"晋升通道,推动辅导员专业化、职业化发展。鼓励从企业中聘请劳动模范、技术能手、大国工匠、道德楷模担任兼职德育导师,建设一支阅历丰富、有亲和力、身正为范的兼职德育工作队伍。将党建和思想政治工作评价指标全面纳入学校事业发展规划、专业质量评价、人才项目评审、教学科研成果评估等。

2.完善类型教育人才培养体系

明确职业教育的类型定位,深刻理解《职业教育法(草案)》有关"职业教育与普通教育是不同教育类型,具有同等重要地位"(第三条)的含义。忽视甚至无视两者的区别,尤其是在高等职业教育阶段混淆应用型本科专业和操作型技术专业的区别,是管理体制出现问题的重要原因。

持续促进"职普融通"是搭建职业教育与普通教育"立交桥"、为学生成才提供多元化选择的重要途径。其次,应加强对全省职业学校就业指导工作的统筹、指导、协调和服务,解决各地、各职业学校在毕业生就业安置方面各自为战、高成本、低效益的问题,河南省教育厅成立职成教就业指导服务中心指导、协调各省辖市职成教就业指导服务机构的工作,组织各类中等职业学校就业指导服务机构形成联合体,为中等职业学校毕业生就业提供政策咨询、信息交流、就业指导、业务代理及就业后的跟踪服务等,开展更深层次的合作活动,建立起战略合作伙伴关系,在校企、校校合作框架协议下丰富合作形式,让学生在享受通识教育和专业基础教育服务的同时依据自身的发展定位选择不同的"教育服务产品",如学校可开设创业训练营或创业俱乐部等活动,为学生创业提供指导和帮助;开设专项技能选修课程,为在专业发展上深入探索的学生提供平台,为学生培养构建一条顺畅的教育供应链。

3.推进职业教育协调发展

第一,强化中等职业教育基础性作用。坚定中职教育作为普及高中阶段教育和建设中国特色现代职业教育体系的重要布局,保持高中阶段教育职普比大体相当。

第二,巩固专科高等职业教育的主体地位。把发展专科高职教育作为优化高等教育结构和培养大国工匠、能工巧匠的重要方式,输送区域发展急需的高素质技术技能人才。不限制专科高职学校招收中职毕业生的比例,适度扩大专升本招生计划,为部分有意愿的高职(专科)毕业生提供继续深造的机会。扎实推进高水平高职学校和专业建设计划,加强绩效考核与评价,建成一批高技能人才培养培训基地和技术技能创新平台。

第三,稳步发展高层次职业教育。把发展本科职业教育作为完善现代职业教育体系的关键一环,培养高素质创新型技术技能人才。稳步推进本科层次职业教育试点,支持符合条件的高水平高职学校建设单位试办职业教育本科专业。推动具备条件的普通本科高校向应用型转变。推动各地发展以职业需求为导向、以实践能力培养为重点、以产学研用结合为途径的专业学位研究生培养模式。

4.完善服务全民终身学习的制度体系

第一,健全服务全民终身学习的职业教育制度。落实国家资历框架建设要求,建立各级各类教育培训学习成果认定、积累和转换机制。加快建设职业教育"学分银行",引导在校学生和社会学习者建立职业教育个人学习账号,存储、积累学习成果和技能财富。支持学校按照相关规则研制具体的学习成果转换办法,按程序受理学分兑换申请,符合条件的学生可免修部分课程或模块。

第二,推动学历教育与职业培训并举并重。落实职业学校并举实施学历教育与培训的法定职责,按照育训结合、长短结合、内外结合的要求,面向在校学生和全体社会成员开展职业培训。深入推进"1+X"证书制度试点,提高职业技能等级证书的行业企业认可度。发挥职业教育培训评价组织在实施职业技能培训中的重要主体作用。引导有条件的普通高校和职业学校参与企业大学建设。依托职业院校、培训机构、农业技术推广站等机构,面向"三农"提供全产业链技术培训服务及技术支持,为脱贫致富提供持续动力。

第三,强化职业学校的继续教育功能。面向在职员工、现役军人、退役军人、进城务工人员、转岗人员、城镇化进程中的新市民、城乡待业人员、残疾人、农村实用人才等社会群体开展多种形式的继续教育。

5.深化职业教育产教融合、校企合作

建立产业人才数据平台,发布产业人才需求报告,促进职业教育和产业人才需求精准对接。研制职业教育产教对接谱系图,指导优化职业学校和专业布局,重点服务现代制造业、现代服务业和现代农业。加大对农业农村等人才急需领域的职业教育供给,建设乡村振兴人才培养优质校,发挥好"国家级农村职业教育和成人教育示范县"等在服务乡村振兴战略中的重要作用。

深化校企合作协同育人模式改革。支持职业学校根据自身特点和人才培养需要,主动与具备条件的企业在人才培养培训、技术创新、就业创业、社会服务等方面开展合作。支持行业领军企业主导建设全国性职教集团,分领域建设服务产业高端的技术技能人才标准和培养高地。全面推行现代学徒制和企业新型学徒制,鼓励企业利用资本、技术、知识、设施、设备和管理等要素参与校企合作。

以合作办学模式,主动向下整合,了解企业和社会的需求,同时协助学生们扮演好自己在供应链上的角色,使学生在教育教学活动中充分发挥主动性,建立城市与乡村职业院校的联系,将城市职业学校的招生深入到农村地区,克服城市职业学校生源不足的问

题,发挥城市职业学校的教育资源优势、就业机会优势,建立起贯通上下游的信息共享机制,提高教育供应链的运行效率,提升其办学水平,拉动农村职业教育的发展,为农村学生提供更好的教育机会。

6.健全职业教育考试招生制度

第一,健全高职分类考试招生制度。建立健全省级统筹的高职分类考试招生制度。完善高职教育招生计划分配和考试招生办法。分类考试录取的学生不再参加普通高考。保留高职学校通过普通高考招生的渠道,保持分类考试招生为高职学校招生的主渠道。

第二,规范职业教育考试招生形式。鼓励中职毕业生通过高职分类考试报考高职学校。推动各地将技工学校纳入职业教育统一招生平台。规范长学制技术技能人才贯通培养,逐步取消中职本科贯通,适度扩大中职专科贯通,贯通专业以始读年龄小、培养周期长、技能要求高的专业为主。严格执行技能拔尖人才免试入学条件。

第三,完善"文化素质+职业技能"评价方式。完善高职分类考试内容和形式,推进"文化素质+职业技能"评价方式,引导不同阶段教育合理分流、协调发展,为学生接受高职教育提供多种入学方式。文化素质考试由省级教育行政部门根据《中等职业学校公共基础课课程标准》统一组织。职业技能测试分值不低于总分值的50%,考试形式以操作考试为主,须充分体现岗位技能、通用技术等内容。

7.实施职业教育治理能力提升行动

第一,健全职业教育标准体系。发挥标准在职业教育质量提升中的基础性作用。适时修订中职学校、专科高职学校设置标准。实施职业学校教师、校长专业标准,制定"双师型"教师基本要求。根据经济社会发展需要和有关技术规范,补充制定符合河南省区域经济发展的人才标准;职业学校全面落实国标和省标,开发具有校本特色的更高标准。

第二,完善办学质量监管评价机制。完善职业学校评价制度,把职业道德、职业素养、技术技能水平、就业质量和创业能力作为衡量人才培养质量的重要内容。省级统筹开展职业学校办学质量考核,建立技能抽查、实习报告等随机性检查制度。巩固国家、省、校三级质量年报发布制度,进一步提高质量年报编制水平和公开力度。完善职业教育督导评估办法,落实国家、省、校三级职业教育督导体系。

第三,打造高素质专业化管理队伍。强化职业学校校长队伍建设,完善选拔任用机制。落实和扩大职业学校办学自主权,健全完善职称评聘、分配制度等,支持学校在限额内自主设立内设机构,按规定自主设置岗位、自主确定用人计划、按规定自主招聘各类人才。

8.实施职业教育改革攻坚行动

首先,提升教师"双师"素质。实施新一周期"全国职业院校教师素质提高计划",校企共建"双师型"教师培养培训基地和教师企业实践基地,落实5年一轮的教师全员培训制度。改革职业学校专业教师晋升和评价机制,破除"五唯"倾向,将企业生产项目实践经历、业绩成果等纳入评价标准。完善职业学校自主聘任兼职教师的办法,实施现代产业导师特聘计划,设置一定比例的特聘岗位,畅通行业企业高层次技术技能人才从教渠道,推动企业工程技术人员、高技能人才与职业学校教师双向流动。改革完善职业学校绩效工资政策。职业学校通过校企合作、技术服务、社会培训取得的收入,可按一定比例作为绩效工资来源。对承担任务较重的职业学校,在原总量基础上及时核增所需绩效工资总量。专业教师可按国家规定在校企合作企业兼职取酬。

其次,提升职业教育专业和课程教学质量。推动依据国家战略和区域产业发展需求、专业建设水平、就业质量等合理规划引导专业设置,建立退出机制。规范人才培养方案研制发布程序,建立职业学校人才培养方案公开制度,为行业指导、企业选择、学生学习、同行交流、社会监督提供便利。推动职业学校"课堂革命",适应生源多样化特点,将课程教学改革推向纵深。加强实践性教学,实践性教学学时原则上占总学时数50%以上,积极推行认知实习、跟岗实习、顶岗实习等多种实习方式,可根据专业实际集中或分阶段安排。完善以学习者为中心的专业和课程教学评价体系,强化实习实训考核评价。

9.实施职业教育信息化2.0建设行动

第一,提升职业教育信息化建设水平。落实《职业院校数字校园规范》,指导职业学校系统设计学校信息化整体解决方案。引导职业学校提升信息化基础能力,建设高速稳定的校园网络,联通校内行政教学科研学生后勤等应用系统,统筹建设一体化智能化教学、管理与服务平台。推动信息技术和智能技术深度融入学校管理全过程,大幅提高决策和管理的精准化科学化水平。落实网络安全责任制,增强网络与信息安全管控能力。

第二,推动信息技术与教育教学深度融合。主动适应科技革命和产业革命要求,以"信息技术+"升级传统专业,及时发展数字经济催生的新兴专业。鼓励职业学校利用现代信息技术推动人才培养模式改革,满足学生的多样化学习需求,大力推进"互联网+""智能+"教育新形态,推动教育教学变革创新。建立健全共建共享的资源认证标准和交易机制,推进国家、省、校三级专业教学资源库建设应用,进一步扩大优质资源覆盖面。

10.实施职业教育服务国际产能合作行动

第一,加快培养国际产能合作急需人才。加强职业学校与境外中资企业合作,支持职业学校到国(境)外办学,培养熟悉中华传统文化、中资企业急需的本土技术技能人才。统筹利用现有资源,实施"职业院校教师教学创新团队境外培训计划",选派一大批专业带头人和骨干教师出国研修访学。鼓励引进国(境)外优质职业教育机构来豫合作办学,促进国际经验的本土化、再创新。

第二,提升职业教育国际影响力。推进"中文+职业技能"项目,助力中国职业教育走出去,提升国际影响力。引导职业学校与国(境)外优秀职业教育机构联合开展学术研究、标准研制、师生交流等合作项目,促进国内职业教育优秀成果海外推介。在"一带一路"沿线国家举办河南职业教育发展成果展,贡献职业教育的中国智慧、中国经验和中国方案,展示当代中国良好形象。

附 表

附表 1　计分卡

	指标	单位	2016 年	2017 年	2018 年	2019 年	2020 年
1	就业率	%	88.25	91.68%	92.43%	91.34	87.90
2	月收入	元	2 247.88	3 124.91	3 232.19	3 412.86	3 525.66
3	理工农医类专业相关度	%	74.80	75.23	75.87	68.75	60.26
4	母校满意度	%	88.63	93.31	93.96	94.63	94.34
5	自主创业比例	%	0.48	4.57	3.45	1.90	2.23
6	雇主满意度	%	94.64	92.59	93.94	96.19	95.54

附表 2　资源表

	指标	单位	2016 年	2017 年	2018 年	2019 年	2020 年
1	生师比	–	14.74	14.49	15.65	15.20	16.75
2	双素质专任教师比例	%	56.75	57.24	57.24	47.68	48.70
3	生均教学科研仪器设备值	元/生	11 993.88	15 088.23	10 214.34	10 745.40	9 098.71
4	生均教学及辅助、行政办公用房面积	m²	26.86	25.33	24.51	26.82	21.43
5	生均校内实践教学工位数	个/生	–	2.36	9.83	5.61	0.86
6	校园网主干最大宽带	Mbps	10 000	10 000	10 000	10 000	10 000
7	教学计划内课程总数	门	35 824	38 753	49 225	55 190	57 150
	其中:线上开设课程数	门	3 014	4 854	8 547	10 975	27 647

附表 3　国际影响表

	指标	单位	2016 年	2017 年	2018 年	2019 年	2020 年
1	全日制国(境)外留学生人数(一年以上)	人	4	108	–	–	–
2	非全日制国(境)外人员培训量	人日	2 708	11 949	27 755	127 766	98 182

续附表 3

	指标	单位	2016 年	2017 年	2018 年	2019 年	2020 年
3	在校生服务走出去企业国(境)外实习时间	人日	6 779	22 925	38 499	61 585	–
4	专任教师赴国(境)外指导和开展培训时间	人日	3 070	2 611	15 208	20 196	12 187
5	在国(境)外组织担任职务的专任教师人数	人	8	5	18	71	–
6	开发国(境)外认可的专业教学标准和课程标准数	个	0	204	346	481	257
7	国(境)外技能大赛获奖数量	项	1	4	87	31	68

附表 4　服务贡献表

	指标	单位	2016 年	2017 年	2018 年	2019 年	2020 年
1	全日制在校生人数	人	491 541	555 642	679 144	782 424	880 000
	毕业生人数	人	146 441	152 752	199 820	227 190	252 791
	其中:就业人数	人	138 320	140 050	183 041	203 111	222 207
	毕业生就业去向:	–	–	–	–	–	–
	A 类:留在当地就业人数	人	67 776	74 960	91 325	114 514	118 938
	B 类:到中小微企业等基层服务人数	人	78 988	86 902	113 307	130 012	136 131
	C 类:到 500 强企业就业人数	人	11 066	13 359	12 522	14 188	13 561
2	横向技术服务到款额	万元	2 534.54	5 630.11	8 951.54	18 812.42	25 572.78
3	纵向科研经费到款额	万元	2 174.95	4 641.21	5 348.57	11 591.06	8 531.99
4	技术交易到款额	万元	391.68	1 296.26	2 214.57	2 906.94	3 530.76
5	非学历培训到款额	万元	8 301.54	11 079.8	17 637.33	17 573.19	16 660.20
6	公益性培训服务	人日	674 262	840 323	–	–	–

附表5　落实政策表

	指标	单位	2016 年	2017 年	2018 年	2019 年	2020 年
1	年生均财政拨款水平	元	15 661.89	11 235.28	13 663.34	12 911.37	12 987
	其中:年生均财政专项经费	元	6 036.27	4 999.08	6 053.14	4 394.37	5 263.65
2	教职员工额定编制数	人	30 095	32 194	36 194	37 889	40 055
	在岗教职员工总数	人	42 797	42 046	48 488	52 592	54 216
	其中:专任教师总数	人	27 879	26 956	33 828	38 340	42 708
3	企业提供的校内实践教学设备值	万元	1 602 421	1 593 779	26 128	1 183 955	52 220.2
4	生均企业实习经费补贴	元	325.48	496.40	409.52	373.19	517.32
	其中:生均财政专项补贴	元	78.58	96.94	137.90	138.29	159.47
5	生均企业实习责任保险补贴	元	53.53	55.05	34.66	37.73	43.32
	其中:生均财政专项补贴	元	6 683.95	13.66	17.05	26.54	20.55
6	企业兼职教师年课时总量	课时	56 455.52	945 086	1 045 388	1 399 860	1 370 115
	年支付企业兼职教师课酬	元	40 250 605	53 149 430	63 957 008	66 996 932	86 265 865
	其中:财政专项补贴	元	1 749 440	2 446 664	2 438 500	5 975 984	6 894 208.3

参考文献

[1]高等职业教育质量年度报告和人才培养状态数据库.《河南省高等职业教育质量年度报告（2017）》[EB/OL].（2017-01-11）[2022-01-20].https://www.tech.net.cn/column_rcpy/index.aspx.

[2]高等职业教育质量年度报告和人才培养状态数据库.《河南省高等职业教育质量年度报告（2018）》[EB/OL].（2018-01-08）[2022-01-20].https://www.tech.net.cn/column_rcpy/index.aspx.

[3]高等职业教育质量年度报告和人才培养状态数据库.《河南省高等职业教育质量年度报告（2019）》[EB/OL].（2019-01-11）[2022-01-20].https://www.tech.net.cn/column_rcpy/index.aspx.

[4]高等职业教育质量年度报告和人才培养状态数据库.《河南省高等职业教育质量年度报告（2020）》[EB/OL].（2020-01-10）[2022-01-20].https://www.tech.net.cn/column_rcpy/index.aspx.

[5]高等职业教育质量年度报告和人才培养状态数据库.《河南省高等职业教育质量年度报告（2021）》[EB/OL].（2021-02-07）[2022-01-20].https://www.tech.net.cn/

column_rcpy/index.aspx.

［6］河南省职业教育与成人教育网.《2018年度河南省中等职业教育质量年度报告》［EB/OL］.（2018-12-21）［2022-01-20］.http：//www.vae.ha.cn/templates/zcjgw/2/21/111/7.htm.

［7］河南省职业教育与成人教育网.《2019年度河南省中等职业教育质量年度报告》［EB/OL］.（2020-04-03）［2022-01-20］.http：//www.vae.ha.cn/templates/zcjgw/2/21/111/164.htm.

［8］河南省职业教育与成人教育网.《2020年度河南省中等职业教育质量年度报告》［EB/OL］.（2021-03-30）［2022-01-20］.

［9］吕延岗,董彦宗,罗鼎,霍平丽,张强.高职扩招百万成效的实证分析与策略研究［J］.中国职业技术教育,2021(07):41-46+57.

［10］梁宁森.乡村振兴战略背景下农村职业教育的困境、机遇与优化路径［J］.高等工程教育研究,2020(04):157-162.

［11］梁晓宇,王旭,周祥,范咏梅.农业"3+4"中职:本科培养模式的思考与实施建议［J］.教育现代化,2019,6(36):1-3.

［12］朱赛荣.中职生人文素养培育路径探析［J］.职业教育研究,2018(08):77-80.

［13］高彩霞.百万扩招背景下1+X证书制度实施的关键点、难点及着力点［J］.教育与职业,2020(13):11-18.

［14］肖冰.职业教育国家制度建构的路径依赖与关键节点:兼论"职教20条"的制度意义［J］.高等工程教育研究,2020(05):140-146.

［15］方桐清,姜艳霞.对"双师型"教师"双师能力"的透视［J］.江苏建筑职业技术学院学报,2020,20(03):61-65.

［16］袁淑华.河南省职业教育发展现状分析［J］.科教文汇(上旬刊),2020(10):114-115.

［17］张晨,马树超,郭扬.完善体系重点突破压实责任:《职业教育提质培优行动计划（2020—2023年）》的三大特征［J］.中国职业技术教育,2020(33):10-15+23.

［18］钱丽云,刘任熊.构建高等职业教育质量保障体系的举措研究［J］.教育与职业,2020(14):45-49.

［19］尹玉辉,聂伟.我国职业教育层次布局调整与经济社会发展的协调性分析［J］.中国国情国力,2021(09):20-24.

［20］侯兴蜀.我国高等教育、职业教育与继续教育融合发展实践与推进策略［J］.中国职业技术教育,2021(28):19-25.

［21］张政利.农业高职院校服务乡村振兴战略的研究与实践［J］.教育与职业,2021(14):60-63.

专题七　河南省民办教育发展研究

一、民办教育发展取得的成就

"十三五"期间,河南省民办教育规模实现了新突破、办学条件得到了新加强、社会认可度得到了新提升、规范管理取得了新成效。

(一)民办教育规模实现了新突破

衡量教育发展规模的标准有很多,并且有绝对规模和相对规模之分。在实践中学界一般选择用各级各类学校数、各级各类学校在校生数作为衡量各级各类教育绝对规模的评价标准;用各级各类学校数、各级各类学校在校生数在总体中的比重作为测度各级各类教育相对规模的评价标准。考虑到数据的可得性,以及可比性等因素,在这里选择用各级各类民办学校数、各级各类民办学校在校生数及其在总体中的比例作为评价各级各类民办教育规模的评价标准。

1.民办学前教育规模变化情况

(1)民办幼儿园数量变化情况

"十三五"期间,全省幼儿园总数由 2015 年末的 1.75 万所增加到 2020 年末的 2.43 万所,年均增长率为 7.80%;民办幼儿园总数由 2015 年的 1.38 万所增加到 2020 年的 1.82 万所,年均增长率为 6.33%;其中普惠性民办幼儿园由 2017 年的 0.80 万所增加到 2020 年的 1.05 万所,年均增长率为 10.53%,如图 7-1 所示。

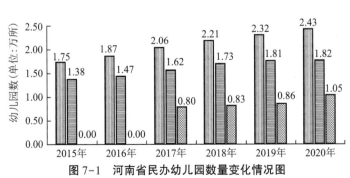

图 7-1　河南省民办幼儿园数量变化情况图

资料来源:历年《河南省教育统计年鉴》及《河南省教育统计提要》相关数据整理而来,下同。

从相对规模来看,民办幼儿园占幼儿园总数的比例由 2015 年的 79.08% 降低到 2020 年的 74.90%,减少了 5.59 个百分点;普惠性民办幼儿园占民办幼儿园总数的比例由 2017 年的 49.48% 增加到 2020 年的 57.89%,增长了 17 个百分点。

全省民办学前教育规模随着学前教育总规模的扩大而不断得以扩大,但是从总体上讲,民办学前教育的发展速度不及学前教育整体发展速度快;普惠性民办学前教育随着民办学前教育的发展实现了持续快速增长。这表明全省民办学前教育的发展尚有较大提升空间。

(2)民办幼儿园在园儿童数量变化情况

"十三五"期间,全省幼儿园在园儿童总数由 2015 年末的 393.37 万人增加到 2020 年末的 425.58 万人,年均增长率为 1.64%;民办幼儿园在园儿童总数由 2015 年的 253.13 万人增加到 2020 年的 283 万人,年均增长率为 2.36%;其中普惠性民办幼儿园在园儿童数由 2016 年的 75.40 万人增加到 2020 年的 171.06 万人,年均增长率为 31.71%,如图 7-2 所示。

图 7-2　民办幼儿园在园儿童数量变化情况图

从相对规模来看,民办幼儿园在园儿童占幼儿园在园儿童总数的比例由 2015 年的 64.35% 增加到 2020 年的 66.50%,增加了 0.43 个百分点;普惠性民办幼儿园占民办幼儿园总数的比例由 2016 年的 28.06% 提高到 2020 年的 60.44%,提高了 32.39 个百分点。全省民办学前教育在园儿童规模随着学前教育在园儿童总规模的扩大而不断得以扩大,但是从总体上讲,民办学前教育在园儿童规模的扩大幅度远远高于学前教育在园儿童整体规模的扩大,尤其是普惠性民办学前教育在园儿童规模更是实现了大幅度的提高。这表明"十三五"时期全省民办学前教育事业实现了突破性的大发展。

2.民办义务教育规模变化情况

(1)民办小学教育规模变化情况

1)民办小学学校数量变化情况

"十三五"期间,全省小学总数由 2015 年末的 2.47 万所减少到 2020 年末的 1.77 万所,年均减少率为 7.90%;其中公办小学数由 2015 年末的 2.30 万所减少到 2020 年末的 1.58 万所,年均减少率为 9.15%;民办小学数由 2015 年的 0.17 万所增加到 2020 年的 0.19 万所,年均增长率为 2.56%,如图 7-3 所示。

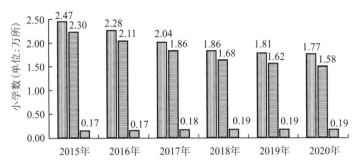

图 7-3 河南省民办小学学校数量变化情况图

从相对规模来看,民办小学占全省小学总数的比例由 2015 年的 6.70% 提高到 2020 年的 10.71%,提高了 4.01 个百分点;而同期公办小学占全省小学总数的比例由 2015 年的 93.30% 下降至 2020 年的 89.55%,下降了 3.76 个百分点。这说明全省民办小学随着小学总数的降低而呈现出持续增加的趋势。

2)民办小学在校学生数量变化情况

"十三五"期间,全省小学在校生总数由 2015 年末的 937.05 万人增加到 2020 年末的 1 021.59 万人,年均增长率为 1.80%;其中公办小学在校生总数由 2015 年末的 818.91 万人增加到 2020 年末的 841.36 万人,年均增长率为 0.55%;民办小学在校生数由 2015 年的 118.14 万人增加到 2020 年的 180.22 万人,年均增长率为 10.51%。

从相对规模来看,民办小学在校生占全省小学在校生总数的比例由 2015 年的 12.61% 提高到 2020 年的 17.64%,提高了 5.03 个百分点;而同期公办小学在校生占全省小学在校生总数的比例由 2015 年的 87.66% 下降至 2020 年的 82.36%,下降了 5.03 个百分点。这说明全省民办小学教育的规模仍然处于持续扩大的过程中,全省广大民众对优质民办小学教育的市场需求空间仍然很大。如图 7-4 所示。

图 7-4 河南民办小学在校生数量变化情况图

(2)民办普通初中教育规模变化情况

1)民办普通初中学校数量变化情况

"十三五"期间,全省普通初中学校总数由 2015 年末的 3 784 所减少到 2020 年末的

3 501 所,年均下降率为 1.50%;其中公办普通初中学校数由 2015 年末的 3 562 所减少到 2020 年末的 3 289 所,年均下降率为 1.53%;民办普通初中学校数由 2015 年的 222 所减少至 2020 年的 212 所,年均下降率为 0.90%,如图 7-5 所示。

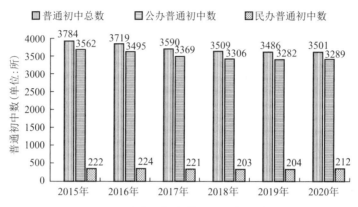

图 7-5　民办普通初中学校数量变化情况图

从相对规模来看,民办普通初中占全省普通初中总数的比例由 2015 年的 5.87% 提高到 2020 年的 6.06%,提高了 0.19 个百分点;公办普通初中占全省普通初中学校总数的比例由 2015 年的 94.13% 下降到 2020 年的 93.94%,下降了 0.19 个百分点。

虽然全省民办普通初中学校的绝对数量随普通初中学校规模的下降而下降,但是相对公办初中来讲,民办普通初中规模降低的幅度相对有限。

2)民办普通初中在校学生数量变化情况

"十三五"期间,全省普通初中在校生总数由 2015 年末的 404.81 万人增加到 2020 年末的 472.14 万人,年均增长率为 3.33%;其中公办普通初中在校生数由 2015 年末的 335.89 万人增加到 2020 年末的 370.87 万人,年均增长率为 2.08%;民办普通初中在校生数由 2015 年的 68.92 万人增加到 2020 年的 101.27 万人,年均增长率为 9.39%,如图 7-6 所示。

图 7-6　民办普通初中在校生数量变化情况图

从相对规模来看,民办普通初中在校生占普通初中在校生总数的比例由 2015 年的

17.02%提高到 2020 年的 41.45%,提高了 4.42 个百分点;公办普通初中在校生占普通初中在校生总数的比例由 2015 年的 82.98% 下降到 2020 年的 78.55%,下降了 4.42 个百分点。

随着全省普通初中在校生规模的扩大,民办普通初中在校生的绝对规模和相对规模均实现了大幅度的扩大。全省民办普通初中教育的市场发展空间尚有进一步扩大的趋势。

3.民办高中教育规模变化情况

(1)民办普通高中规模变化情况

1)民办普通高中学校数量变化情况

"十三五"期间,全省普通高中学校总数由 2015 年末的 547 所增加到 2020 年末的 659 所,年均增长率为 4.10%;其中公办普通高中学校数由 2015 年末的 447 所增加到 2020 年末的 473 所,年均增长率为 1.16%;民办普通高中学校数由 2015 年的 100 所增加到 2020 年的 186 所,年均增长率为 17.20%,如图 7-7 所示。

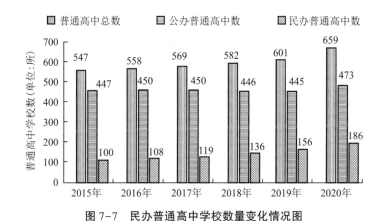

图 7-7　民办普通高中学校数量变化情况图

从相对规模来看,民办普通高中占普通高中总数的比例由 2015 年的 18.28%提高至 2020 年的 28.22%,提高了 9.94 个百分点;公办普通高中占全省的比例由 2015 年的 81.72%下降到 2020 年的 71.78%,下降了 9.94 个百分点。

随着全省普通高中学校数量的扩张,无论是从普通高中学校的绝对数量,还是相对数量来讲,民办普通高中学校数量均实现了大幅的提高。

2)民办普通高中在校学生数量变化情况

"十三五"期间,全省普通高中在校生总数由 2015 年末的 194.31 万人增加到 2020 年末的 224.86 万人,年均增长率为 3.14%。其中公办普通高中在校生数由 2015 年末的 165.06 万人增加到 2020 年末的 172.18 万人,年均增长率为 0.86%;民办普通高中在校生数由 2015 年的 29.25 万人增加到 2020 年的 52.67 万人,年均增长率为 16.02%,如图 7-8 所示。

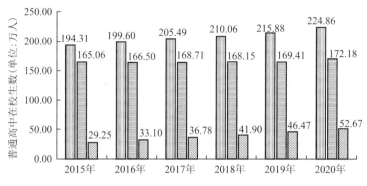

图 7-8　民办普通高中在校生数量变化情况图

从相对规模来看,民办普通高中在校生占普通高中在校生总数的比例由 2015 年的 15.05%提高至 2020 年的 23.43%,提高了 8.37 个百分点;而公办普通高中在校生占全省的比例由 2015 年的 84.95%下降到 2020 年的 76.57%,下降了 8.37 个百分点。

随着全省普通高中在校生规模的整体扩张,无论是民办普通高中在校生的绝对规模,还是相对规模均实现了较大幅度的扩大。全省民办普通高中教育的市场发展空间尚有进一步扩大的空间。

(2)民办中等职业学校规模变化情况

1)民办中等职业学校数量变化情况

"十三五"期间,全省中等职业学校总数由 2015 年末的 691 所减少到 2020 年末的 544 所,年均下降率为 4.25%;其中公办中等职业学校和民办中等职业学校数分别由 2015 年末的 486 所和 205 所减少到 2020 年末的 400 所和 144 所,年均下降率分别为 3.54%和 5.95%;其中民办中等职业学校数量缩减速度更快一些,如图 7-9 所示。

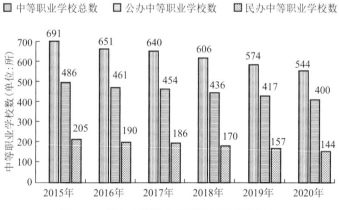

图 7-9　民办中等职业学校数量变化情况图

从相对规模来看,民办中等职业学校占中等职业学校总数的比例由 2015 年的 29.67%下降至 2020 年的 26.47%,下降了 3.20 个百分点;公办中等职业学校占全省的比例由 2015 年的 70.33%提高至 2020 年的 73.53%,提高了 3.20 个百分点。

随着全省中等职业学校数量减少,无论是从绝对数量,还是相对数量来讲,民办中等职业学校规模均出现了大幅度的下降。

2)民办中等职业在校学生数量变化情况

"十三五"期间,全省中等职业学校在校生总数由 2015 年末的 104.04 万人增加到 2020 年末的 114.97 万人,年均增长率为 2.10%。其中公办中等职业学校在校生数由 2015 年末的 87.15 万人减少到 2020 年的 83.59 万人,年均下降率为 4.08%;同期民办中等职业学校在校生数由 2015 年的 16.89 万人增加到 2020 年的 31.37 万人,年均增长率为 17.14%,如图 7-10 所示。

图 7-10　民办中等职业学校在校生数量变化情况图

从相对规模来看,民办中等职业学校在校生占全省中等职业学校在校生总数的比例由 2015 年的 16.24%提高至 2020 年的 27.27%,提高了 11.05 个百分点。而同期公办中等职业学校在校生占全省的比例由 2015 年的 83.76%下降至 2020 年的 72.71%,下降了 11.05个百分点。

随着中等职业学校规模的扩张,无论是从在校生的绝对规模上看,还是从相对规模来讲,全省民办中等职业教育在校生数量均呈现出一定幅度的增长趋势,民办中等职业教育发展态势良好。

4.民办普通高等教育规模变化情况

(1)民办普通高校数量变化情况

"十三五"期间,全省普通高校总数由 2015 年末的 129 所增加到 2020 年末的 151 所,年均增长率为 3.41%;其中普通本科高校数和普通专科高校数分别由 2015 年末的 52 所和 77 所增加到 2020 年末的 57 所和 94 所,年均增长率分别为 1.92%和 4.42%。普通专科高校数由 2015 年末的 77 所增加到 2020 年末的 94 所,年均增长率为 1.12%。河南省民办普通高校数由 2015 年的 37 所增加到 2020 年的 43 所,年均增长率为 17.20%;其中民办普通本科高校和专科高校数分别由 2015 年的 17 所和 20 所增加到 2020 年的 19 所和 24 所,年均增长率分别为 2.35%和 4.00%,如图 7-11 所示。

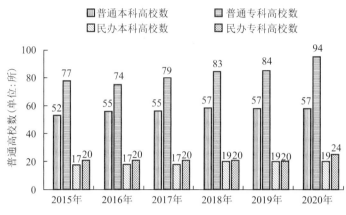

图 7-11　民办普通高校数量变化情况图

从相对规模来看,民办普通高校占普通高校总数的比例由 2015 年的 28.68% 下降至 2020 年的 28.48%,下降了 0.21 个百分点;其中民办本科高校占普通本科高校的比例由 2015 年的 32.69% 提高至 2020 年的 33.33%,提高了 0.64 个百分点;民办专科高校占普通专科高校的比例由 2015 年的 25.97% 下降到 2020 年的 25.53%,下降了 0.44 个百分点。随着全省普通高校数量的扩张,河南省民办普通高校数量实现了持续快速增长。

(2)民办普通高校在校学生数量变化情况

"十三五"期间,全省普通高校在校生总数由 2015 年末的 176.69 万人增加到 2020 年末的 249.22 万人,年均增长率为 8.21%;其中普通本科高校在校生和普通专科高校在校生分别由 2015 年末的 99.55 万人和 77.14 万人增加到 2020 年末的 125.07 万人和 124.15 万人,年均增长率分别为 5.13% 和 12.19%。河南省民办普通高校在校生数由 2015 年的 38.65 万人增加到 2020 年的 67.12 万人,年均增长率为 14.73%;其中民办普通本科高校在校生和民办普通专科高校在校生分别由 2015 年的 24.55 万人和 14.10 万人增加到 2020 年的 37.74 万人和 29.38 万人,年均增长率分别为 10.75% 和 21.67%,如图 7-12 所示。

图 7-12　民办普通高校在校生数量变化情况图

从相对规模来看,民办普通高校在校生占普通高校在校生总数的比例由2015年的21.87%提高至2020年的26.93%,提高了5.06个百分点;其中民办普通本科高校和民办普通专科高校在校生分别占普通本科高校和普通专科高校在校生的比例由2015年的24.66%和18.28%提高至2020年的30.18%和23.66%;分别提高了5.51和5.39个百分点。随着全省民办普通高校数量的扩大,民办普通高校在校生无论是绝对数量还是相对数量均实现了持续快速增长。

(二)民办教育办学条件得到了新加强

衡量教育办学条件的标准有很多,涉及人、财、物等多个方面的资源,一般来讲,办学资源越多,办学质量相对较高。在实践中可以选择以教师数、图书数量、建筑面积、固定资产价值等等。考虑到数据的可得性,以及可比性等因素,在这里仅以教职工数和专任教师数作为衡量各级各类民办教育办学条件的核心指标。

1.民办学前教育办学条件变化情况

"十三五"期间,河南省民办幼儿园专任教师总数实现了大幅度的增加,为提高民办幼儿教育教学质量提供了强有力的保障。从绝对数量上看,幼儿园专任教师和民办幼儿园专任教师分别由2015年的16.53万人和12.83万人增加到2020年的23.41万人和17.73万人,年均增长率分别为8.33%和7.63;其中,普惠性民办幼儿园专任教师由2016年的3.70万人增加到2020年的10.19万人,年均增长率为43.78%,远远高于幼儿园专任教师年均增长速度,如图7-13所示。

图7-13　民办幼儿园专任教师数量变化情况图

从相对数量上看,民办幼儿园专任教师占全省幼儿园专任教师总数的比例由2015年的77.66%下降至2020年的75.74%,下降了1.92个百分点;但是,同期普惠性民办幼儿园专任教师占民办幼儿园专任教师总数的比例却由2015年的26.53%提高到2020年的57.48%,提高了30.95个百分点。

"十三五"期间,随着全省民办幼儿教育事业的发展,普惠性民办幼儿园在民办幼儿园总数的比例实现了稳步提高,民办学前教育以专任教师为代表的核心办学条件实现了大幅度的提高,为提高教育教学质量奠定了坚实基础。

2.民办义务教育办学条件变化情况

（1）民办小学教育办学条件情况

"十三五"期间，全省民办小学专任教师总数实现了大幅度的增加，为提高民办小学教育教学质量提供了强有力的保障。从绝对数量上看，小学专任教师、公办小学①专任教师和民办小学专任教师分别由2015年的47.21万人、43.23万人和3.98万人增加到2020年的52.39万人、46.89万人和5.49万人，年均增长率分别为2.19%、1.70%和7.57%；其中，民办小学专任教师数增长速度尤其显著，分别比小学专任教师和公办小学专任教师的年均增长率高5.38和5.87个百分点，如图7-14所示。

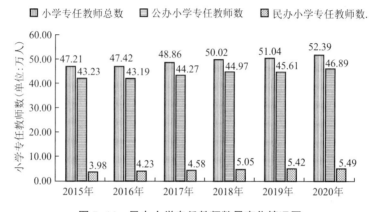

图 7-14 民办小学专任教师数量变化情况图

从相对数量上看，民办小学专任教师占全省小学专任教师总数的比例由2015年的8.44%提高至2020年的10.48%，提高了2.04个百分点。这表明，"十三五"期间，随着全省普及义务教育政策的深入推进，民办小学以专任教师为代表的核心性办学条件实现了大幅度的提高，为提高教育教学质量奠定了坚实的基础。

（2）民办普通初中办学条件变化情况

"十三五"期间，全省民办普通初中专任教师总数实现了大幅度的增加，为提高民办普通中学教育教学质量提供了强有力的保障。从绝对数量上看，普通初中专任教师总数、公办普通初中专任教师数和民办普通初中专任教师数分别由2015年的28.59万人、24.28万人和4.31万人增加到2020年的34.05万人、26.24万人和7.81万人，年均增长率分别为3.82%、1.62%和16.20%；其中，民办普通初中专任教师增长速度尤为显著，分别比普通初中专任教师和公办普通初中专任教师的年均增长率高出12.39和14.59个百分点，如图7-15所示。

---

① 含教育部门、地方其他部门和地方企业

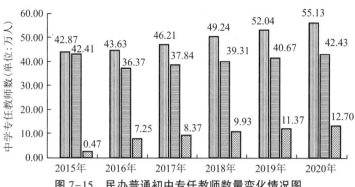

图 7-15 民办普通初中专任教师数量变化情况图

从相对数量上看,民办普通初中专任教师占全省普通初中专任教师总数的比例由2015 年的 15.09%提高至 2020 年的 22.94%,提高了 7.85 个百分点。"十三五"期间,随着全省义务教育事业的发展,民办普通初中以专任教师为代表的核心办学条件实现了大幅度的提高,为提高教育教学质量奠定了坚实的基础。

综上所述,在我国全面普及义务教育的进程中,河南省贯彻义务教育均衡发展政策,民办小学和普通初中得到了良好的发展,民办小学和普通初中的办学条件得以迅速实现了较大幅度的提高,但是与公办义务教育阶段学校相比,民办义务教育学校在"十三五"期间的发展主要是属于补偿性发展,民办学校的办学条件与公办学校之间尚存在一定的差距。

3.民办高中教育办学条件变化情况

(1)民办普通高中办学条件变化情况

"十三五"期间,河南省民办普通高中专任教师整体上实现大幅度增加为提高全省民办普通高中教育教学质量提供了强有力的保障。从绝对数量上看,普通高中专任教师总数、公办普通高中专任教师数和民办普通高中专任教师数分别由 2015 年的 11.40 万人、8.97 万人和 2.43万人增加到 2020 年的 17.31 万人、12.43 万人和 4.88 万人,年均增长率分别为 10.37%、7.73%和20.09%;其中,民办普通高中专任教师数增长速度尤为显著,分别比普通高中专任教师总数和公办普通高中专任教师数的年均增长率高出 9.73 和 12.73 个百分点,如图 7-16 所示。

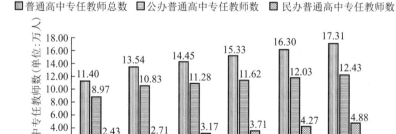

图 7-16 民办普通高中专任教师数量变化情况图

从相对数量上看,民办普通高中专任教师占全省普通高中专任教师总数的比例由2015 年的 21.35%提高至 2020 年的 25.33%,提高了 8.82 个百分点。"十三五"期间,随着全省高中教育规模的扩大,民办普通高中以专任教师为代表的核心办学条件实现了大幅度的提高,为提高教育教学质量奠定了坚实的基础。

(2)民办中等职业学校办学条件变化情况

"十三五"期间,全省民办中等职业学校专任教师整体上呈现出缩减的趋势。从绝对数量上看,中等职业学校专任教师总数和公办中等职业学校专任教师数分别由2015年的5.17万人和4.47万人减少到2020年的4.61万人和3.85万人,年均下降率分别为2.16%和2.80%;而同期民办中等职业学校专任教师数呈现小幅度的增加,由2015年的0.69万人增加到2020年的0.76万人,年均增长率为1.94%,如图7-17所示。

图7-17 民办中等职业学校专任教师数量变化情况图

从相对数量上看,民办中等职业学校专任教师占全省中等职业学校专任教师总数的比例由2015年的13.43%提高至2020年的16.52%,提高了3.09个百分点。"十三五"期间,随着全省高中教育规模的扩大民办中等职业学校以专任教师为代表的核心办学条件实现了一定幅度的提高,为提高教育教学质量奠定了坚实基础。

4.民办高等教育办学条件变化情况

"十三五"期间,全省民办普通高校专任教师整体上实现了大幅度的增长。从绝对数量上看,普通高校专任教师总数、公办普通高校专任教师数和民办普通高校专任教师数分别由2015年的9.80万人、7.73万人和2.07万人增加到2020年的13.34万人、9.85万人和3.49万人,年均增长率分别为7.21%、5.46%和13.77%,如图7-18所示;其中,民办普通高校专任教师规模年均增长速度远远高于普通高校专任教师总规模和公办普通高校专任教师规模的增长速度。

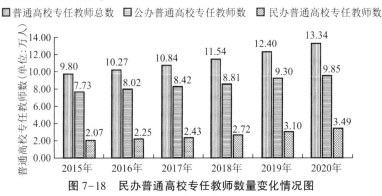

图7-18 民办普通高校专任教师数量变化情况图

从相对数量上看,民办普通高校专任教师占普通高校专任教师总数的比例由 2015 年的 21.09%提高至 2020 年的 26.17%,提高了 5.08 个百分点。"十三五"期间,随着全省普通高等教育规模的持续扩大,民办普通高校在大众化过程中以专任教师为代表的核心办学条件实现了一定幅度的提高,为提高教育教学质量奠定了坚实的基础。但是,从整体上讲,与公办普通高校相比,民办普通高校办学条件尚有很大提高空间。

(三)民办教育社会认可水平取得了新提升

考生的选择在一定程度上反映了社会对民办教育事业的认可和支持。考虑到数据的可得性,在这里仅选择使用各级各类民办教育的招生数变化以及各级各类民办教育招生规模占各级各类教育招生总规模比例的变化情况作为衡量民办教育社会认可度的评价指标。

1.民办幼儿教育招生数量变化情况

"十三五"期间,河南省幼儿园招生总数和民办幼儿园招生数分别由 2015 年的153.96 万人和 122.61 万人减少到 2020 年的 108.39 万人和 76.41 万人,分别减少了 45.57 万人和 46.20 万人,年均下降率分别为 5.92%和 7.54%;而同期公办幼儿园招生数由 2015 年的 31.35 万人增加到 2020 年的 31.97 万人,增加了 0.63 万人,年均增长率为 0.40%,如图 7-19 所示。

图 7-19　民办幼儿园招生数量变化情况图

从相对数量上看,同期民办幼儿园招生数占幼儿园招生总数的比例由 2015 年的 79.64%下降至 2020 年的 70.50%,下降了 9.14 个百分点,但是民办幼儿园招生数仍然保持在 70%以上;而公办幼儿园招生数占全省的比例由 2015 年的 20.36%提高至 2020 年的 29.50%,提高了 9.14 个百分点。

"十三五"期间全省对学前教育的投资力度逐渐加大,公办幼儿园的覆盖面不断拓宽,公办幼儿园的规模稳步扩大,收到了较好的办学效益和社会效益。

2.民办义务教育招生数变化情况

(1)民办小学教育招生数变化情况

"十三五"期间,河南省小学招生总数和公办小学招生数分别由 2015 年的 146.78 人

河南教育发展研究2021

和 128.79 万人减少到 2020 年的 133.61 万人和 108.87 万人,分别减少了 13.17 万人和 19.93万人,年均下降率分别为 1.79% 和 3.09%;民办小学招生数由 2015 年的 17.99 万人 增长到 2020 年的 24.74 万人,年均增长率为 7.54%,如图 7-20 所示。

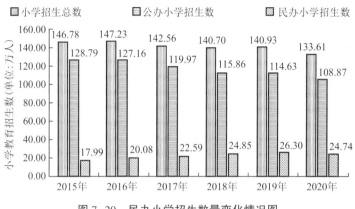

图 7-20　民办小学招生数量变化情况图

从相对数量上看,同期民办小学招生数占全省小学招生总数的比例由 2015 年的 12.25% 提高至 2020 年的 18.52%,提高了 6.27 个百分点;公办小学招生数占全省的比例 由 2015 年的 87.75% 下降至 2020 年的 81.48%,下降了 6.27 个百分点。

随着少子化时代的临近,全省小学招生总规模出现了显著的下降,但是,民办小学招 生规模却呈现出持续增长的趋势。这说明在全省财政性教育资源相对有限的条件下,无 法有效地满足广大民众对优质小学教育机会的需求,这在客观上为民办小学教育发展提 供了潜在的发展空间。

(2)民办普通初中教育招生数变化情况

"十三五"期间,河南省普通初中、公办普通初中和民办普通初中的招生数分别由 2015 年的 138.23 人、114.70 万人和 23.53 万人增加到 2020 年的 154.05 万人、120.38 万人 和 33.68 万人,分别增加了 15.82 万人、5.67 万人和 10.15 万人,年均增长率分别为2.29%、 0.99% 和 8.63%,如图 7-21 所示。

图 7-21　民办普通初中招生数量变化情况图

从相对数量上看,同期民办普通初中招生数占全省普通初中招生总数的比例由 2015 年的 17.02%提高至 2020 年的 21.86%,提高了 4.84 个百分点;公办普通初中招生数占全省的比例由 2015 年的 82.98%下降到 2020 年的 78.14%,下降了 4.84 个百分点。

在普通初中招生规模扩大的前提下,民办普通初中的招生规模也实现了持续快速扩张,而且在绝对增长速度上远快于公办普通初中。全省广大民众对优质民办普通初中教育的需求仍然很旺盛。

3.民办高中教育招生规模变化情况

(1)民办普通高中招生规模变化情况

"十三五"期间,河南省普通高中、公办普通高中和民办普通高中的招生数分别由 2015 年的 67.98 人、56.76 万人和 11.22 万人增加到 2020 年的 78.44 万人、58.57 万人和 19.87 万人,分别增加了 10.46 万人、1.81 万人和 8.65 万人,年均增长率分别为 3.08%、0.64%和 15.41%,如图 7-22 所示。

图 7-22　民办普通高中招生数量变化情况图

从相对数量上看,同期民办普通高中招生数占全省普通高中招生总数的比例由 2015 年的 16.51%提高至 2020 年的 25.33%,提高了 8.82 个百分点;公办普通高中招生数占全省的比例由 2015 年的 83.49%下降至 2020 年的 74.67%,下降了 8.82 个百分点。

在全省普通高中招生规模持续扩大条件下,民办普通高中的招生规模也实现了持续快速扩张,而且在增长速度上远远快于公办普通高中。全省广大民众对优质民办普通高中教育的需求仍然很旺盛。

(2)民办中等职业学校招生规模变化情况

"十三五"期间,河南省中等职业学校招生总数由 2015 年的 37.82 人增加到 2020 年的 40.96 万人,增加了 3.14 万人,年均增长率为 1.66%;民办中等职业学校招生数由 2015 年的 6.84 万人增加到 2020 年的 11.60 万人,增加了 4.76 万人,年均增长率为 13.93%。而同期公办中等职业学校招生数由 2015 年的 30.99 万人减少到 2020 年的 29.36 万人,减少了 1.62 万人,年均下降率为 1.05%,如图 7-23 所示。

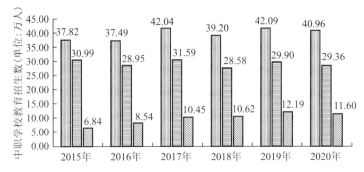

图7-23　民办中等职业学校招生数量变化情况图

从相对数量上看,同期民办中等职业学校招生数占全省中等职业学校招生总数的比例由 2015 年的18.08%提高至 2020 年的28.32%,提高了 10.24 个百分点;而同期公办中等职业学校招生数占全省的比例由 2015 年的81.92%下降到 2020 年的71.68%,下降了10.24 个百分点。

在全省中等职业学校招生规模持续扩大条件下,中等职业学校的招生规模也实现了持续快速扩张,而且在增长速度上远远高于中等职业学校平均增长速度。在全省经济社会发展全面转型背景下,经济社会发展需要大量应用性复合型人才,为民办中等职业教育发展提供了市场空间。

4.民办普通高等教育招生规模变化情况

"十三五"期间,河南省普通高校、公办普通高校和民办普通高校的招生数分别由 2015 年的55.42 人、43.42 万人和12.00 万人增加到 2020 年的82.80 万人、59.01 万人和23.79 万人,分别增加了 27.38 万人、15.60 万人和11.78 万人,年均增长率分别为9.88%、7.18%和19.63%,如图7-24 所示。

图7-24　民办普通高校招生数量变化情况图

从相对数量上看,同期民办普通高校招生数占全省普通高校招生总数的比例由 2015 年的21.66%提高至 2020 年的28.73%,提高了 7.07 个百分点;而同期公办普通高校招生数占全省的比例由 2015 年的78.34%下降至 2020 年的71.27%,下降了 7.07 个百分点。

这表明在高等教育大众化过程中,河南省民办普通高校的招生规模实现了持续快速扩张,而且在增长速度上远远高于普通高校招生规模的平均增长速度。

(四)河南省民办教育的规范管理取得了新成效

"十三五"期间,河南省坚持公办教育和民办教育统筹发展,各级政府把发展民办教育纳入国民经济和社会发展规划,坚持民办教育与公办教育协调发展、合理布局。民办教育管理法律法规体系日益完善、民办教育的政策扶持力度持续加强、民办教育管理和服务水平不断提高,产生了良好的社会效益。

1.民办教育管理法律法规体系日益完善

近年来,省委省政府高度重视民办教育工作,坚持把民办教育作为新的增长点和推动教育改革的重要力量,采取积极有效的政策措施,先后出台了一系列的政策法规,为全省民办教育事业的发展提供了完善的政策保障。

2017 年 2 月,为进一步促进全省民办教育持续健康发展,根据《中华人民共和国民办教育促进法》《国务院关于鼓励社会力量兴办教育促进民办教育健康发展的若干意见》(国发〔2016〕81 号)及《河南省人民政府关于加快推进民办教育发展的意见》(豫政〔2015〕76 号)要求,河南省教育厅《关于进一步规范民办学校办学行为促进民办教育健康发展的通知》(教政法〔2017〕641 号)分别从规范民间投资办学准入、强化日常办学行为监管、及时依法查处违法违规办学行为、及时依法查处违法违规办学行为等方面制定了翔实的政策措施。

2018 年 2 月,河南省人民政府出台了《关于鼓励社会力量兴办教育进一步促进民办教育健康发展的实施意见》(豫政〔2018〕6 号),分别从加强党对民办学校(含其他民办教育机构)的领导、创新体制机制、完善扶持制度、加快现代学校制度建设、提高教育教学质量、提高管理服务水平等六个方面有针对性出台了政策措施。

2019 年 3 月,为深入贯彻落实习近平总书记在省部级主要领导干部坚持底线思维着力防范化解重大风险专题研讨班上的重要讲话精神,平稳有序推进民办教育分类管理改革,防范和化解风险,规范民办教育发展,河南省教育厅印发了《关于全面开展民办学校规范办学防范化解风险专项行动的通知》(教政法〔2019〕175 号),分别围绕专项行动时间、范围、内容、行动安排及具体工作要求等方面制定了详细的政策,为河南省民办教育事业持续健康发展提供了完善的政策保障。

2.民办教育的政策扶持力度持续加强

"十三五"期间,省委、省政府高度重视民办教育工作,坚持把民办教育作为新的增长点和推动教育改革的重要力量,采取积极有效的政策措施,大力发展民办教育。省财政2012 年设立的民办教育发展专项资金,已由开始的 2 000 万元增长到 2018 年的 8 000 万元。全省许多地方创造性地制定政策,有效地吸引社会资本发展民办教育。比如,郑州市财政每年安排专项资金 5 000 万元用于吸引社会资本发展民办教育;洛阳市政府对新建、扩建民办学校的用地采取划拨方式优先供地,每年市财政拿出 2 800 万元用于支持民办教育发展;新乡市政府自 2017 年起设立支持民办教育发展资金,2017 年列入预算 150 万元。

此外,为了调动民办学校举办者加大投资力度,提高教育教学质量。河南省先后针对民办教育发展的"以奖代补"政策,数据表明,2018 年和2019 年度分别有 129 所和 134 所投资规模较大的民办学校获得省级财政奖励 2 620 万元和 2 680 万元。2020 年郑州城轨交通中等专业学校等 87 所民办学校获得 2020 年民办教育综合发展奖励项目奖励学校。

3.民办教育管理和服务水平不断提高

"十三五"期间,河南省认真贯彻和执行国家及河南省有关促进民办教育发展的政策措施,坚持"放管服"改革,在深入推进民办教育综合改革基础上,系统总结推广省不同地区民办学校的成功做法和经验;加强对民办学校周边环境的综合治理,依法打击干扰和破坏民办学校教育教学秩序的违法行为;加大对民办教育的宣传力度,表彰在民办教育改革发展中做出突出贡献的先进集体和个人,树立民办教育良好社会形象,努力营造全社会共同关心、共同支持民办教育发展的良好氛围。

如图 7-25 所示,为充分肯定民办学校为河南省教育事业做出的突出贡献,树立典型,正确引导民办学校规范办学,内涵发展,提升质量,走持续健康发展之路,"十三五"期间,每年经各地推荐和评选,省教育厅对评选出的民办教育先进个人予以表彰;对获得优秀民办学校称号的学校给予教学设备奖励。

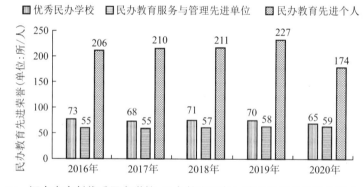

图 7-25　河南省表彰优秀民办学校、民办教育服务与管理先进单位及先进个人情况

二、民办教育发展存在的问题

从整体上讲,"十三五"期间河南省民办教育规模实现了新发展、办学质量得到了新加强、社会认可度迈上了新台阶,管理和服务水平实现了新提升。在看到这些成绩的同时,我们还应清醒地看到全省民办教育发展中办学同质化严重、综合竞争力相对较弱,民办教育发展不平衡不充分,民办教育教师队伍建设有待提升,政府对民办教育的管理和服务水平有待进一步提升等问题仍然存在。

(一)民办教育办学同质化严重,综合竞争力相对较弱

河南省作为一个地处内陆的人口大省、农业大省和教育大省,面临着"穷省办大教育"的困境。与东南沿海经济发达省区相比,在民办教育发展实践中的优势主要体现在市场优势上,在省教育财政资源相对有限的条件下,公办教育供给无法有效地满足广大民众对各级各类优质教育入学机会的需求,为各级各类民办教育的发展提供了广阔的市场空间。河南省经济社会发展水平整体不高,产业结构不够合理,以现代服务业为核心的第三产业所占的比例偏低。一方面,无法对各级各类民办教育提供强有力的财政支持;另一方面,各级各类教育发展过程中缺少与区域经济社会发展其他子系统之间的横向协同。部分民办学校未能把握住经济社会发展与教育发展整体变化趋势,发挥民办教育在体制和机制上的优势,在人才培养模式、教育教学方法、课程建设等方面未能构建特色化,办学同质化现象较为严重。民办基础教育发展基本上属于强升学导向的教育,民办学前教育和民办高等教育发展基本上处于以规模扩张为典型特征的外延式的补偿型发展阶段,整体竞争力不强,在全国缺少足够的显示度。此外,民办普通高等教育办学整体重心偏低,在43所民办普通高校中,民办普通本科高校仅有19所,而且大部分民办普通本科高校同时在本科和专科层次进行办学,民办普通本科高校在校生中专科生占过半数以上,河南省目前尚未有民办普通高校在硕士和博士学位授权点上获得突破。

根据《中国民办教育百强》榜的结果显示(见表7-1),2016年河南省只有郑州职业学院、河南建业外国语中学两所学校入围;2017年、2018年(商丘工学院、新乡学院三全学院、郑州枫杨外国语学校、郑州市第三中学)和2020年(黄河科技学院、郑州工商学院、郑州新奇中学、长葛市第三实验高级中学)分别均只有四所学校入围,这与河南省作为民办教育大省的身份很不相称。以2020年为例,同处于中部地区的湖南省和湖北省分别有7所和5所学校入围。

表7-1　河南省入围历届《中国民办教育百强》情况表

第一届中国民办教育百强(2016)	第二届中国民办教育百强(2017)	第三届中国民办教育百强(2018-2019)	第四届中国民办教育百强(2020-2021)
郑州城市职业学院	商丘工学院	商丘工学院	黄河科技学院
河南建业外国语中学	新乡学院三全学院	新乡学院三全学院	郑州工商学院
	郑州枫杨外国语学校	郑州枫杨外国语学校	郑州新奇中学
	郑州市第三中学	郑州市第三中学	长葛市第三实验高级中学

说明:根据历年评审结果整理而成。

导致河南省民办教育办学同质化和综合竞争力偏弱的主要原因为民办教育的生源基础较差和举办者投入不足。在现有的教育管理体制下,民办教育虽然已经成为我国教育体系的重要组成部分,但是与公办学校相比,无论是广大民众对其的认知态度以及在资源获取上均处于弱势地位。除少部分办学实力较强的民办学校之外,其他大部分民办学校在招生方面并没有多少话语权。以民办高校招生为例,目前只有黄河科技学院的部分专业纳入

到一本批次招生。与公办学校相比,民办学校的办学条件整体较差,部分民办学校甚至没有自己独立的办学校园及具有产权的校舍,租赁办学场地的现象也不同程度地存在,规模化、标准化或特色化民办学校的数量远低于公办学校。民办教育法律尚不够完善,大部分民办学校的举办者只是把教育投入作为经营性产业投资,追求短期利益最大化,不重视学校的持续投资和长远发展;加上部分投资者的资金相对有限,用于办学的资金不够稳定,在办学实践中重视硬件投资,轻视对教师建设和其他柔性的办学条件的投资。

(二)民办教育发展不均衡、不充分

"十三五"期间,河南省民办教育事业取得了不俗的成绩,但是作为民办教育大省,与经济发达的东南沿海相比,经济社会发展水平相对滞后,在一定程度上制约着民办教育发展的整体水平和办学质量的提高。当前,民办教育发展不平衡不充分的问题仍然存在,主要表现在城乡和区域布局不均衡、不充分两个方面。

1.城乡发展不均衡、不充分

(1)民办幼儿园城乡分布变化情况

"十三五"期间全省民办幼儿园总体上呈现出增长的趋势,但是在城乡之间存在较大的差异。从绝对数量构成上看,城区民办幼儿园数、镇区民办幼儿园数和乡村民办幼儿园数分别由 2015 年的 3 128 所、4 855 所、5 841 所增加到 2020 年的 4 314 所、6 760 所、7 154所;年均增长率分别为 7.58%、7.85%和 4.50%;其中城区和镇区民办幼儿园数年均增长速度均大于民办幼儿园总数的年均增长率 6.37%,如图 7-26 所示。

图 7-26　民办幼儿园城乡分布情况图

从相对数量构成上看,城区民办幼儿园和镇区民办幼儿园占民办幼儿园总数的比例分别由 2015 年的 22.63%、35.12%提高到 2020 年的 23.67%和 37.09%;分别提高了 1.04 和 1.97 个百分点;而同期乡村民办幼儿园占民办幼儿园总数的比例却由 2015 年的 42.25%下降到 39.25%,下降了 3.01 个百分点。

"十三五"期间,城区和镇区是民办幼儿园快速扩张的主战场,而乡村民办幼儿园数量增长速度相对有限,未来增长空间也相对有限。

(2)民办小学城乡分布变化情况

"十三五"期间,全省民办小学总体上呈现出增长的趋势,但是在城乡之间存在较大的差异。从绝对数量构成上看,城区民办小学数、镇区民办小学数和乡村民办小学数分别由 2015 年的 170 所、677 所和 805 所增加到 2020 年的 198 所、731 所和 965 所;年均增长率分别为 3.29%、1.60% 和 3.98%;其中城区和乡村民办幼儿园数年均增长速度均大于民办小学总数的年均增长率 2.93%,如图 7-27 所示。

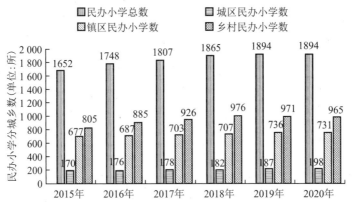

图 7-27　民办小学城乡分布情况图

　　从相对数量构成上看,城区民办小学和乡村民办小学数占民办小学总数的比例分别由 2015 年的 10.29% 和 48.73% 提高到 2020 年的 10.45% 和 50.95%;分别提高了 0.16 和 2.22 个百分点;而同期镇区民办小学占民办小学总数的比例却由 2015 年的 40.98% 下降到 2020 年的 38.60%,下降了 2.39 个百分点。"十三五"期间城区和乡村是民办小学数量增长的主体,而镇区民办小学数量增长相对滞后,未来发展空间相对有限。

　　(3)民办普通初中城乡分布变化情况

　　"十三五"期间,全省民办普通初中学校数量总体上呈现出缩减的趋势,但是在城乡之间存在较大的差异。从绝对数量构成上看,镇区民办普通初中数和乡村民办初中数分别由 2015 年的 127 所和 46 所缩减到 2020 年的 117 所和 33 所;年均下降率分别为 1.57% 和 5.65%;分别高于民办普通初中总数年均下降率 0.90%;而城区民办普通初中数却由 2015 年的 49 所增加到 2020 年的 62 所,年均增长率为 5.31%,如图 7-28 所示。

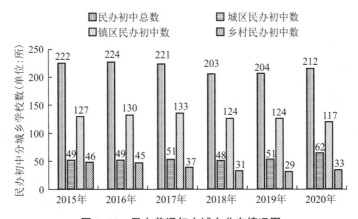

图 7-28　民办普通初中城乡分布情况图

　　从相对数量构成上看,镇区民办普通初中和乡村民办普通初中占全省民办普通初中总数的比例分别由 2015 年的 57.21%、20.72% 下降到 2020 年的 55.19% 和 15.57%;分别下降了 2.02 和 5.15 个百分点;而同期城区民办普通初中占民办普通初中总数的比例却由 2015 年的 22.07%提高到 2020 年的 29.25%,提高了 7.17 个百分点。

"十三五"期间,镇区和乡村民办普通初中学校数均出现了大幅度的缩减,尤其是乡村民办普通初中数量缩减的幅度更大;而城区民办普通初中数量却实现了大幅的增长,未来城区将会民办普通初中发展的新增长点。

(4)民办普通高中城乡分布变化情况

"十三五"期间,全省民办普通高中学校数量总体上呈现出快速增长的趋势,但是在城乡之间存在较大的差异。从绝对数量构成上看,城区、镇区和乡村民办普通高中数分别由 2015 年的 51 所、47 所和 2 所增加到 2020 年的 94 所、81 所和 11 所;年均增长率分别为 16.86%、14.74%和 90%;其中,城区和镇区民办普通高中数量年均增长速度稍低于民办普通高中的总增长速度 17.20%;而乡村民办普通高中数量年均增长速度远远高于民办普通高中总数的年均增长速度,如图 7-29 所示。

图 7-29   民办普通高中城乡分布情况图

从相对数量构成上看,城区和镇区民办普通高中占全省民办普通高中总数的比例分别由 2015 年的 51.00%和 47.00%下降到 2020 年的 50.54%和 43.55%,分别下降了 0.46 和 3.45 个百分点;而同期乡村民办普通高中占全省民办普通高中总数的比例却由 2015 年的 2.00%提高到 2020 年的 5.91%,提高了 3.91 个百分点。

"十三五"期间,城区、镇区和乡村民办普通高中数量都实现了不同程度的增长,但是乡村民办普通高中数量增长的幅度远远大于城区和镇区民办普通高中,预示着未来乡村民办普通高中将会有更大的增长空间。

2.区域发展不均衡、不充分

区域布局结构是反映民办教育发展水平的一个重要指标,学界一般用各地区民办学校数与民办学校在校生数及其占民办学校总数与民办学校在校生总数的比例作为评价民办教育区域均衡程度的评价标准。考虑到数据的可得性及其现实意义,在这里选择使用各地区民办学校数及其占全省民办学校总数的比例作为衡量全省民办教育区域发展均衡程度的评价指标。

(1)民办学前教育学校区域布局情况

河南省民办学前教育在不同地区之间存在较大的差异。从绝对数量来看,全省 18 个省辖市拥有民办幼儿园数量最多的 3 个地区分别由 2015 年的新乡市(1 422 所)、安阳市(1 373 所)、周口市(1 227 所)变为 2020 年的新乡市(1 684 所)、周口市(1 625)、南阳市(1 602 所)。全省民办幼儿园数排在后 3 位的地区均为漯河市、三门峡市和济源市,但是三个地区拥有民办幼儿园的数量分别由 2015 年的 307 所、257 所和 125 所变为 2020年的 356 所、320 所和 114 所,其中漯河市和三门峡市分别增加了 49 所和 63 所,而济源市民办幼儿园数减少了 11 所,如图 7-30 所示。

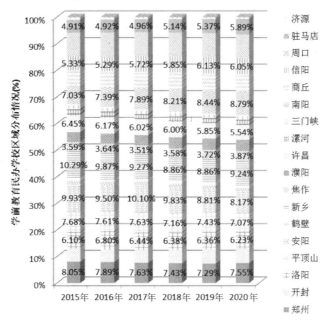

图 7-30 民办幼儿园区域分布情况图

从相对数量来看,民办幼儿园占全省民办幼儿园总数比例排在前 3 位的地区由 2015 年的新乡(10.29%)、安阳(9.93%)、周口(8.88%)变为 2020 年的新乡(9.24%)、周口(8.91%)、南阳(8.79%);民办幼儿园占全省民办幼儿园总数的比例排在后 3 位的地区均为漯河、三门峡和济源三个地区,但是这三个地区所占的比例分别由 2015 年的 2.22%、1.86%和 0.90%变为 2020 年的 1.95%、1.76%和 0.63%,分别下降了 0.27、0.10 和 0.28 个百分点。

无论是从绝对数量上看,还是从相对数量上看,民办幼儿园规模较大的地区既有像周口市和南阳市人口规模较大的地区,又有人口规模相对适中但是教育发展水平相对较高的安阳市和新乡市;但是民办学前教育规模相对较小的地区基本上属于人口规模相对较小的地区。全省民办学前教育区域发展水平不仅受各地区的人口数量的影响,还受当地教育发展水平程度的影响。

(2)义务教育学校区域布局情况

全省民办小学教育在不同地区之间存在较大的差异。从绝对数量来看,在全省 18个省辖市拥有民办小学数最多的 3 个地区分别为周口市、驻马店市和商丘市三个地区,其数量分别由 2015 年的 340 所、188 所和 143 所增加到 2020 年的 374 所、213 所和 191所,分别增加了 34 所、25 所和 48 所;全省拥有民办小学数排在后 3 位的地区分别为漯河市、三门峡市和济源市三个地区,如图 7-31 所示。

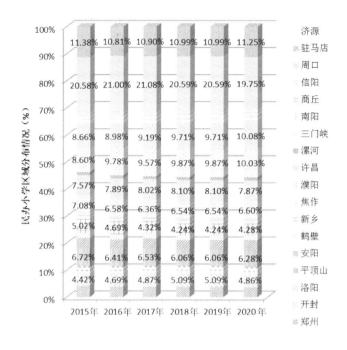

图 7-31 民办小学区域分布情况图

从相对数量来看,民办小学占全省民办小学总数的比例排在前 3 位的地区分别为周口市、驻马店市和商丘市三个地区,其中漯河市和三门峡市民办小学数占全省民办小学总数的比例分别由 2015 年的 20.58% 和 11.38% 下降至 2020 年的 19.75% 和 11.25%,分别下降了 0.83 和 0.13 个百分点;而同期商丘市民办小学占全省民办小学总数的比例由 2015 年的 8.66% 增加到 2020 年的 10.08%,提高了 1.43 个百分点。民办小学数占全省民办小学总数比例排在后 3 位的地区分别为漯河、三门峡和济源三地,其中漯河和三门峡市民办小学数占全省民办小学总数的比例分别由 2015 年的 1.09% 和 0.18% 提高到 2020 年的 1.11% 和 0.26%,分别提高了 0.02 和 0.08 个百分点。

无论是从绝对数量上看,还是从相对数量上看,民办小学数量较多和相对规模较大地区基本上分布在周口市、驻马店市和商丘市等人口规模相对较大,而经济社会发展相对滞后的地区;但是民办小学数量及相对规模相对较小的地区基本上属于人口规模相对较小,经济社会发展相对滞后的地区。民办小学教育区域发展水平主要是受各地区的人口规模和经济社会发展水平的影响。

全省民办普通初中教育在不同地区之间存在较大的差异。从绝对数量来看,在全省 18 个省辖市拥有民办普通初中数最多的 3 个地区分别由 2015 年的周口市(143 所)、驻马店市(64 所)和商丘市(62 所)变为 2020 年的周口市(166 所)、郑州市(96 所)和商丘市(82 所);全省拥有民办普通初中数排在后 3 位的地区分别由 2015 年的漯河市、三门峡市和济源市变更为 2020 年的鹤壁市(10 所)、漯河市(7 所)和济源市(3 所)。总体上民办初中绝对数量增加较多的地区分别为郑州市(36 所)、南阳市(29 所)、周口市(23 所)、平顶山市(20 所)、商丘市(20 所)等地区;数量增长相对较少的地区主要有:濮阳市(2

所)、漯河市(1所)、济源市(1所);只有鹤壁市民办普通初中数量减少了6所。

从相对数量来看,民办普通初中占全省民办普通初中总数的比例排在前3位的地区分别由2015年的周口市(19.97%)、洛阳市(8.94%)和商丘市(8.66%)变更为周口市(17.64%)、郑州市(10.20%)和商丘市(8.71%)。民办普通初中数占全省民办普通初中总数比例排在后3位的地区分别由2015年的漯河市(0.84%)、三门峡(0.28%)和济源(0.28%)变为2020年的鹤壁市(1.06%)、漯河市(0.74%)、济源市(0.32%),如图7-32所示。

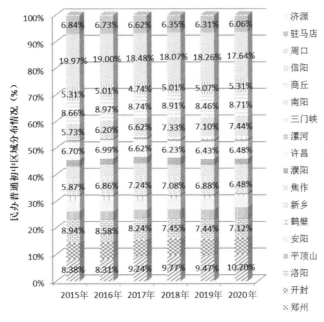

图7-32 民办普通初中区域分布情况图

无论是从绝对数量上看,还是从相对数量上看,"十三五"期间各地区民办普通初中数量整体上波动较大,各地区拥有民办普通初中数量均出现了不同程度的增加,民办普通初中数量增加幅度较大和相对规模增长较大的地区主要分布在经济社会发展水平和教育整体水平均较高的地区。民办普通初中教育区域发展水平主要是受各地区教育整体发展水平和经济社会发展水平的影响。

(3)民办高中教育区域布局情况

全省民办普通高中教育在不同地区之间存在较大的差异。从绝对数量来看,在全省18个省辖市拥有民办普通初中数最多的3个地区分别由2015年的郑州市(47所)周口市(21所)和洛阳市(18所)变为2020年的郑州市(56所)、南阳市(40所)、新乡市(33所);全省拥有民办普通高中数排在后3位的地区分别由2015年的济源市(2所)、三门峡市(1所)、漯河市(0所)变更为2020年的漯河市(4所)、三门峡市(4所)和济源市(2所),如图7-33所示。总体上民办普通高中绝对数量增加较多的地区分别为:南阳市(27所)、安阳市(18所)、新乡市(17所)、平顶山市(11所)等地区,这些地区均为人口规模相对较大,教育发展整体水平相对高、经济社会发展水平相对滞后地区;数量增加相对较少的地区主要有:三门峡市(3所)和焦作市(2所)、济源市(0所),其中三门峡和济源市主要是由于人口规模相对较小,焦作市属于基础教育整体发展水平相对较高,整体上对民办教育发展需求相对较小所致。

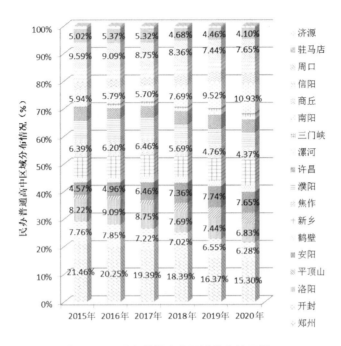

图 7-33　民办普通高中区域分布情况图

从相对数量来看,民办普通高中占全省民办普通高中总数的比例排在前 3 位的地区分别由 2015 年的郑州市(21.46%)、周口市(9.59%)、洛阳市(8.22%)变更为郑州市(15.30%)、南阳市(10.93%)和新乡市(9.02%)。民办普通高中数占全省民办普通高中总数比例排在后 3 位的地区均为济源市、三门峡市和漯河市,其中漯河市和三门峡市两地民办普通高中数占全省的比例分别由 2015 年的 0.00% 和 0.46% 提高到 2020 年的1.09%,分别提高了 1.09 和 0.64 个百分点;而济源市民办普通高中数占全省的比例由2015 年的 0.91% 下降至 2020 年的 0.55%,下降了 0.37 个百分点。

无论是从绝对数量上看,还是从相对数量上看,"十三五"期间各地区民办普通高中数量整体上波动较大,各地区拥有民办普通高中数量均出现了不同程度的增加,民办普通高中数量较多增加幅度和相对规模增长较快的地区主要分布在人口规模较大和教育整体水平均较高的地区。民办普通高中教育区域发展差异主要是受各地区人口规模和教育整体发展水平的影响。

全省民办中等职业教育在不同地区之间存在较大的差异。从绝对数量来看,在全省18 个省辖市拥有民办中等职业学校数最多的 3 个地区分别为郑州市、南阳市和洛阳市三个地区,分别由 2015 年的 53 所、28 所和 25 所变为 2020 年的 55 所、27 所和 8 所,如图7-34所示。全省拥有民办中等职业学校数排在后 3 位的地区分别为驻马店市、鹤壁市和济源市,其中驻马店市由 2015 年的 2 所下降为 2020 年的 1 所,鹤壁市和济源市均没有民办中等职业学校。

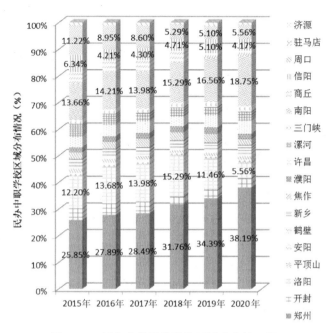

图 7-34 民办中等职业学校区域分布情况图

从相对数量来看,民办中等职业学校占全省民办中等职业学校总数的比例排在前 3 位的地区均为郑州市、南阳市和洛阳市,其中郑州市和南阳市民办中等职业学校占全省的比例分别由 2015 年的 25.85% 和 13.66% 提高到 2020 年的 38.19% 和 18.75%,分别提高了 12.34 和 5.09 个百分点;而同期洛阳市民办中等职业学校数占全省的比例由 2015 年的 12.20% 下降至 2020 年的 5.56%,下降了 6.64 个百分点。民办中等职业学校占全省的比例排在后 3 位的地区均为驻马店市、鹤壁市和济源市,其中驻马店市民办中等职业学校占全省的比例由 2015 年的 0.98% 下降至 2020 年的 0.69%,下降了 0.28 个百分点。

无论是从绝对数量上看,还是从相对数量上看,"十三五"期间各地区民办中等职业学校数量波动较大,整体上呈现萎缩的趋势,各地区拥有民办中等职业学校数量均出现了不同程度减少,民办中等职业学校数量减少和相对规模下降幅度较大地区主要分布在人口规模较小、教育整体水平均较低以及经济社会发展发展水平相对滞后地区。民办中等职业教育区域发展差异主要是受各地区人口规模、教育整体发展水平和经济社会发展水平的影响。

(4)民办高等学校区域布局情况

全省民办普通高等教育在不同地区之间存在较大的差异。从绝对数量来看,在全省 18 个省辖市拥有民办普通高校数较的地区分别为郑州市 22 所,信阳市和新乡市均为 3 所,商丘市、焦作市、鹤壁市和安阳市均为 2 所;许昌市、濮阳市、南阳市、漯河市、洛阳市、开封市和周口市分别拥有 1 所;而三门峡市、济源市、驻马店市和平顶山市四个地区没有 1 所民办普通高校,如图 7-35 所示。

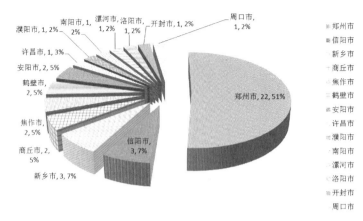

图 7-35　民办普通高校区域分布情况图

从相对数量来看,民办普通高校数占全省比例比较高的地区主要有:郑州市、新乡市和信阳市,其中,郑州市民办普通高校占全省民办普通高校总数的一半以上,占比为51%。而濮阳市、南阳市、漯河市、开封市和周口市民办普通高校占全省的比例仅为2%。

无论是从绝对数量上看,还是从相对数量上看,"十三五"期间各地区民办普通高校数量波动相对不大,虽然整体上呈现出持续增长的态势,但是与东南沿海经济发达地区相比,增长的幅度相对有限。民办普通高等学校主要集中教育整体水平和经济社会发展水平均较高的少部分大城市。民办普通高等教育区域发展差异主要是受各地区教育整体发展水平和经济社会发展水平的影响。

(三)民办教育师资队伍建设水平有待提升

以师资力量为核心的办学条件,是提高教育教学质量的前提。在我国现有的管理体制下,与公办学校相比,民办学校由于受制于体制和编制的限制,在师资队伍建设实践中面临着各种现实困境,师资队伍建设是制约民办教育事业发展的核心性问题之一。实践中,学界一般用专任教师数占教职工总数的比例,师均指导学生数,兼职教师占专任教师的比例等指标来衡量教师数量指标,用教师的职称结构、学历结构等来衡量师资力量的质量评价标准。在现有管理体制下,我国各级各类教育教师准入资格标准由各级教育行政部门制定,公办和民办学校在教师准入资格上并没有实质性的差异,当前制约我国民办教育事业发展的核心问题主要表现为数量的充足性问题,教师的质量因素虽然也在某种程度上影响我国各级各类民办教育的发展,但不是当前阶段的核心矛盾。考虑数据的可得性,在这里选择使用师均指导学生数,也即平均每名专任教师对应的学生数作为衡量民办教师队伍充足性的核心性评价指标,师均指导学生数越低,教师的充足性相对越高;反之,则教师的充足性相对越低。

1.民办学前教育师资充足性分析

"十三五"期间,伴随着全省学前教育规模的稳步扩大,学前教育的师资充足性水平也实现了一定的提高。但是民办幼儿园和公办幼儿园之间存在较大的差异。从绝对数量上看,幼儿园师均指导学生数以及公办幼儿园、民办幼儿园的师均指导学生分别由

2015 年的 24 人、38 人和 20 人减少到 2020 年的 18 人、25 人和 16 人;其中普惠性民办幼儿园师均指导学生数由 2016 年的 20 人减少至 2020 年的 17 人,如图 7-36 所示。

图 7-36　民办幼儿园师均指导学生数变化情况图

在学前教育阶段,与公办幼儿园相比,全省民办学前教育的师资队伍相对更为充足一些,民办学前教育的质量是有保证的。民办学前教育现有师资能够支持其进一步扩大教育规模,民办学前教育发展具有相当大的发展空间。

2.民办义务教育教师充足性分析

(1)民办小学阶段师资队伍的充足性分析

"十三五"期间,伴随着全省义务教育普及化进程的深入推进,义务教育师资队伍建设整体稳步推进。在小学阶段,因不同举办者投入力度差异导致民办小学和公办小学之间存在较大的差异。从绝对数量上看,公办小学的师均指导学生由 2015 年的 19 人减少到 2020 年的 18 人;而民办小学师均指导学生数由 2015 年的 30 人提高至 2020 年的 33 人,如图 7-37 所示。

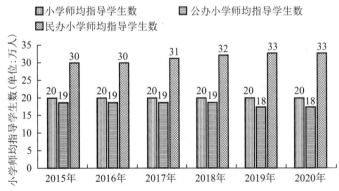

图 7-37　民办小学师均指导学生数变化情况图

在小学教育阶段,与公办小学相比,民办小学教育的师资队伍充足性相对较差,民办小学举办者未能尽到足够的投入责任。各级教育行政部门应该给予足够的重视,进一步加大落实民办学校举办者的投入责任,加强对民办小学以教师队伍为核心的办学条件的重视力度,切实保障民办小学阶段的教育教学质量。

(2)民办普通初中师资充足性分析

"十三五"期间,伴随着全省义务教育普及化进程的深入推进,义务教育师资队伍建设整体稳步推进。在普通初中阶段,因不同举办者投入力度差异导致民办普通初中和公办普通初中之间存在一定的差异。从绝对数量上看,公办普通初中的师均指导学生一直维持在 13～14 人;而民办普通初中的师均指导学生数相对较多,普遍在 13～16 人波动,但是整体上呈现出下降趋势,如图 7-38 所示。

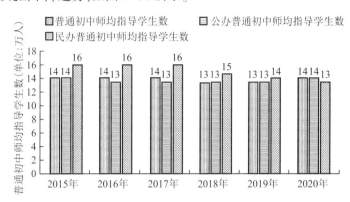

图 7-38 民办普通初中师均指导学生数变化情况图

在初中教育阶段,与公办普通初中相比,民办普通初中的师资队伍充足性相对稍微差一些,但是整体上呈现出充足性逐渐加强的趋势。各级教育行政部门应该给予足够的重视,进一步加大落实民办普通初中举办者的投入责任,加强对民办普通初中以教师队伍为核心的办学条件的重视力度,切实保障民办义务教育阶段的教育教学质量。

3.民办高中教育师资充足性分析

(1)民办普通高中学校师资充足性分析

"十三五"期间,伴随着全省高中教育普及化进程的逐步推进,普通高中规模实现了较大幅度的扩大,普通高中师资队伍建设成效显著,师资队伍的充足性得到了稳步提升。不同举办者类型普通高中的师资队伍充足性存在较大差异。公办普通高中和民办普通高中的师均指导学生数分别由 2015 年的 18 人和 12 人减少至 14 人和 11 人,其中,民办普通高中的师均指导学生数下降的程度不如公办普通高中大,但是民办普通高中的师均指导学生数远远小于公办普通高中,如图 7-39 所示。

图 7-39 民办普通高中师均指导学生数变化情况图

在我国现有的教育管理体制下,与公办普通高中相比,民办普通高中主要依靠市场来获取办学资源,为了获得学生和家长的认可,更为注重在以师资力量为核心的办学条件上加大投入,民办普通高中的师资队伍相对充足,民办普通高中的办学质量是有保障的,民办普通高中在未来尚具备一定的规模扩张潜力。

(2)民办中等职业学校师资充足性分析

"十三五"期间,伴随着全省高中教育普及化进程的逐步推进,以及"普职分流"政策的实施,中等职业学校的规模虽然也有了一定的扩大,但是扩张的幅度不如普通高中规模扩张的程度大。中等职业学校师资充足性呈现下降趋势,但是不同类型中等职业学校在师资充足性上存在较大差异。公办中等职业学校和民办中等职业学校的师均指导学生数分别由 2015 年的 19 人和 24 人提高至 22 人和 41 人,其中,民办中等职业学校的师均指导学生数减少的幅度远高于公办中等职业学校,如图 7-40 所示。

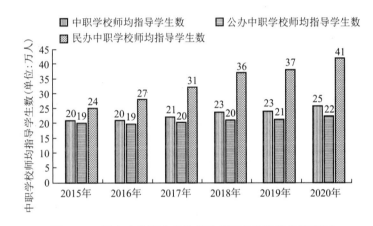

图 7-40　民办中等职业学校师均指导学生数变化情况图

在我国现有的教育管理体制下,与公办中等职业学校相比,民办中等职业学校由于缺少编制,在师资队伍建设上面临诸多障碍和困难,民办中等职业学校的师资充足性较差,办学质量得不到有效的保障,不具备进一步扩大规模的条件。应引起各级教育行政部门的重视,进一步督促举办者加大办学投入,切实保障办学质量。

4.民办普通高等教育师资充足性分析

"十三五"期间,伴随着全省高等教育普及化的实现,普通高等教育规模实现了迅猛扩张。普通高等教育发展的师资充足性呈现下降趋势,但是不同类型普通高等学校在师资充足性上存在一定的差异。其中公办普通高等学校和民办普通高校的师均指导学生数分别维持在 18 人和 19 人,按照教育部普通本科教学合格评估的标准,师生比达到1∶18为合格,从绝对数量上看,民办普通高校的师均指导学生数稍高于公办普通高校,如图7-41所示。

图7-41　民办普通高校师均指导学生数变化情况图

在我国现有的教育管理体制下,与公办普通高校相比,民办普通高校由于缺少编制以及福利待遇低等因素,对高层次人才缺少足够的吸引力,在师资队伍建设上面临诸多障碍和困难,民办普通高校的师资充足性相对较差,办学质量得不到有效的保障。应引起教育行政部门的重视,进一步督促举办者加大办学投入,切实保障办学质量。

(四)政府对民办教育的管理和服务有待进一步提高

1.管理存在"越位",民办学校办学自主权不够充分

目前,河南省教育领域"放、管、服"改革尚不够到位,现代学校制度在各级各类学校办学实践中尚未真正得以建立,教育行政部门对各级各类学校的办学活动管得过多、过细的局面尚未彻底得以改变。教育行政部门对民办教育事业管理存在一定的"越位"现象,各级各类民办学校的办学自主权不够充分。比如,民办学校在招生比例设置、收费标准制定、课程教材的选用等本身属于学校内部治理问题上的办学自主权不充分,政府的干预和介入太多,民办学校的自主发展空间受到较大的束缚和限制,不利于各级各类民办学校差异化和特色化发展。

据了解,当前虽然出台了一系列规范民办学校收费的政策,给予各级各类民办学校以一定的自主权限,其中非营利性民办学校收费实行政府指导价,逐步实行市场调节价,并严格执行收费公示制度;营利性民办学校收费实行市场调节价,具体收费标准由民办学校自主确定。但是在管理实践中,政府对各级各类民办教育学费又有最高价格限制,比如,当前民办普通高校和中外合作办学的学费不能超过1.8万元/生/年的标准,不仅远远低于经济发达地区10万元/生/年的标准,甚至也低于经济社会发展相对滞后的中西部地区的平均水平。这在客观上严重制约着民办普通高等教育和中外合作办学机构和项目的办学质量和综合竞争力的提高,尤其是不利于引进高水平中外合作办学项目和机构来豫办学。

2.责任存在"缺位",管理实践中"重审批,轻监管"

由于经济社会发展成熟度相对较低,社会各界尤其是教育行政管理部门对民办教育事业的理解和认识上尚存在一定的误区,在对民办教育管理中存在"重审批,轻监管"的

责任"缺位"现象。各级教育行政部门对民办学校的管理重视事前审批,事中和事后的监管相对不足。管理实践中对各级各类民办学校办学过程中出现的各种违法违规办学行为,相关部门缺少有效的规范机制和措施。

全省各个地区经济社会发展差异较大,尤其是部分经济社会发展相对落后地区,在政府教育财政投入能力相对有限的条件下,区域内广大民众对优质民办教育入学机会的需求非常强烈和迫切。部分地区甚至把引进民办教育机构纳入当地招商引资的整体规划中,作为考核行政人员政绩的主要依据和标准,在吸引民办学校的办学者前来办学之时,往往给予各种优惠政策的许诺,但是,等民办学校办学投资项目落地后进入实施阶段时,很多政策往往无法及时兑现,给民办学校的日常运行和办学质量的提升带来了极大的困难,甚至出现部分民办学校落地后无法正常运转的局面。

3.管理手段单一,管理和服务水平有待进一步提升

河南省地处内陆中原腹地,经济社会发展水平相对较低,民营经济虽然起步较早,目前也具备了一定的规模,但是与东南沿海经济发达地区相比,民营经济发展活力及管理体系成熟度等方面仍然处于较低的水平,这在客观上制约着政府管理理念和制度体系的提升与完善。具体到教育行政管理实践中,由于各级教育行政部门对民办教育的本质缺乏全面的认识,对民办学校的管理基本上是套用公办学校管理办法为主。在民办教育管理实践中,往往采用单一的行政手段,用行政管理逻辑代替教育逻辑和市场逻辑,对民办教育管理中的经济手段和法律手段运用相对不足。

此外,在民办教育管理实践中,对民办教育的优惠政策往往涉及财政、税务、国土和社会保障等多部门,但是不同部门之间的法律法规和利益在不同程度上存在矛盾和冲突,导致在实际执行中效果较差。当前对营利性和非营利性民办学校、不同层级和类型的民办学校以及不同地区民办学校的管理在实践中并未有实质性的差异。

三、民办教育发展对策与展望

随着社会各界对民办教育本质属性认识的不断深入,我国民办教育已经由"公办教育的必要补充"、"教育事业的重要组成部分"转变为"成为教育改革和发展的重要力量",今后国家对民办教育的政策将以"规范管理"为主。河南省作为全国民办教育大省之一,民办教育在教育发展中具有举足轻重的作用,尤其是当前正处于由教育大省向教育强省、人力资源大省向人力资源强省转变的关键时期。省情决定了我们要从战略和全局的高度,充分认识加快民办教育发展的重要性和紧迫性,加强对民办教育的规范管理,确保民办教育的公益性;坚持规模、结构和质量并重,提升综合竞争力;加大公共财政投入,提高民办教育的办学质量;提高管理与服务水平,为民办教育发展营造良好的氛围,推进民办教育事业持续健康快速发展,努力满足人民群众多样化的教育需要。

(一)加强对民办教育的规范管理,确保民办教育的公益属性

民办教育是我国社会主义教育事业的重要组成部分,是教育事业发展的重要增长点

和促进教育改革的重要力量。民办教育的发展,培养了大批各类人才,在拓宽教育投入渠道、优化教育资源配置、增强教育发展活力、满足人民群众多样化教育需求等方面发挥了重要作用。今后我们必须进一步增强对民办教育的规范管理力度,确保民办教育的公益属性。按照积极鼓励、大力支持、正确引导、依法管理的原则,有效增加民办教育制度供给,激发民办教育内生动能,进一步挖掘创新潜能,着力发展更加优质更具特色的民办教育。

对于民办基础教育来讲,应进一步鼓励社会力量参与举办普惠性民办幼儿园,坚持科学保教,防止和纠正"小学化"现象;强化对民办义务教育阶段学校的基本办学条件、招生入学行为、教育教学、财务行为、学校名称等方面的监管,中小学校要严格执行国家课程方案和课程标准,坚持特色办学、优质发展,满足多样化需求;进一步规范公办学校举办或参与举办民办义务教育学校行为,理顺"公参民"学校体制机制,对民办义务教育学校占用教师编制等公办教育资源的,有计划有步骤开展清理规范工作;停止审批新的民办义务教育学校。中等职业院校要明确技术技能人才培养定位,服务区域经济和产业发展,深化产教融合、校企合作,提高技术技能型人才培养水平。鼓励民办普通高中发挥体制机制优势,在办学多元化和特色化上进行积极探索和尝试,满足广大民众对优质普通高中教育机会的差异性需求。

对于民办高等教育来讲,应充分发挥民办学校体制优势,通过专业共建、课程共建、师资共享等方式,推动校企深度融合,提升专业建设水平;打造一批民办教育特色专业建设基地、民办教育产教融合实训基地、民办教育发展政策研究基地。鼓励举办应用技术类本科高校,培养适应经济结构调整、产业转型升级和新产业、新业态、新商业模式需要的人才;支持符合条件的民办本科院校申报学士、硕士和博士学位授予单位。

(二) 坚持规模、结构、质量并重,提升河南省民办教育综合竞争力

河南省作为一个传统的人口大省,当前人口增长的"红利期"尚未达到峰值,为民办教育事业发展提供了广阔的市场空间,这在一定程度上也是导致目前民办教育事业发展大而不强的一个客观因素。从整体上讲,全省民办教育发展目前主要处于一个以规模扩张为特征的外延式发展模式。

随着《中华人民共和国民办教育促进法》(修正案)(2016.11.07)的深入推进,尤其是《民促法》"民办学校的举办者可以自主选择设立非营利性或者营利性民办学校。但是,不得设立实施义务教育的营利性民办学校。"这就意味着未来义务教育阶段严格禁止营利性的民办学校存在。河南省作为传统的教育大省,义务教育阶段民办学校所占的比例仍相对较高,面临着较大的义务教育阶段民办学校转设和退出压力。从当前民办教育发展实践来看,民办学前教育和民办普通高中教育仍有相当大的发展空间,而民办义务教育发展空间相对有限;民办中等职业教育发展存在较大的困难,生存形势相当严峻;民办普通高等教育发展仍大有作为。

各级政府应该主动把民办教育发展纳入到区域经济社会发展全局的高度,及早树立坚持规模、结构、质量和效益并重的发展理念,在具体的办学实践中,要因地因时制宜,走差异化发展的道路,对于民办教育发展实践中性质不同的问题,要抓主要矛盾,比如,对

于民办教育发展的实践中的规模、结构和质量等不同性质的问题,不同地区可以在民办教育的规模、结构、质量和效益上有所侧重;对于民办教育发展实践中性质相同的问题,要抓矛盾的主要方面,比如,对于民办教育发展的结构问题,不同地区可以在民办教育的层级类型结构、区域布局结构、城乡结构上有不同的侧重,以调动各地区在民办教育发展上的积极性和主动性,为推进全省民办教育由当前以规模扩张为主的外延式发展模式向以质量提升为主内涵式发展模式转变创造条件,最大限度地提升全省民办教育发展的综合竞争力。

(三)加大公共财政投入,切实提高民办教育办学质量

与公办学校相比,各级各类民办学校以师资力量为核心的办学条件整体上相对较差,无法有效地保证民办教育的办学质量。因此,各级政府应该进一步加大公共财政对民办教育的扶持力度,加强推进各级各类民办学校以师资力量为核心的办学条件建设,切实提高民办教育的办学质量。

各级政府要进一步加大对民办教育的财政扶持力度,年度教育经费安排要统筹考虑公办和民办教育发展需要。要充分发挥财政资金的引导和杠杆作用,鼓励民间资金投资教育。对民间资金捐资助学或者办学的,可以按照捐赠额的一定比例拨付配套资金予以支持;对民间资金一次性投资规模较大的,可给予所办学校一定的资金奖励和人才支持。为鼓励和引导民间资金投入发展教育,省级财政应进一步加大对民办教育的支持力度。各市、县级政府要结合本地实际,专门安排资金支持民办教育发展。同时要进一步落实鼓励捐资助学的相关优惠政策措施,积极引导和鼓励企事业单位、社会组织和个人面向民办学校设立奖助学金。

各地区要将民办学校教师纳入教师队伍建设整体规划,与公办学校教师同步培训、同步表彰奖励。进一步规范教师选聘标准与流程,严把入口关,民办学校聘任的教师应当具备国家规定的任教资格。民办学校每年要从学费收入中安排一定比例的专项资金用于教师培训,确保教师的政治素质和专业水平得到提升。

(四)提高管理和服务水平,为民办教育发展营造良好外部环境

进一步在教育系统深入推进"放、管、服"改革,逐步扩大民办学校办学自主权。在切实加强民办学校党的建设基础上,以现代学校建设为抓手,完善理事会领导下的校长负责制建设,推进民办学校法人治理结构,进一步建立和健全民办学校财务管理制度。各级政府及教育行政部门的工作人员应该加强对民办教育事业本质的科学理解和认识,树立为民办教育机构服务的科学理念,在政府宏观调控下,为民办学校依法自主办学和管理活动积极创造条件。

首先,应强化不同部门横向之间的协调机制。各级政府要将发展民办教育纳入当地经济社会发展和教育事业整体规划,加强制度建设、标准制定、政策实施、统筹协调等工作。建立完善由教育部门牵头,编办和发展改革、公安、民政、财政、人力资源社会保障、国土资源、住房城乡建设、人行、税务、工商、银监、证监等部门参加的联席会议制度,协调

解决民办教育发展中的重点难点问题。要将鼓励支持社会力量兴办教育作为考核各级政府改进公共服务方式的重要内容。

其次,应改进政府管理方式。各级政府和行政管理部门要积极转变职能,减少事前审批,加强事中事后监管,提高服务水平,不得影响民办学校正常的教育教学秩序。进一步清理涉及民办教育的行政许可事项,简化许可流程,规范许可工作,向社会公布权力清单、责任清单,严禁法外设权。对民办学校投资建设的项目实行备案管理。

再次,应进一步健全监督管理机制。加强民办教育管理机构建设,强化民办教育督导,完善民办学校年度报告和年度检查制度。加强对新设立民办学校举办者的资格审查。完善民办学校财务会计制度、内部控制制度、审计监督制度,加强风险防范。建立民办学校信息强制公开制度、违规失信惩戒机制,将违规办学的学校及其举办者和负责人纳入"黑名单"。健全联合执法机制,加大对违法、违规办学行为的查处力度,对违法、违规办学行为实行"零容忍"。大力推进管办评分离,建立民办学校第三方质量认证和评估制度。教育行政管理部门应根据评估结果,对办学质量不合格的民办学校予以警告、限期整改直至取消办学资格

此外,还可以充分发挥行业组织作用,积极培育民办教育行业组织,支持行业组织在行业自律、交流合作、协同创新、履行社会责任等方面发挥桥梁和纽带作用。依托各类专业机构开展民办学校咨询服务等工作。

专题八　河南省特殊教育发展研究

一、特殊教育办学成绩和经验

(一) 背景

2007年党的十七大明确提出"关心特殊教育",成为国内特殊教育事业发展新的时代起点。特殊教育事业发展进程明显加快,开始步入"特殊教育历史上发展的最好时期",逐步迎来了"特殊教育事业的春天"①。此后,党和国家对特殊教育的重视程度持续提高,支持力度不断增强。2012年党的十八大提出"支持特殊教育",2017年党的十九大又提出"办好特殊教育"的更高要求。在此期间,各级政府密集发布实施细则和相关落实文件,政策推进力度之大前所未有,特殊教育也如期实现了快速发展,办学规模和质量迅速提升。在特殊教育转型升级的历史潮流中,河南省紧抓特殊教育发展战略机遇,在"让中原更加出彩"的关键时期,一方面抓好顶层设计,充分发挥政策导向作用;另一方面坚持实践导向,切实抓好任务落实,各项工作取得明显进展。

1.顶层设计,政策高位引领

习近平同志指出,"实施创新驱动发展战略,不能'脚踩西瓜皮,滑到哪儿算哪儿',要抓好顶层设计和任务落实。"只有做好了顶层设计,特殊教育发展才有意识清醒,方向明确。近些年来,河南省紧跟国家特殊教育战略布局和规划方略,陆续出台和修订了一揽子支持性政策法规。2008年出台《关于开展残疾儿童少年随班就读工作的试行办法》;2012年发布《关于进一步加快特殊教育事业发展的实施意见》;2014年启动《河南省特殊教育提升计划(2014—2016年)》;2015年,出台《河南省随班就读资源教室建设与管理基本要求(试行)》;进入"十三五"时期,河南省特殊教育发展进程进一步加快。2016年河南省制定《河南省"十三五"加快残疾人小康进程规划》,同年印发《关于开展义务教育阶段重度残疾儿童少年送教上门服务工作的意见》;2017年继江苏省后,率先推动《河南省第二期特殊教育提升计划(2017—2020年)》面世;2020年颁布《河南省教育厅关于进一步加强残疾儿童少年义务教育阶段随班就读工作的实施意见》等等。这些政策文件为河南省特殊教育事业提供了坚实的制度保障和行动指南。

2.实践导向,任务求真落实

为确保各项特殊教育政策落到实处,收到成效,河南省把发展需要和现实能力、长远

---

① 谢敬仁.抓住机遇,乘势而上,迎接特殊教育事业的春天[J].现代特殊教育,2009(1)

目标和近期工作统筹起来考虑,采取各种举措"一个时间节点一个时间节点往前推进,以钉钉子精神全面抓好落实"。在国家发布各项特殊教育政策之后,呼应整体部署并根据实际制定细化方案和实施细则,以问题为导向明确工作重点,强化质量管理。为推动一二期《特殊教育提升计划》实施,河南省不仅制定了配套提升计划,而且通过特殊教育学校标准化建设、示范校建设;特殊中等职业教育实现免费制度,加大普通高中教育学生资助;成立残疾儿童少年入学鉴定委员会,对辖区内未入学适龄残疾儿童少年实施"一人一案";推动73所幼儿园开展学前融合教育试点;组织特殊教育"示范性"和中西部教师国培项目;大力推进特殊教育课程教学改革,加强特殊教育课程资源建设,组建"河南省特殊教育课程发展联盟",并定期组织专家团队调研督导各项活动成效,等等。特殊教育支持保障能力不断提高。

这种"双轮驱动"的特殊教育发展模式,使得河南省特殊教育面貌为之焕然一新。特殊教育办学投入不断加大,教育体系日趋完善,结构布局更趋合理,办学条件明显改善,办学水平持续提高,逐渐实现了从外延扩展向内涵深化、从规模扩张到质量提升,优质、均衡与普惠并存的蜕变转型。截止到2020年底,全省独立设置的特殊教育学校达到149所,相比2016年和2008年分别增加2所和29所;在校残疾儿童6.3万人,比2016年增加3.91万,增幅为164%,比2008年增加4.23万人,增幅更是高达204%;特殊教育学校教职工0.47万人(其中专任教师0.43万人),比2016和2008年分别增加0.7和0.14万人。特殊教育学校占地1907.39亩,校舍建筑面积63.51万平方米,图书54.97万册,相比2016和2008年也有大幅度的增长。过去"三五亩地一个校园""一个小图书室,学生还不让进",现在在"中西部地区特殊教育学校建设及改扩建项目"和《特殊教育学校建设标准》支持下,则大多变身为"占地30亩左右"乃至更加宽敞,环境优美,设施齐全的标准化学校。

但是,我们也应该清醒地看到,由于起步晚,底子薄,河南省特殊教育总体水平不高,发展也不均衡,残疾儿童少年义务教育在一些贫困地区普及水平仍有待提高;学前、高中和高等特殊教育发展与发达地区相比整体相对滞后;特殊教育条件保障机制还不够完善;教师队伍数量不足、待遇偏低、专业水平还有待提高。总之,特殊教育目前仍然是全省教育事业发展中的薄弱环节,但可以预期的是,在党和国家连绵不断的支持和努力下,特殊教育的明天必然更加美好,"办好特殊教育,让每一个残疾孩子享受到优质而公平的教育"的目标一定会实现。

(二)研究方法与技术路线

河南省是国内人口大省,也是特殊教育人口大省。第二次全国残疾人抽样调查(2006年)结果显示,我国共有8296万残疾人,占总人口6.34%。[①] 根据《世界残疾报告》的分析,这一数字未来仍有扩大的态势。河南省(2006)共有残疾人口676.3万人,占总人口的7.20%,循此逻辑,现在残疾人口的规模及占比也不容乐观。"残疾人是一

---

① 第二次全国残疾人抽样调查领导小组,中华人民共和国国家统计局.第二次全国残疾人抽样调查主要数据公报(第二号)[EB/OL](2007-05-28).[2007-12-21]中国残疾人联合网。

个特殊困难群体,需要格外关心、格外关注"。如何给他们提供适宜的教育,使他们能够和普通孩子一样"同在蓝天下,共同成长进步"是一个意义重大且任务艰巨的话题。

为客观、真实、完整地呈现河南省特殊教育发展样貌,我们主要采用三种来源的资料、数据予以分析说明。一是各类教育统计年鉴。研究采用公开出版的《河南省教育统计年鉴》《河南教育年鉴》,这类数据虽然统计口径不一致使数据有些偏差,但相对而言依然有非常强的公信度和说服力。二是政府公开发布的各类教育事业统计公报,比如《河南省教育事业发展统计公报》《中国残疾人事业发展统计公报》,以及政府组织的各项特殊教育调研报告或其他官方报告、河南省教育厅官网信息等。三是课题组深入教育田野获得的调查结论。研究利用"河南省'国培计划'中西部项目""河南省三类特殊教育课程标准培训"实施契机,借助问卷调查和访谈对来自全省各地的15所特殊教育学校及相关教师进行深入调查。通过多方来源的资料"三角验证",确保所收集资料的客观、完整,避免单一数据来源的遗漏、失真或缺失。在资料的分析处理上,数据材料主要借助SPSS25.0软件分析处理,文字材料通过对访谈录音进行文字转写后归类编码分析。通过上述方式,研究客观呈现河南省特殊教育发展真实样态,分析其办学经验、发展困境及建议对策,推动我省特殊教育事业高品质、高质量发展,让每一个特殊儿童都能拥有"出彩的人生"。考虑到研究伦理的需要,叙述行文时涉及人名、单位一律使用代称,进行匿名化处理。

(三)河南省特殊教育办学成绩和经验

党的十七大以来,河南省在党和国家鼎力支持特殊教育的背景之下,坚持政府主导,特教特办,统筹推进,各方参与的原则,积极采取各种措施完善特殊教育服务体系、增强特殊教育保障能力、提高特殊教育质量。特殊教育发展步伐明显加快,在多个领域取得令人瞩目的成绩。主要表现在:

1.特殊教育办学规模扩大,入学机会显著增加

《河南省中长期教育改革和发展规划纲要(2010—2020年)》明确提出:重视特殊教育。加大对特殊教育的投入力度。加强特殊教育学校建设,提高视力、听力、语言和智力残疾的儿童少年入学率,确保残疾儿童少年接受义务教育。基本实现省辖市和县(市)都有一所达到国家基本办学标准的特殊教育学校。特殊教育作为《纲要》单列内容受到格外关注,特殊教育事业被纳入教育改革与发展大局之中,纳入教育事业发展规划之中,为特殊教育事业发展擘画了"路线图",指明了前进方向。

随着各级政府重视和投入力度的加大,河南省残疾儿童少年义务教育普及水平不断提高,非义务教育阶段特殊教育办学规模不断扩大。在《"十一五"期间中西部地区特殊教育学校建设规划(2008—2010年)》等政策、项目支持下,河南省特殊教育学校建设逐渐加速,泌阳、西峡等地一所所学校相继开工建设,拔地而起。全省独立设置的特殊教育学校达到120所,特殊教育学校和普通中小学随班就读班招收残疾儿童0.32万人。2014年,一期特殊教育提升计划公布前夕,全国特殊教育工作电视电话会议在

北京召开,国务院总理李克强作出重要批示:"办好特殊教育,对于保障残疾人平等参与社会的权利、增加残疾人家庭福祉和促进社会公平正义具有十分重要的意义,也是教育现代化的重要内容。各级政府要高度重视,带着深厚的感情,履职尽责,特教特办,认真实施好特殊教育提升计划,让残疾孩子与其他所有人一样,同在蓝天下,共同接受良好的教育"。提高特殊教育的普及水平,满足特殊儿童的"上学"需求成为特殊教育发展的主要内容。2014 年 12 月,《河南省特殊教育提升计划(2014—2016)》出台。根据计划,到 2016 年,全省视力、听力、智力残疾儿童少年义务教育入学率达到90% 以上,残疾人受教育机会明显增加。第一期提升计划实施以来,特殊儿童受教育机会进一步扩大。截止到 2015 年,全省独立设置的特殊教育学校 144 所,比 2010 年增加 24 所,特殊教育教职工 0.4 万人,比 2010 年增加 0.06 万人,特殊教育学校和普通中小学随班就读班共招收残疾儿童 0.39 万人,比 2010 年增加 0.07 万人。为巩固第一期提升计划成果,进一步提升残疾人受教育水平,2017 年 10 月,我省出台《河南省特殊教育提升计划(2017—2020)》,要求按照"履职尽责、特教特办"的要求,持续推进特殊教育改革发展。残疾人接受教育的机会越来越多,在入学权利平等上拥有了更多保障。

独立设置的特殊教育学校数量增加十分明显。2008 年为 120 所,2020 年增加到149 所,增长率为 23.33%。2010 年之后,得益于《"十一五"期间中西部地区特殊教育学校建设规划(2008—2010 年)》及《国家中长期教育改革与发展规划(2010—2020)》的推动,新建学校数量增长十分迅速。从 2010 年 120 所,增长到 2020 年的 149 所,十年间数量增加了近 30 所,见图 8-1 所示。

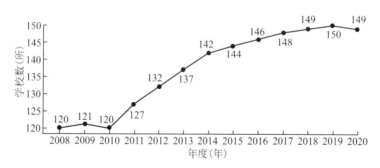

图 8-1　河南省历年特殊教育学校数示意图

2008 年,河南省特殊教育招生残疾儿童数量为 0.31 万人,2020 年上升到 1.01 万人,比 2008 年增长了 0.7 万人。如图 8-2 所示,比较明显的变化集中在 2014 年一期提升计划实施之后。2013 年底,我省三类残疾儿童少年接受义务教育比例仅为 80%,尚有未入学适龄残疾儿童少年 7 948 人。二期提升计划实施以后,这一数字已经上升为95% 以上,比 2013 年提高了 15 个百分点。贫困地区完成义务教育且有意愿和能力的残疾学生都能接受适宜的中等职业教育或高等教育。

非义务教育阶段的特殊教育也得到较快发展。2016 年,全省共有特殊教育普通高

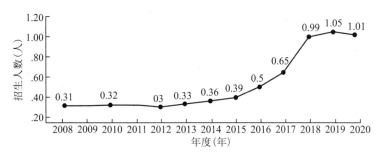

图 8-2　河南省历年特殊教育学校招生数示意图

中班(部)5 个,在校生 155 人,残疾人中等职业学校(班)9 个,在校生 769 人。[①] 高等教育方面,以郑州师范学院特殊教育为例,2008 年 9 月,时任国务委员刘延东同志视察时指出:"不仅要办好现有的特殊教育,而且要扩大招生规模,拓展专业渠道,让更多的听障、视障学生到高等院校学习。"2008 年,听障大学生一个专科专业,面向省内招生,数量为 30 人左右,2020 年则变成三个本科专业,面向全国招生,数量达到 110 人。

2.特殊教育经费投入增加,立足补缺指向普惠

教育乃国之大计,党之大计。教育经费投入是"支持国家长远发展的基础性、战略性投资",是教育事业运行与发展的重要物质保障,对于特殊教育这样投入更大且投入持续的行业更是如此。从某种程度上说,特殊教育是个"烧钱"的行业,应该比普通教育得到更多的关心和支持。

近些年,党中央、国务院坚持优先发展教育的方针,十分重视特殊教育经费投入,先后出台了一系列支持政策举措。比如《国家中长期教育改革和发展规划纲要(2010-2020 年)》明确提出,到 2012 年实现国家财政性教育经费支出占国内生产总值比例达到 4%的目标(以下简称 4%目标)。要求"各级政府要加快发展特殊教育,把特殊教育事业纳入当地经济社会发展规划,列入议事日程"。"国家制定特殊教育学校基本办学标准,地方政府制定学生人均公用经费标准。加大对特殊教育的投入力度"。特殊教育纳入国家教育发展战略规划,教育经费投入力度不断增加,投入机制日益健全,极大地促进了特殊教育事业的改革与发展。在第一、二期特殊教育提升计划中,特殊教育经费投入政策得到具体体现和落实,经费投入呈现逐渐加大的态势。比如一期提升计划规定"义务教育阶段特殊教育学校生均预算内公用标准要在三年内达到每年 6 000 元",二期表示应在此基础上应进一步提高。"在落实义务教育阶段特殊教育学校生均公用经费 6 000 元补助标准基础上,有条件的地区可以根据学校招收重度、多重残疾学生的比例,适当增加年度预算"。在国家稳定的教育支持保障下,河南省特殊教育经费投入不断迈上新台阶。2020 年,省教育厅基础教育处在新闻发布会上明确表示,河南省"特殊教育专项资金投入已连续四年'只增不减',2020 年达到 1410 万元,实现对贫困地区残疾学生做到'应助尽助'"[②]。

[①]　史晓琪.河南三类残疾儿童义务教育入学率年年底超九成[N].河南日报,2016-08-25。

[②]　1410 万元! 河南连续四年对贫困地区特殊教育投入"只增不减"[EB/OL][2020-09-18](2021-08-22) https://baijiahao.baidu.com/s? id=1678151150892203407&wfr=spider&for=pc.

《河南省中长期教育改革与发展规划纲要(2010—2020)》实施以来,河南省建立健全了各教育阶段生均拨款制度,不断加大教育专项投入,努力拓展教育经费筹集渠道。教育经费投入大幅增加,经费保障体制不断完善,有效促进了教育事业改革发展。整体来看,当前河南省教育经费投入主要实行"在国务院领导下,由地方政府负责、分级管理、以县为主"的体制,积极吸收社会资金支持,来源渠道多元。过去很长一段时间经费投入主要聚焦义务教育,现在投入范围逐渐向两端分散,涵盖从学前教育到高等教育的各个阶段,近些年又拓展到普通学校、特教班和送教上门等多种形式。在教育均衡发展的影响下,在区域分配上还呈现出向薄弱地区倾斜的态势。"2020年河南省教育经费总投入为2 802.23亿元,居全国第五,比上年增长5.01%。其中,国家财政性教育经费为2 189.78亿元,比上年增长5.90%"①,教育支出已成为省财政第一大支出。按照河南省特殊教育一、二期提升计划等文件部署,河南省在特殊教育经费投入上同样不遗余力。在特殊教育专项补助资金使用上,积极投入特殊教育学校建设、融合教育发展和随班就读资源教室建设项目,支持特殊教育学校教学康复设施设备配置,推进随班就读、"医教结合"实验、"送教上门"等服务工作。2017、2018、2019、2020年,投入贫困地区的特殊教育补助资金分别达到1 310万元、1 360万元、1 400万元、1 410万元。生均公用经费投入不断提高,2014年、2015年分别达到4 000元、5 000元,2018年义务教育阶段生均公用经费6 000元的保底标准在全省全面落实,其中,郑州市市属特教学校已达到生均7 500元,部分地区如洛阳市标准则已经调整至8 000元②。学前教育按照生均10 000元标准执行,中职和高等教育生均财政拨款定额标准按普通生标准的2-3倍确定。为更好地资助残疾学生,做到"应助尽助"。在"两免一补"的基础上,将高中阶段在校残疾学生全部纳入助学金发放范围,补助标准提高到每生每年2 000元,逐步推行残疾学生从义务教育到高中12年免费教育。为了拓展教育来源,2015年起,教育厅把年度常设特殊教育专项经费额度从200万元提高到500万元。残疾人就业保障金用于支持特教学校开展劳动技能教育的比例由原来的5%提高到6%,每年新增投入近1 000万元。

3.特殊教育办学条件向好,教育资源供给升级

环境优美的校园,宽敞明亮的教室,无障碍的生活环境,配置丰富的学习资源等是教育质量的必要保障。从2008年开始,国家组织实施了新中国成立以来最大的特殊教育学校建设项目,累计投入102亿元用于支持中西部地区特殊教育发展,新建和改扩建特殊教育学校1182所、残疾人中高职院校和高等特殊师范院校62所,用于加强特殊教育学校基础设施建设及购置教学康复实验设备。为了规范特殊教育学校建设,2011年,国家又出台了《特殊教育学校建设标准(建标156-2011)》,对特殊教育学校的建设规模、学校布局、专用教室等方面做出了明确规定。以国家中西部地区特殊教育学校建设工程推进为契机,《河南省特殊教育提升计划(2014—2016年)》规定进一步改善办学条件,"到

---

① 洪梦婷.总投入2 802.23亿元! 2020年河南教育经费居全国第五[N].河南经济报,2020-05-08.
② 常书香.洛阳市公办中小学幼儿园公用经费提高,明年一月起实施[N].洛阳日报,2016-10-10[EB/OL][2016-10-10](2021-08-22)http://news.lyd.com.cn/system/2016/10/10/010857399.shtml.

2016年,在全省所有30万人口以上的县(市)独立设置一所特殊教育学校的基础上,每个省辖市至少建成一所区域综合性特殊教育学校。"为实现这一目标,全省累计投入资金6.2亿元,新建和改建特教学校117个,总建筑面积44万平方米,基本实现了30万人口以上的县(市)都有一所特殊教育学校的目标。

第一期提升计划实施之后,河南省还启动了特殊教育标准化和示范化建设项目。制定出台《河南省随班就读资源教室建设与管理基本要求(试行)》,2015年安排950万元,支持95所承担随班就读工作任务的普通学校(幼儿园)建设资源教室。2014年,安排中央专项资金5 000万元、地方投资2 719万元,重点支持郑州师院、河南推拿职业学院新建、改扩建一批基础设施。2014—2015年,先后安排1 800万元,支持9所省辖市特殊教育学校开展"医教结合"区域实验;安排2 300万元支持特教学校购置教学康复设备。2017年,《河南省特殊教育提升计划(2017—2020年)》实施,要求全省严格按照国家特殊教育学校建设标准,加快推进特殊教育学校标准化建设,加强无障碍设施建设和教育康复设备配备,进一步充实办学条件。两期提升计划实施以来,河南省累计投入特殊教育资金1.5亿元,持续实施特殊教育学校建设、融合教育发展和随班就读资源教室建设项目,支持建设示范性特殊教育学校13所、"医教结合"实验校10所、随班就读普通学校建设资源教室447个,努力改善特殊教育学校办学条件,配置特殊教育教学康复设施设备。[①] 特殊教育学校校舍建筑由教学及教学辅助用房、公共活动及康复用房、办公用房、生活用房四部分构成。统计数据显示,一期提升计划实施之后,特殊教育学校建筑面积大幅度增长,缺乏专门办学场所或办学场所不足的状况得以明显改善。2020年,特殊教育学校校园占地面积、校舍建筑面积,教学及辅助用房、行政办公用房、生活用房、其他用房面积分别为1 271 601.55、635 098.31、288 246.31、72 098.36、181 263.75、93 489.89平方米(见表8-1),比2016年分别增加了12.4%、14.9%、11.3%、11.5%、21.6%、16.6%。生活用房的增长幅度最大,说明特殊教育的生活条件保障明显改善。

表8-1 特殊教育学校校园占地面积、校舍建筑面积等统计表 （单位:平方米)

年度类别	2016年	2017年	2018年	2019年	2020年
校园占地面积	1 131 714.07	1 208 097.01	1 214 477.72	1 271 502.91	1 271 601.55
校舍建筑面积	552 525.98	599 576.86	611 590.51	623 244.29	635 098.31
教学及辅助用房	258 884.42	274 862.08	284 117.74	284 694.18	288 246.31
行政办公用房	64 652.66	68 845.38	70 552.95	71 335.61	72 098.36
生活用房	148 881.05	164 699.69	167 325.76	173 776.18	181 263.75
其他用房	80 170.85	9 455.00	89 594.76	93 438.32	93 489.89

在图书拥有量上,一期提升计划以来同样增速明显。从2015年473 714册增长到2020年549 727册,增长率达到16.05%,如图8-3所示。

---

① 特教特办,让所有残疾学生接受更加优质的教育[EB/OL][2020-5-21](2021-08-22)https://www.henan.gov.cn/2020/05-21/1502196.html.

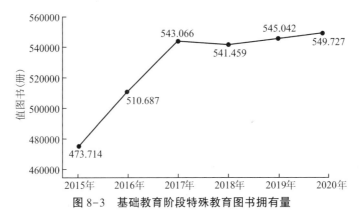

图 8-3　基础教育阶段特殊教育图书拥有量

4.课程教学改革持续深入,重视教育质量提升

"教育为谋国家社会进步发达之工具,而特殊教育尤为重要地位,盖人类以种种不幸之原因,造成种种不同之残废,彼等若不受相当之教育,不但其本身不能自立,且足以累及社会,影响国家,始终分利,消耗一生。"①借助特殊教育的"缺陷补偿、潜能开发",特殊儿童才能"平等地充分参与社会生活,共享社会物质文化成果"。随着经济社会的发展,"办人民满意的教育",全面提高教育教学质量已经成为特殊教育事业的主要目标。按照《关于进一步加快特殊教育事业发展的实施意见》"加强特殊教育的针对性,提高残疾学生的综合素质"要求。2012 年,教育部编制《特殊教育学校建设标准》为给特殊儿童全面发展适宜的校园环境;2015 年,为全方位推进特殊教育支持保障体系建设,构建布局合理、学段衔接、普职融通、"医教结合"的特殊教育体系,普及残疾儿童少年义务教育,提升特教质量。教育部确立河南省郑州市、天津市北辰区、河北省石家庄市等 37 个市(州)、县(区)为国家特殊教育改革实验区,重点探索送教上门、随班就读、医教结合等特殊教育重点难点问题的解决之道。2015 年,为建设高素质的教师队伍,教育部颁布《特殊教育教师专业标准(试行)》;2016 年,教育部又正式发布《盲校义务教育课程标准(2016 年版)》《聋校义务教育课程标准(2016 年版)》和《培智学校义务教育课程标准(2016 年版)》。教育部相关负责人表示:这是我国第一次专门为残疾学生制定的一整套系统的学习标准,是对我国多年来特殊教育发展和教育教学改革经验的集中总结,是当前及今后一个时期我国特殊教育教学改革的顶层设计,对于进一步提升特殊教育质量、办好特殊教育、促进教育公平具有特殊的重要意义。

一揽子特殊教育各类标准的颁布,有力地推进了河南省特殊教育事业的规范化、专业化、标准化建设。为积极落实各项国家标准,改善办学条件,提升办学品质,贯彻落实《河南省特殊教育提升计划(2014—2016 年)》精神,河南省制定《河南省示范性特殊教育学校评估标准细则(试行)》,逐步建立以示范校为引领的特殊教育骨干体系。2016 年,省教育厅组织专家进行实地考察和综合评估,认定郑州市盲聋哑学校等 13 所学校为首批"河南省示范性特殊教育学校"。组建"河南省特殊教育课程发展联盟",积极探索建立国家课程、地方课程和校本课程相结合的学校多元课程体系。鹤壁市的"泥咕咕"(泥

---

① 金汝逊.我国聋哑教育[J].残不废月刊,1948,2(16):1-5.

232

塑)制作已成为特教学校普遍开展的地方课程;组建残疾人教育专家委员会,支持市、县特殊教育学校建立特殊教育资源中心,鼓励高等院校、教科研机构、志愿者等以多种形式为特殊教育提供助学服务。为保障适龄特殊需要儿童平等接受学前教育的权利,2014年起,将残疾儿童纳入学前教育三年行动计划,鼓励普通幼儿园、儿童福利机构和残疾儿童康复机构为适龄残疾儿童入园学习创造条件,力争早发现、早干预、早教育、早康复。2015年起,我省每年安排专项资金,在全省所有省辖市和直管县启动实施了学前融合教育试点项目,相继遴选两批共73所学前融合试点幼儿园。

5.教师队伍建设力度加大,教师专业成长提速

师资队伍水平与质量高低直接影响特殊教育事业的成败,是制约特殊教育事业发展的关键因素。特殊儿童由于其自身障碍,他们不仅需要基本的教育服务,还需要多样的专业支持,如物理治疗、语言治疗、作业治疗等。相对于普通学校教师而言,特殊教育教师除了需要掌握普通儿童的生理心理发展规律以及基本的学科教学技能之外,还需要适应特殊儿童的生理心理发展失衡状况掌握多种专业训练技能,为其提供恰当适用的教育。建设一支"数量充足,结构合理,素质优良、富有爱心"的特殊教育师资队伍,已经成为特殊教育需求及特殊教育未来规划、蓝图实现的关键所在。

近年来,国家陆续出台《特殊教育提升计划(2014—2016年)》《关于加强特殊教育教师队伍建设的意见》等文件,加强特殊教育师资队伍建设,提高专业化水平一直是热度不断的高频话题。2012年,《关于加强特殊教育教师队伍建设的意见》(教师〔2012〕12号),提出"到2015年,基本形成布局合理、专业水平较高的特殊教育教师培养培训体系,特殊教育教师职业吸引力进一步增强,教师数量基本满足办学需要。到2020年,形成一支数量充足、结构合理、素质优良、富有爱心的特殊教育教师队伍"。为此,中央财政投入12.5亿元实施"特殊教育学校建设二期"专项师资项目,重点支持25所高校特殊教育专业建设,着力提高特教师资培养培训能力。同时,实施卓越教师培养计划。2014年,教育部启动实施卓越教师培养计划,分类推进卓越教师培养模式改革。包括郑州师范学院特殊教育学院、华东师范大学在内的5所高校获得"卓越特殊教育教师培养计划"项目。通过革新培养方式,扩大培养规模,深化职后培训,特殊教育师资规模不断扩大,专业化水平不断提升。特殊教育学校师生比从2009年的1∶4.19上升到2014年的1∶3.86。在此背景下,河南省教师队伍建设步伐逐步加大。2013年,出台《河南省人民政府关于全面加强教师队伍建设的意见》,提出到2020年形成一支师德高尚、业务精湛、结构合理、充满活力的高素质、专业化教师队伍。根据《河南省第二期特殊教育提升计划(2017—2020年)》《关于印发河南省农村小学全科教师培养工作实施方案(试行)的通知》等文件精神,河南省一方面扩大教师规模,规定特殊教育中小学阶段按照教职工和残疾学生1∶3的比例配备,高等院校按照教职工与残疾学生1∶5的比例配备,特殊教育学校专任教师不低于教职工总数的90%。在继续实施全科教师培养计划的基础上,启动"特殊教育"地方公费师范生培养计划,为基层定向培养特殊教育教师,学费、住宿费全免,还给予一定生活补助,所需费用由省财政承担。2019年,河南省计划招生"特殊教育"地方公费师范生100人,2021年,招生计划扩大为150人。从2008年到2020年,特殊教育师资队伍不断壮大。教职工、专任教师2020年与2008年相比,分别增长了42.4%和53.6%,见图8-4、

河南教育发展研究2021

图 8-5 所示。

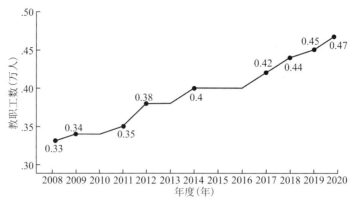

图 8-4　特殊教育教职工数量

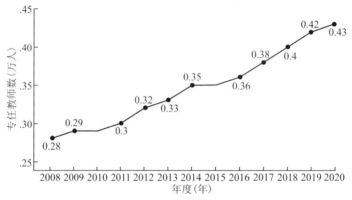

图 8-5　特殊教育专任教师数量

为提升教师专业素养,河南省启动"国培计划—中西部项目",将特教教师培训纳入"国培计划"和"省培计划"。对参加工作的教师实行 5 年一周期不少于 360 学时的全员培训,规定 2020 年,所有从事特殊教育的专任教师均应取得教师资格证、非特殊教育专业毕业的教师通过省级教育行政部门组织的特殊教育专业培训并考核合格。为调动教师干事创业的积极性,增强特殊教育职业吸引力,落实并完善特殊教育津贴工资倾斜政策,为送教上门教师、普通学校随班就读巡回指导教师、承担"医教结合"实验人员提供工作和交通补助。

6.特殊教育体系日臻完善,教育保障能力不断提升

《国家中长期教育改革与发展规划纲要(2010—2020)》指出,完善特殊教育体系,因地制宜发展残疾儿童学前教育,全面提高义务教育普及水平,加快发展残疾人高等教育,大力推进残疾人职业教育,重视发展残疾人高等教育。在这一发展战略指引下,河南省特殊教育在特殊体系建设上坚持多措并举,优先保障特殊儿童义务教育,加快推进"两头延伸",扩大非义务教育阶段的教育机会,教育保障能力得到进一步提升。

在学前教育领域,河南省出台《河南省学前教育三年行动计划(2011—2013 年)》等文件,将残疾儿童学前教育纳入二期学前教育三年行动计划,鼓励普通幼儿园、儿童福利机构和残疾儿童康复机构为适龄残疾儿童入园学习创造条件。2014 年成立学前融合教

育发展支持中心,承担教学研究、师资培训、项目推广等工作。从 2015 年起,先后安排专项资金 1 080 万元,在全省启动实施学前融合教育试点项目,已遴选 5 期共 182 所普通幼儿园实施学前融合教育试点,实现了全省 158 个县(市、区)的全覆盖。河南省学前融合教育发展支持中心针对项目试点园组织融合教育师资培训、开展巡回辅导等,已累计培训师资 1 083 人次,辅导试点幼儿园 137 所,服务特殊需要儿童 800 余名,有效保障了特殊儿童教育起点公平。学前融合教育试点一跃成为特殊教育的亮点,河南省成为继京津沪之后第四个在省级层面开展学前融合教育的省份。

在义务教育阶段,接受义务教育是残疾儿童少年的基本权利。《河南省特殊教育提升计划(2014—2016 年)》明确提出,在全省基本建立布局合理、学段衔接、普职融通、医教结合的特殊教育体系。到 2016 年全省视力、听力、智力残疾儿童少年义务教育入学率达到 90% 以上。为实现这一目标,河南省要求各地以县(市、区)为单位,认真比对残联数据库和学籍数据库,由教育部门牵头成立残疾儿童入学鉴定委员会,根据学生实际表现,对残疾儿童的发展状况进行评估,在每年秋季入学前提出安置与个别化教育建议,实行一人一案,把责任落实到学校、落实到人,努力做到全覆盖、零拒绝。在保障措施上,"将残疾儿童少年入学率等指标纳入义务教育发展基本均衡县评估验收指标体系"。河南省第二期特殊教育提升计划(2017—2020 年)在一期计划基础上,落实"一人一案、分类安置"原则,逐一核实未入学适龄残疾儿童少年数据,做好教育安置,实施销号管理。将在儿童福利机构特教班就读和接受送教上门服务的残疾学生纳入中小学生学籍管理,保障其受教育年限,控制辍学。此外,优先采用普通学校随班就读方式,就近安排适龄残疾儿童少年接受义务教育。继续实施融合教育发展支持项目,招收残疾学生 10 人以上的普通学校必须建立资源教室,招收残疾学生 5 人以上的普通学校也要逐步建立资源教室。按照特殊教育师生比配备专门从事残疾人教育的教师(以下简称"资源教师")。积极构建和完善"省级盲校、市级聋校(综合)、县级培智学校"的办学格局,发挥特殊教育学校在实施残疾儿童少年义务教育中的骨干支撑作用。开展送教服务。对不能到校就读、需要专人护理的适龄残疾儿童少年,采取送教进社区、进儿童福利机构、进家庭的方式实施教育。通过这些措施,基本形成了以普通学校随班就读和附设特教班为主体、以特教学校为骨干、以送教上门和家庭社区教育为补充的特殊教育发展格局。

在高中和高等教育阶段,积极发展以职业教育为主的残疾学生高中阶段教育,保证各省辖市至少办好一所残疾人高中(部)或残疾人中等职业学校(班),支持校企合作,扩大招生规模,合理设置和调整专业。加大对中高等教育阶段残疾学生的资助力度,在特殊教育学校职业高中班(部)就读的残疾学生也应享受国家助学金。就读普通高中的残疾学生按照每生每年 1500 元的标准给予补助。残疾青少年高中入学率达到 90%。使残疾学生能以一技之长安身立命,为他们融入社会提供了更多选择。目前全省共有特殊教育普通高中班(部)5 个,在校生 220 人;残疾人中等职业学校(班)9 个,在校生 429 人。

高等教育阶段,积极拓展专业方向和服务功能,提高办学水平,强化职业培训,开展校企合作、工学结合等办学试点,提高学生就业创业能力。2019 年,全省有 928 名残疾人被普通高等院校录取,346 名残疾人进入特殊教育学院学习。

二、特殊教育办学困境与问题

《河南省第一期特殊教育提升计划（2014—2016 年）》实施以来，在省委省政府的重视和支持下，在全省特殊教育、普通教育以及残联工作者的共同努力下，特殊教育事业呈现出欣欣向荣的态势，残疾人受教育机会不断扩大，普及水平显著提高；财政投入大幅增长，保障力度持续增强；教育质量进一步提升。

从现实来看，由于河南省特殊教育办学条件还需要进一步完善，师资队伍的数量和质量建设还需要进一步加强。在一些贫困地区，特殊教育的普及水平还比较低，学前、高中和高等特殊教育发展整体也相对滞后。特殊教育的支持保障机制还不够完善，有效的教育质量监测与保障系统尚未完善建立。摸清制约特殊教育进一步发展的瓶颈，是加快河南省特殊教育的发展步伐，实现全面建成小康社会发展目标的必由之路。

（一）教育工作机制不够通畅，特殊教育治理能力不强

特殊教育是一项艰巨复杂的系统工程，在政府主导下，还需要来自各方力量的共同参与，共同努力。从特殊教育改革试验区的经验看，教育管理与运行机制的完善是特殊教育事业成功的组织保障。形成以政府为主导、教育行政部门为主体，各职能部门紧密配合，社会共同参与的行政管理模式和工作运行机制对特殊教育有序发展至关重要。《残疾人教育条例》（2017）对特殊教育的管理体制规定：国务院教育行政部门主管全国的残疾人教育工作。县级以上地方各级人民政府教育行政部门主管本行政区域内的残疾人教育工作。县级以上各级人民政府其他有关部门在各自的职责范围内负责有关的残疾人教育工作。但问题是，这种自上而下的教育管理体制中，教育、卫生、残联、民政等部门"统分结合、协同推进"的工作机制和运行机制如何界定？彼此之间如何流畅开展合作？职权如何划分？政府如何指导家庭、社区、学校和社会，建立四位一体的支持网络？这些问题在已有的正式文件中并没有明确规定。如果没有明确的管理制度、清晰的职责划分、科学的工作流程、完善的组织架构和健全的监督体制，部门之间很容易因职责交叉、分工不明出现办事互相推诿，工作拖拖拉拉，效率低下的局面。

当前，河南省特殊教育学校在办学过程中遇到很多难题。首先，基层政府对特殊教育发展不够重视。部分地方局长和校长是从"普通教育上来的"，对特殊教育认识不够，认为特殊教育就是悲天悯人的"慈善事业"。地方经济实力有限，普通孩子作为国家栋梁之材都"管不过来"。有些教育局，"特殊教育都是靠边站"，"开会从来不通知你"，即使让你去了也"从未让你发言，给你的经费也比较少"。教研室"在业务上基本也是不管"，因为他觉得你这边业务他管不了，教研活动"就干脆不通知你"。职称晋升、评优评先、竞赛评奖也都特别难，给特殊教育的机会比较少。"二期提升计划提出这么多的目标"，如果仅仅依靠"学校单方面使劲，借不上残联和其他部门的力，我觉得实现起来很难"。其次，特殊教育学校上级管理部门很多，又可能出现多方管理，互相推诿的情况。H 市特殊教育学校"三十年前和民政分到了一起，就是民政的一个部门"，后来一直由民政管着。

现在学校的位置比较尴尬,教育系统所有活动把其排除在外,教研上不通知他们、教学竞赛也不考虑他们……原因是他们不属于同一个系统的,教育教学上无人指导、无人关心。学籍管理也是一个突出的问题。障碍学生由于信息来源渠道受阻,学业水平与普通学生相比存在一定差距。如果和普通学生"用同一套卷子"一起参加高中入学考试,必然会导致"有些孩子上不了高中"。很多学校无奈之下只好"睁一只眼,闭一只眼"录取孩子进高中或中职,但"学籍的缺失"导致报考大学时备受煎熬,"没有学籍拿不了毕业证,没有毕业证就报不了名"。"特殊学生上不了学籍,基层也无能为力",只能通过"开证明的方式解决高考报名问题"。教育行政部门、残联、人社及卫生部门"不是一个系统",无法或缺乏有效合作沟通,工作实施中几乎每个环节都有"阻力"。比如招聘教师,学校想招特殊教育专业的,"学校这边没有编制,想招人也没法招"。招聘教师归人社部门负责,"你要一个学特教的,他可能给你派一个学普教的,甚至给你派一个快退休的人过来"。T说,他们"学校医务室有室无医,学校想招人,但是没有权力去招。"因为招聘校医需要"通过卫生局",这种事最终不了了之,"自从学校校医退休之后,就没有再招来一个校医。"

(二)教育办学条件不够完善,教育投入需要加大

《特殊教育学校暂行规程》规定:"学校应具备符合规定标准的教学仪器设备、专用检测设备、康复设备、文体器材、图书资料等;要创造条件配置现代化教育教学和康复设备。"河南省特殊教育受经济发展水平的限制,教育经费投入一直相对不足,办学条件十分有限。T回忆起一期提升计划实施之前的情况,特殊教育学校不但占地面积局限,硬件设置缺乏"特殊教育味道",学习生活环境也"比较恶劣"。有些学校没有校园比如G市特殊教育学校"租一个院子办公教学",R县特殊教育学校则由教育局在普通学校校园内"划了一块地方"。企业给学校捐赠的空调因"付不起电费而闲置"。近年来,随着特殊教育投入力度的加大,特殊教育学校办学条件"一夜之间发生天翻地覆的变化",但是对于特殊教育这样一个特殊行业而言"还需要加大投入,真正落实一期、二期提升计划那些任务和目标"。

由于缺乏足够的资金投入和明确的监督和考核制度,特殊教育政策全面落实并不尽如人意,有些地方还需要加快推进特殊教育发展进度。《河南省第一期特殊教育提升计划(2014—2016年)》要求到2016年,在全省所有30万人口以上的县(市)独立设置一所特殊教育学校的基础上,每个省辖市至少建成一所区域综合性特殊教育学校。问题是有的"学校是建起来了,但也仅仅是补了过去的短板"。部分地区"申请到了特殊教育学校改扩建项目280万经费支持",在政府协调下新建了教学场所,没有申请到经费的或者政府出面找一所普通学校"改头换面",或者在普通学校里面"给一栋楼"。直到现在,有些地方比如H"学校还是老样子,两亩地一个院一所学校"。学校办学规模也需要扩大,学前特殊儿童存在"上学难"问题。很多地方没有建设特殊幼儿园,只好把孩子送普通幼儿园,但这遭到普通孩子家长的反对,理由是"残疾孩子行为怪异,孩子跟着他们学习坏习惯了怎么办?"事实的确如此,有的听障孩子习惯打手语,发音"咿咿呀呀",小孩子模仿能力强,觉得好奇、好玩也跟着学习,这在家长眼里是万万不可的。高中教育情况也是如此,很多地市比如H市、J市没有高中教育,本地学生"无学可上"。如果想上高中,需要背井离乡远赴他地。特殊教育

之特殊,最为明显的就是语训和职教。一为"补偿聋生的听觉缺陷,形成和发展他们的语言",二为"对聋生进行劳动技术教育",使其具有自食其力的能力。① 现代化教育教学设施、康复设备、职业教育设备等也需要加快配置,完善配置。但是康复设备的价格十分昂贵,"动辄就是几万几十万,一些学校财力达不到,就没有配备这些设备"。去过发达地区观摩学习的教师对当地特殊教育十分羡慕,"上海、浙江、杭州、重庆、青岛,这些地方看了之后,触动很大。目前我们学校的水平,跟他们比起来,不是说落后十年吧,就是差距非常大"。"你像上海那个地方一对一的语言训练,咱们内地学校几乎没有"。实验室的建设整体有所增长,但总体建设水平较低,高端设备欠缺,与发达国家、地区差距很大。资料室建设普遍间小、藏书少、有价值的典藏书更少,特殊教育的专业书籍寥寥无几。在电子数据库的建设上同样如此,想查阅特殊教育的资料显得非常困难。体育设施建设情况大体相同,绝大多数学校没有完善的无障碍设施和相关场所设施,一定程度上影响了学校正常的教育教学、生活以及康复训练活动。职业教育上,很多学校的职业教育"没有办法开展",原因就是缺乏相应的设备。都是"根据自己的情况,能开些什么就开些什么"。特殊教育资源中心是为区域特殊教育学校、普通学校、家长和师生等提供专业化服务的支援平台,对特殊教育发展意义重大。现在很多学校按照规定也建设了,但是"资源中心该怎么建?建设的标准是什么?资金投入多少?功能如何配备?省里没有出相关的文件",各个地方理解都不一样,建设的情况也不相同。有些地方因为财力不足到现在还没有建设资源中心,建好的有些也是"有形式而无内容"。

(三)教育资源配置不均衡,结构布局不够合理

2010 年《国家中长期教育改革与发展规划纲要(2010—2020 年)》(以下简称《教育规划纲要》),首次将"特殊教育"单列一章,与学前教育、义务教育、高中阶段教育、职业教育、高等教育、继续教育、民族教育并列为八大教育改革发展任务,开创了特殊教育发展前所未有的新局面。2020 年教育部中期评估显示,当前特殊教育发展依然面临众多危机和挑战。特殊教育发展不均衡即是其中之一,主要表现为三个方面:一是区域发展不均衡,不同地区特殊教育发展水平不一,同一地区发展也不均衡;二是义务教育与非义务教育发展不均衡。特殊教育发展"中间高,两头低",义务教育普及率很高,但学前教育、职业教育和高等教育发展缓慢;三是不同障碍类别儿童发展不均衡。听障、视障、智障三类残疾教育发展尚可,而自闭症、脑瘫和多重残疾儿童的受教育情况堪忧。② 河南省特殊教育取得喜人成绩的同时,发展不均衡的问题同样比较突出。

首先,在不同区域方面,由于现阶段国内教育经费投入实行以政府为主体,社会、企业和个人等多渠道筹措教育经费的措施和方法。不同地区经济发展水平不一,政府教育经费投入水平不同,社会助学的动力和能力不同。河南省各区域从经济发展状况看,Z、L等区域经济规模总量较大,X、ZM 经济规模总量较小,相应地特殊教育发展水平不相同。

---

① 林崇德.中国优生优育优教百科全书:优教卷[M].广州:广东教育出版社,2000:489.
② 教育部发布特殊教育评估报告[EB/OL]][2020-5-212](2021-08-22)http://www.spe-edu.net/Html/tjnews/201512/43161.html.

Z、L 地区,生均公用经费投入已达 7 000 元以上,后两个地区部分学校 6 000 元的目标二期提升计划实施后才得以实现。河南省二期特殊教育提升计划提出,积极构建和完善"省级盲校、市级聋校(综合)、县级培智学校"的办学格局,从实践来看,各地特殊教育发展程度参差不齐,部分区域综合性聋校建设进步滞缓。直到现在,X 市还没有设立市级直属综合性特殊教育学校。而在另一个人口大市,Z 市特殊教育学校作为市级综合性特殊教育学校 2017 年才开始招标建设。从城乡维度看,立足办学条件也可对特殊发展不均衡一窥端倪。从表 8-2、图 8-6 可知,在校园占地面积上,城区、镇区和乡村基础教育投入和发展差别比较大,尤其城区和乡村之间,差异更是悬殊。2020 年,城区校园占地面积是乡村的 11.73 倍。

表 8-2　基础教育不同区域学校校园占地面积统计表　　　　（单位:平方米）

区域年度	2015 年	2016 年	2017 年	2018 年	2019 年	2020 年
城区	449852.23	482301.73	537248.65	546451.35	570242.46	606437.46
镇区	574831.33	618214.32	639650.34	626328.35	649562.43	613466.07
乡村	34000.02	31198.02	31198.02	41698.02	51698.02	51698.02

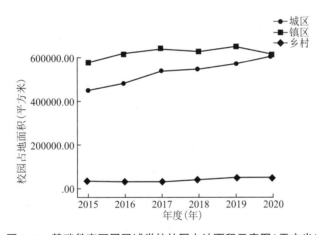

图 8-6　基础教育不同区域学校校园占地面积示意图(平方米)

其次,在义务教育和非义务教育阶段,不均衡也客观存在。在相当长的一段时间内,普及义务教育一直是特殊教育发展的重点目标。2017 年修订的《残疾人教育条例》明确规定:发展残疾人教育事业,实行普及与提高相结合、以普及为重点的方针,着重发展义务教育和职业教育,积极开展学前教育,逐步发展高级中等以上教育。《第二期特殊教育提升计划(2017—2020 年)》也提到"非义务教育阶段特殊教育发展整体相对滞后"是当下特殊教育领域存在的主要问题。河南省特殊教育也遵循这一发展路线,以义务教育普及为主线,循序推进非义务教育教育事业发展。一期特殊教育提升计划总体目标提出,到 2016 年,全省视力、听力、残疾儿童少年义务教育入学率达到 90% 以上,其他残疾人受教育机会明显增加。二期提升计划也明确提出,到 2020 年,各级各类特殊教育普及水平全面提高,残疾儿童少年义务教育入学率达到 95% 以上。非义务教育阶段特殊教育招生规模显著扩大。从对义务教育入学率的不断强调和层层加码可明显看出,普及义务教育是全省"十三五"期间特殊教育的重要任务,无形中也导致了河南省特殊教育"中间高,两头低"的现状。《河南省教育统计年鉴》显示,2020 年,学前教育在校生 180 人,义务教育阶段 62 545 人,高中阶段 265 人。学前、高中和高等特殊教育发展相对滞后,加快发展非义务教育阶段特殊教育成为未来河南省特殊教育的重要任务。

最后,在不同障碍类别儿童上也存在不均衡。近年来,不同障碍类别儿童变化特点不同,听障、视障儿童数量出现下滑,智障、多重残疾和自闭症儿童数量开始逐年增加。河南省特殊教育发展主要集中在听障、视障和智障三大类别,其他障碍类教育发展相对迟滞。二期特殊教育提升计划提出构建"省级盲校、市级聋校(综合)、县级培智学校"办学格局,从表述当中可以看到三类类别儿童教育仍是我省特殊教育发展重心。从统计数据看,三大类教育发展速度优于其他类别儿童教育。由于《河南省教育统计年鉴》残疾类别分类 2017 年前为听力、视力、智力和其他残疾,2017 年后则把其他残疾具体化为言语残疾、肢体残疾、精神残疾和多重残疾,为分析比较方便,我们暂统计 2017 之后的数据。分析表明,2017—2020 年,不同残疾类别毕业生和招生数均存在一定的差异。从招生数看,不同障碍类别学生招生数量并不一样。智力残疾学生招生数量一直遥遥领先,其次是肢体障碍和视力障碍学生。精神障碍学生的招生规模一直底线徘徊,如表 8-3 所示。再从毕业生数看,听障、智障、肢体障碍学生总量较多,远大于视障、言语、精神和多重障碍几大类别。其中,智力障碍、肢体障碍学生毕业生规模大,增长速度快如表 8-4 所示。

表 8-3　河南省不同障碍类别学生招生数统计表　　　　　　(单位:人)

年度类别	2017 年	2018 年	2019 年	2020 年
视力残疾	302	444	497	590
听力残疾	1031	1474	1103	1213
言语残疾	298	428	513	429
肢体残疾	1433	2172	2466	2585
智力残疾	2978	4647	5097	4579
精神残疾	57	131	168	165
多重残疾	263	650	628	517

表 8-4　河南省不同障碍类别学生毕业生数统计表　　　　　　(单位:人)

年度类别	2017 年	2018 年	2019 年	2020 年
视力残疾	249	141	241	284
听力残疾	739	810	730	982
言语残疾	69	74	92	135
肢体残疾	227	497	823	1157
智力残疾	517	754	999	1542
精神残疾	16	52	31	72
多重残疾	39	78	91	125

（四）特殊教育课程改革步履维艰，进程进展不容乐观

在"加快推进教育现代化、建设教育强国，办好人民满意的教育"时代背景下，面对新时代新形势，河南省特殊教育持续加快改革步伐，教育教学质量稳步提升。但随着改革慢慢迈入深水区，攻坚区，改革的压力不断增大，难度越来越高。"面广量大，且涉及价值论争、利益博弈、体制改造、机制转换等诸多层次错综复杂的问题"，理所当然需要相关力量的全方位支持。只有这样，才能做到对"教育病理"的彻底根除与消解，才能避免教育改革"经常是在困境中蹒跚而行的"的怪象发生。①

2019年7月，国务院在北京召开全国基础教育工作会议。在这次改革开放以来以国务院名义召开的全国基础教育会议上，孙春兰同志强调，要"坚持社会主义属性、促进教育公平、基础教育优先发展、全面培养全面发展的原则，大力推进素质教育，培养德智体美劳全面发展的社会主义建设者和接班人。"但从河南省特殊教育事业发展看，素质教育的落实仍有待时日。在课程改革上，由于特殊教育改革进程的总体滞缓，三类课标的落实依然存在难题。2016年发布的三类特殊教育学校课程标准，共涉及42门学科，其中盲校18门、聋校14门、培智学校10门，包括了课程性质、基本理念、课程目标、教学内容和实施建议等。河南省特殊教育办学条件有限，师资队伍专业化水平不高，如何接受课改新理念，理解课改新思维，使用课改新教材给特殊教育教学工作提出了不小挑战。在N特殊教育学校，如何有效落实新课标是老师们的"一块心病"。新课标虽然对学生成长价值巨大，"对教学工作挺重要的"，但"要求比较理想化，教学过程好多方面没办法顾及"。不少教师"明确表示对新课标不了解"，没有参加过相应的新课标培训。在教学内容本土化上，超过三分之一的教师认为挖掘和利用本地区有特色的风光、文化遗产、风俗民情等资源展开教学存在一定难度。在教学评价上，很难进行评价主体多元化、评价方式多样化等这样的教学评价。比如"成长记录档案，资料收集一个人做挺累的"，教师以外的人员给学生评价也很难，家长就"很少参与"，他们不是"很在意这个评价工作"。"做得最多的就是课后教学情况的学生评价，其他学生评价方式没怎么做过"。针对不同程度的智障学生设计不同教学内容，实施个别化教学困难重重。由于分班时缺乏科学考量，某一障碍类型学生不够就和其他障碍类型孩子"拼班教学"，导致同一班级学生构成十分复杂，制定分层教学设计时"程度轻的学生会觉得内容过于简单，学习兴趣不大，程度差的学生又很难进去状态"，"障碍类型和障碍程度都不同，教学上太具有挑战性了"。要"完成教学目标，落实好个别化教学挺难的"，"而且有些问题我们研讨也没办法解决，大多数专家来了也只是泛泛而谈"。在X特殊教育学校，新课标一直也无法得到有效的落实。原因是课标配套教材出版进程缓慢，"聋校教材才出到4年级"，他们那里"听障一年级才开始使用"，其他年级使用的教材无论是听障还是智障，使用的都是"普校人教版的教材"。培智的教材"出的也很慢"，而且配套的教材资源价值昂贵，学校实在无力承担。此外，这套教材低年级阶段还可以使用，但到了高年级和高中阶段就不太适合了，因为现已出版教材"知识容量不够"。我们不能轻视听障孩子，他们"除了听不见"，在知识接受程

---

①　吴康宁.中国教育改革为什么会这么难[J].华东师范大学学报，2010(4).

度方面并不差,所以教材"信息量应该更大一些"。

从上述事实可以看到,三类新课标在国家政策压力下虽然进入校门,但过高的标准、孤立无援的办学格局及固化的办学思维却让它盘旋空中无法落地。导致上述情况的原因虽然复杂,但与特殊教育的支持保障落后不无关系。比如,二期提升计划要求,县(市、区)建立由教育、心理、康复、社会工作等方面专家组成的残疾人教育专家委员会,健全残疾儿童入学评估机制,完善教育安置办法。建立部门间的信息交流共享机制。县级及以上教研机构应至少配备一名专职和若干名兼职特殊教育教研员。这些工作有些地方并无法得到有效落实,即使成立了也"无法或没有发挥作用"。原因是残疾人教育专家委员会由谁牵头?如何管理?什么级别?经费如何拨付?等等,这些细节问题缺乏明确规定。部门之间都是平级关系,机构成立后能够调动各部门的资源形成合力吗?这些问题让这一机构的运行实效存疑。特教教研员的配置也是如此,现在许多区域虽然配备了,但大都为"特殊教育学校教师兼职"。虽然省里也组织了教研员培训,但一次两次培训作用有限,而且"让老师去兼职教研员的话,他要指导那么多学校,还有自己的工作要做,根本就没有时间"。在 Z 市,市教育局只有一个特教教研员,区里 2020 年配备了一个,"分管体育和特教"。但 T 认为还需要改进,不仅数量上需要增加,而且还需要在专业化上下功夫。"我们需要的是真正懂特殊教育的教研员,特殊教育的特殊性让这份工作很难出彩,需要耐得住寂寞,需要持之以恒"。

(五)教师队伍建设滞后需求,教书育人水平堪忧

特殊教育教师是特殊教育内涵发展的核心。河南省是特殊教育人口大省,满足如此庞大的特殊儿童教育需求是一个巨大挑战。2014 年以来,通过不懈努力,河南省在师资培养上取得明显进展,承担师资培养的郑州师范学院特殊教育学院,郑州工程技术学院特殊教育学院和郑州幼儿高等专科学校招生规模不断扩大,但是相对于庞大的师资缺口而言,当前特殊教育教师队伍总量依然不足,专业化水平有待提高,教师职业吸引力有待增强。与建立一支数量充足、结构合理、素质优良、富有爱心的特殊教育教师队伍目标仍有不小差距。

在师资数量上,虽然数量逐年增长,但相对于不断扩大的办学规模,师资总量依然无法满足增长迅速的教育需求。河南省二期特殊教育提升计划规定,中小学阶段按照教职工人数和残疾学生人数 1:3 的比例配备(招收残疾儿童的幼儿园参照执行),高等院校特殊教育学院(系)按照教职工人数与残疾学生人数 1:5 的比例配备。但在有些县级学校,教职工总数 30 人上下,在校生加上送教上门学生 100 余人的学校不在少数。尤其随着送教上门工作的开展,师资不足的问题更是显得严峻起来。N 县特殊教育学校,在编教师 22 人,加上代课教师及后勤人员共有教职工 55 人,在校生 120 人,送教上门生 339 人,学生总量为 459 人,教职工与残疾学生比例达到 1:8。另外四所学校的抽样调查显示,四所学校教职工共有 89 人,在校生 400 人,送教上门生 410 人。教职工与在校生比例为 1:4.5,如果加上送教上门的学生,比例则达到 1:9.1。在 H 市,2008 年通过招教"招了几个教师",但此后的十余年一直断层,直到"2016 年才进了几个学特教的",但后来"又没有进人",原因一是"学校没有编制",二是教师"招也招不来"。豫西某县级学校,学校教师

共 38 名,在校生 214 名,师生比 1:5.63,但是这一比例"不包含 157 名送教学生",如果算上这一数字,则达到 1:9.76。《河南教育统计年鉴》显示,2008 年至 2020 年,教职工与在校生比例分别为:1:6.27、1:6.21、1:6.44、1:5.57、1:4.39、1:4.6、1:5.02、1:5.98、1:7.31、1:9.98、1:12.2、1:13.4,所有年份都低于省定 1:3 的配备标准。而且近年来师生比有扩大的态势,2020 年直接达到惊人的 1:13.4,如图 8-7 所示。

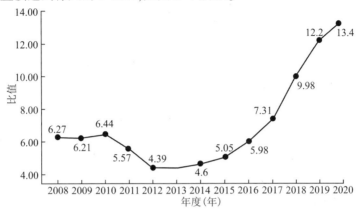

图 8-7 河南省特殊教育在校生与教职工比值示意图

在专业化水平上,由于残疾学生身心发展的特殊性,特殊教育教师应当具备较之普通学校教师更高的专业技能和能力。国外发达国家特殊教育从职人员不仅要具备普通学校教师资格证,还应取得特殊教育教师资格证。比如日本《教育职员资格法》就规定,担任特殊教育的学校教师,需要获得普通学校教师资格证以及特殊教育教师资格证两种资格,从中不难看出特殊教育教师任职的高标准和严格性。随着河南省高等特殊教育快速发展,特殊教育学校师资专业化水平不断提升。然而整体而言,专业化水平依然十分欠缺。当前,特殊教育学校师资"一般情况下都是从普校转岗过来的老师,年龄偏大、学历偏低,越是县城特教专业的教师越少",许多县级学校仅有 2~3 名特教背景教师。在 GY 特殊教育学校,虽然 87% 的教师学历为本科,但研究生只有 1 名,特殊教育专业毕业的占 37.5%。在 X 特殊教育学校,学校有教师 38 名,专业教师仅有 7 名,"2015 年才开始招了 1 名,之前都是普校转岗过来的老师"。对四所学校 74 位教师的抽样调查也显示,教师性别比严重失衡,女教师占比较高,数量是男教师的 6 倍多;年龄结构不合理,35~45 岁的中坚教师数量不足,45 岁以上的老教师占比过高。在学历结构上,中专或大专学历教师占比过高,71.9% 的教师第一学历是本科以下,本科及研究生学历教师不足。在专业背景上,非特教专业毕业的有 52 名教师,占比 70.3%,特教专业毕业的教师仅 22 名,占比 29.7%。

《河南教育统计年鉴》中的数据分析结论和上述调查相似。2015 年,河南省共有特殊教育专任教师 3 517 人,其中女性教师 2 622 人,受过特教专业培训的 2 252 人,研究生学历教师 19 人,本科学历教师 1 705 人,专科及高中学历教师 1 793 人。2020 年,特殊教育专任教师共 4 287 人,其中女性教师 3 216 人,受过特教专业培训的 3 278 人,研究生学历教师 40 人,本科学历教师 2 646 人,专科及高中学历教师 1 601 人。整体看来,河南省特殊教育师资发展在稳步向好,教师总量、学历、接受专业培训师资数量等不断提高,但具体看来,在许多领域还有需要提高的地方。首先,女性教师比例占比偏高,男性教师则数量不足。2015 至 2020 年,男性专任教师数量只有女性的34.13%、33.48%、34.14%、34.73%、33.98%、33.3%。"对高年级特殊学生的教育而言,男教师所具有的体能优势和威慑力是尤为重要的",男性教师数量不足,不仅会对男孩的人格发展不利,对女孩子的全面发展同样也有着负面影响,如表8-5所示。

表 8-5　特殊教育男、女专任教师数量统计表

年度性别	2015 年	2016 年	2017 年	2018 年	2019 年	2020 年
男教师	895	904	961	1031	1054	1071
女教师	2622	2700	2815	2966	3102	3216

其次,师资学历层次不高,高学历教师数量不足。近些年来,教师学历也在逐步提高,本科学历教师呈上升趋势,研究生学历比重较小。从数据看,特殊教育专任教师中本科和专科学历占比较大,但还存在一定数量的高中阶段学历教师,研究生毕业的教师数量较少。2015 年,研究生学历教师 19 人,占专任教师总量的 0.54%,2020 年,这一数量为 0.93%。虽然占比有所提升,但总量依然未突破专任教师总量的 1%,如表8-6所示

表 8-6　特殊教育专任教师学历分布统计表

年度区域	2015 年	2016 年	2017 年	2018 年	2019 年	2020 年
研究生毕业	19	23	27	29	38	40
本科毕业	1705	1830	2042	2318	2489	2646
专业毕业	1658	1645	1607	1568	1551	1533
高中阶段毕业	135	106	100	82	78	68

由于缺乏足够的专业知识,加之残疾儿童的障碍类型、程度愈加复杂,许多教师工作时往往感到力不从心。T谈到,他们那儿老师"仅凭经验就上岗了",教学水平不高,课堂上对生活语文和生活数学比较关注,但在"康复以及言语训练,学生问题行为、青春期问题管理上"却没有得到足够的重视。四所学校的调查显示,近一半教师完全不知道或不会使用 IEP 等其他特殊教育评估工具。2.82%的教师从来不利用信息技术手段进行教学,约32%的教师偶尔使用信息技术手段,虽然这部分教师不占大多数,但也足以显示出特教教师专业水平不足的事实。

(六)融合教育处于探索阶段,配套措施需要跟进

"同一片蓝天,同一份爱"。融合教育通过特殊儿童与普通儿童在正常化的教育环境下共同学习和生活,促进特殊儿童与普通儿童彼此接纳、共同成长,同享一片蓝天,拥有出彩人生,是维护教育公平,建设教育强国的重要保障。河南省对融合教育发展十分重视。二期提升计划明确提出,以普通学校随班就读为主体、以特殊教育学校为骨干、以送

教上门和远程教育为补充,全面推进融合教育。通过不懈努力,在学前融合教育阶段取得不小成绩,但其他阶段还需要进一步努力。

特殊教育和普通教育虽然一脉同源,但彼此之间差异较大。对于没有接受过特殊教育培养、培训的人而言,让他们从事融合教育工作无疑困难重重。2020 年,《河南省教育厅关于进一步加强残疾儿童少年义务教育阶段随班就读工作的实施意见》规定,落实省内师范院校和综合性高校师范专业开设特殊教育课程要求,努力使每一位师范生都具有一定的随班就读工作理念和特殊教育知识及技能,提升师范毕业生胜任随班就读工作的能力。但目前这一工作虽然酝酿已久,在高校却迟迟没有启动,师范院校普通专业没有开设特殊教育课程。当前,从事融合教育工作的教师学科背景多为普通专业。由于对融合教育认识不够,缺乏配套的经费、场地、师资等支持,加之升学压力的加持,普校层面无论是校长还是教师对融合教育的态度不容乐观。

2020 年,《河南省教育厅关于进一步加强残疾儿童少年义务教育阶段随班就读工作的实施意见》规定,对接收 5 名(含)以上残疾学生随班就读的普通学校设立专门的资源教室,每个资源教室应配备不少于 1 名专(兼)职资源教师或专业人员;加快建设功能齐全、人员配备合理、管理规范、职责明确、机制健全的市、县特殊教育资源中心,逐步实现省、市、县特殊教育资源中心全覆盖。虽然从政策层面反复强调此项工作的重要性,但从现实情况看,由于缺乏明确具体的支持措施,这些工作都只是刚刚起步。X 市虽然区里资源中心挂牌了,参加了"资源中心建设的一些培训",但"具体的实施工作还没开始","市里现在还没有成立资源中心"。其他地区的情况与此类似。在 T 看来,资源中心"市区可能发展得比较好,县区就不行了"。有的"成立是成立了,但是否发挥作用就不好说了"。她所在的 L 地区很重视,"一个个乡镇都建了一个资源教室,投资了 10 万块钱",但是"建是建了,却没怎么用"。资源中心建设怎么建"上面也没有文件",有些地方不是很了解,认为"和康复是一样的,建个教室,上课就行了"。

三、特殊教育改革建议及对策

近些年来,河南省特殊教育事业虽然不断发展,但仍然存在许多亟待解决的问题。这些问题对特殊儿童的成长和发展构成较大的挑战,特殊教育并没有体现其"潜能开发、缺陷补偿"的功能,反而让他们在身心发展上出现种种适应不良的现象。此种现象的产生,背后多与学前特殊教育支持保障不力相关。为此,河南省特殊教育未来需要在以下几方面做出努力。

(一)健全特殊教育工作机制,提高教育治理能力

特殊教育是现代国民教育体系的有机组成部分,发展特殊教育事业是促进教育公平、构建和谐社会的重要举措。政府层面应加大对特殊教育的支持力度,制定路线图,落实扶持政策。坚持"特教特办、办出特色",提高特殊教育的办学质量。

首先,加大宣传力度,弘扬人人平等的价值观。在政府引导下,建立家庭、社区、学校

和社会四位一体的支持网络。现在家长对残疾的认知程度偏低，由于缺少科学的婚育知识，面对残疾常常出现手足无措、羞愧掩饰、孤立无助等心理现象，加之特殊教育的资源稀缺、昂贵，导致大批的残疾儿童因经济落后、家庭贫穷、地域偏远、信息不畅等因素错失了最佳教育干预时机，成为终身的遗憾。社区教育的作用也需要高度重视。现在特殊儿童没有被社会各界广泛接纳，在人们"有色眼镜"的不公正审视下，残疾儿童被贴上各种贬低性、侮辱性的标签，并最终导致其游离边缘的事实发生。政府部门应该提升普通人群对特殊儿童的认知，合力为他们建设"有爱无碍"的成长环境。家长参与也是重要的保障力量。特殊教育需要家长的理解和配合，只有家园合作，孩子才能得到全面、持续、一致的科学疗育服务，方能有显著的进步。具体宣传措施上，政府应当通过积极引导、政策鼓励、媒体舆论等途径加大宣传力度，努力营造全社会关心帮助特殊教育的良好氛围。如播放关爱特殊儿童的公益短视频，专栏介绍等方式，既可以减少歧视特殊儿童的风气，也可以提高"早发现，早治疗"的意识，为特殊儿童融入社会打好基础，让歧视和漠视转化为关心和保护。"残不废教育有各种力量协助，一定可以不成问题，成了问题，也容易解决。"①

其次，坚持政府主导，多方参与的原则，明确各方责任，加强省级统筹力度。教育、残联、卫生和民政等部门合作联动，责任共担，建立特殊教育发展、依法行政的长效机制，充分发挥社会力量的作用。T认为，"一个地区特殊教育发展和当地政府的政策支持密不可分。要看当地教育局对特殊教育的态度如何，有些领导甚至不知道自己的地区有这样一所学校"。教育、残联、民政、卫生等部门分工不明，导致评估、衔接、监督、管理时常出现推诿扯皮、踢皮球的现象。在老师们看来，要给特殊儿童提供一个美好的未来，单靠学校的力量是不可能的。"教育本身就不是一个人能完成的，他根本不可能"，必须建立一个完整的体系，从源头上抓起，一步一步地做。孩子出生后就应该建立一个资源信息库跟踪服务，做到评鉴、康复、教育和就业一体化，卫生部门、残联、学校和就业部门都参与进来，由政府统一协调。不仅相关职能部门需要合作，家庭、学校与社会也在孩子成长中扮演好自己的角色，实现信息的互通和交互，共同营造支持性、无障碍的成长氛围。就像T说的，一定要形成一个制度，形成一条"专线"，每一个阶段都有明确的责任主体，做好针对性的服务。台湾地区的特殊教育比大陆发展得好，原因之一就在于他们有三个保障系统：鉴辅会、特殊教育行政支援系统和师范院校的特殊教育中心。"各个部门之间形成了一套严密运作的整体，保障了鉴定评估工作的有效衔接和顺利进行"②。这也是我们特殊教育需要认真学习和反思的地方。

最后，强化督导评估，完善特殊教育监测、督导及评价机制。坚持依法治教，开展专项督导检查。"特殊教育由省级、市级相关部门统筹管理"，将国家和地方特殊教育发展政策落实情况纳入地方各级政府考核体系，加大对有关责任部门的督导力度，启动问责机制。在义务教育优质均衡发展督导评估认定和地方政府履行教育职责督导评价中，将特殊教育改革发展情况作为重要内容。就像T指出的，"如何让地方政府重视？"答案就是上级部门

① 古楳.残不废教育[J].中华教育界,1948,2(5):24-26.
② 范佳露.两岸特殊教育法律中关于"鉴定与评估"条款的分析与比较[J].南京特教学院学报,2011(3):9.

要"加强督导,而且是过程性督导,可量化的督导",这样县市区才会更加重视。在政策执行方面也应少用"倾斜""大力""支持"等模糊性说法,明确执行主体,落实经费投入,增强执行力度,及时解决制约特殊教育发展的突出问题,全面提升特殊教育发展水平。

(二)持续加大教育投入,稳步改善办学条件

特殊教育需要"特别的课程、特别的教材、特别的师资、特别的设备",经费投入自然比普通教育要大得多。以学前教育为例,学前特殊教育发展需要的投入巨大。特殊儿童不仅在学业、生活上需要支持,康复训练及其治疗上的开支更是十分惊人。在学校,这不仅意味着需要配置昂贵的康复设备,还意味着康复训练的过程性投入。"康复训练可是个慢活,细活,不是一天两天或一月两月就可以见效率出成绩的,需要几年甚至十几年的时间",现在康复机构很多都是私立机构,"公办的机构少而且效果不好",私立的又收费高昂,"这个矛盾目前没解决"。学校方面也有自己的困扰,国家现在对经费使用管控比较严格,康复费用很难从生均公用经费中支出,收费在学校管理中又是一个敏感问题。"现在学校都不敢'乱收费',收费的话教育局查住就是问题",但是如果不收费用,费用从哪里来呢? 依靠挪用其他经费无疑是"饮鸩止渴",而且也满足不了昂贵的康复费用,这就形成了一个让人纠结的矛盾。在 N 县,学校开拓性创造了与校外医院联合办学的模式,一定程度上解决了"医教结合"的难题,但是经费投入依然是个问题。"教育局规定不让收费(用作康复支出),我们只要省吃俭用用些别的经费,但长久来看这个问题必须解决"。与发达地区相比,河南省办学经费投入情况如何呢? 调查显示,在厦门等发达地区教育经费充足,教育机构设施先进,设备齐全,能够满足学前特殊儿童学习、成长的需要,但在河南省,办学经费一直处于比较紧张的状态,教学设施简陋,设备更新换代慢,教学和康复活动开展受限的情况依然存在。[①] 河南省特殊教育发展还需要持续加大经费投入。

《残疾人教育条例》第 48 条规定:"各级人民政府应当按照有关规定安排残疾人教育经费,并将所需经费纳入本级政府预算。县级以上人民政府根据需要可以设立专项补助款,用于发展残疾人教育。地方各级人民政府用于义务教育的财政拨款和征收的教育费附加,应当有一定比例用于发展残疾儿童少年义务教育。地方各级人民政府可以按照有关规定将依法征收的残疾人就业保障金用于特殊教育学校开展各种残疾人职业教育"。但目前来看,这些经费保障政策有的并没有落实。比如"设立专项补助款",地方政府财政收支压力这些年逐步加大,往往拿不出足够的经费支持特殊教育发展。经济发展滞后的地区更是如此。河南省二期提升计划规定,"每年安排不低于 6%的残疾人就业保障金,用于开展包括社会成年残疾人在内的各种职业教育与培训,实行项目管理"。"高等教育生均财政拨款定额标准按普通生标准的 2—3 倍确定,所需资金按学校隶属关系由同级财政负担"。然而这些好的经费保障措施到现在还没有落实。因此,未来河南省特殊教育必须坚持"特教特办、办出特色",统筹财政教育支出,在对特殊教育采取倾斜支持的同时依法依规确保全部落实。根据基层学校的观点,生均公用经费还需要进一步上

---

① 郭志云等.河南省学前特殊教育的发展现状、问题与建议[J].现代特殊教育,2019(24).

调。到 2025 年将特殊教育生均公用经费标准提高至每生每年 10 000 元以上,并且分步骤逐步落实,即 2022 年达到 7 000 元,2023 年达到 8 000 元,2024 年达到 9 000 元,2025 年达到 10 000 元。而且"随着社会的发展和国家经济情况的不断变化,特殊教育学校生均教育经费应按照一定的标准逐年递增"。

国家督学李天顺指出,特殊教育发展要坚持普惠原则,惠及每一个残疾人和特教工作者。"要通过普惠加特惠的双重支持,为特殊教育的现代化保驾护航。"[1]考虑到特殊儿童教育康复的巨大支出,应对特殊儿童家庭给予一定的财政支持,建立特殊儿童、青少年资助体系,加大经费投入力度。这在发达国家已经相当普遍。比如美国《残疾人教育法》规定向所有 2-21 岁身心障碍的儿童、青少年提供资助,并进行早期干预。[2] 至于经费来源,可以实行政府各部门共同承担的原则。比如政府财政主要负责特教学校(班)教职工的工资、福利、津贴、学生公用经费和随班就读教师的补贴及办学条件的改善等,市、县财政应设立特殊教育专项经费,确保经费落实。民政每年分别从事业费、社会有奖募捐和残疾人基金中安排一定数量的经费作为残疾儿童少年义务教育专项救助款,对家庭经济困难在读残疾学生根据困难程度分别减免杂费、课本费、寄宿费等学习、生活用费。同时,各级希望工程也应将困难残疾儿童少年纳入救助范围。在此之外,还需要积极拓展经费来源渠道。比如基层学校也可以通过多种方式增加收入,政府给予相应的政策支持。比如 J 市特殊学校通过校企合作的方式增加了办学经费。他们和学校旁边的加油站合作,配合学校职业教育课程,让学生去锻炼实习的同时合法收取一定的劳动报酬。不仅锻炼了学生洗车的技能,也让学生提前适应了工作环境,但经费的使用和支配上还需要扩大学校自主权和支配权。

(三)优化教育资源配置,促进教育均衡发展

特殊教育是帮助残疾人平等参与社会、获取发展权利、打开幸福之门的根本途径。"大力促进教育公平,使残疾孩子享受公平良好的教育,满足残疾学生的学习需求"是河南省特殊教育发展的方向。

在不同区域方面,加大薄弱地区特殊教育的扶持力度。当前,河南省招收特殊儿童的学校布局不够合理,主要集中在地市与县城,农村地区分布严重不足。尤其特殊教育学校,完全分布在地市和县城区域。河南省一期特殊教育提出计划规定,全省所有 30 万人口以上的县(市)独立设置一所特殊教育学校,每个省辖市至少建成一所区域综合性特殊教育学校。但相对于低于 30 万人口的县(市)而言,重度障碍孩子在幼儿园,乃至初等教育、高中教育阶段面临无法"就近入学"的情况。尤其在幼儿园阶段,孩子还需要大量的康复训练,家长被迫去外地学校旁边租房伴读。"康复训练一年吃住、训练好几千,上万",还需要租房照顾,"其他事放一边,好多家庭条件都不允许"。进入小学、中学之后,由于路途遥远,学生回家的次数受到严格限制。"两周、四周甚至一个月两个月不出门,

① 李天顺.深化改革加快发展,努力办好新时期特殊教育[J].现代特殊教育,2020(1).
② 谢敬仁,钱丽霞,杨希洁等.国外特殊教育经费投入和使用及其对我国特殊教育发展的启示[J].中国特殊教育,2009(6):17-24.

很长时间都不回家",给学生带来严重的心理困扰,"觉得心里边很压抑"。而且,每次回家,漫长的路程充满了不确定的因素,而且还需要承担一定的交通费用。如果家长来接送的话,则费用无疑又翻了一番。所以,应该加快推进"省级盲校、市级聋校(综合)、县级培智学校"的办学格局,加大贫困地区特殊教育支持力度,积极发展农村特殊教育事业,支持有条件的地区建立从学前到高中全学段衔接的 15 年一贯制特殊教育学校,保障孩子就近入学,接受合适教育的基本权利。

在义务教育和非义务教育阶段,继续提升义务教育普及水平,加快"两头延伸"发展。在义务教育阶段,在实现特殊儿童"有学上"的同时,着重解决"上好学"的问题,在巩固现有发展成绩之时,逐步把重心调整到提升义务教育阶段办学质量上。为此,应坚持"零拒绝,全覆盖"的原则,控辍保学,完善"一人一案"和学籍管理,重视课程教学改革和教师队伍建设,持续加大投入水平。在义务教育阶段,随着重度障碍儿童数量不断增多,送教上门学生数量远远高于在校生数量,给学生接受义务教育带来严峻挑战,应该给予高度重视。实践表明,送教上门工作存在诸多问题。送教教师专业水平低,很多都是"退休的特校教师"或地方"找一位普校教师"去做,缺乏一支完备的专业团队相互配合,送教内容以学科知识为主,其他诸如康复训练、心理辅导、职业技能培训等内容偏少,有的甚至停留在"送温暖"的层次。调查显示,P 市特殊教育学校送教时"内容自行决定",只要求做好记录,"送教效果如何,遇到哪些困难,又需要哪些支持等,则全然不问"。未来在送教上门问题上,需要出台指导文件,完善送教制度,规范工作流程。教育、残联、财政、民政等部门要高度重视送教上门工作,制定切实可行、操作性强的实施方案,明确具体事项,强化责任意识,建立长效机制。①

在非义务教育阶段,要积极发展学前教育,着力发展以职业教育为主的高中阶段特殊教育,稳步发展高等特殊教育。

河南省很多区县特殊儿童"入园难"的问题十分突出。以 N 市为例,有的区县根本没有特殊或融合幼儿园,很多孩子都是在普通幼儿园"随班混读""随班就坐"。即使个别地方有融合幼儿园,园中特殊儿童的数量还严重不足。在 N 市和 D 市,虽然建设有融合幼儿园,但园中只有个位数的特殊儿童。鉴于此,河南省应出台相应的政策法规,鼓励学前特殊教育事业的发展,在保障特殊教育幼儿园发展的同时,扩大学前融合教育园的规模。在经济社会发展落后的区县,地方政府还可鼓励社会力量参与办学,形成政府为主,多种力量参与的办学格局,形成按障碍程度、发展情况"按需施教"的学前特殊教育保障体系,实现特殊儿童就近入园,解决"入园难"的现实问题。这样,轻度、重度障碍的孩子经过康复训练之后进入融合幼儿园随班就读,重度的孩子则进入特殊教育幼儿园学习,从而能够为不同的孩子提供适宜的教育,满足他们的特殊教育需求。

职业教育被誉为和学科教育、康复训练并列的"三驾马车"之一,职业教育对于残疾儿童拥有一技之长,生活自食其力十分重要,因此河南省特殊职业教育发展可谓任重道

---

① 譬如,教育部门协调相关部门做好专业评估,制定切实可行的个别化教育计划,协调编办适当增加提供送教上门教师编制,组织教师培训;财政部门按照义务教育阶段生均公用经费足额拨付教育经费,用于送教上门学生的教育教学、设备配备,及工作和交通费等支出;残联和卫健部门每年定期组织筛查鉴定工作,完善送教上门服务标准,科学认定服务对象,定期监测送教上门开展情况,确保工作质量。等等。

远。目前仍有不少学校没有开展职业教育,开展职业教育的学校专业种类较少,主要集中在工艺装潢、缝纫裁剪、推拿按摩、工艺美术、书法装裱、杂技等领域。N县特殊职业发展调查表明,特殊职业教育师资力量匮乏,专业化程度不高;课程设置单一,"不是学生需要什么设置什么,而是学校能够开什么就开什么";职业教育需要资金、场地、设备,投入巨大,"教育局拨款时常拖欠,又缺乏专项财政收入,教学设备陈旧,办学条件无法得到有效改善"。因此,未来河南省应把职业技术教育作为素质教育的一项重要工作来抓,在职业技术教学内容、教学设备、教学手段、师资配备等方面要有新的提升,积极推进示范性残疾人中等职业学校建设,全面推动特殊教育学校增设职教部(班),鼓励普通中等职业学校增设特教部(班)。同时,各地教育、民政和残联等部门和单位要在经费、场地、设备等方面积极支持,建立职业技术教育的创新机制,围绕当地普通职业技术教育资源,以就业为导向,以能力为本位,提高残疾学生社会适应能力、生存能力和竞争能力。

在高等教育阶段,河南省目前仅有4所特殊高等院校。近些年虽然招生规模不断扩大,办学条件有所改善,但有些政策支持还需要进一步落实。比如生均公用经费支持,并没有落实普通生标准的2—3倍规定予以拨付。在专业开设、学科建设和科研能力建设上,与发达地区相比还有较大差距。未来,河南省应持续加强高等特殊教育建设,增设盲生专业,扩大残疾学生招生计划。教育康复学专业前景广阔,在国内市场需求旺盛,为此应重视教育康复学专业建设,积极支持高等师范院校与医学院校合作,改革培养模式,促进学科交叉,培养具有复合型知识技能的特殊教育教师、康复类专业技术人才。为残疾儿童提供更高的发展平台。河南省应积极支持高等教育硕士、博士学位点申报工作,提升高校办学层次和水平。同时,支持普通高校、开放大学、成人高校等面向残疾人开展继续教育,畅通和完善残疾人终身学习通道。

在不同障碍类别儿童方面,根据特殊儿童发展的新形势,新特点,灵活调整学校布局。在长期办学实践中,河南省特殊教育形成了"以聋哑教育办学为主流"的办学格局,听障教育发展一枝独秀。但近年来随着智障儿童数量不断增长,其他障碍类型学生数量不断增多,尤其自闭症学生数量一直保持上升趋势。在此背景下,过去那种不均衡,不合理的教育格局需要做出改变。调查表明,不均衡的特殊教育给特殊儿童及特殊教育发展带来很多烦恼。比如在P市和A市地,只有P市特殊教育学校办学历史悠久,办学质量相对较好,这引发巨大的"虹吸效应"。县域学校,包括A市县学校学生纷纷到P市特殊教育学校就读,生源竞争十分激烈,部分学校甚至因为生源流失出现办学难以为继的局面。由于河南省只有S市有一所盲校,部分家庭因为路途过于遥远放弃入学机会,或者被其他学校拒收的情况也时有发生。鉴于此,应根据各地情况及适龄特殊儿童总量灵活调整学校布局,落实"省级盲校、市级聋校(综合)、县级培智学校"办学要求。在自闭症儿童教育上,根据办学实力可在市级特殊教育学校探索招生自闭症儿童,省级成立自闭症儿童学校,推进配套课程、教材、师资、财政经费等综合改革,探索科学适宜的培养方式。

(四)深化课程教学改革,推动教育高质量发展

党的十九届五中全会明确提出,建设高质量教育体系,到2035年建成教育强国。对

于特殊教育而言,需要我们按照"以推动高质量发展为主题,以深化供给侧结构性改革为主线,以改革创新为根本动力,以满足人民日益增长的美好生活需要为根本目的"的要求,努力将特殊教育的普及水平和人才培养质量提升到一个新的高度。坚持推进教育改革,才能把特殊教育的政策、制度优势转化为具体的实践行动,才能办好人民满意的教育。

近些年来,河南省特殊教育实现了跨越式的发展,但从目前情况看,不仅某些领域一般性教育资源供给不足,也面临教育质量普遍不高的问题。课程是实施素质教育的主要载体,一个国家、一个时代,对培养什么样的人,怎样培养人的要求和期望都集中体现在课程之中,课程改革作为教育改革的抓手得到人们的高度重视。反观河南省特殊教育课程改革,由于国家课程标准出台较晚,且由于办学条件所限离发挥成效尚待时日。课程改革之路可谓筚路蓝缕,举步维艰。与普通教育相比,特殊教育往往"说起来重要、做起来次要、忙起来不要"。长期以来,特殊儿童一直被视为无用的、多余的累赘,对于他们的教育研究严重滞后,很多概念、理论甚至处于一片空白和模糊的状态,什么是"医教结合",什么是"双语教学",什么是"融合教育"等等,这些理念提出时不仅学术界莫衷一是,在实际执行中也缺乏明确的制度规定和操作细则。在其他诸如课程建设、经费投入、师资、手语建设、语训及职业教育等问题上始终处于少人关心、无人问的状态。社会和各界部门习惯上也把特殊教育作为边缘教育对待,其办学成效无关升学,无关政绩,自然就得不到足够重视。在人、物、财等资源紧张之时,特殊学校通常成为"影子学校",国家政策、法规在执行过程中总是自觉不自觉地打了折扣。2016年,基层特殊教育学校千呼万唤的三类学校课程标准才姗姗出台,全面落实依然需要不少时日。而且,学前教育、高中及中等职业教育,高等教育依然没有发布明确的课程标准......无奈之下,当前的特殊教育场域中涌现出千奇百怪的教育乱象,特殊教育学校的办学"摸着石头过河",或者八仙过海,各显神通,用普校的教材饮鸩止渴,特殊教育的特殊性荡然无存,成为空有其表而没有内容的"贴牌"或"冒牌"学校,"能学多少算多少","教好教坏一个样",彰显特殊教育之价值和功能的特殊服务正在不断弱化和削减,特殊教育无力也无法满足特殊儿童平等成长的教育需求。也因此,在上述各个方面,特殊教育必须大力加强质量建设,切实提高特殊教育的服务水平。

课程改革是意义重大、任务复杂、影响深远的系统工程,涉及培养目标、课程结构、课程标准、课程实施与教学改革、教材改革、评价体系、课程管理机制等,在整个基础教育改革中处于核心地位。鉴于此,河南省特殊教育课程改革应抓好以下几方面的工作:

一是落实素质教育,开发课程资源。教育的根本任务是立德树人,要求学校面向每一个学生,尊重人的主体性和创造性,立足个体特质开发人的智慧和潜能。然而在特殊教育领域,不少学校依然在"穿新鞋走老路",素质教育挂在口头上,停留在纸面上。在应试思维导向下,学校拿着新课标,走着老路子,片面追求升学率,面向少数学生,注重片面发展。2017年,素质教育被明确写入十九大报告,"作为党和国家的大政方针,素质教育不但要实施,要坚持,而且要发展。"河南省特殊教育必须落实素养教育政策,打破传统观念的束缚,弘扬人的主体精神,以建设性的行动激发学生的想象力、创造力,培养学生的学习兴趣,挖掘学生的内在潜能,面对全体学生,使每一个人都能够得到应有的发展。这就要求我们革新教育模式,严格落实新课程,使用新教材,在没有配套教材之时,积极发挥"河南省特殊教育课程发展联盟"职责,共同开发特殊教育地方、校本课程与教材,拓展课程资源,加强网络研修,提高学校课程实施能力,以残疾学生的全面发展为导向实现育人方式的彻底改变。

二是加强课堂管理,规范课堂教学。钟启泉教授说过:教育改革的核心在于课程改革,课程改革的核心在于课堂改革。课堂是学校教育工作的主阵地,推进课程改革必须找准落实深化课堂教学改革这个突破点。受应试教育,及滞后的特殊教育发展影响,在部分学段还没有出台课程标准及相应的特教教材,特殊教育在课堂教学时往往使用普校教材作为替代。20世纪90年代出版的教材早已落后时代发展的需要,"偷梁换柱"使用普校教材也属无奈之举。但是普小教材知识容量大,难度大,教学进度快,教师的专业水平比如手语很差,障碍学生接受起来比较困难,教师课堂教学时只好进行打折,根据自己的把握"挑着教"。由此看来,特殊教育课堂教学的乱象必须予以修正。尽量采用配套教材,如若没有配套教材,也应以专业完善的教研制度决定教学内容的容量以及深度。为解决教师上课教学资源短缺,而且现有教学资源价格昂贵,学校无力承担的情况,建议"省、市建立特殊教育教学资源库"。

三是抓好监督考核,完善教育评价。由于特殊教育长期处于边缘,完善的监督考核制度一直没有建立起来,特殊教育办学质量怎么样完全依赖自我监督。普通学校的重要考试由教育部门组织,但特殊教育的情况比较特殊,无论是省级或市级层面都没有专门的命题机构,有的自己出题,有的用其他学校的试卷,有的是今天你出明天我出,缺乏统一安排和一致的评价标准,最终导致的结果就是:衡量办学成效的评价方式变成"自己出题考自己"。所以未来,把对学生的学业评价统一起来,规范命题行为十分必要。建议河南省教育厅或各地教育部门对特殊教育学生统一命题,统一管理,"完善、规范盲聋中招考试、高中段学业水平测试"。唯其如此,特殊教育品质办学的目标才会真正实现。

(五)增量师资队伍建设,提升教师专业水准

1903年,国内聋哑学校创立先驱张謇就意识到,合格的师资队伍对于特殊教育办学至关重要。他指出,"办聋哑学校首先要解决师资,有了会教盲哑儿童的老师,盲哑学校才能办起来……而盲哑教师,苟无慈爱之心与忍耐心者,皆不可任。固不纯恃学业之优为已足尽教育之责也。计有师范传习所以供合格之选,更以实地练习,以试其慈爱忍耐心之有无与厚薄甄陶焉,推勘焉。或不至误我可怜之盲哑,而儿童教育可期其发展乎"[①]。时至今日,党和国家对特殊教育师资队伍建设更为重视。2012年,教育部联合多部门发布《关于加强特殊教育教师队伍建设的意见》,从规划、培养、培训、管理、待遇、营造氛围等方面,第一次对特殊教育教师队伍建设作出全面部署。2015年,教育部又专门印发《特殊教育教师专业标准(试行)》,对特殊教育从业标准进行明文规定,明确了特殊教育教师的基本专业要求,提出了特殊教育教师培养、准入、培训、考核等具体要求。然而,从河南省师资队伍建设来看,特殊教育师资队伍不仅面临数量不足,也遭遇质量不高的困境。究其原因一是师资缺口过大,补齐短板需要时间,二是缺乏准入制度,入口门槛过低。所

---

① 戴目,宋鹏程.梦圆忆当年[M].上海:上海教育出版社,1999:157-158

以未来改善教师队伍建设问题,可从这两条症结入手对症下药。

未来河南省在特教师资队伍上建设应当重视几个方面。

第一,师资队伍建设向特教教师倾斜,增加工作岗位吸引力。按照老师们的建议,应加大特殊教育免费师范生招生规模,不断提高教师的福利待遇。将特殊教育教师津贴标准从业 10 年以下的提高至基本工资的 30%,10 年以上的提高至基本工资的 50%。且"按照退休前特教津贴或者从事特教年限规定固定的特教津贴,作为退休费计发基数"。推动各省出台特教教师编制标准。针对特教学校特点提高编制标准。配足配齐教职工。现在,河南省义务教育阶段文化课教学师资相对充足,但学前教育师资、高等院校特教师资、康复训练师资、随班就读师资、康复医生、资源教师等比较欠缺,建议在这些方面高度重视。担任送教上门的教师经常深入乡村工作,应"享受农村教师的相关待遇"。此外,制定合理的特教教师职称评审政策,单列体系,职称评审条件参照农村学校教师规定执行。

第二,加强教师专业建设,提升教师成长空间。针对师资队伍专业化程度不高问题,一方面建立特殊教育教师准入制度,力推特殊教育教师资格认证制度,规范特殊教育师资队伍引入机制,"避免个别人临退休到特教学校占岗"。科学合理分配特殊教育教师的职工编制,避免造成"想去去不了"的专业人才流失现象。另一方面建立科学合理的工作考核制度、质量评价体系等,开展并落实督导检查,促使教师队伍的专业化程度不断提高。针对高层次特殊教育专业人才引进难的问题,可以增设特殊教育专业高层次人才引进绿色通道制度。按照特事特办,适当降低准入标准或增加编制指标。

最后,举办特殊教育学校专项竞赛活动(优质课、综合实践活动、社团活动),加强特殊教育学校教师交流研讨,促进业务水平提高。在职后培养上,采用多种手段方式构建职前、职后一体化的培养培训体系,充分发挥高等院校在人才培养以及科研方面的优势。尤其是当前,网络技术的普及为扩大特殊教育教师的培养、培训规模提供了极大的方便,MOOC 课程平台的搭建,为特殊教育知识、技能的教学、普及和推广提供了极大的方便,使教师可以通过网络平台,自主地选择需要的课程来学习。在培训内容、方式上,建议多开展"见效快、周期短、实用性强、强外部现场性"的培训,加快康复专业人才培养培训力度,增加培训的频率,定期聘请专家对资源教师、送教上门教师进行培训,提高培训的针对性,以实践性的培训为主,辅之以理论培训。

(六)积极推进融合教育,满足差异化成长需要

自 1978 年英国《沃诺克报告》提出"特殊需要教育"至今,"特殊教育需要"已然成为特殊教育发展的重要议题。世界各国都倾向于以"教育需求的概念为特殊教育学生提供服务,包括服务的评估、个别化教育计划的推展、转衔方案的建立等等","实务上喜欢以教育需求的满足程度来作为特殊教育质量的指标。"[①]人们相信,提供满足身心障碍学生需求的教育,就可以使他们有"更正向的学业或生活表现"。[②] 根据《萨拉曼卡宣言》《特

---

① 陈丽如.特殊教育需求满足:从调整与修改思考课程学习的需求满足[J].台东特教,2011(33):1.
② 陈丽如.大专院校不同障碍类别障碍程度身心障碍学生教育需求分析[J].长庚人文社会学报,2011,4(2)298.

特殊需要教育行动纲领》的理解，身体缺失是个体多样性、差异性的表现，人与人之间存在差异是一种正常现象。我们不能因为特殊儿童的独特性就把他们与残疾、残废、不正常、有缺陷等同起来。在面对特殊儿童时，要先看到儿童再看到缺失，不要关注他们不能干什么，而要关注他们能够干什么，要给他们提供平等的发展机会，达成其潜能发掘，自我实现的权利。融合教育视域下的特殊教育应当满足所有儿童的需要，而无论其处于何种身体、智力、情绪、语言及其他状况，也无论是残疾儿童、天才儿童、流浪儿童、童工还是来自其他弱势群体或者社会边缘群体的儿童，每一所普通学校必须接受服务区域内的所有儿童入学，并为这些儿童都有享受到自身发展所需的教育提供各种条件，普通学校不能只为一部分普通儿童服务，而将有特殊需要的儿童拒之门外。①

河南省特殊教育在融合教育指引下，坚持"零拒绝，全覆盖"的原则，"全面推进全纳教育，使每一个残疾孩子都能接受合适的教育"。融合教育工作在河南省学前教育阶段取得不俗的成绩，但若拉近镜头仔细审视，隐藏于背后的发展不均衡、条件不充分的难题也依次水落石出。为此，河南省融合教育发展应做到以下几点：

一是要转变落后的残疾观，让教育有爱无碍。《特殊需要教育行动纲领》提出，学校"应为不同能力和不同需要的儿童提供相宜的课程机会"，"应以个体得到充分的发展为目的"。在当下，我们迫切需要转变我们对残疾孩子的看法。障碍孩子之所以学业失败，不是因为他们不能成材，也不表明他们一定有什么问题，而是主客观因素相互作用的结果。每个孩子都有受教育的基本权利，都有其"独特的特征、兴趣、能力和学习需要"。"教育制度的设计和教学计划的实施应该考虑到这些特征和需要的广泛差异"。②"行动的限制不是因为身体缺陷，而是社会组织的结果"。有调查显示，现在普通学校教师大部分都对融合教育理论表示欢迎和支持，但具体到自己的学校和班级，态度则发生了改变。③对于所有的教育工作者而言，必须树立"平等、参与、共享"的观念，反对排斥和歧视，面向所有的孩子，接纳所有的孩子，为了一切孩子的成长。教育应该以儿童的成长为中心，一切从儿童的实际出发，千方百计满足他们的需要。当前，河南省应当加快融合教育的发展步伐，形成按障碍程度、发展情况"按需施教"的体系。轻度、重度障碍的孩子经过康复训练之后进入普通学校随班就读，重度的孩子则进入特殊教育学校学习。从而能够让教育为不同的孩子提供适宜的教育，进而满足他们的特殊教育需求。

二是要做好支持配套，促进学生全面发展。融合教育的理念虽然鼓舞人心，但实施起来并没有那么容易。普通学校是融合教育的主战场，融合教育的出现对其教育体制、教育观念、教育实践、教育文化、教师专业素质等方面提出全方位挑战。从教育实践看，许多国家和地区在实施融合教育时普遍遭遇"政府机构的支持欠缺、认识不到位、资金有限、教育技术落后、师资力量薄弱、社会意识淡化和教育观念的对抗"等难题④，所以我们一方面应该意识到融合教育的推进非一朝一夕能够完成，另一方面我们还要坚持全纳教育改革的方向性和灵活性，探寻属于我们自己的融合教育模式。结合河南省实际，在配

① 柳树森.全纳教育导论[M].武汉：华中师范大学出版社,2007:前言。
② 《萨拉曼卡宣言》。
③ 钱丽霞,江小英.全纳教育发展的历史背景及相关政策[J].现代特殊教育,2003(9)。
④ 柳树森.全纳教育导论[M].武汉：华中师范大学出版社,2007:38。

套支持建设下迫切需要解决以下具体问题。

第一，加大融合教育支持。政府主导是办好特殊教育的关键，应严格执行《河南省教育厅关于进一步加强残疾儿童少年义务教育阶段随班就读工作的实施意见》，按照特教特办的原则持续加大政府支持。为避免融合教育过程中出现阳奉阴违，做表面文章的现象，加强对融合教育工作考核评估，引导、督促各级单位及个人端正思想观念。

第二，加强融合教育师资培养培训。师资队伍对融合教育发展至关重要，当前融合师资数量不足，专业性不强。建议扩大高等特殊院校招生规模及定向免费培养规模，"为县级及以下特殊教育学校、承担随班就读任务的普通学校定向培养特殊教育教师"。落实"普通师范院校和综合性院校的师范专业普遍开设特殊教育课程"规定，加大教师培训力度，尤其资源教师培训，帮助融合师资掌握必要的特殊教育基本知识和技能。为提高融合教育教师积极性，落实"对普通学校承担随班就读教学管理任务的教师，在绩效工资分配上给予倾斜"政策，从事融合教育工作的教师享受特殊教育教师津贴，切实保障残疾儿童享有受教育的权利。

第三，加快资源中心和资源教师建设。配套措施的缺失是造成融合教育却足不前的主因，根据教师们的建议，应切实发挥"残疾人教育专家委员会的作用"，对残疾学生科学评估鉴定，合理安排其入学、送教、康复训练。完善特殊教育指导中心、资源中心、资源教室建设，明确建设标准和运作规程，厘清权力职责，设置独立编制，配备专职人员，加强督查力度，充分发挥其在残疾儿童融合教育和康复中的作用。

参考文献

[1]河南省教育厅.河南省教育统计年鉴[M].开封:河南大学出版社,2015—2020.

[2]河南教育年鉴编纂委员会.河南教育年鉴[M].郑州:河南教育出版社,2008—2020.

[3]常书香.洛阳市公办中小学幼儿园公用经费提高,明年一月起实施[N].洛阳日报,2016—10—10.

[4]金汝逊.我国聋哑教育[J].残不废月刊,1948,2(16).

[5]林崇德.中国优生优育优教百科全书:优教卷[M].广州:广东教育出版社,2000.

[6]吴康宁.中国教育改革为什么会这么难[J].华东师范大学学报,2010(4).

[7]古棋.残不废教育[J].中华教育界,1948,2(5).

[8]范佳露.两岸特殊教育法律中关于"鉴定与评估"条款的分析与比较[J].南京特教学院学报,2011(3).

[9]郭志云等.河南省学前特殊教育的发展现状、问题与建议[J].现代特殊教育,2019(24).

[10]李天顺.深化改革加快发展,努力办好新时期特殊教育[J].现代特殊教育,2020(1).

[11]谢敬仁,钱丽霞,杨希洁等.国外特殊教育经费投入和使用及其对我国特殊教育发展的启示[J].中国特殊教育,2009(6).

[12]戴目,宋鹏程.梦圆忆当年[M].上海:上海教育出版社,1999.

[13]陈丽如.特殊教育需求满足:从调整与修改思考课程学习的需求满足[J].台东特教,2011(33).

[14]陈丽如.大专院校不同障碍类别障碍程度身心障碍学生教育需求分析[J].长庚人文社会学报,2011,4(2).

[15]柳树森.全纳教育导论[M].武汉:华中师范大学出版社,2007:前言.

[16]钱丽霞,江小英.全纳教育发展的历史背景及相关政策[J].现代特殊教育,2003(9).

[17]谢敬仁.抓住机遇,乘势而上,迎接特殊教育事业的春天[J].现代特殊教育,2009(1).

[18]史晓琪.河南三类残疾儿童义务教育入学率年底超九成[N].河南日报,2016-08-25.

专题九　河南省教师教育发展研究

百年大计,教育为本。教育是提高人民综合素质、促进人的全面发展的重要途径,是民族振兴、社会进步的重要基石。教师承担着传播知识、传播思想、传播真理的历史使命,肩负着塑造灵魂、塑造生命、塑造人的时代重任,是教育发展的第一资源。2014年9月9日,习近平总书记在同北京师范大学师生代表座谈时指出:"一个人遇到好老师是人生的幸运,一个学校拥有好老师是学校的光荣,一个民族源源不断涌现出一批又一批好老师则是民族的希望。"①教师教育是教育事业的工作母机,只有有高质量的教师教育,才会有高水平的教师队伍。习近平总书记指出:"要加强教师教育体系建设,加大对师范院校的支持力度,找准教师教育中存在的主要问题,寻求深化教师教育改革的突破口和着力点,不断提高教师培养培训的质量。"②

"十三五"期间,我国高度重视教师教育工作。2018年1月20日,《中共中央国务院关于全面深化新时代教师队伍建设改革的意见》发布。2018年2月11日,教育部、国家发展改革委、财政部、人力资源社会保障部、中央编办印发《教师教育振兴行动计划(2018—2022年)》。2020年7月31日,教育部、中央组织部、中央编办、国家发展改革委、财政部、人力资源社会保障部发布《关于加强新时代乡村教师队伍建设的意见》。2020年12月24日,教育部、中央组织部、中央宣传部、财政部、人力资源社会保障部、住房和城乡建设部发布《教育部等六部门关于加强新时代高校教师队伍建设改革的指导意见》。2019年教育部、中央组织部、中央宣传部、财政部、人力资源社会保障部印发《关于加强新时代中小学思想政治理论课教师队伍建设的意见》。这些文件为新时代乡村教师队伍建设、高校教师队伍建设、中小学思想政治理论课教师队伍建设提供了指南。为加强师德师风建设,规范教师的教育教学行为,教育部于2018年印发《新时代高校教师职业行为十项准则》《新时代中小学教师职业行为十项准则》《新时代幼儿园教师职业行为十项准则》,出台《中小学教师违反职业道德行为处理办法(2018年修订)》《幼儿园教师违反职业道德行为处理办法》。为提高职前教师教育水平,培养高素质的教师,教育部2018年发布《关于实施卓越教师培养计划2.0的意见》,自2018年起陆续开展师范专业认证。为了规范教师职后培训工作,促进教师终身教育发展,教育部于2020年7月22日组织印发《中小学教师培训课程指导标准(师德修养)》《中小学教师培训课程指导标准(班级管理)》《中小学教师培训课程指导标准(专业发展)》。为提升教师信息技术素养和互联网思维能力,2019年3月20日,《教育部关于实施全国中小学教师信息技术应用

---

① 习近平.做党和人民满意的好老师:同北京师范大学师生代表座谈时的讲话(2014年9月9日)[N].人民日报,2014-09-10(002).
② 习近平.做党和人民满意的好老师:同北京师范大学师生代表座谈时的讲话(2014年9月9日)[N].人民日报,2014-09-10(002).

能力提升工程 2.0 的意见》发布。这些文件的出台及实施,为教师后培训提出了明确的要求,提供了具体的操作规范。

教师教育是涵盖教师职前培养与职后培训的终身学习体系①,其前身是"师范教育"。1996 年全国教育工作会议提出用"教师教育"取代"师范教育"。2001 年 5 月国务院《关于基础教育改革与发展的决定》正式使用"教师教育"概念。作为教育大省,河南省高度重视教师教育工作,在"十三五"期间取得了显著成绩,但与新时代对教师教育的要求还存在差距。教师教育与教师队伍建设密切相关,教师教育只是教师队伍建设的一部分。教师教育既涉及职前培养,也涉及职后培训,但从师范教育演变为教师教育的进程看,职前培养是教师教育的基础和关键。因此,本专题以教师职前培养为重点,兼顾教师职后培训,回顾"十三五"期间河南省教师教育的发展状况,分析其存在的不足,展望"十四五",提出助力河南教师教育健康发展的建议。

一、教师教育概况

(一)以师范院校为主体、高水平非师范院校参与的中国特色师范教育体系初步形成

改革开放初期,《教育部关于加强和发展师范教育的意见》(1978)和《中共中央关于深化教育体制改革的决定》(1985)等文件高度重视师范教育,确立了师范院校在教师培养中的特殊地位,师范学院基本上独家承担起培养中小学教师的重任。随着教育改革的深化,高校由专科升格为本科、由本科升格为大学,纷纷朝着综合化、大学化的方向发展。在这种背景下,师范院校也纷纷升格为大学,开设非师范专业,师范专业受到很大的影响。《中共中央国务院关于深化教育改革全面推进素质教育的决定》(1999)提出:"调整师范学校的层次和布局,鼓励综合性高等学校和非师范类高等学校参与培养、培训中小学教师的工作,探索在有条件的综合性高等学校中试办师范学院。"这既为综合大学和非师范类高校参与教师教育提供了契机,但也在一定程度上使师范院校的办学定位更加摇摆不定。非师范院校纷纷举办师范专业,而师范院校中的师范专业进一步弱化。师范教育到底该向何处去? 我国的教师教育体系到了改革的深水区。

《中共中央国务院关于全面深化新时代教师队伍建设改革的意见》明确提出:"实施教师教育振兴行动计划,建立以师范院校为主体、高水平非师范院校参与的中国特色师范教育体系,推进地方政府、高等学校、中小学'三位一体'协同育人。"《教育部等 5 部门关于印发〈教师教育振兴行动计划〉(2018—2022 年)的通知》提出:"发挥师范院校主体作用,加强教师教育体系建设。加大对师范院校的支持力度,不断优化教师教育布局结构,基本形成以国家教师教育基地为引领、师范院校为主体、高水平综合大学参与、教师发展机构为纽带、优质中小学为实践基地的开放、协同、联动的现代教师教育体系。"从河

---

① 荀渊.推进教师教育治理体系与治理能力现代化[J].华东师范大学学报(教育科学版),2018(4):38-39.

南教师教育"十三五"发展来看,河南省初步建构起了以师范院校为主体、高水平非师范院校参与的中国特色教师教育体系。

1.河南省承担教师教育任务的高校情况

截至 2020 年,河南省有 57 所普通本科院校,94 所高职(专科)院校①。承担教师教育任务的高校可以分为四种情况。其一,综合类高校。河南大学、郑州大学作为高水平大学,承担了教师教育任务。其中,河南大学在办学历史上曾经为师范院校,后来成为综合大学。郑州大学,本为综合大学,后来承担教师教育任务。其二,师范院校②。这些高校以"师范"冠名,如河南师范大学、信阳师范学院、洛阳师范学院、南阳师范学院、安阳师范学院、商丘师范学院、周口师范学院、郑州师范学院、焦作师范高等专科学校、郑州幼儿师范高等专科学校、安阳幼儿师范高等专科学校、驻马店幼儿师范高等专科学校等。其三,由具有教师教育背景的院校合并组建的综合院校。在院校合并和综合化的大潮中,河南省的一部分师范专科学校、中师学校、教育学院或合并组建,或被并入本科院校、专科院校。这些合并成立的高校仍然承担了教师教育任务,如黄淮学院、平顶山学院、新乡学院、南阳理工学院、河南财政金融学院、三门峡职业技术学院、濮阳职业技术学院等。其四,没有师范专业办学历史的高职院校,如郑州城市职业学院、许昌陶瓷职业学院、漯河食品职业学院。这些学校开设的多为学前教育专业。

2.河南省师范专业招生情况

本科、专科师范专业是培养中小学幼儿园教师的支柱,考察河南省"十三五"期间的教师教育情况,必须先考察师范专业招生情况。河南地处中部地区,经济水平不够发达,对河南省域以外的非河南籍毕业生缺乏足够的吸引力。这就意味着河南省基础教育教师队伍的补给任务主要由河南省的高校来承担。因此,考察河南省的教师教育情况,必须考察河南省高校师范专业招生情况。"十三五"期间,不管是专科师范生,还是本科师范生,河南省师范专业招生总体呈上升趋势,但参与教师教育的院校情况复杂。

(1)河南省师范专业招生总体情况

"十三五"期间河南省普通专科师范生招生数量、在校生数量详细情况如表 9-1所示。

表 9-1　2016—2020 年河南省普通专科师范生招生数量、在校生数量

	2016	2017	2018	2019	2020
招生数(人)	27226	32751	32334	36487	48632
在校生数(人)	65840	82742	91608	95370	110616

资料来源:根据 2016—2020 年《河南省教育统计提要》资料整理。

"十三五"期间河南省普通本科师范生招生数量、在校生数量,详细情况如表 9-2所示

---

① 资料来源于 2020 年河南省教育统计提要。
② 本专题中的"师范院校"是指学校名称中包含有"师范"字样的高校,如师范大学、师范学院、师范高等专科学校。与教育统计中的"师范院校"可能不一致,特作说明。

表 9-2　2016—2020 年河南省普通本科师范生招生数量、在校生数量

	2016	2017	2018	2019	2020
招生数(人)	32599	33123	35247	39514	44789
在校生数(人)	122597	122379	125900	141374	153407

资料来源:根据 2016—2020 年《河南省教育统计提要》资料整理。

（2）河南省师范院校师范专业招生情况

从 2019 年的招生情况看,8 所师范学院中,专科师范招生占比最低的为 24.07%,最高的为 100%。本科师范招生占比最低的为 28.89%,最高的为 56.28%,如表 9-3 所示

表 9-3　2019 年河南省师范院校师范专业招生情况

学校名称	专科师范生招生(人)	专科招生总数(人)	专科师范招生占比(%)	本科师范生招生(人)	本科招生总数(人)	本科师范招生占比(%)
河南师范大学				2750	8279	33.22
信阳师范学院				2504	5427	46.14
洛阳师范学院	1178	1178	100.00	2291	6146	37.28
南阳师范学院	1064	1118	95.17	2435	7578	32.13
郑州师范学院	598	1542	38.78	2215	3936	56.28
商丘师范学院	265	582	45.53	1731	5837	29.66
周口师范学院	797	837	95.22	2479	6546	37.87
安阳师范学院	117	486	24.07	1529	5292	28.89
合计	4019	5743	70.09	17934	49041	36.57

资料来源:根据调研数据整理。

从 2019 年的在校生情况看,8 所师范学院中,专科师范在校生占比最低的为 29.25%,最高的为 95.3%。本科师范在校生占比最低的为 24.89%,最高的为 58.36%,如表 9-4 所示。

表 9-4　2019 年河南省师范院校师范专业在校生情况

学校名称	专科师范在校生(人)	所有专科在校生(人)	专科师范生占比(%)	本科师范在校生(人)	所有本科在校生(人)	本科师范生占比(%)
河南师范大学				12000	32195	37.27
信阳师范学院	953	1000	95.30	9483	22615	41.93
洛阳师范学院	3475	3917	88.72	8262	24595	33.59
南阳师范学院	3161	3694	85.57	7967	24727	32.22
郑州师范学院	1474	3327	44.30	7803	13370	58.36
商丘师范学院	2156	3229	66.77	5622	22585	24.89
周口师范学院	2577	3086	83.51	9162	22671	40.41
安阳师范学院	506	1730	29.25	8149	22519	36.19
合计	14302	19983	71.57	68448	185277	36.94

资料来源:根据调研数据整理。

（3）河南省非师范本科院校师范专业招生情况

河南省承担教师教育任务的非师范本科院校非常多，但师范招生占比和师范在校生占比差异较大。2019 年，河南省非师范本科院校的师范专业招生和在校生占比，少的不足 2%，多的则接近 70%，如表 9-5、表 9-6 所示。

表 9-5　2019 年河南省非师范本科学院师范专业招生情况

学校名称	专科师范生招生（人）	专科招生总数（人）	专科师范招生占比（%）	本科师范生招生（人）	本科招生总数（人）	本科师范招生占比（%）
河南大学				578	8831	6.55
郑州大学				440	13168	3.34
河南科技大学				155	10402	1.49
河南师范大学新联学院	1595	1954	81.63	3036	6337	47.91
信阳学院				3978	5785	68.76
河南财政金融学院	601	4254	14.13	98	3165	3.10
黄淮学院				712	4655	15.30
许昌学院	27	1138	2.37	1437	5951	24.15
黄河科技学院	102	3612	2.82	554	9017	6.14
郑州科技学院		4890	0.00	161	6344	2.54
平顶山学院	79	778	10.15	1173	5092	23.04
郑州工程技术学院	43	2123	2.03	66	2748	2.40
新乡学院	449	1960	22.91	1588	6162	25.77
安阳学院	409	4270	9.58	2385	5003	47.67
郑州商学院	184	2045	9.00	299	6767	4.42
郑州西亚斯学院	189	1747	10.82	128	8309	1.54
河南大学民生学院				528	4859	10.87
河南科技学院				1826	6296	29.00
洛阳理工学院	178	1334	13.34	251	6532	3.84
河南科技学院新科学院				441	2216	19.90
南阳理工学院				245	5333	4.59
商丘学院	1252	4638	26.99	1125	6515	17.27
商丘工学院	723	3240	22.31	109	5031	2.17
河南科技职业大学				267	1766	15.12
合计	11662	74012	15.35	21580	146284	14.75

资料来源：根据调研数据整理。

表 9-6　2019 年河南省非师范本科学院师范专业在校生情况

学校名称	专科师范在校生(人)	所有专科在校生(人)	专科师范生占比(%)	本科师范在校生(人)	所有本科在校生(人)	本科师范生占比(%)
河南大学				4260	38199	11.15
郑州大学				2192	76820	2.85
河南科技大学				607	40200	1.51
河南师范大学新联学院	3648	4633	78.74	10484	21912	47.85
信阳学院				14182	20781	68.25
河南财政金融学院	2396	13170	18.19	193	8657	2.23
黄淮学院				1565	18278	8.56
许昌学院	107	3183	3.36	4968	21266	23.36
黄河科技学院	240	8390	2.86	1411	27390	5.15
郑州科技学院		10912		519	18265	2.84
平顶山学院	725	3141	23.08	4005	17795	22.51
郑州工程技术学院	205	8611	2.38	187	6803	2.75
新乡学院	1931	6616	29.19	5534	20012	27.65
安阳学院	744	6689	11.12	7079	15203	46.56
郑州商学院	384	5636	6.81	798	20783	3.84
郑州西亚斯学院	189	1747	10.82	128	8309	1.54
河南大学民生学院				1772	16852	10.52
河南科技学院				7212	23205	31.08
洛阳理工学院	501	6708	7.47	586	22126	2.65
河南科技学院新科学院				1600	8088	19.78
南阳理工学院				557	20943	2.66
商丘学院	1817	8521	21.32	2655	20686	12.83
商丘工学院	1360	7576	17.95	165	13796	1.20
河南科技职业大学				267	1766	15.12
合计	14247	95533	14.91	72926	508135	14.35

资料来源:根据调研数据整理。

(二)"专科—本科—研究生"三级教师教育体系更加丰富

《教师教育振兴行动计划(2018—2022 年)》提出教师培养层次提升行动:引导支持办好师范类本科专业,引导鼓励有关高校扩大教育硕士招生规模,适当增加教育博士专业学位授权点,引导鼓励有关高校扩大教育博士招生规模。与全国的教师教育体系转变同步,经过不断整合,河南省也完成了老三级体系向新三级体系的转变,"专科—本科—研究生"三级教师教育体系更加丰富完善。

专科层次教师教育情况。焦作师范高等专科学校、郑州幼儿师范高等专科学校、安阳幼儿师范高等专科学校、驻马店幼儿师范高等专科学校发挥了主体作用,普通本科院校和高职类院校也承担了部分专科层次的教师教育任务,如表9-7所示。

表9-7　河南省承担专科层次教师培养任务的院校

本科院校	师范本科院校	信阳师范学院、安阳师范学院、南阳师范学院、商丘师范学院、周口师范学院、郑州师范学院
	非师范本科院校	许昌学院、新乡学院、河南财政金融学院、郑州科技学院、郑州升达经贸管理学院、商丘学院、河南科技职业大学、中原科技学院、郑州商学院、郑州西亚斯学院、黄河科技学院、
专科院校	师范专科学校	焦作师范高等专科学校、郑州幼儿师范高等专科学校、安阳幼儿师范高等专科学校、驻马店幼儿师范专科学校
	高职院校	河南信息统计职业学院、郑州信息科技职业学院、濮阳职业技术学院、鹤壁职业技术学院、三门峡职业技术学院、许昌职业技术学院、漯河职业技术学院、周口职业技术学院、济源职业技术学院、河南经贸职业学院、永城职业技术学院、信阳职业技术学院、河南艺术职业学院、新乡职业技术学院、郑州城市职业学院、漯河食品职业学院、郑州理工职业学院、郑州信息工程职业学院、长垣烹饪职业技术学院、许昌陶瓷职业学院、平顶山职业技术学院、开封文化艺术职业学院、河南女子职业学院、郑州体育职业学院、南阳农业职业学院、河南机电职业学院、信阳涉外职业技术学院、南阳职业学院、郑州黄河护理职业学院、三门峡社会管理职业学院、河南物流职业学院、信阳航空职业学院

资料来源:根据河南招生考试信息网2021年招生计划整理。

本科层次教师教育情况。河南省师范专业招生以本科层次为主。本科院校以师范学院为主体,非师范院校也承担了相当数量的本科层次教师培养任务,如表9-8所示。

表9-8　河南省承担本科层次教师培养任务的院校

高水平大学	河南大学、郑州大学
师范本科院校	河南师范大学、信阳师范学院、安阳师范学院、洛阳师范学院、南阳师范学院、周口师范学院、商丘师范学院、郑州师范学院
综合本科院校	河南科技学院、黄淮学院、平顶山学院、许昌学院、新乡学院、南阳理工学院、安阳工学院、洛阳理工学院、河南财政金融学院、郑州工程技术学院、黄河科技学院、郑州西亚斯学院、郑州科技学院、郑州财经学院、商丘学院、商丘工学院、河南科技职业大学、河南开封科技传媒学院、中原科技学院、新乡工程学院、安阳学院、信阳学院、郑州商学院

资料来源:根据河南招生考试信息网2021年招生计划整理。

研究生层次教师培养情况。"十三五"期间,河南省研究生层次的教师教育体系得到快速发展。硕士层次教师的培养分为两类。一是教育学类硕士,以河南大学、河南师范大学、信阳师院和郑州大学为主。二是教育硕士,专门针对在职教师进行高层次提升。

河南省有6所学校具有招生资格,分别为:河南大学、郑州大学、河南师范大学、信阳师范学院、洛阳师范学院、河南科技学院。① 博士层次教师的培养也分为两类。一是教育学博士。河南大学具有教育学和心理学一级学科博士学位授予权,在教育学原理、课程与教学论、教育史、高等教育学、教育技术学、德育学、基础心理学、发展与教育心理学、应用心理学等九个专业招收博士研究生;郑州大学现有教育经济与管理二级学科博士学位授权点一个。二是教育博士,专门针对在职教师。目前,河南省具有教育博士招生资格的有河南师范大学。这样,河南省"专科—本科—研究生"三级教师教育体系更加丰富。

(三)教师教育内涵发展得到重视

1.设置教师教育学院,重视教师教育内涵发展

不管是师范学院,还是综合类院校,传统师范教育以院系为单位进行培养。这种师范教育模式导致条块分割,教师教育资源得不到充分利用,培养出来的学生视野较为狭窄。为改变这种局面,学界提出了许多合理化建议,其中最重要的就是设置独立的教师教育学院或者教师发展学院。这是教师教育内涵发展的重要表现形式。从河南省的高校来看,许多学校已经注意到了这一点,开始设置教师教育学院。例如,河南师范大学,2012年合并组建教育与教师发展学院,2016年更名为教育学院,2019年4月19日正式成立教育学部,下设教育学院、心理学院、教育信息技术学院、教师教育学院。河南大学,设立教育学部,下设教育学院、心理学院、教师教育学院、基础教育研究院等四个教学与管理单位。商丘师范学院,2002年设立教育系,2011年更名为教育科学学院,2016年改为教师教育学院。南阳理工学院,2005年南阳市第一师范学校并入南阳理工学院,命名为南阳理工学院教育学院;2016年1月更名为南阳理工学院师范学院;2019年11月,师范学院和音乐学院合并组建教师教育学院。高校设置教师教育学院或者教师发展学院,表明高校已经意识到现行教师教育机制的不足并开始探索重视内涵发展的教师教育。

2.实施"卓越教师"计划,不断提升教师教育质量

教师教育的质量直接关涉基础教育的质量。虽然我国教师教育体系不断完善,教师教育改革持续推进,教师培养质量有了很大提高,但也出现了关门办学、课程设置滞后于社会发展和社会需求,课程内容"空、繁、旧"等问题,毕业生实践操作能力差。为改变这种局面,教育部发布《关于实施卓越教师培养计划的意见》。"卓越教师"计划旨在推动举办教师教育院校深化教师培养机制、课程、教学、师资、质量评价等方面的综合改革,努力培养一大批有理想信念、有道德情操、有扎实学识、有仁爱之心的好教师。河南省的"卓越教师"计划分为两个层次。一是支持高校积极申报国家级"卓越教师"计划。2015年,经高等学校申报、省级教育行政部门推荐、专家会议遴选,并经网上公示,教育部确定了80个卓越教师培养计划改革项目。河南省有4个项目入选。②,如表9-9所示

---

① 教育硕士[EB/OL].[2022-02-15]http://www.cdgdc.edu.cn/xwyyjsjyxx/gjjl/szfa/jyss/.
② 关于启动实施卓越教师培养计划的通知教师[2015]384号[EB/OL].(2015-05-27)[2022-02-15].http://jyt.henan.gov.cn/2015/05-27/1602709.html.

表 9-9　河南省入选教育部"卓越教师"培养计划改革项目名单

序号	高校名称	项目名称
1	河南大学	本硕一体化卓越中学教师培养计划
2	河南师范大学郑州幼儿师范高等专科学校	河南省幼儿教师卓越化培育工程——两校联合培养模式改革与实践探索
3	郑州师范学院	地方师范院校与医学院校、特殊教育学校联合培养卓越特教教师的改革与实践
4	河南科技学院	农科类卓越中等职业学校教师培养改革与实践

　　二是配套实施河南省省级"卓越教师"培养计划。经过自愿申报,公开、公正评选,河南省遴选出 15 项省级"卓越教师"培养计划改革项目,中学类、小学类、幼儿园类各 5 项。项目实施周期为 10 年。[①],如表 9-10 所示。

表 9-10　河南省"卓越教师"培养计划改革项目名单

序号	申报学校	项目名称
一、中学类(5 项)		
1	河南师范大学	以国家级示范项目为依托的卓越中学教师培养体系的综合改革与实践
2	信阳师范学院	卓越农村中学教师培养模式改革与实践
3	洛阳师范学院	中学物理卓越教师本硕一体化"2+2+2"培养模式的研究与实践
4	安阳师范学院	基于双导师制的"双千对接"工程:中学卓越教师培养的改革与实践
5	南阳师范学院	基于教师专业标准的卓越中学教师协同式培养模式改革与实践
二、小学类(5 项)		
1	郑州师范学院	小学全科教师培养模式改革实践
2	周口师范学院	互动共生:师范院校与基础教育合作机制探索
3	商丘师范学院	地方师范院校卓越小学教师培养改革与实践
4	平顶山学院	基于卓越的全科型小学教师培养的研究与实践
5	南阳理工学院	实践取向的卓越小学教师培养研究
三、幼儿园(5 项)		

---

　　①　关于启动实施卓越教师培养计划的通知教师〔2015〕384 号〔EB/OL〕.(2015-05-27)〔2022-02-15〕.http://jyt.henan.gov.cn/2015/05-27/1602709.html.

续表 9-10

序号	申报学校	项目名称
1	安阳师范学院	"四县双百"行动:中部贫困地区农村幼儿园卓越教师培养模式的改革与实践
2	河南教育学院	校园共育:卓越幼儿园教师培养模式的理论研究与实践探索
3	许昌学院	基于艺术教育方向的卓越幼儿园教师培养模式的改革与实践
4	焦作师范高等专科学校	卓越幼儿教师"一体化"培养模式改革研究
5	安阳幼儿师范高等专科学校	学前教育专业五年一贯制培养模式的改革与实践

2018 年 9 月 17 日,为培养造就一批教育情怀深厚、专业基础扎实、勇于创新教学、善于综合育人和具有终身学习发展能力的高素质专业化创新型中小学教师,教育部启动卓越教师培养计划 2.0。"卓越教师"培养计划的实施有利于有效发挥示范带动作用,促进教师培养质量的提升。

3.校地协同,不断适应基础教育需求培育准教师

长期以来,师范教育存在高校关门办学的问题,培养出来的准教师与基础教育需求脱节。另外,相当数量的承担教师教育的高校教师没有基础教育经历和经验,对学生的教育教学,特别是教材教法方面的教学,很大程度上属于"纸上谈兵";基础教育的教师具有实战经验,但理论水平普遍不高。不管是提高教师职前教育的质量,还是提高教师职后培训的质量,都需要高校和基础教育学校合作,优势互补,打造教师教育共同体。校地协同,有利于创新教师培养培训模式,创新教师培养培训平台,创新教师培养培训机制,实现教师职前培养与职后培训一体化建设。"十二五"期间,河南省教师教育改革创新试验区建设就是对校地协同培育教师的积极尝试。实际上,承担教师教育任务的高校大多通过建立实习基地的方式加强与基础教育学校的合作,培养适应社会需求的教师。各个学校实习基地建设的做法大同小异,但校地协同要想发挥理想作用,关键的是要靠政府推动。因此,本报告重点阐述教育行政主管部门——河南省教育厅"十三五"期间采取的推动校地协同育人方面的重要措施。

实施河南省教师教育联动发展共同体建设计划。2016 年,河南省教育厅决定在河南省"十二五"教师教育改革发展的基础上,实施河南省教师教育联动发展共同体建设计划。以豫东、豫南、豫西、豫北、豫中为基本推进单位,以建立健全高校和地方政府协同创新、融合发展的共同体为平台,以愿景相同、政策沟通、项目融通、师资联通为保障,建立共商、共建、共享、共赢的教师教育联动发展机制,构建全省内跨区域教师教育联动发展体制机制最完善、教师教育要素流动最便利、合作成效最明显的跨区域教师教育联动发展共同体。主要任务是:联合联动建立区域发展智库、联合联动培养在校师范生、联合联动培训在职教师、联合联动形成区域发展格局。就联合培养师范生而言,该计划以"卓越教师"培养计划、小教全科培养计划、农硕计划及各高等师范院校现有师范生培养项目为平台,联合联动建立一批针对性强、特色突出的师范生教育实习实践基地,探索形成灵活多样的师范生培养模式,推动实践教学模式改革。[①] 2017 年,河南省教育厅确定河南大学、河南师范大学等为牵头单位的 8 个河南省教师教育联动发展共同体[②],如表 9-11 所示。

表 9-11　2017 年度河南省教师教育联动发展共同体名单

序号	区域	牵头单位	联合联动市县
1	豫东片区	商丘师范学院	商丘市、永城市、鹿邑县
2	豫南片区	南阳师范学院	南阳市、邓州市
3	豫中片区	河南大学	许昌市、开封市、兰考县
4	豫北片区	河南师范大学	新乡市、焦作市、濮阳市、鹤壁市
5	豫南片区	信阳师范学院	信阳市、驻马店市
6	豫北片区	安阳师范学院	安阳市、鹤壁市、濮阳市
7	豫西片区	洛阳师范学院	洛阳市、三门峡市、济源市、汝州市
8	豫东片区	周口师范学院	周口市、漯河市

　　成立河南省教师教育协同创新联盟。在协同创新机制建设方面特别值得一提的是河南省教师教育协同创新联盟的成立。2018 年,为进一步凝聚河南省教师教育资源,发挥教师教育整体优势,建立协同创新、融合发展机制,推动教师教育高质量发展,河南省成立了河南省教师教育协同创新联盟。该联盟是以省内师范院校为主体,各级教育行政部门和优质中小学幼儿园共同参与,共建共享优质教育资源的非营利性、非法人的教师教育学术组织。该联盟旨在构建"地方政府—高校—中小学幼儿园"联合联动、开放灵活的教师教育新体系,推动河南教师教育实现振兴,推动河南教育由教育大省迈向教育强省。该联盟的成立,有利于全面提升河南教师教育发展水平,为新时代教师教育的振兴贡献河南力量。

　　河南省教师教育实践基地建设。2019 年,为进一步提高教师培养培训质量效益,推动教师职前培养与职后培训一体化,实现教师教育高质量发展,结合河南省教师教育改革发展实际,河南省教育厅决定遴选建设 300 所公办优质中小学幼儿园作为中小学幼儿园教师教育实践基地。[③] 2020 年,经各单位申报、市级教育行政部门推荐、省教育厅组织第三方评审等程序,确定郑州市外国语学校等 299 个中小学幼儿园为首批河南省教师教

① 河南省教育厅关于启动河南省教师教育联动发展共同体建设计划的通知[EB/OL].(2016-11-04)[2022-02-15].http://jyt.henan.gov.cn/2016/11-04/1656964.html.

② 河南省教育厅关于公布 2017 年度河南省教师教育联动发展共同体的通知[EB/OL].(2017-07-05)[2022-02-15].http://jyt.henan.gov.cn/2017/07-05/1657358.html.

③ 河南省教育厅关于遴选河南省教师教育实践基地的通知[EB/OL].(2019-05-30)[2022-02-15].http://jyt.henan.gov.cn/2019/05-30/1658391.html.

育实践基地。

（四）教师教育质量保障体系更加完善

什么样的教师教育才是合格的教育？怎样保障教师教育的质量？进入新世纪以来，我国的教师教育体系发生了较大变化，从封闭走向开放，从职前培养和在职培训各自开展到走向一体化，从中师、大专、本科的所谓"旧三级"向专科、本科和研究生的"新三级"转变，教师整体学历层次明显提升。在开放化背景下，教师教育质量保障制度亟待建立，综合化背景下的教师教育特色亟待强化，教师教育内涵式发展亟待引导，这些都是教师教育改革面临的新情况、新问题。

国外的教师教育同样也面临很多挑战。为适应经济社会发展特别是教育改革发展对高素质专业化教师队伍的迫切需要，英国、美国、德国、俄罗斯、日本等国纷纷建立健全教师教育质量保障体系，颁布标准、严格选拔、开展认证、加大投入，从源头上保障教师队伍整体素质和专业化水平。[①]

借鉴国外教师教育的成功经验，我国建立了基于我国实际情况的师范专业认证制度。师范专业认证以"学生中心、产出导向、持续改进"为基本理念。学生中心，强调遵循师范生成长成才规律，以师范生为中心配置教育资源、组织课程和实施教学；产出导向，强调以师范生的学习效果为导向，对照师范毕业生核心能力素质要求，评价师范类专业人才培养质量；持续改进，强调对师范类专业教学进行全方位、全过程评价，并将评价结果应用于教学改进，推动师范类专业人才培养质量的持续提升。

2020年，河南省有3所学校的5个专业通过普通高等学校师范类专业第二级认证，如表9-12所示。2021年，河南省有7所学校的10个专业通过普通高等学校师范类专业第二级认证，如表9-13所示。

表9-12 2020年河南省通高等学校师范类专业认证的专业名单[②]第二级认证

序号	学校名称	专业名称	层次	专业类别	认证结论	有效期开始时间	有效期截止时间
108	河南大学	学前教育	本科	学前教育	有条件通过	2020年7月	2026年6月
109	河南大学	地理科学	本科	中学教育	有条件通过	2020年7月	2026年6月
110	河南师范大学	物理学	本科	中学教育	有条件通过	2020年7月	2026年6月
111	河南师范大学	体育教育	本科	中学教育	有条件通过	2020年7月	2026年6月
112	信阳师范学院	数学与应用数学	本科	中学教育	有条件通过	2020年7月	2026年6月

---

① 王定华.我国高校师范类专业认证的缘起与方略[J].中国高等教育,2019(18):20-22.

② 教育部办公厅关于公布2020年通过普通高等学校师范类专业认证的专业名单的通知[EB/OL].(2020-07-28)[2022-02-15].http://www.moe.gov.cn/srcsite/A10/s7011/202007/t20200728_475326.html.

表 9-13　2021 年河南省通高等学校师范类专业认证的专业名单①第二级认证

序号	学校名称	专业名称	层次	专业类别	认证结论	有效期开始时间	有效期截止时间
171	河南大学	化学	本科	中学教育	有条件通过	2021 年 9 月	2027 年 8 月
172	河南大学	生物科学	本科	中学教育	有条件通过	2021 年 9 月	2027 年 8 月
173	郑州大学	体育教育	本科	中学教育	有条件通过	2021 年 9 月	2027 年 8 月
174	河南师范大学	数学与应用数学	本科	中学教育	有条件通过	2021 年 9 月	2027 年 8 月
175	河南师范大学	生物科学	本科	中学教育	有条件通过	2021 年 9 月	2027 年 8 月
176	信阳师范学院	汉语言文学	本科	中学教育	有条件通过	2021 年 9 月	2027 年 8 月
177	信阳师范学院	思想政治教育	本科	中学教育	有条件通过	2021 年 9 月	2027 年 8 月
178	洛阳师范学院	汉语言文学	本科	中学教育	有条件通过	2021 年 9 月	2027 年 8 月
179	郑州师范学院	小学教育	本科	小学教育	有条件通过	2021 年 9 月	2027 年 8 月
180	安阳师范学院	物理学	本科	中学教育	有条件通过	2021 年 9 月	2027 年 8 月

（五）职后培训稳步推进

职前教育为师范生成为教师打下坚实的基础,职后培训可以为教师的发展提供强有力的保障。我国高度重视教师职后培训,特别重视教师的继续教育问题。全员教师 5 年一轮的继续教育学习已经成为常态。国家、省、市、县投入大量资金,举办新教师入职培训、班主任培训、骨干教师培训、名师培训等。截至 2019 年,中央财政累计投入"国培计划"专项经费 157.84 亿元,培训中小学幼儿园教师超过 1 500 万人次,实现了中西部农村 640 万教师轮训一遍。在国家项目示范引领下,2018 年,全国省级财政性中小学教师培训经费达到 19.37 亿元,是 2010 年经费的近 2.6 倍。中西部 23 个省份中湖北、湖南、重庆、贵州的省级财政中小学教师培训经费增加超过 5 000 万元,江西、河南、广西、新疆、青海的省级财政性中小学教师培训经费增加超过 2 000 万元。② 河南省在"十三五"期间积极利用"国培计划"提高教师水平,同时积极投入配套资金实施"省培计划"。

积极实施"国培计划",利用国家专项资金助力河南省教师素质的提高。"国培计划"分"中西部项目"和"幼师国培项目"两大类。其中,中西部项目包含乡村中小学教师专业能力建设、中小学教师信息素养培训者研修、乡村中小学校长领导力培训、乡村学校校本研修和紧缺薄弱学科(领域)教师培训等 5 类项目。幼师国培项目包含幼儿园教师职业行为准则培训、幼儿园新入职教师规范化培训、非学前教育专业教师专业补偿培训、

① 教育部办公厅关于公布 2021 年通过普通高等学校师范类专业认证专业名单的通知[EB/OL].(2021-10-21)[2022-02-15].http://www.moe.gov.cn/srcsite/A10/s7011/202110/t20211021_574101.html.
② 王定华.新时代我国中小学教师国培的进展与方略[J].全球教育展望,2020(1):54-61.

乡村幼儿园教师保教能力提升培训、幼儿园骨干教师访名校浸润式培训、幼儿园园长法治与安全教育培训、乡村幼儿园园长办园能力提升培训、民办幼儿园园长规范办园培训、家庭教育指导师培育对象培训和送教下乡培训等 10 类项目。为了保证培训质量,"国培计划"采取招标的方式遴选项目承办单位。例如,"国培计划(2019)"——河南省中小学幼儿园教师培训项目由北京大学、北京师范大学等 91 个单位承办。

大力实施"省培计划"。在积极实施"国培计划"的同时,河南省财政也投入大量资金,实施"省培计划"。"省培计划"一般包括示范性项目、一般性项目和专项项目 3 类。其中,示范性项目聚焦教师培训师培育对象的培育;一般性项目聚焦省级名师培育对象、省级骨干教师培育对象的培育;专项项目聚焦教师教育管理者和特定教师人群的素质提升。"省培项目"也采取招标的方式遴选培训单位。

"国培计划"和"省培计划"的实施,对教师进行分层、分类别培训,大大提升了河南省教师队伍的水平。

二、教师教育存在的问题

"十三五"期间,河南省教师教育取得了显著的成绩,但与新时代对教师教育的要求相比,不管是教师教育体系建设,还是教师教育的内涵发展都还存在较大的差距。

(一)教师教育体系需要继续优化

以师范院校为主体、高水平非师范院校参与的中国特色师范教育体系虽然初步形成,但存在师范院校聚焦主业不够、非师范院校参与教师教育不符合政策初衷、高水平大学参与教师教育力度不够等问题。"专科—本科—研究生"三级教师教育体系更加完善丰富,但存在梯级结构不合理问题,较低学历层次准教师培养量偏大,高学历层次准教师培养量偏小,教师教育培养金字塔重心偏下。

1.师范院校聚焦师范专业不够,主体作用发挥不充分

师范院校是教师教育的主体,应当发挥主体作用。师范院校主体作用的发挥,对内要凸显师范专业的优势,对外要发挥示范引领作用。但是,在高校综合化的大背景下,许多师范院校的师范专业逐渐消失,迎合社会需求的新专业纷纷开设。近年,在国家政策纠偏的作用下,师范院校的师范专业有所恢复,但是不管是专业数量,还是招生数量,均不能凸显师范专业的主体地位,存在聚焦师范专业主业不够的问题。以 2019 年为例,河南省 8 所师范学院本科招生 17 934 人,占本科招生总数(49 041)的 36.57%;师范本科在校生 68 448,占本科在校生(185 277)的 36.94%。河南师范大学和信阳师范学院是河南省两所老牌师范本科院校,其教师教育情况又如何呢?2019 年,河南师范大学师范本科招生 2 750 人,占所有本科招生总人数(8 279)的 33.22%;当年师范本科在校生 12 000 人,占所有本科在校生(32 195)的 37.27%。信阳师范学院,师范本科招生 2 504 人,占所有本科招生总人数(5 427)的 46.14%;当年师范本科在校生 9 483 人,占所有本科在校生

(22 615)的41.93%。这两所学校本科师范专业招生人数都未超过当年本科总招生人数的一半(大多数师范学院的师范生占比没有过半),一定程度上反映出目前普遍存在的师范院校聚焦师范专业不够的问题。

2.非师范院校参与教师教育不符合政策初衷

以师范院校为主体、高水平非师范院校,强调的是非师范院校在发展过程中主动参与教师教育。从河南省的情况来看,参与教师教育的非师范院校非常多,但是,这些非师范院校参与教师教育大多不是其主动选择的结果,更多的是历史遗留问题。这从参与教师教育的非师范院校的办学历史上的师范教育痕迹就可以发现这一问题。例如,河南科技学院(河南职业技术师范学院)、许昌学院(许昌师范高等专科学院)、平顶山学院(平顶山师范高等专科学校)、新乡学院(新乡师范高等专科学校、新乡教育学院)、南阳理工学院(南阳一师)、黄淮学院(驻马店师范高等专科学校)、河南财政金融学院(河南教育学院)、鹤壁职业技术学院(鹤壁教育学院、鹤壁师范学校)、濮阳职业技术学院(濮阳教育学院、濮阳师范学校)、信阳职业技术学院(信阳教育学院、信阳师范学校)、三门峡职业技术学院(豫西师范)、许昌职业技术学院(许昌教育学院、许昌师范学校)、开封文化艺术职业学院(开封教育学院)。这些学院或者由师范高等专科学校升格为本科院校,或者由原教育学院、师范学校合并组建,而师范高等专科学校、中师、教育学院本身就承担了教师教育任务。这些院校承担教师教育任务,与国家政策中的"鼓励高水平非师范学院参与教师教育"的政策初衷并不完全一致。更需要注意的是,在办学过程中,随着国家政策调整和社会就业形势变化,有些院校为了走综合化道路,为将来升大学做准备,刻意淡化师范色彩,教师教育的优势日益萎缩,教师教育专业在办学体制中的地位日益降低。更有甚者,有些院校将师范专业推向市场,任其自生自灭。质言之,与国家政策要求的高水平非师范学院主动参与教师教育的设想和初衷相比,这些学院存在的较为普遍的问题是对教师教育的重要性理解不够、对教师教育在办学中的定位存在模糊认识,在整合学校办学资源办好教师教育方面缺乏有意识的整体谋划。

3.高水平大学参与教师教育力度不够

河南省参与教师教育的高水平大学只有郑州大学、河南大学。河南大学是一所拥有文、史、哲、经、管、法、理、工、医、农、教育、艺术等12个学科门类的综合性大学,但在办学历史上曾用过河南师范学院、开封师范学院、河南师范大学等校名,师范教育色彩浓厚。河南大学一直参与教师教育工作。本科教师培养方面,2019年招收本科生8 831人,其中本科师范类578多人,占比6.55%。在研究生教师培养层面,教育学部拥有教育学类一级学科博士学位授予权,在教育学原理、课程与教学论、教育史、高等教育学、教育技术学、德育学等专业招收博士研究生。拥有教育学一级学科硕士学位授予权,在教育学原理、课程与教学论、教育史、比较教育学、学前教育学、高等教育学、成人教育学、职业技术教育学、教育技术学、教师教育、少年儿童组织等专业招收学术型硕士研究生,拥有教育硕士专业学位授予权,在教育管理、现代教育技术、小学教育、学前教育、心理健康教育等五个领域招生教育硕士研究生。郑州大学拥有教育学一级学科硕士学位授权点和教育硕士专业学位授权点,在教育经济与管理、职业发展教育、教育学原理、高等教育学、比较教育学等学科招收硕士研究生,拥有教育经济与管理二级学科博士学位授权点。2019年,郑州大学招收本科生 13 168 人,其中本科师范生 440 人,占比 3.34%。相比较而言,河南大学参与教师教育力度较大,但与其师范办学历史和教师教育资源相比,其参与教师教育的力度还不够。郑州大学作为河南省唯一的"211"高校,其参与教师教育的力度还待进一步加大。

4.三级培养体系梯级结构不够合理

目前,河南省已经形成"专科—本科—研究生"三级教师教育体系,但三个梯级的比例不够合理。从教师资格认定的学历要求和用人单位对学历的要求看,本科层次的教师教育应为主体,专科层次的教师教育应为辅助,研究生层次的教师教育应当发挥理论引导作用。从目前的招生情况来看,专科层次的教师教育仍然占有相当大的比例。以 2020年河南招生情况为例,普通专科师范生招生 48 632 人,在校生 110 616 人;普通本科师范生招生 44 789 人,在校生 153 407,普通专科师范生与普通本科师范生招生人数比为 1.09∶1,在校生人数比为 0.72∶1。图 9-1 为 2016—2020 年河南省普通专科师范生与普通本科师范生招生情况,图 9-2 为 2016—2020 年河南省普通专科师范生与普通本科师范生在校生情况。借助这两张图我们可以更为清晰地了解河南省普通专科师范生、在校生的对比情况。

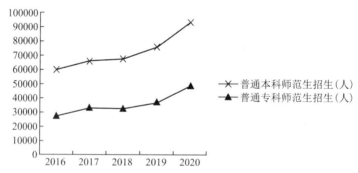

图 9-1　2016—2020 年河南省普通专科师范生与普通本科师范生招生情况

资料来源:根据 2016—2020 年河南省教育统计提要资料整理。

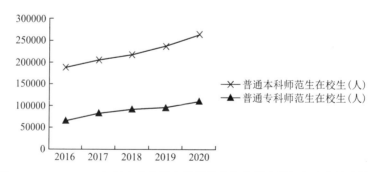

图 9-2　2016—2020 年河南省普通专科师范生和普通本科师范生在校生情况

资料来源:根据 2016—2020 年河南省教育统计提要资料整理。

需要注意的是,对升本时间较短的本科院校,随着本科专业的设置,专科招生应该逐渐减少。但河南省的许多本科院校,如周口师范学院、信阳师范学院、南阳师范学院、新乡学院、郑州师范学院①,仍然承担了专科层次的教师教育任务。承担专科层次教师培养的高职院校,有些具有悠久的师范教育历史,有些则属于办学历史不长的高职院校,甚至有些学校的办学宗旨是否与教师教育的培养目标匹配,都让人怀疑。

从研究生层次的教师教育看,与河南省教师队伍的数量相比,硕士层次招生院校明显偏少,招生规模偏小,教育博士招生单位只有一家。这都明显不利于河南省基础教育教师队伍学历水平提升。

(二)教师教育的内涵建设需要加强

1.教师教育学院的建设不够理想

长期以来,我国师范类专业的课程设置主要由三类课程组成,分别为学科课程、师范课程和通识课程。学科课程学生所在学院授课,师范课程则由教育学院或公共课教研室对分处在不同学院的师范生统一授课。这样,学生分布在不同学院的师范类学科专业培养模式下,学生只是学习本学科知识和简单的教育教学知识,培养过程存在缺乏学科贯通的问题。这种以接受学科知识为主、教育知识为辅,学院之间不相沟通的教育模式,导致师范类高校学生只专注于本学科知识的学习,知识储备不足。② 解决这个问题,组建专门的教师教育学院或者教师发展学院,不失为一条可行之路。教师教育学院作为师范院校或综合性院校的二级学院存在以下优势:能够集中管理,平衡学术性与师范性,培养教师的全专业属性;将不同学科知识的教学都放在教师教育学院,有利于打破传统的学科壁垒,加强学科的贯通与融合。③ 这就要求,教师教育学院必须能够整合学校所有师范专业和教育学科优势,对学生进行贯通培养。从实际情况看,河南省虽然组建了教师教育学院,但这些教师教育学院多由教育科学学院改建而来,或者是教育科学学院的二级机构,不符合综合性、协调性的定位。不管是师范院校,还是非师范院校,教师教育学院发挥的作用有限,还不能统筹整个学校的教师教育资源,存在名不符实的情况。

2.培养方案和课程设置需要进一步优化

培养方案是人才培养的基本依据,决定了人才培养的规格;课程设置是人才培养的载体,是对培养方案的具体实施。进入新时代,科技的发展和社会的发展对教师职业提出了新的要求。习近平总书记2014年9月9日在同北京师范大学师生代表座谈时强调:全国广大教师要做有理想信念、有道德情操、有扎实知识、有仁爱之心的好老师。2016年12月7日,在全国高校思想政治工作会议中强调:教师做的是传播知识、传播思想、传播真理的工作,是塑造灵魂、塑造生命、塑造人的工作。教师不能只做传授书本知识的教书匠,而要成为塑造学生品格、品行、品位的"大先生"。目前的师范专业培养方案和课程设置,与培养"四有"好老师、培养适应新时代教育要求的教师还有不相适应的地方。其一,

---

① 根据河南省教育考试院2021年招生计划整理。http://www.haeea.cn/adc/pzjh.shtml。
② 苏刚成,翟昕昕.我国教师教育现存问题与改革趋向分析[J].教师教育论坛,2016(7):5-9.
③ 苏刚成,翟昕昕.我国教师教育现存问题与改革趋向分析[J].教师教育论坛,2016(7):5-9.

高师教师教育课程一直存在重"学科"、轻"教育"的问题,教育类课程所占比重明显偏低,以致很多高师毕业生因教育素养不足而不能很好地适应教师工作岗位的要求。"卓越教师"培养计划实施后,又走向另外一个极端,很多高校"卓越教师"培养方案中学科专业方面的改革力度很小,几乎通篇都是就教育论教育,存在削弱学科专业课程的倾向。① 其二,培养学生创新能力的课程设置不完善。创新是教师应当具备的素质,只有具有创新精神和创新能力的教师,才能培养出具有创新精神和能力的教师。师范专业创新能力的培养既要体现在培养方案对培养目标的描述中,更要落实在课程设置上。目前,许多师范专业或者在培养目标表述中就没有创新创业要求,在课程及其实施中也没有体现创新创业教育的要求;或者在培养目标表述中没有要求但是在课程及其实施中有所体现创新创业教育的内容;或者在培养目标表述中有要求,但是在课程及其实施中没有体现创新创业教育的内容。② 这些都不利于培养学生的创新能力。其三,培养互联网思维的课程不完善。互联网时代,师范院校培养教师不能再置身于"互联网+"之外,从课程的建设到课堂教学,都需要设置相应课程,培养学生的"互联网"思维。从目前的培养方案和课程设置来看,许多师范专业的培养方案和课程设置对培养学生的互联网思维没有引起足够的重视。

3.协同育人机制落实不到位

2012 年,教育部等三部门《关于深化教师教育改革的意见》提出要创新教师教育模式,推进高等学校内部教师教育资源的整合,促进教师培养、培训、研究和服务一体化。在各级教育行政部门的领导下,我国初步形成了"校(高校)—地(地方教育行政管理部门)—研(地方教研机构)—校(中小学校)""四位一体"机构协同的发展共同体。③ 但是,共同体运行效果并不理想。从实习单位来看,其招聘教师自主权较小,需要通过教育行政机关面向社会公开招聘,也就是说师范生实习和其将来招聘人才没有必然关系。接受实习生,还会打乱其教学进度,甚至给教学质量带来影响。这就导致教学实习单位对接受实习生、指导实习生并不热心。从师范生培养单位来看,考虑学生找工作的需求或者考研的需求,对学生的实习要求有所放松,甚至纵容学生在实习鉴定方面造假。就实习指导教师而言,许多实习指导教师并没有中小学一线教学经验,对学生的指导局限于自己的教学理解,或者照本宣科。再加上教师自身有繁重的教学、科研任务,对指导学生分身乏术、无能为力。为改变这种局面,承担教师教育任务的学校多方出击建立实习基地,效果并不理想。教育行政机关也采取了许多措施,例如河南省教育厅 2016 年启动的河南省教师教育联动发展共同体建设计划。但计划的实施周期较长,目前的效果还没法精准评估。

4.参加师范专业认证的积极性不够高

师范专业认证既是对办学质量的检验,也是对办学质量的保障。虽然两批师范专业认证中,河南省的高校参加了认证,但相对于河南省开办师范专业的高校来说,参加认证

---

① 金业文."卓越教师"培养:目标、课程与模式[J].国家教育行政学院学报,2014(6):35-39.
② 李春玉,刘莉.教师教育培养创新型教师存在的问题及解决措施[J].通化师范学院学报,2020(1):55-59.
③ 陈雪儿,俸晓玲.我国教师教育发展的现状、问题与对策[J].中国成人教育,2019(6):86-90.

和通过认证的专业不多(两批总共有 7 个学校的 15 个专业通过认证),通过认证的级别不高(全部为二级认证)。虽然说师范专业认证在我国属于新生事物,但河南省高校师范专业申请师范专业认证的学校和专业数量,与河南省教师教育大省的地位明显不匹配。

(三)职后培训项目的精准度需要继续提高

职后培训是不断提升教师水平的重要手段。虽然我国高度重视教师职后培训,国家财政投入大量资金实施"国培计划",地方财政投入大量资金实施"省培计划",5 年一周期 360 学时的继续教育也都顺利完成,但效果并不理想。究其原因,职后培训精准度不高应是主要原因之一。职后培训精准度不高,主要表现在:没有针对确需参加培训的教师、设置合适的课程、采取合适的方式进行培训。其一,重复培训现象较为严重。由于"国培计划""省培计划"有不同的类别,在计划实施时又带有一点强制色彩,许多基层学校在选派受训对象时考虑的不是谁去更合适,而是考虑谁能去,这就会导致有些教师想参加培训但没有机会,有些教师频频参加培训,重复受训。特别是新教师,有些新教师刚参加完新教师培训,就又去参加班主任培训,甚至有的还要参加骨干教师培训。"国培计划""省培计划"实施过程中,甚至出现了"培训专业户"现象。这应该引起教育行政机关和培训任务承担单位的重视。其二,理论课程设置过多,实践性课程设置不足。教师的教学生涯中,提升理论素养固然很重要,但一线教师更渴望的是对自己的教学进行诊断。调研发现,教师普遍反映集体备课、同课异构等形式对教师水平提升具有较大作用。继续教育开设的课程,受时空限制,多选择理论课程,实践性课程相对较少。其三,课程设置陈旧。"国培计划""省培计划"采取了招标的形式,但培训任务承担单位的课程设计更多的是重视形式上的包装,在内容上并不能与时俱进、进行创新。其四,在线培训效果不佳。网络平台上有很多有用的资源,按理说教师通过在线学习可以有效提高教育教学水平。但是,目前的继续教育种类多、任务重,每个任务下达机构都强调在线学习的重要性,但与其他平台学习不互通。这就导致,本来是为教师做好事的在线培训成为教师的负担,使教师学习的积极性由"我要学"变成"不得不学",开着电脑却不看、任由课程自动播放的"挂线培训"非常普遍。

三、提升河南省教师教育质量的建议

2021 年是"十四五"的开局之年。展望"十四五"的教师教育,继续保持"十三五"期间教师教育的成功做法、巩固已经取得的教师教育成果,并不断创新教师教育形式,实现河南省教师教育的高质量发展,成为摆在每一个教育工作者,特别是教师教育工作者面前的重要问题。

(一)优化教师教育体系

1.鼓励高水平综合大学参与研究生层次教师培养工作

高水平大学参与教师教育,必须与普通师范院校和综合院校有区分,要有合理分工。

随着市场经济的发展,高校办学出现经济利益导向的不良倾向,开设新专业不是看其是否符合社会需求,也不考虑是否与学校实力相匹配,而是考虑经济效益。这就导致高水平大学,甚至是"211"高校举办专科专业、大规模招收成人在校生的乱象。教师教育也存在同样的情况,近年各个学校一窝蜂办学前教育就是典型的例子。如报告前面分析的,河南省的高水平教师教育还存在诸多短板,教育博士招生单位少,教育硕士招生单位也不多。《教师教育振兴行动计划(2018—2022年)》提出:"按照有关程序办法,增加一批教育硕士专业学位授权点。引导鼓励有关高校扩大教育硕士招生规模……适当增加教育博士专业学位授权点。"高水平大学参与教师教育,应当将精力放在研究生层次教师的培养上。高水平大学应当在教育行政主管部门的大力支持下,积极申办教育博士学位授予点。当然,高水平大学参与教师教育,也可以举办一定数量的本科专业,发挥高水平大学的示范、引领作用。至于专科层次的教师教育,即使是中外合作办学,高水平大学也不适合参与,新升本高校应当减少专科层次招生,直至完全退出。

2.充分发挥师范院校的教师教育主体作用

师范院校是教师教育的主体。河南省以师范院校为主体、高水平非师范院校参与的中国特色师范教育体系初步形成,但师范院校的教师教育主体地位并不突出。2019年,本科师范院校的师范专业招生数量为17 934人,非师范综合院校的师范专业招生数量为21 580人,师范院校的主体地位并不明显。这是由于师范院校聚焦师范专业不够,举办非师范专业分散了太多的教师教育资源,导致师范专业在学校地位不突出,得不到应有的重视,影响教师教育的质量。针对这种情况,河南省教育行政主管部门应出台相关制度,采取必要措施,鼓励、引导、监督师范院校将办学精力放在教师教育方面,充分发挥师范院校的教师教育主体地位。例如,师范院校评估体现师范教育特色,确保师范院校坚持以师范教育为主业。另外,师范院校教师教育主体作用的发挥还体现在对教育硕士的培养上。因此,师范学院在办好本科师范专业的同时,应当积极申报教育学类硕士授予单位、教育硕士授予单位,提升办学层次。这既有利于学校的高质量发展,也有利于师范院校发挥教师教育主体作用。

3.规范专科层次的教师教育

三级教师教育体系形成后,专科层次是最低层级的教师教育。从社会发展和社会需求来看,社会对专科层次的教师并不看好。原因是多方面的,本科招生越来越多是主要原因,专科生源不佳、办学混乱、毕业生质量参差不齐是重要原因。如前文分析,举办专科层次教师教育的学校主要为高职高专和升格为本科时间不长的本科院校。从教师教育的发展趋势来看,专科层次的教师教育应当逐步减少。在当前甚至是在"十四五"期间,专科层次教师教育的主要任务应是规范办学。其一,教育行政主管部门要对照办学标准严格审核,不具备教师教育资质的坚决不予审批,审批过的要定期审查,通过整顿一批、撤销一批使专科层次的教师教育走上健康发展道路。其二,本科院校的精力应主要放在本科教师教育项目上,举办专科教师教育要受到严格限制。只有能够发挥示范带动作用,而且确有必要的,本科院校才可以举办适当数量的专科教师教育。其三,对具有师范办学背景的高职高专要引导其发挥教师教育优势,办好教师教育专业,使其在专科层次教师教育方面发挥示范作用。

其四,对不具有师范背景的高职高专要引导其规范办学。

(二)加强教师教育内涵发展

1.鼓励高校设立综合性的教师教育学院

河南省高校目前已经设立有教师教育学院或者教师发展学院,但多为教育学部下的二级机构或者由教科院改组而来。这与教师教育学院的制度初衷不相符合。设立教师教育学院,主要是为了解决师范教育通识教育不足,学科教育、教育学课程条块分割严重,培养出来的学生视野狭窄等问题。教师教育学院应当建立在整合所有师范专业的基础上。在这方面,南阳理工学院的模式值得借鉴。南阳理工学院的教师教育学院的基础是南阳第一师范,由师范学院到教育学院,再到整合音乐学院发展成教师教育学院。虽然说南阳理工学院的教师教育学院模式有历史因素,但教师教育学院的确有效整合了师范专业资源。对于河南省的师范院校而言,因为师范专业是办学主体,所以其教师教育学院依托教科院成立无可厚非,但是其定位不应是教科院的"翻牌",而应当具有整合学校教师教育资源的权限,否则教师教育学院将会形同虚设,难以发挥制度创设预期作用。对于综合类院校,应当整合所有教师教育资源,设立综合性的教师教育学院。

2.优化培养方案和课程设置

培养方案是教师教育的依据,课程设置是落实培养方案的载体。针对目前师范专业培养方案和课程设置方面的不足,应当重点做好以下四方面的工作:其一,培养方案的人才目标必须按照"四有"好老师的标准进行细化,使培养出来的教师既符合"四有"好老师标准,又具有个性色彩。其二,在培养方案中设置创新创业课程,培养学生的创新创业能力。其三,优化人工智能应用等教育技术课程,培养学生的互联网思维能力。大数据时代下的教师教育不仅应当关注教师数据能力的提升,同时也要兼顾数据意识和数据能力的培养。在数据意识方面,要不断提高教师对数据的敏锐度。在数据能力方面,要教会教师基本的数据分析方法和操作技术,如聚类算法、链接算法等大数据的常用算法技术,提升教师的数据反思和决策能力。[①] 其四,发挥专业优势,开设厚基础、宽口径、多样化的教师教育课程,促进学生的全面发展。

3.充分发挥教师教育共同体作用

其一,强化市县教师发展支持体系。目前,城市的教师教育培养体系较为成熟,今后的重点是要带动市县教师发展机构高质量发展,增强市县教师发展机构的"造血"功能。积极构建省、市、县教师发展机构、教师专业发展基地学校和名校(园)长、名班主任、名教师"三名"工作室五级一体化、分工合作的乡村教师专业发展体系。其二,争创国家师范教育基地和教师教育改革实验区,引导师范院校与中小学幼儿园合作开展教师专业发展模式探索。其三,健全协同育人机制。带动形成教师发展机构、高等院校、培训机构、中小学幼儿园"四位一体"的教师发展支持服务体系,创造协同发展、协作共赢的生动局面。河南省在协同育人方面做出了尝试,下一步要做的重点工作应是落实河南省教师教育联动发展共同体建设

---

① 杨忠君,李艾欣.大数据时代教师教育的新问题与新思考[J].当代教育科学,2016(7):39-41.

计划,真正将教师教育联动发展共同体打造成为教师教育协同育人的基础和平台。

(三)精准实施职后培训

1.合理设置教师职后培训课程

针对当前教师教育课程设置不合理、针对性不强的问题,合理设置教师职后培训课程,要注意以下四个方面。

其一,教师职后培训任务承担单位应当在广泛调研的基础上,按照《中小学幼儿园教师培训课程指导标准》,设计培训项目,开发培训课程,充分发挥"指导标准"与"系列指南"在推动教师培训专业化方面的引领作用,推动教师培训工作步入全程标准引领、全面提质增效新阶段。

其二,关注社会发展、关系国计民生的热点问题,拓宽教师视野,将国家安全、法治教育、生态教育等内容纳入培训,积极回应教育改革发展的重点、难点、热点和痛点问题。

其三,教师职后培训单位要深入教育基层,通过问卷、访谈等方法了解教师对职后培训的真正需求,考虑培训团队自身培训能力和资源条件,精心设置课程,真正使培训课程急教师之所急,为教师提高教育教学水平服务。

其四,重视实践教育教学。优化培训课程结构,实行任务驱动教学,突出教师参与,强化教师实践,确保培训类课程学时占总学时的比例原则上不少于50%,跟岗实践课时原则上不少于三分之一。①

2.与不同层次的继续教育互联互通

教育行政机关应主动与人力资源社会管理机关等对接,有效整合各种类别的继续教育,实现不同类别的继续教育之间的互联互通,既解决教师的后顾之忧,避免重复培训,又提高资源的利用效率。这样,教师就可以精心选择自己需要的课程进行培训,避免盲目应付、挂课现象的发生。

3.完善培训机制

首先,要精准选拔培养对象。"对象精准"是"精准培训"的先决条件。教师职后培训种类繁多,稍不注意有可能导致重复培训。为避免培训对象不当甚至重复培训现象的发生,教育主管部门下达培训计划必须建立在深入调研的基础上,选送学校推荐培训对象应实事求是,县级教育主管部门应认真把关,项目承担单位应严格审核培训对象的资格。

其次,要注重培训效果反馈机制。每次培训后,要及时了解参训教师的意见和建议,为改进培训质量提供参考。

回首"十三五",河南省教师教育成绩辉煌;展望"十四五",河南省教师教育事业任重道远。但我们坚信,只要以习近平新时代中国特色社会主义思想为指引,认真贯彻落实习近平总书记关于教育的重要论述,立足河南省省情,学习先进经验,就一定会将河南省教师教育事业办好,服务于河南省基础教育的健康、高质量发展。

---

① 王定华.新时代我国中小学教师国培的进展与方略[J].全球教育展望,2020(1):54-61.

参考文献

[1]习近平.做党和人民满意的好老师:同北京师范大学师生代表座谈时的讲话(2014年9月9日)[N].人民日报,2014-09-10(002).

[2]荀渊.推进教师教育治理体系与治理能力现代化[J].华东师范大学学报(教育科学版),2018(4):38-39.

[3]教育硕士[EB/OL].[2022-02-15].http://www.cdgdc.edu.cn/xwyyjsjyxx/gjjl/szfa/jyss/.

[4]关于启动实施卓越教师培养计划的通知教师[2015]384号[EB/OL].(2015-05-27)[2022-02-15].http://jyt.henan.gov.cn/2015/05-27/1602709.html.

[5]河南省教育厅关于启动河南省教师教育联动发展共同体建设计划的通知[EB/OL].(2016-11-04)[2022-02-15].http://jyt.henan.gov.cn/2016/11-04/1656964.html.

[6]河南省教育厅关于公布2017年度河南省教师教育联动发展共同体的通知[EB/OL].(2017-07-05)[2022-02-15].http://jyt.henan.gov.cn/2017/07-05/1657358.html.

[7]河南省教育厅关于遴选河南省教师教育实践基地的通知[EB/OL].(2019-05-30)[2022-02-15].http://jyt.henan.gov.cn/2019/05-30/1658391.html.

[8]王定华.我国高校师范类专业认证的缘起与方略[J].中国高等教育,2019(18):20-22.

[9]教育部办公厅关于公布2020年通过普通高等学校师范类专业认证的专业名单的通知[EB/OL].(2020-07-28)[2022-02-15].http://www.moe.gov.cn/srcsite/A10/s7011/202007/t20200728_475326.html.

[10]教育部办公厅关于公布2021年通过普通高等学校师范类专业认证专业名单的通知[EB/OL].(2021-10-21)[2022-02-15].http://www.moe.gov.cn/srcsite/A10/s7011/202110/t20211021_574101.html.

[11]王定华.新时代我国中小学教师国培的进展与方略[J].全球教育展望,2020(1):54-61.

[12]河南省教育厅关于组织实施河南省2019年"省培计划"培训项目的通知[EB/OL].(2019-07-02)[2022-02-15].http://www.hateacher.cn/webfile/upload/2019/07-02/15-46-440974873799753.pdf.

[13]苏刚成,翟昕昕.我国教师教育现存问题与改革趋向分析[J].教师教育论坛,2016(7):5-9.

[14]金业文."卓越教师"培养:目标、课程与模式[J].国家教育行政学院学报,2014(6):35-39.

[15]李春玉,刘莉.教师教育培养创新型教师存在的问题及解决措施[J].通化师范学院学报,2020(1):55-59.

[16]陈雪儿,俸晓玲.我国教师教育发展的现状、问题与对策[J].中国成人教育,2019(6):86-90.

[17]杨忠君,李艾欣.大数据时代教师教育的新问题与新思考[J].当代教育科学,2016(7):39-41.

[18]河南省教育厅.2020年河南省教育统计提要[M].郑州:河南省教育厅,2021.